LA JOIE
DE VIVRE

Émile Zola

© 2024, Émile Zola (domaine public)

Édition : BoD · Books on Demand GmbH, In de Tarpen 42, 22848 Norderstedt (Allemagne)

Impression : Libri Plureos GmbH, Friedensallee 273, 22763 Hamburg (Allemagne)

ISBN : 978-2-3225-1649-0

Dépôt légal : Novembre 2024

petit genou, il demandait un autre morceau, les yeux toujours dans les yeux de sa nouvelle amie. Elle riait, le baisait, le trouvait bien drôle, les oreilles rabattues, une tape noire sur l'œil gauche, la seule tache qui marquât sa robe blanche, aux longs poils frisés. Mais il y eut un incident : la Minouche, jalouse, venait de sauter légèrement au bord de la table ; et, ronronnante, l'échine souple, avec des grâces de jeune chèvre, elle donnait de grands coups de tête dans le menton de l'enfant. C'était sa façon de se caresser, on sentait son nez froid et l'effleurement de ses dents pointues ; tandis qu'elle dansait sur ses pattes, comme un mitron pétrissant de la pâte. Alors, Pauline fut enchantée, entre les deux bêtes, la chatte à gauche, le chien à droite, envahie par eux, exploitée indignement, jusqu'à leur distribuer tout son dessert.

— Renvoie-les donc, lui dit sa tante. Ils ne te laisseront rien.

— Qu'est-ce que ça fait ? répondit-elle simplement, dans son bonheur de se dépouiller.

On avait fini. Véronique ôtait le couvert. Les deux bêtes, voyant la table nette, s'en allèrent sans dire merci, en se léchant une dernière fois.

Pauline s'était levée, et debout devant la fenêtre, elle tâchait de voir. Depuis le potage, elle regardait cette fenêtre s'obscurcir, devenir peu à peu d'un noir d'encre. Maintenant, c'était un mur impénétrable, une masse de ténèbres où tout avait sombré, le ciel, l'eau, le village, l'église elle-même. Sans s'effrayer des plaisanteries de son

Véronique, qui l'avait regardé se tailler une large tranche, retourna dans sa cuisine, en murmurant :

— Ah bien ! ce que monsieur gueulera !

Ce mot revenait naturellement dans sa bouche, les maîtres l'avaient accepté, tant elle le disait d'une façon simple. Monsieur gueulait, quand il avait une crise ; et c'était tellement ça, qu'on ne songeait point à la rappeler au respect.

La fin du dîner fut très gaie. Lazare, en plaisantant, ôta la terrine des mains de son père. Mais, lorsque le dessert parut, un fromage de Pont-l'Evêque et des biscuits, la grande joie fut une brusque apparition de Mathieu. Jusque-là, il avait dormi quelque part, sous la table. L'arrivée des biscuits venait de l'éveiller, il semblait les sentir dans son sommeil ; et, tous les soirs, à ce moment précis, il se secouait, il faisait sa ronde, guettant les cœurs sur les visages. D'habitude, c'était Lazare qui se laissait le plus vite apitoyer ; seulement, ce soir-là, Mathieu, à son deuxième tour, regarda fixement Pauline, de ses bons yeux humains ; puis, devinant une grande amie des bêtes et des gens, il posa sa tête énorme sur le petit genou de l'enfant, sans la quitter de ses regards pleins de tendres supplications.

— Oh ! le mendiant ! dit madame Chanteau. Doucement, Mathieu ! veux-tu bien ne pas te jeter si fort sur la nourriture !

Le chien, d'un coup de gosier, avait bu le morceau de biscuit que Pauline lui tendait ; et il replaçait sa tête sur le

— Et avec ça, Véronique, qu'est-ce que tu as ?

— Des pommes de terre sautées, monsieur.

Il fit un geste de désespoir, en s'abandonnant dans son fauteuil. La bonne reprit :

— Si Monsieur veut que je rapporte le bœuf ?

Mais il refusa d'un branle mélancolique de la tête. Autant du pain que du bouilli. Ah ! mon Dieu ! quel dîner ! Jusqu'au mauvais temps qui avait empêché d'avoir du poisson ! Madame Chanteau, très petite mangeuse, le regardait avec pitié.

— Mon pauvre ami, dit-elle tout d'un coup, tu me fais de la peine… J'avais là un cadeau pour demain ; mais, puisqu'il y a famine, ce soir…

Elle avait rouvert son sac et en tirait une terrine de foie gras. Les yeux de Chanteau s'allumèrent. Du foie gras ! du fruit défendu ! une friandise adorée que son médecin lui interdisait absolument !

— Seulement, tu sais, continuait sa femme, je ne t'en permets qu'une tartine… Sois raisonnable, ou tu n'en auras jamais plus.

Il avait saisi la terrine, il se servait d'une main tremblante. Souvent, de terribles combats se livraient ainsi entre sa terreur d'un accès et la violence de sa gourmandise ; et, presque toujours, la gourmandise était la plus forte. Tant pis ! c'était trop bon, il souffrirait !

du coke. Ce fut encore un retard. Enfin, la bonne baissa la suspension, le couvert apparut sous le rond de clarté vive. Et tout le monde était assis, Pauline entre son oncle et son cousin, en face de sa tante, lorsque cette dernière se leva de nouveau, avec sa vivacité de vieille femme maigre, qui ne pouvait rester en place.

— Où est mon sac ?... Attends, ma chérie, je vais te donner ta timbale... Ôte le verre, Véronique. Elle est habituée à sa timbale, cette enfant.

Elle avait sorti une timbale d'argent, déjà bossuée, qu'elle essuya avec sa serviette, et qu'elle posa devant Pauline. Puis, elle garda son sac derrière elle, sur une chaise. La bonne servait un potage au vermicelle, en avertissant de son air maussade qu'il était beaucoup trop cuit. Personne n'osa se plaindre : on avait grand faim, le bouillon sifflait dans les cuillers. Ensuite, vint le bouilli. Chanteau, très gourmand, y toucha à peine, se réservant pour le gigot. Mais, quand celui-ci fut sur la table, Il y eut une protestation générale. C'était du cuir desséché, on ne pouvait manger ça.

— Pardi ! je le sais bien, dit tranquillement Véronique. Fallait pas faire attendre !

Pauline, gaiement, coupait sa viande en petits morceaux et l'avalait tout de même. Quant à Lazare, il ne savait jamais ce qu'il avait sur son assiette, il aurait englouti des tranches de pain pour des blancs de volaille. Cependant, Chanteau regardait le gigot d'un œil morne.

Il allait la tutoyer, il se reprit.

— Ça ne vous effraie pas ?

Alors, elle le regarda, l'air étonné.

— Non, pourquoi ?... Bien sûr que l'eau ne montera pas jusqu'ici.

— Eh ! on n'en sait rien, dit-il, cédant à un besoin de se moquer d'elle. Des fois, l'eau passe par-dessus l'église.

Mais elle éclata d'un bon rire. Dans son petit être réfléchi, c'était une bouffée de gaieté bruyante et saine, la gaieté d'une personne de raison que l'absurde met en joie. Et ce fut elle qui tutoya la première le jeune homme, en lui prenant les mains, comme pour jouer.

— Oh ! cousin, tu me crois donc bien bête !... Est-ce que tu resterais ici, si l'eau passait par-dessus l'église ?

Lazare riait à son tour, serrait les mains de l'enfant, tous deux désormais bons camarades. Justement, madame Chanteau rentra au milieu de ces éclats joyeux. Elle parut heureuse, elle dit, en s'essuyant les mains :

— La connaissance est faite... Je savais bien que vous vous entendriez ensemble.

— Je sers, madame ? interrompit Véronique, debout sur le seuil de la cuisine.

— Oui, oui, ma fille... Seulement, tu ferais mieux d'allumer d'abord la lampe. On n'y voit plus.

La nuit, en effet, venait si rapidement, que la salle à manger obscure n'était plus éclairée que par le reflet rouge du cabriolet, malgré le vent, pour voir la mer qui les suivait. Et, maintenant, la mer était encore là, elle serait toujours là, comme une chose à elle. Lentement, d'un regard, elle semblait en prendre possession.

La nuit tombait du ciel livide, où les bourrasques fouettaient le galop échevelé des nuages. On ne distinguait plus, au fond du chaos croissant des ténèbres, que la pâleur du flot qui montait. C'était une écume blanche toujours élargie, une succession de nappes se déroulant, inondant les champs de varechs, recouvrant les dalles rocheuses, dans un glissement doux et berceur, dont l'approche semblait une caresse. Mais, au loin, la clameur des vagues avait grandi, des crêtes énormes moutonnaient, et un crépuscule de mort pesait, au pied des falaises, sur Bonneville désert, calfeutré derrière ses portes ; tandis que les barques, abandonnées en haut des galets, gisaient comme des cadavres de grands poissons échoués. La pluie noyait le village d'un brouillard fumeux, seule l'église se découpait encore nettement, dans un coin blême des nuées.

Pauline ne parla pas. Son petit cœur s'était de nouveau gonflé ; elle étouffait, et elle soupira longuement, tout son souffle parut sortir de ses lèvres.

— Hein ? c'est plus large que la Seine, dit Lazare, qui était venu se placer derrière elle.

Cette gamine continuait à le surprendre. Il éprouvait, depuis qu'elle était là, une timidité de grand garçon gauche.

— Oh ! oui, répondit-elle très bas, sans tourner la tête.

deviner un instant les sourdes aigreurs cachées sous la bonhomie de ce milieu nouveau pour elle. Enfin, ses regards, après s'être intéressés à un baromètre très ancien, dans un cartel de bois doré, se fixèrent sur une construction étrange qui tenait toute la tablette de la cheminée, sous une boîte de verre collée aux arêtes par de minces bandes de papier bleu. On aurait dit un jouet, un pont de bois en miniature, mais un pont d'une charpente extraordinairement compliquée.

— C'est ton grand-oncle qui a fait ça, expliqua Chanteau, heureux de trouver un sujet de conversation. Oui, mon père avait commencé par être charpentier… J'ai toujours gardé son chef-d'œuvre.

Il ne rougissait pas de son origine, et madame Chanteau tolérait le pont sur la cheminée, malgré l'humeur que lui causait cette curiosité encombrante, qui lui rappelait son mariage avec un fils d'ouvrier. Mais déjà la petite fille n'écoutait plus son oncle : par la fenêtre, elle venait d'apercevoir l'horizon immense, et elle traversa vivement la pièce, elle se planta devant les vitres, dont les rideaux de mousseline étaient relevés à l'aide d'embrasses de coton. Depuis son départ de Paris, la mer était sa préoccupation continuelle. Elle en rêvait, elle ne cessait de questionner sa tante dans le wagon, voulant savoir, à chaque coteau, si la mer n'était pas derrière ces montagnes. Enfin, sur la plage d'Arromanches, elle était restée muette, les yeux agrandis, le cœur gonflé d'un gros soupir ; puis, d'Arromanches à Bonneville, elle avait à chaque minute allongé la tête hors

La bonne dut s'agenouiller devant l'enfant, qui s'était assise. Pendant ce temps, la vieille dame tirait de son sac une paire de petits chaussons de feutre, qu'elle lui mit elle-même aux pieds. Puis, elle se fit déchausser à son tour, et plongea de nouveau dans le sac, d'où elle revint avec une paire de savates pour elle.

— Alors, je sers ? demanda encore Véronique.

— Tout à l'heure… Pauline, viens dans la cuisine te laver les mains et te passer de l'eau sur la figure… Nous mourons de faim, plus tard on se décrassera à fond.

Ce fut Pauline qui reparut la première, laissant sa tante le nez dans une terrine. Chanteau avait repris sa place devant le feu, au fond de son grand fauteuil de velours jaune ; et il se frottait les jambes d'un geste machinal, avec la peur d'une crise prochaine, tandis que Lazare coupait des tranches de pain, debout devant la table, où quatre couverts étaient mis depuis plus d'une heure. Les deux hommes, un peu gênés, souriaient à l'enfant, sans trouver une parole. Elle, tranquillement, examinait la salle meublée de noyer, passant du buffet et de la demi-douzaine de chaises à la suspension de cuivre verni, retenue surtout par cinq lithographies encadrées, les Saisons et une Vue du Vésuve, qui se détachaient sur le papier marron des murailles. Sans doute le faux lambris de chêne peint, égratigné d'éraflures plâtreuses, le parquet sali d'anciennes taches de graisse, l'abandon de cette pièce commune où la famille vivait, lui firent regretter la belle charcuterie de marbre qu'elle avait quittée la veille, car ses yeux s'attristèrent, elle sembla remis à aboyer violemment, pour sonner le retour au gîte, en voyant la famille monter le perron et se mettre enfin à l'abri, dans le vestibule.

— Ah ! on est bien ici, dit la mère. Je finissais par croire que nous n'arriverions jamais… Oui, Mathieu, tu es un bon chien, mais laisse-nous tranquilles. Oh ! je t'en prie, Lazare, fais-le taire : il m'entre dans les oreilles !

Le chien s'entêtait, la rentrée des Chanteau dans leur salle à manger s'opéra aux éclats de cette musique d'allégresse. Devant eux, ils poussaient Pauline, la nouvelle enfant de la maison ; et, derrière, venait Mathieu, toujours aboyant, suivi lui-même de la Minouche, dont le poil nerveux frémissait au milieu de ce tapage.

Déjà, dans la cuisine, Martin avait bu deux verres de vin coup sur coup, et il s'en allait, tapant le carreau de sa jambe de bois, criant le bonsoir à tout le monde. Véronique venait de rapprocher du feu son gigot, qui était froid. Elle parut, elle demanda :

— Est-ce qu'on mange ?

— Je crois bien, il est sept heures, dit Chanteau. Seulement, ma fille, il faudrait attendre que Madame et la petite se fussent changées.

— Mais je n'ai pas la malle pour Pauline, fit remarquer madame Chanteau. Heureusement que nous ne sommes pas mouillées dessous… Ôte ton manteau et ton chapeau, ma chérie. Débarrasse-la donc, Véronique… Et déchausse-la, n'est-ce pas ? J'ai ici ce qu'il faut.

d'eau. Vingt fois j'ai cru que la capote, qui craquait comme une voile, allait se fendre. Eh bien ! elle s'amusait, elle trouvait ça drôle… Mais qu'est-ce que nous faisons là ? Il est inutile de nous mouiller davantage, voici la pluie qui recommence.

Elle se tournait, cherchant Véronique. Lorsqu'elle l'aperçut à l'écart, la mine revêche, elle lui dit ironiquement :

— Bonjour, ma fille, comment te portes-tu ?… En attendant que tu me demandes de mes nouvelles, tu vas monter une bouteille pour Martin, n'est-ce pas ?… Nous n'avons pu prendre nos malles, Malivoire les apportera demain de bonne heure…

Elle s'interrompit, elle retourna vers la voiture, bouleversée.

— Et mon sac !… J'ai eu une peur ! j'ai craint qu'il ne fût tombé sur la route.

C'était un gros sac de cuir noir, déjà blanchi aux angles par l'usure, et qu'elle refusa absolument de confier à son fils. Enfin, tous se dirigeaient vers la maison, lorsqu'une nouvelle bourrasque les arrêta, l'haleine coupée, devant la porte. La chatte, assise d'un air curieux, les regardait lutter contre le vent ; et madame Chanteau voulut savoir si Minouche s'était bien conduite pendant son absence. Ce nom de Minouche fit encore sourire Pauline, de sa bouche grave. Elle se baissa, elle caressa la chatte, qui vint aussitôt se frotter contre sa jupe, la queue en l'air. Mathieu s'était n'imitait pas cette réserve, il s'élança entre les bras de l'enfant, et lui débarbouilla le visage d'un coup de langue.

— N'aie pas peur ! cria madame Chanteau, il n'est pas méchant.

— Oh ! je n'ai pas peur, répondit doucement Pauline. J'aime bien les chiens.

En effet, elle était toute tranquille, au milieu des rudes accolades de Mathieu. Sa petite figure grave s'éclaira d'un sourire, dans son deuil ; puis, elle posa un gros baiser sur le museau du terre-neuve.

— Et les gens, tu ne les embrasses pas ? reprit madame Chanteau. Tiens ! voici ton oncle, puisque tu m'appelles ta tante… Et voici ton cousin alors, un grand galopin qui est moins sage que toi.

L'enfant n'éprouvait aucune gêne. Elle embrassa tout le monde, elle trouva un mot pour chacun, avec une grâce de petite Parisienne, déjà rompue aux politesses.

— Mon oncle, je vous remercie bien de me prendre chez vous… Vous verrez, mon cousin, nous ferons bon ménage…

— Mais elle est très gentille ! s'écria Chanteau ravi.

Lazare la regardait avec surprise, car il se l'était imaginée plus petite, d'une niaiserie effarouchée de gamine.

— Oui, oui, très gentille, répétait la vieille dame. Et brave, vous n'avez pas idée !… Le vent nous prenait de face, dans cette voiture, et nous aveuglait de poussière arrivé ?

— Oh ! des ennuis tout le temps, expliqua-t-elle. D'abord, les chemins sont si mauvais, qu'il a fallu près de deux heures pour venir de Bayeux. Puis, à Arromanches, voilà qu'un cheval de Malivoire se casse une patte ; et il n'a pu nous en donner un autre, j'ai vu le moment qu'il nous faudrait coucher chez lui… Enfin, le docteur a eu l'obligeance de nous prêter son cabriolet. Ce brave Martin nous a conduites…

Le cocher, un vieil homme à jambe de bois, un ancien matelot opéré autrefois par le chirurgien de marine Cazenove, et resté plus tard à son service, était en train d'attacher le cheval. Madame Chanteau s'était interrompue, pour lui dire :

— Martin, aidez donc la petite à descendre.

Personne n'avait encore songé à l'enfant. Comme la capote du cabriolet tombait très bas, on ne voyait que sa jupe de deuil et ses petites mains gantées de noir. Du reste, elle n'attendit pas que le cocher l'aidât, elle sauta légèrement à son tour. Une bourrasque soufflait, ses vêtements claquèrent, des mèches de cheveux bruns s'envolèrent, sous le crêpe de son chapeau. Et elle avait l'air très fort pour ses dix ans, les lèvres grosses, la figure pleine et blanche, de cette blancheur des fillettes élevées dans les arrière-boutiques de Paris. Tous la regardaient. Véronique, qui arrivait pour saluer sa maîtresse, s'était arrêtée à l'écart, la face glacée et jalouse. Mais Mathieu une dépêche… Tiens ! on dirait une voiture.

Véronique avait rouvert la porte.

— C'est le cabriolet du docteur Cazenove, annonça-t-elle. Est-ce qu'il devait venir, monsieur ?… Ah ! mon Dieu ! mais c'est madame !

Tous descendirent vivement le perron. Un gros chien de montagne croisé de terre-neuve, qui dormait dans un coin du vestibule, s'élança avec des abois furieux. À ce vacarme, une petite chatte blanche, l'air délicat, parut aussi sur le seuil ; mais, devant la cour boueuse, sa queue eut un léger tremblement de dégoût, et elle s'assit proprement, en haut des marches, pour voir.

Cependant, une dame de cinquante ans environ avait sauté du cabriolet avec une souplesse de jeune fille. Elle était petite et maigre, les cheveux encore très noirs, le visage agréable, gâté par un grand nez d'ambitieuse. D'un bond, le chien lui avait posé les pattes sur les épaules, pour l'embrasser ; et elle se fâchait.

— Voyons, Mathieu, veux-tu me lâcher ?… Grosse bête ! as-tu fini ?

Lazare, derrière le chien, traversait la cour. Il cria, pour demander :

— Pas de malheur, maman ?

— Non, non, répondit madame Chanteau.

— Mon Dieu ! nous étions d'une inquiétude ! dit le père qui avait suivi son fils, malgré le vent. Qu'est-il donc

Mais, à ce moment, un grand garçon de dix-neuf ans franchit d'une enjambée les trois marches du perron. Il avait un front large, des yeux très clairs, avec un fin duvet de barbe châtaine, qui encadrait sa face longue.

— Ah ! tant mieux ! voici Lazare ! dit Chanteau soulagé. Comme tu es mouillé, mon pauvre enfant !

Le jeune homme accrochait, dans le vestibule, un caban trempé par les ondées.

— Eh bien ? demanda de nouveau le père.

— Eh bien ! personne ! répondit Lazare. Je suis allé jusqu'à Verchemont, et là j'ai attendu sous le hangar de l'auberge, les yeux sur la route, qui est un vrai fleuve de boue. Personne !... Alors, j'ai craint de t'inquiéter, je suis revenu.

Il avait quitté le lycée de Caen au mois d'août, après avoir passé son baccalauréat, et depuis huit mois il battait les falaises, ne se décidant point à choisir une occupation, passionné seulement de musique, ce qui désespérait sa mère. Elle était partie fâchée, car il avait refusé de l'accompagner à Paris, où elle rêvait de lui trouver une position. Toute la maison s'en allait à la débandade, dans une aigreur involontaire que la vie commune du foyer aggravait encore.

— Maintenant que te voilà prévenu, reprit le jeune homme, j'ai envie de pousser jusqu'à Arromanches.

— Non, non, la nuit tombe, s'écria Chanteau. Il est impossible que ta mère nous laisse sans nouvelle. J'attends danseront.

Et, comme décidément une rafale le coiffait de sa soutane, il disparut derrière l'église.

Chanteau s'était retourné, gonflant les épaules, tenant le coup. Les yeux pleins d'eau, il jetait un regard sur son jardin brûlé par la mer, et sur la maison de briques, aux deux étages de cinq fenêtres, dont les persiennes, malgré les clavettes d'arrêt, menaçaient d'être arrachées. Lorsque la rafale eut passé, il se pencha de nouveau sur la route ; mais Véronique revenait, en agitant les bras.

— Comment ! vous êtes sorti ?... Voulez-vous bien vite rentrer, monsieur !

Elle le rattrapa dans le corridor, le gourmanda ainsi qu'un enfant pris en faute. N'est-ce pas ? quand il souffrirait le lendemain, ce serait encore elle qui serait obligée de le soigner !

— Tu n'as rien vu ? demanda-t-il d'un ton soumis.

— Bien sûr, non, que je n'ai rien vu... Madame est certainement à l'abri quelque part.

Il n'osait lui dire qu'elle aurait dû pousser plus loin. Maintenant, c'était l'absence de son fils qui le tourmentait surtout.

— J'ai vu, reprit la bonne, que tout le pays est en l'air. Ils ont peur d'y rester, cette fois... Déjà, en septembre, la maison des Cuche a été fendue du haut en bas, et Prouane, qui montait sonner l'angélus, vient de me jurer qu'elle serait par terre demain.

sans casquette, le dos arrondi ; et il vint s'accouder au parapet, pour surveiller la route, en bas. Cette route dévalait entre deux falaises, on aurait dit un coup de hache dans le roc, une fente qui avait laissé couler les quelques mètres de terre, où se trouvaient plantées les vingt-cinq à trente masures de Bonneville. Chaque marée semblait devoir les écraser contre la rampe, sur leur lit étroit de galets. À gauche, il y avait un petit port d'échouage, une bande de sable, où des hommes hissaient à cris réguliers une dizaine de barques. Ils n'étaient pas deux cents habitants, ils vivaient de la mer, fort mal, collés à leur rocher avec un entêtement stupide de mollusques. Et, au-dessus des misérables toits, défoncés chaque hiver par les vagues, on ne voyait sur les falaises, à demi-pente, que l'église à droite, et que la maison des Chanteau à gauche, séparées par le ravin de la route. C'était là tout Bonneville.

— Hein ? quel fichu temps ! cria une voix.

Ayant levé les yeux, Chanteau reconnut le curé, l'abbé Horteur, un homme trapu, à encolure de paysan, dont les cinquante ans n'avaient pas encore pâli les cheveux roux. Devant l'église, sur le terrain du cimetière, le prêtre s'était réservé un potager ; et il était là, regardant ses premières salades, en serrant sa soutane entre ses cuisses, pour que l'ouragan ne la lui mît pas sur la tête. Chanteau, qui ne pouvait parler et se faire entendre contre le vent, dut se contenter de saluer de la main.

— Je crois qu'ils n'ont pas tort de retirer les barques, continua le curé à plein gosier. Vers dix heures, ils s'estimaient, le mourant rêvait peut-être pour sa fille l'air salubre de la mer. Celle-ci d'ailleurs, héritant de la charcuterie, serait loin d'être une charge. Enfin, madame Chanteau avait accepté, même si vivement, qu'elle avait voulu éviter à son mari la fatigue dangereuse d'un voyage, partant seule, battant le pavé, réglant les affaires, avec son continuel besoin d'activité ; et il suffisait à Chanteau que sa femme fût contente.

Mais pourquoi n'arrivaient-elles pas toutes les deux ? Ses craintes le reprenaient, en face du ciel livide, où le vent d'ouest emportait de grands nuages noirs, comme des haillons de suie, dont les déchirures traînaient au loin dans la mer. C'était une de ces tempêtes de mars, lorsque les marées de l'équinoxe battent furieusement les côtes. Le flot, qui commençait seulement à monter, ne mettait encore sur l'horizon qu'une barre blanche, une écume mince et perdue ; et la plage, si largement découverte ce jour-là, cette lieue de rochers et d'algues sombres, cette plaine rase, salie de flaques, tachée de deuil, prenait une mélancolie affreuse, sous le crépuscule tombant de la fuite épouvantée des nuages.

— Peut-être bien que le vent les a chavirées dans un fossé, murmura Chanteau.

Un besoin de voir le poussait. Il ouvrit la porte vitrée, risqua ses chaussons de lisières sur le gravier de la terrasse, qui dominait le village. Quelques gouttes de pluie volant dans l'ouragan lui cinglèrent le visage, un souffle terrible fit claquer son veston de grosse laine bleue. Mais il s'entêtait,

Chanteau resta paisible. Il était accoutumé aux violences de cette fille, entrée chez lui à l'âge de quinze ans, l'année même de son mariage. Lorsqu'il n'entendit plus le bruit des sabots, il s'échappa comme un écolier en vacances et alla se planter, à l'autre bout du couloir, devant une porte vitrée qui donnait sur la mer. Là, il s'oublia un instant, court et ventru, le teint coloré, regardant le ciel de ses gros yeux bleus à fleur de tête, sous la calotte neigeuse de ses cheveux coupés ras. Il était à peine âgé de cinquante-six ans ; mais les accès de goutte dont il souffrait, l'avaient vieilli de bonne heure. Distrait de son inquiétude, les regards perdus, il songeait que la petite Pauline finirait bien par faire la conquête de Véronique.

Puis, était-ce sa faute ? Quand ce notaire de Paris lui avait écrit que son cousin Quenu, veuf depuis six mois, venait de mourir à son tour en le chargeant par testament de la tutelle de sa fille, il ne s'était pas senti la force de refuser. Sans doute on ne se voyait guère, la famille se trouvait dispersée, le père de Chanteau avait jadis créé à Caen un commerce de bois du Nord, après avoir quitté le Midi et battu toute la France, comme simple ouvrier charpentier ; tandis que le petit Quenu, dès la mort de sa mère, était débarqué à Paris, où un autre de ses oncles lui avait plus tard cédé une grande charcuterie, en plein quartier des Halles. Et on s'était à peine rencontré deux ou trois fois, lorsque Chanteau, forcé par ses douleurs de quitter son commerce, avait fait des voyages à Paris, afin de consulter les célébrités médicales. Seulement, les deux hommes train ; à deux heures, elle descendait à Bayeux ; à trois heures, l'omnibus du père Malivoire la déposait à Arromanches, et si même Malivoire n'a pas attelé tout de suite sa vieille berline, madame aurait pu être ici vers quatre heures, quatre heures et demie au plus tard… Il n'y a guère que dix kilomètres d'Arromanches à Bonneville.

La cuisinière, les yeux sur son gigot, écoutait tous ces calculs, en hochant la tête. Il ajouta, après une hésitation :

— Tu devrais aller voir au coin de la route, Véronique.

Elle le regarda, plus pâle encore de colère contenue.

— Tiens ! pourquoi ?… Puisque monsieur Lazare est déjà dehors, à patauger à leur rencontre, ce n'est pas la peine que j'aille me crotter jusqu'aux reins.

— C'est que, murmura Chanteau doucement, je finis par être inquiet aussi de mon fils… Lui non plus ne reparaît pas. Que peut-il faire sur la route, depuis une heure ?

Alors, sans parler davantage, Véronique prit à un clou un vieux châle de laine noire, dont elle s'enveloppa la tête et les épaules. Puis, comme son maître la suivait dans le corridor, elle lui dit brusquement :

— Retournez donc devant votre feu, si vous ne voulez pas gueuler demain toute la journée, avec vos douleurs.

Et, sur le perron, après avoir refermé la porte à la volée, elle mit ses sabots et cria dans le vent :

— Ah ! Dieu de Dieu ! en voilà une morveuse qui peut se flatter de nous faire tourner en bourrique !

I

Comme six heures sonnaient au coucou de la salle à manger, Chanteau perdit tout espoir. Il se leva péniblement du fauteuil où il chauffait ses lourdes jambes de goutteux, devant un feu de coke. Depuis deux heures, il attendait madame Chanteau, qui, après une absence de cinq semaines, ramenait ce jour-là de Paris leur petite cousine Pauline Quenu, une orpheline de dix ans, dont le ménage avait accepté la tutelle.

— C'est inconcevable, Véronique, dit-il en poussant la porte de la cuisine. Il leur est arrivé un malheur.

La bonne, une grande fille de trente-cinq ans, avec des mains d'homme et une face de gendarme, était en train d'écarter du feu un gigot qui allait être certainement trop cuit. Elle ne grondait pas, mais une colère blêmissait la peau rude de ses joues.

— Madame sera restée à Paris, dit-elle sèchement. Avec toutes ces histoires qui n'en finissent plus et qui mettent la maison en l'air !

— Non, non, expliqua Chanteau, la dépêche d'hier soir annonçait le règlement définitif des affaires de la petite… Madame a dû arriver ce matin à Caen, où elle s'est arrêtée pour passer chez Davoine. À une heure, elle reprenait le

C'était la médiocrité, de petites économies mangées à l'écart, l'enfant jeté plus tard dans l'existence, sans le soutien des premiers vingt mille francs de rente qu'elle rêvait pour lui.

Alors, madame Chanteau voulut au moins s'occuper de la vente. Les bénéfices pouvaient être d'une dizaine de mille francs, dont le ménage vivait largement, car elle avait le goût des réceptions. Ce fut elle qui découvrit un sieur Davoine et qui eut l'idée de la combinaison suivante : Davoine achetait le commerce de bois cent mille francs, seulement il n'en versait que cinquante mille ; en lui abandonnant les cinquante mille autres, les Chanteau restaient ses associés et partageaient les bénéfices. Ce Davoine semblait être un homme d'une intelligence hardie ; même en admettant qu'il ne fît pas rendre davantage à la maison, c'étaient toujours cinq mille francs assurés, qui, ajoutés aux trois mille produits par les cinquante mille placés sur hypothèques, constituaient une rente totale de huit mille francs. Avec cela, on patienterait, on attendrait les succès du fils, qui devait les tirer de leur vie médiocre.

Et les choses furent réglées ainsi. Chanteau avait justement acheté, deux années auparavant, une maison au bord de la mer, à Bonneville, une occasion pêchée dans la débâcle d'un client insolvable. Au lieu de la revendre, comme elle en avait eu un moment l'idée, madame Chanteau décida qu'on se retirerait là-bas, au moins jusqu'aux premiers triomphes de Lazare. Renoncer à ses réceptions, s'enfouir dans un trou perdu, était pour elle un

— Et à Caen, Davoine aura-t-il un bon inventaire ?

Elle haussa furieusement les épaules.

— Ah bien ! oui, un bon inventaire !... Quand je te le disais, que tu te laissais mettre dedans !

Maintenant que la petite sommeillait, on pouvait causer. Ils parlaient bas, ils ne voulaient d'abord que se communiquer brièvement les nouvelles. Mais la passion les emportait, et peu à peu tous les tracas du ménage se déroulèrent.

À la mort de son père, l'ancien ouvrier charpentier, qui menait son commerce de bois du Nord avec les coups d'audace d'une tête aventureuse, Chanteau avait trouvé une maison fort compromise. Peu actif, d'une prudence routinière, il s'était contenté de sauver la situation, à force de bon ordre, et de vivoter honnêtement sur des bénéfices certains. Le seul roman de sa vie fut son mariage, il épousa une institutrice, qu'il rencontra dans une famille amie. Eugénie de la Vignière, orpheline de hobereaux ruinés du Cotentin, comptait lui souffler au cœur son ambition. Mais lui, d'une éducation incomplète, envoyé sur le tard dans un pensionnat, reculait devant les vastes entreprises, opposait l'inertie de sa nature aux volontés dominatrices de sa femme. Lorsqu'il leur vint un fils, celle-ci reporta sur cet enfant son espoir d'une haute fortune, le mit au lycée, le fit travailler elle-même chaque soir. Cependant, un dernier désastre devait déranger ses calculs : Chanteau, qui depuis l'âge de quarante ans souffrait de la goutte, finit par avoir des accès si douloureux, qu'il parla de vendre sa maison.

— Encore ta musique ! Tu ne peux donc nous donner une soirée, même le jour de mon retour ?

— Mais, maman, je ne m'en vais pas, je reste avec toi… Tu sais bien que ça ne m'empêche pas de causer. Va, va, dis-moi quelque chose, je te répondrai.

Et il s'entêta, couvrant de ses papiers une moitié de la table. Chanteau s'était allongé douillettement dans son fauteuil, les mains abandonnées. Devant le feu, Mathieu s'endormait ; pendant que Minouche, remontée d'un bond sur le tapis, faisait une grande toilette, une cuisse en l'air, se léchant avec précaution le poil du ventre. Une bonne intimité semblait tomber de la suspension de cuivre, et bientôt Pauline, qui souriait de ses yeux demi-clos à sa nouvelle famille, ne put résister au sommeil, brisée de lassitude, engourdie par la chaleur. Elle laissa glisser sa tête, s'assoupit dans le creux de son bras replié, en plein sous la clarté tranquille de la lampe. Ses paupières fines étaient comme un voile de soie tiré sur son regard, un petit souffle régulier sortait de ses lèvres pures.

— Elle ne doit plus tenir debout, dit madame Chanteau en baissant la voix. Nous la réveillerons pour qu'elle prenne son thé, et nous la coucherons.

Alors, un silence régna. Dans le grondement de la tempête, on n'entendait que la plume de Lazare. C'était une grande paix, la somnolence des vieilles habitudes, la vie ruminée chaque soir à la même place. Longtemps, le père et la mère se regardèrent sans rien dire. Enfin, Chanteau demanda avec hésitation :

cousin, elle cherchait la mer, elle était tourmentée du désir de savoir jusqu'où cette eau allait monter ; et elle n'entendait que la clameur grandir, une voix haute, monstrueuse, dont la menace continue s'enflait à chaque minute, au milieu des hurlements du vent et du cinglement des averses. Plus une lueur, pas même une pâleur d'écume, sur le chaos des ombres ; rien que le galop des vagues, fouetté par la tempête, au fond de ce néant.

— Fichtre ! dit Chanteau, elle arrive raide… et elle a encore deux heures à monter !

— Si le vent soufflait du nord, expliqua Lazare, je crois que Bonneville serait fichu. Heureusement qu'il nous prend de biais.

La petite fille s'était retournée et les écoutait, ses grands yeux pleins d'une pitié inquiète.

— Bah ! reprit madame Chanteau, nous sommes à l'abri, il faut laisser les autres se débrouiller, chacun a ses malheurs… Dis, ma mignonne, veux-tu une tasse de thé bien chaud ? Et puis, nous irons nous coucher.

Véronique avait jeté, sur la table desservie, un vieux tapis rouge à grosses fleurs, autour duquel la famille passait les soirées. Chacun reprit sa place. Lazare, sorti un instant, était revenu avec un encrier, une plume, toute une poignée de papiers ; et il s'installa sous la lampe, il se mit à copier de la musique. Madame Chanteau, dont les regards tendres ne quittaient pas son fils depuis son retour, devint brusquement très aigre.

suicide ; mais elle cédait sa maison entière à Davoine, il lui aurait fallu louer autre part, et le courage lui venait de faire des économies, avec l'idée entêtée d'opérer plus tard une rentrée triomphale à Caen, lorsque son fils y occuperait une grande position. Chanteau approuvait tout. Quant à sa goutte, elle devrait s'accommoder du voisinage de la mer ; d'ailleurs, sur trois médecins consultés, deux avaient eu l'obligeance de déclarer que le vent du large tonifierait d'une façon puissante l'état général. Donc, un matin de mai, les Chanteau, laissant au lycée Lazare, âgé alors de quatorze ans, partirent pour s'installer définitivement à Bonneville.

Depuis cet arrachement héroïque, cinq années s'étaient écoulées, et les affaires du ménage allaient de mal en pis. Comme Davoine se lançait dans de grandes spéculations, il disait avoir besoin de continuelles avances, risquait de nouveau les bénéfices, de sorte que les inventaires se soldaient presque par des pertes. À Bonneville, on en était réduit à vivre sur les trois mille francs de rentes, si maigrement qu'on avait dû vendre le cheval et que Véronique cultivait le potager.

— Voyons, Eugénie, hasarda Chanteau, si l'on m'a mis dedans, c'est un peu ta faute.

Mais elle n'acceptait plus cette responsabilité, elle oubliait volontiers que l'association avec Davoine était son œuvre.

— Comment ! ma faute ! répondit-elle d'une voix sèche. Est-ce que c'est moi qui suis malade ?... Si tu n'avais pas été malade, nous serions peut-être millionnaires.

Chaque fois que l'amertume de sa femme débordait ainsi, il baissait la tête, gêné et honteux d'abriter dans ses os l'ennemie de la famille.

— Il faut attendre, murmura-t-il. Davoine a l'air certain du coup qu'il prépare. Si le sapin remonte, nous avons une fortune.

— Et puis, quoi ? interrompit Lazare, sans cesser de copier sa musique, nous mangeons tout de même… Vous avez bien tort de vous tracasser. C'est moi qui me moque de l'argent !

Madame Chanteau haussa une seconde fois les épaules.

— Toi, tu ferais mieux de t'en moquer un peu moins, et de ne pas perdre ton temps à des bêtises.

Dire que c'était elle qui lui avait appris le piano ! Rien que la vue d'une partition l'exaspérait aujourd'hui. Son dernier espoir croulait : ce fils qu'elle avait rêvé préfet ou président de cour, parlait d'écrire des opéras ; et elle le voyait plus tard courir le cachet comme elle, dans la boue des rues.

— Enfin, reprit-elle, voici un aperçu des trois derniers mois que Davoine m'a donné… Si ça continue de la sorte, c'est nous qui lui devrons de l'argent en juillet.

Elle avait posé son sac sur la table et en sortait un papier, qu'elle tendit à Chanteau. Il dut le prendre, le retourna, finit par le placer devant lui, sans l'ouvrir. Justement, Véronique apportait le thé. Un long silence tomba, les tasses restèrent vides. Près du sucrier, la Minouche, qui avait mis les pattes en manchon, serrait les paupières, béatement ; tandis que Mathieu, devant la cheminée, ronflait comme un homme. Et la voix de la mer continuait à monter au dehors, ainsi qu'une basse formidable, accompagnent les petits bruits paisibles de cet intérieur ensommeillé.

— Si tu la réveillais, maman ? dit Lazare. Elle ne doit pas être bien là, pour dormir.

— Oui, oui, murmura madame Chanteau, préoccupée, les yeux sur Pauline.

Tous trois regardaient l'enfant assoupie. Son haleine s'était calmée encore, ses joues blanches et sa bouche rose avaient une douceur immobile de bouquet, dans la clarté de la lampe. Seuls, ses petits cheveux châtains, dépeignés par le vent, jetaient une ombre sur son front délicat. Et l'esprit de madame Chanteau retournait à Paris, au milieu des ennuis qu'elle venait d'avoir, étonnée elle-même de sa chaleur à accepter cette tutelle, prise d'une considération instinctive pour une pupille riche, d'une honnêteté stricte d'ailleurs, et sans arrière-pensée au sujet de la fortune dont elle aurait la garde.

— Quand je suis descendue dans cette boutique, se mit-elle à raconter lentement, elle était en petite robe noire, elle m'a embrassée, avec de gros sanglots… Oh ! une très belle boutique, une charcuterie tout en marbres et en glaces, juste en face des Halles… Et j'ai trouvé là une gaillarde, une bonne haute comme une botte, fraîche, rouge, qui avait prévenu le notaire, fait poser les scellés, et qui continuait tranquillement à vendre du boudin et des saucisses… C'est

Adèle qui m'a conté la mort de notre pauvre cousin Quenu. Depuis six mois qu'il avait perdu sa femme Lisa, le sang l'étouffait ; toujours, il portait la main à son cou, comme pour ôter sa cravate ; enfin, un soir, on l'a trouvé la figure violette, le nez tombé dans une terrine de graisse… Son oncle Gradelle était mort ainsi.

Elle se tut, le silence recommença. Sur le visage endormi de Pauline, un rêve passait, la clarté rapide d'un sourire.

— Et, pour la procuration, tout a bien marché ? demanda Chanteau.

— Très bien… Mais ton notaire a eu joliment raison de laisser le nom de mandataire en blanc, car il paraît que je ne pouvais te remplacer : les femmes sont exclues de ces affaires-là… Comme je te l'ai écrit, je suis allée m'entendre, dès mon arrivée, avec ce notaire de Paris qui t'avait envoyé un extrait du testament, où tu étais nommé tuteur. Tout de suite, il a mis la procuration au nom de son maître-clerc, ce qui a lieu souvent, m'a-t-il dit. Et nous avons pu marcher… Chez le juge de paix, j'ai fait désigner, pour le conseil de famille, trois parents du côté de Lisa, deux jeunes cousins, Octave Mouret et Claude Lantier, et un cousin par alliance, monsieur Rambaud, lequel habite Marseille ; puis, de notre côté, du côté de Quenu, j'ai pris les neveux Naudet, Liardin et Delormé. C'est, tu le vois, un conseil de famille très convenable, et dont nous ferons ce que nous voudrons pour le bonheur de l'enfant… Alors, dans la première séance, ils ont nommé le subrogé tuteur, que j'avais choisi forcément parmi les parents de Lisa, monsieur Saccard…

— Chut ! elle s'éveille, interrompit Lazare.

En effet, Pauline venait d'ouvrir les yeux tout grands. Sans bouger, elle regarda d'un air étonné ces gens qui causaient ; puis, avec un sourire noyé de sommeil, elle laissa retomber ses paupières, sous l'invincible fatigue ; et son visage immobile reprit sa transparence laiteuse de camélia.

— Ce Saccard, n'est-ce pas le spéculateur ? demanda Chanteau.

— Oui, répondit sa femme, je l'ai vu, nous avons causé. Un homme charmant… Il a tant d'affaires en tête, qu'il m'a avertie de ne pas compter sur son concours… Tu comprends, nous n'avons besoin de personne. Du moment où nous prenons la petite, nous la prenons, n'est-ce pas ? Moi, je n'aime guère qu'on vienne mettre le nez chez moi… Et, dès lors, le reste a été bâclé. Ta procuration spécifiait heureusement tous les pouvoirs nécessaires. On a levé les scellés, fait l'inventaire de la fortune, vendu aux enchères la charcuterie. Oh ! une chance ! deux concurrents enragés, quatre-vingt-dix mille francs payés comptant ! Le notaire avait déjà trouvé soixante mille francs en titres dans un meuble. Je l'ai prié d'acheter encore des titres, et voici cent cinquante mille francs de valeurs solides que j'ai été bien contente d'apporter tout de suite, après avoir remis au maître-clerc la décharge du mandat et le reçu de l'argent, dont je t'avais demandé l'envoi par retour du courrier… Tenez ! regardez ça.

Elle avait replongé sa main dans le sac, elle en ramenait un paquet volumineux, le paquet des titres, serré entre les deux feuilles de carton d'un vieux registre de la charcuterie, dont on avait arraché les pages. La couverture, à grandes marbrures vertes, était piquetée de taches de graisse. Et le père et le fils regardaient cette fortune, qui tombait sur le tapis usé de leur table.

— Le thé va être froid, maman, dit Lazare en lâchant enfin sa plume. Je le verse, n'est-ce pas ?

Il s'était levé, il emplissait les tasses. La mère n'avait pas répondu, les yeux fixés sur les titres.

— Naturellement, continua-t-elle d'une voix lente, dans une dernière réunion du conseil de famille, que j'ai provoquée, j'ai demandé à être indemnisée de mes frais de voyages, et l'on a réglé la pension de la petite chez nous à huit cents francs… Nous sommes moins riches qu'elle, nous ne pouvons lui faire la charité. Aucun de nous ne voudrait gagner sur cette enfant, mais il nous est difficile d'y mettre du nôtre. On replacera les intérêts de ses rentes, on lui doublera presque son capital, d'ici à sa majorité… Mon Dieu ! nous ne remplissons que notre devoir. Il faut obéir aux morts. Si nous y mettons encore du nôtre, eh bien ! cela nous portera chance peut-être, ce dont nous avons grand besoin… La pauvre chérie a été si secouée, et elle sanglotait si fort en quittant sa bonne ! Je veux qu'elle soit heureuse avec nous.

Les deux hommes étaient gagnés par l'attendrissement.

— Certes, ce n'est pas moi qui lui ferai du mal, dit Chanteau.

— Elle est charmante, ajouta Lazare. Moi, je l'aime déjà beaucoup.

Mais, ayant senti le thé dans son sommeil, Mathieu s'était secoué et avait de nouveau posé sa grosse tête au bord de la table. Minouche, elle aussi, s'étirait, enflait l'échine en bâillant. Ce fut tout un réveil, la chatte finit par allonger le cou, pour flairer le paquet des titres, dans le carton graisseux. Et, comme les Chanteau reportaient leurs regards vers Pauline, ils l'aperçurent les yeux ouverts, fixés sur les papiers, sur ce vieux registre déloqueté, qu'elle retrouvait là.

— Oh ! elle sait bien ce qu'il y a dedans, reprit madame Chanteau. N'est-ce pas ? ma mignonne, je t'ai montré ça, là-bas, à Paris… C'est ce que ton pauvre père et ta pauvre mère t'ont laissé.

Des larmes roulèrent sur les joues de la petite fille. Son chagrin lui revenait encore ainsi, par brusques ondées de printemps. Elle souriait déjà au milieu de ses pleurs, elle s'amusait de la Minouche qui, après avoir senti longuement les titres, sans doute alléchée par l'odeur, se remettait à pétrir et à ronronner, en donnant de grands coups de tête dans les angles du registre.

— Minouche, veux-tu laisser ça ! cria madame Chanteau. Est-ce qu'on joue avec l'argent !

Chanteau riait, Lazare aussi. Au bord de la table, Mathieu, très excité, dévorant de ses yeux de flamme les papiers qu'il devait prendre pour une gourmandise, aboyait contre la chatte. Et toute la famille s'épanouissait bruyamment. Pauline, ravie de ce jeu, avait saisi entre ses bras la Minouche, qu'elle berçait et caressait, ainsi qu'une poupée.

De crainte que l'enfant ne se rendormît, madame Chanteau lui fit boire son thé tout de suite. Puis, elle appela Véronique.

— Donne-nous les bougeoirs… On reste à causer, on ne se coucherait pas. Dire qu'il est dix heures ! Moi qui dormais en mangeant !

Mais une voix d'homme s'élevait dans la cuisine, et elle questionna la bonne, lorsque celle-ci eut apporté les quatre bougeoirs allumés.

— Avec qui donc causes-tu ?

— Madame, c'est Prouane… Il vient dire à monsieur que ça ne va pas bien en bas. La marée casse tout, paraît-il.

Chanteau avait dû accepter d'être maire de Bonneville, et Prouane, un ivrogne qui servait de bedeau à l'abbé Horteur, remplissait en outre les fonctions de greffier. Il avait eu un grade sur la flotte, il écrivait comme un maître d'école. Quand on lui eut crié d'entrer, il parut, son bonnet de laine à la main, sa veste et ses bottes ruisselantes d'eau.

— Eh bien, quoi donc, Prouane ?

— Dame ! monsieur, c'est la maison des Cuche qui est nettoyée, pour le coup… Maintenant, si ça continue, ça va être le tour de celle des Gonin… Nous étions tous là, Tourmal, Houtelard, moi, les autres. Mais qu'est-ce que vous voulez ! on ne peut rien contre cette gueuse, il est dit que chaque année elle nous emportera un morceau du pays.

Il y eut un silence. Les quatre bougies brûlaient avec des flammes hautes, et l'on entendit la mer, la gueuse, qui battait les falaises. À cette heure, elle se trouvait dans son plein, chaque flot en s'écroulant ébranlait la maison. C'étaient comme des détonations d'une artillerie géante, des coups profonds et réguliers, au milieu de la déchirure des galets roulés sur les roches, qui ressemblait à un craquement continu de fusillade. Et, dans ce vacarme, le vent jetait le rugissement de sa plainte, la pluie par moments redoublait de violence, semblait fouetter les murs d'une grêle de plomb.

— C'est la fin du monde, murmura madame Chanteau. Et les Cuche, où vont-ils se réfugier ?

— Faudra bien qu'on les abrite, répondit Prouane. En attendant, ils sont déjà chez les Gonin… Si vous aviez vu ça ! le petit qui a trois ans, trempé comme une soupe ! et la mère en jupon, montrant tout ce qu'elle possède, sauf votre respect ! et le père, la tête à moitié fendue par une poutre, s'entêtant à vouloir sauver leurs quatre guenilles !

Pauline avait quitté la table. Retournée près de la fenêtre, elle écoutait, avec une gravité de grande personne. Son visage exprima une bonté navrée, une fièvre de sympathie, dont ses grosses lèvres tremblaient.

— Oh ! ma tante, dit-elle, les pauvres gens !

Et ses regards allaient au dehors, dans ce gouffre noir où les ténèbres s'étaient encore épaissies. On sentait que la mer avait galopé jusqu'à la route, qu'elle était là maintenant, gonflée, hurlante ; mais on ne la voyait toujours plus, elle semblait avoir noyé de flots d'encre le petit village, les rochers de la côte, l'horizon entier. C'était, pour l'enfant, une surprise douloureuse. Cette eau qui lui avait paru si belle et qui se jetait sur le monde !

— Je descends avec vous, Prouane, s'écria Lazare. Peut-être y a-t-il quelque chose à faire.

— Oh ! oui, mon cousin ! murmura Pauline dont les yeux brillaient.

Mais l'homme secoua la tête.

— Pas la peine de vous déranger, monsieur Lazare. Vous n'en feriez pas davantage que les camarades. Nous sommes là, à la regarder nous démolir tant que ça lui plaira ; et, quand ça ne lui plaira plus, eh bien ! nous aurons encore à la remercier… J'ai simplement voulu prévenir monsieur le maire.

Alors, Chanteau se fâcha, ennuyé de ce drame qui allait lui gâter sa nuit et dont il aurait à s'occuper le lendemain.

— Aussi, cria-t-il, on n'a pas idée d'un village bâti aussi bêtement ! Vous vous êtes fourrés sous les vagues, ma parole d'honneur ! ce n'est pas étonnant si la mer avale vos maisons une à une… Et, d'ailleurs, pourquoi restez-vous dans ce trou ? On s'en va.

— Où donc ? demanda Prouane, qui écoutait d'un air stupéfait. On est là, monsieur, on y reste… Il faut bien être quelque part.

— Ça, c'est une vérité, conclut madame Chanteau. Et, voyez-vous, là ou plus loin, on a toujours du mal… Nous montions nous coucher. Bonsoir. Demain, il fera clair.

L'homme s'en alla en saluant, et l'on entendit Véronique mettre les verrous derrière lui. Chacun tenait son bougeoir, on caressa encore Mathieu et la Minouche, qui couchaient ensemble dans la cuisine. Lazare avait ramassé sa musique, tandis que madame Chanteau serrait sous son bras les titres, dans le vieux registre. Elle reprit également sur la table l'inventaire de Davoine, que son mari venait d'y oublier. Ce papier lui crevait le cœur, il était inutile de le voir traîner partout.

— Nous montons, Véronique, cria-t-elle. Tu ne vas pas rôder, à cette heure ?

Et, comme il ne sortait de la cuisine qu'un grognement, elle continua, à voix plus basse :

— Qu'a-t-elle donc ? Ce n'est pourtant pas une enfant à sevrer que je lui amène.

— Laisse-la tranquille, dit Chanteau. Tu sais qu'elle a ses lunes… Hein ? nous y sommes tous les quatre. Alors, bonne nuit.

Lui, couchait au rez-de-chaussée, de l'autre côté du couloir, dans l'ancien salon transformé en chambre à coucher. De cette manière, quand il était pris, on pouvait aisément rouler son fauteuil près de la table ou sur la terrasse. Il ouvrit sa porte, s'arrêta un instant encore, les jambes engourdies, travaillées de la sourde approche d'une crise, que la raideur de ses jointures lui annonçait depuis la veille. Décidément, il avait eu grand tort de manger du foie gras. Cette certitude, à présent, le désespérait.

— Bonne nuit, répéta-t-il d'une voix dolente. Vous dormez toujours, vous autres… Bonne nuit, ma mignonne. Repose-toi bien, c'est de ton âge.

— Bonne nuit, mon oncle, dit à son tour Pauline en l'embrassant.

La porte se referma. Madame Chanteau fit monter la petite la première. Lazare les suivait.

— Le fait est qu'on n'aura pas besoin de me bercer, ce soir, déclara la vieille dame. Et puis, moi, ça m'endort, ce vacarme, ça ne m'est pas désagréable du tout… À Paris, ça me manquait, d'être secouée dans mon lit.

Tous trois arrivaient au premier étage. Pauline, qui tenait sa bougie bien droite, s'amusait de cette montée à la file, chacun avec un cierge, dont la lumière faisait danser des ombres. Sur le palier, comme elle s'arrêtait, hésitante, ignorant où sa tante la conduisait, celle-ci la poussa doucement.

— Va devant toi… Voici une chambre d'ami, et en face voici ma chambre… Entre un moment, je veux te montrer.

C'était une chambre tendue d'une cretonne jaune à ramages verts, très simplement meublée d'acajou : un lit, une armoire, un secrétaire. Au milieu, un guéridon était posé sur une carpette rouge. Quand elle eut promené sa bougie dans les moindres coins, madame Chanteau s'approcha du secrétaire, dont elle rabattit le tablier.

— Viens voir, reprit-elle.

Elle avait ouvert un des petits tiroirs, où elle plaçait en soupirant l'inventaire désastreux de Davoine. Puis, elle vida un autre tiroir au-dessus, le sortit, le secoua pour en faire tomber d'anciennes miettes ; et, s'apprêtant à y enfermer les titres, devant l'enfant qui regardait :

— Tu vois, je les mets là, ils seront tout seuls… Veux-tu les mettre toi-même ?

Pauline éprouvait une honte, qu'elle n'aurait pu expliquer. Elle rougit.

— Oh ! ma tante, ce n'est pas la peine.

Mais déjà elle avait le vieux registre dans la main, et elle dut le déposer au fond du tiroir, tandis que Lazare, la bougie tendue, éclairait l'intérieur du meuble.

— Là, continuait madame Chanteau, tu es sûre maintenant, et sois tranquille, on mourrait de faim à côté… Souviens-toi, le premier tiroir de gauche. Ils n'en sortiront que le jour où tu seras assez grande fille pour les reprendre toi-même… Hein ? ce n'est pas la Minouche qui viendra les manger là-dedans.

Cette idée de la Minouche ouvrant le secrétaire et mangeant les papiers, fit éclater l'enfant de rire. Sa gêne d'un instant avait disparu, elle jouait avec Lazare, qui, pour l'amuser, ronronnait comme la chatte, en feignant de s'attaquer au tiroir. Il riait aussi de bon cœur. Mais sa mère avait refermé solennellement le tablier, et elle donna deux tours de clef, d'une main énergique.

— Ça y est, dit-elle. Voyons, Lazare, ne fais pas la bête… À présent, je monte m'assurer s'il ne lui manque rien.

Et tous trois, à la file, se retrouvèrent dans l'escalier. Au second étage, Pauline, de nouveau hésitante, avait ouvert la porte de gauche, lorsque sa tante lui cria :

— Non, non, pas de ce côté ! c'est la chambre de ton cousin. Ta chambre est en face.

Pauline était restée immobile, séduite par la grandeur de la pièce et par le fouillis de grenier qui l'encombrait, un piano, un divan, une table immense, des livres, des images. Enfin, elle poussa l'autre porte, et fut ravie, bien que sa chambre lui sembla toute petite, comparée à l'autre. Le papier était à fond écru, semé de roses bleues. Il y avait un lit de fer drapé de rideaux de mousseline, une table de toilette, une commode et trois chaises.

— Tout y est, murmurait madame Chanteau, de l'eau, du sucre, des serviettes, un savon… Et dors tranquille.

Véronique couche dans un cabinet, à côté. Si tu te fais peur, tape contre le mur.

— Puis, je suis là, moi, déclara Lazare. Lorsqu'il vient un revenant, j'arrive avec mon grand sabre.

Les portes des deux chambres, face à face, étaient restées ouvertes. Pauline promenait ses regards d'une pièce dans l'autre.

— Il n'y a pas de revenant, dit-elle de son air gai. Un sabre, c'est pour les voleurs… Bonsoir, ma tante. Bonsoir, mon cousin.

— Bonsoir, ma chérie… Tu sauras te déshabiller ?

— Oh ! oui, oui… Je ne suis plus une petite fille. À Paris, je faisais tout.

Ils l'embrassèrent. Madame Chanteau lui dit, en se retirant, qu'elle pouvait fermer sa porte à clef. Mais déjà l'enfant était devant la fenêtre, impatiente de savoir si la vue donnait sur la mer. La pluie ruisselait avec tant de violence le long des vitres, qu'elle n'osa pas ouvrir. Il faisait très noir, elle fut pourtant heureuse d'entendre la mer battre à ses pieds. Puis, malgré la fatigue qui l'endormait debout, elle fit le tour de la pièce, elle regarda les meubles. Cette idée, qu'elle avait une chambre à elle, une chambre séparée des autres, où il lui était permis de s'enfermer, la gonflait d'un orgueil de grande personne. Cependant, au moment de tourner la clef, comme elle avait enlevé sa robe et qu'elle se trouvait en petit jupon, elle hésita, elle fut prise d'un malaise. Par où se sauver, si elle voyait quelqu'un.

Elle eut un frisson, elle rouvrit la porte. En face, au milieu de l'autre pièce, Lazare était encore là qui la regardait.

— Quoi donc, demanda-t-il, tu as besoin de quelque chose ?

Elle devint très rouge, voulut mentir, puis céda à son besoin de franchise.

— Non, non… Vois-tu, c'est que j'ai peur, quand les portes sont fermées à clef. Alors, je ne vais pas fermer, tu comprends, et si je tape, c'est pour que tu viennes… Toi, entends-tu, pas la bonne !

Il s'était avancé, séduit par le charme de cette enfance si droite et si tendre.

— Bonsoir, répéta-t-il en tendant les bras.

Elle se jeta à son cou, l'étreignit de ses petits bras maigres, sans s'inquiéter de sa nudité de gamine.

— Bonsoir, mon cousin.

Cinq minutes plus tard, elle avait bravement soufflé sa bougie, elle se pelotonnait au fond de son lit, drapé de mousseline. Sa lassitude donna longtemps à son sommeil une légèreté de rêve. D'abord, elle entendit Véronique monter sans précaution et traîner ses meubles, pour réveiller le monde. Ensuite, il n'y eut plus que le tonnerre grondant de la tempête : la pluie entêtée battait les ardoises, le vent ébranlait les fenêtres, hurlait sous les portes ; et, pendant une heure encore, la canonnade continua, chaque vague qui s'abattait, la secouait d'un choc profond et sourd. Il lui semblait que la maison, anéantie, écrasée de silence, s'en allait dans l'eau comme un navire. Elle avait maintenant une bonne chaleur moite, sa pensée vacillante se reportait, avec une pitié secourable, vers les pauvres gens que la mer, en bas, chassait de leurs couvertures. Puis, tout sombra, elle dormit sans un souffle.

II

Dès la première semaine, la présence de Pauline apporta une joie dans la maison. Sa belle santé raisonnable, son tranquille sourire calmaient l'aigreur sourde où vivaient les Chanteau. Le père avait trouvé une garde-malade, la mère était heureuse que son fils restât davantage au logis. Seule, Véronique continuait à grogner. Il semblait que les cent cinquante mille francs, enfermés dans le secrétaire, donnaient à la famille un air plus riche, bien qu'on n'y touchât pas. Un lien nouveau était créé, et il naissait une espérance au milieu de leur ruine, sans qu'on sût au juste laquelle.

Le surlendemain, dans la nuit, l'accès de goutte que Chanteau sentait venir, avait éclaté. Depuis une semaine, il éprouvait des picotements aux jointures, des frissons qui lui secouaient les membres, une horreur invincible de tout exercice. Le soir, il s'était couché plus tranquille pourtant, lorsque, à trois heures du matin, la douleur se déclara dans l'orteil du pied gauche. Elle sauta ensuite au talon, finit par envahir la cheville. Jusqu'au jour, il se plaignit doucement, suant sous les couvertures, ne voulant déranger personne. Ses crises étaient l'effroi de la maison, il attendait la dernière minute pour appeler, honteux d'être repris et désespéré de l'accueil rageur qu'on allait faire à son mal. Cependant, comme Véronique passait devant sa porte, vers huit heures, il ne put retenir un cri, qu'un élancement plus profond lui arracha.

— Bon ! nous y sommes, grogna la bonne. Le voilà qui gueule.

Elle était entrée, elle le regardait rouler la tête en geignant, et elle ne trouva que cette consolation :

— Si vous croyez que madame va être contente !

En effet, lorsque madame prévenue vint à son tour, elle laissa tomber les bras, dans un geste de découragement exaspéré.

— Encore ! dit-elle. J'arrive à peine et ça commence !

C'était, en elle, contre la goutte, une rancune de quinze ans. Elle l'exécrait comme l'ennemie, la gueuse qui avait gâté son existence, ruiné son fils, tué ses ambitions. Sans la goutte, est-ce qu'ils se seraient exilés au fond de ce village perdu ? et, malgré son bon cœur, elle restait frémissante et hostile devant les crises de son mari, elle se déclarait elle-même maladroite, incapable de le soigner.

— Mon Dieu ! que je souffre ! bégayait le pauvre homme. L'accès sera plus fort que le dernier, je le sens…

Ne reste pas là, puisque ça te contrarie ; mais envoie tout de suite chercher le docteur Cazenove.

Dès lors, la maison fut en l'air. Lazare était parti pour Arromanches, bien que la famille n'eût plus grand espoir dans les médecins. Depuis quinze ans, Chanteau avait essayé de toutes les drogues ; et, à chaque tentative nouvelle, le mal empirait. D'abord faibles et rares, les accès s'étaient multipliés bientôt, en augmentant de violence ; aujourd'hui, les deux pieds se prenaient, même un genou était menacé. Trois fois déjà, le malade avait vu changer la mode de guérir, son triste corps finissait par être un champ d'expériences, où se battaient les remèdes des réclames. Après l'avoir saigné copieusement, on venait de le purger sans prudence, et maintenant on le bourrait de colchique et de lithine. Aussi, dans l'épuisement du sang appauvri et des organes débilités, sa goutte aiguë se transformait-elle peu à peu en goutte chronique. Les traitements locaux ne réussissaient guère mieux, les sangsues avaient laissé les articulations rigides, l'opium prolongeait les crises, les vésicatoires amenaient des ulcérations. Wiesbaden et Carlsbad ne lui produisirent aucun effet, une saison à Vichy manqua de le tuer.

— Mon Dieu ! que je souffre ! répétait Chanteau, c'est comme si des chiens me dévoraient le pied.

Et, pris d'une agitation anxieuse, espérant se soulager en changeant de position, il tournait et retournait sa jambe. Mais l'accès augmentait toujours, chaque mouvement lui arrachait des plaintes. Bientôt il poussa un hurlement continu, dans le paroxysme de la douleur. Il avait des frissons et de la fièvre, une soif ardente le brûlait.

Cependant, Pauline venait de se glisser dans la chambre. Debout devant le lit, elle regardait son oncle, d'un air sérieux, sans pleurer. Madame Chanteau perdait la tête, énervée par les cris. Véronique avait voulu arranger la couverture, dont le malade ne pouvait supporter le poids ; mais, lorsqu'elle s'était avancée avec ses mains d'homme, il avait crié davantage, lui défendant de le toucher. Elle le terrifiait, il l'accusait de le secouer comme un paquet de linge sale.

— Alors, monsieur, ne m'appelez pas, dit-elle en s'en allant furieuse. Quand on rebute les gens, on se soigne tout seul.

Lentement, Pauline s'était approchée ; et, de ses doigts d'enfant, avec une légèreté adroite, elle souleva la couverture. Il éprouva un court soulagement, il accepta ses services.

— Merci, petite… Tiens ! là, ce pli. Il pèse cinq cents livres… Oh ! pas si vite ! tu m'as fait peur.

Du reste, la douleur recommença plus intense. Comme sa femme tâchait de s'occuper dans la chambre, allait tirer les rideaux de la fenêtre, revenait poser une tasse sur la table de nuit, il s'irrita encore.

— Je t'en prie, ne marche plus, tu fais tout trembler… À chacun de tes pas, il me semble qu'on me donne un coup de marteau.

Elle n'essaya même point de s'excuser et de le satisfaire. Cela finissait toujours ainsi. On le laissait souffrir seul.

— Viens, Pauline, dit-elle simplement. Tu vois que ton oncle ne peut nous tolérer autour de lui.

Mais Pauline demeura. Elle marchait d'un mouvement si doux, que ses petits pieds effleuraient à peine le parquet. Et, dès ce moment, elle s'installa près du malade, il ne supporta personne autre dans la chambre. Comme il le disait, il aurait voulu être soigné par un souffle. Elle avait l'intelligence du mal deviné et soulagé, devançait ses désirs, ménageait le jour ou lui donnait des tasses d'eau de gruau, que Véronique apportait jusqu'à la porte. Ce qui apaisait surtout le pauvre homme, c'était de la voir sans cesse devant lui, sage et immobile au bord d'une chaise, avec de grands yeux compatissants qui ne le quittaient pas. Il tâchait de se distraire, en lui racontant ses souffrances.

— Vois-tu, en ce moment, c'est comme un couteau ébréché qui me désarticule les os du pied ; et, en même temps, je jurerais qu'on me verse de l'eau tiède sur la peau.

Puis, la douleur changeait : on lui liait la cheville avec un fil de fer, on lui raidissait les muscles jusqu'à les rompre, ainsi que des cordes de violon. Pauline écoutait d'un air de complaisance, paraissait tout comprendre, vivait sans trouble dans le hurlement de sa plainte, préoccupée uniquement de la guérison. Elle était même gaie, elle parvenait à le faire rire, entre deux gémissements.

Lorsque le docteur Cazenove arriva enfin, il s'émerveilla et posa un gros baiser sur les cheveux de la petite garde-malade. C'était un homme de cinquante-quatre ans, sec et vigoureux, qui après avoir servi trente ans dans la marine, venait de se retirer à Arromanches, où un oncle lui avait laissé une maison. Il était l'ami des Chanteau, depuis qu'il avait guéri madame Chanteau d'une foulure inquiétante.

— Eh bien ! nous y voilà encore, dit-il. Je suis accouru pour vous serrer la main. Mais vous savez que je n'en ferai pas plus que cette enfant. Mon cher, quand on a hérité de la goutte et qu'on a dépassé la cinquantaine, on doit en prendre le deuil. Ajoutez que vous vous êtes achevé avec un tas de drogues… Vous connaissez le seul remède : patience et flanelle !

Il affectait un grand scepticisme. Pendant trente ans, il avait vu agoniser tant de misérables, sous tous les climats et dans toutes les pourritures, qu'il était au fond devenu très modeste : il préférait le plus souvent laisser agir la vie. Pourtant, il examinait l'orteil gonflé, dont la peau luisante était d'un rouge sombre, passait au genou que l'inflammation envahissait, constatait au bord de l'oreille droite la présence d'une petite perle, dure et blanche.

— Mais, docteur, geignait le malade, vous ne pouvez me laisser souffrir ainsi !

Cazenove était devenu sérieux. Cette perle de matière tophacée l'intéressait, et il retrouvait sa foi, devant ce symptôme nouveau.

— Mon Dieu ! murmura-t-il, je veux bien essayer des alcalins et des sels… Elle devient chronique, évidemment.

Puis, il s'emporta.

— Aussi, c'est votre faute, vous ne suivez pas le régime que je vous ai indiqué… Jamais d'exercice, toujours échoué dans votre fauteuil. Et du vin, je parie, de la viande, n'est-ce pas ? Avouez que vous avez mangé quelque chose d'échauffant.

— Oh ! un petit peu de foie gras, confessa faiblement Chanteau.

Le médecin leva les deux bras, pour prendre les éléments à témoins. Cependant, il tira des flacons de sa grande redingote, se mit à préparer une potion. Comme traitement local, il se contenta d'envelopper le pied et le genou dans de la ouate, qu'il maintint ensuite avec de la toile cirée. Et, quand il partit, ce fut à Pauline qu'il répéta ses recommandations : une cuillerée de la potion toutes les deux heures, autant d'eau de gruau que le malade en voudrait boire, et surtout une diète absolue.

— Si vous croyez qu'on pourra l'empêcher de manger ! dit madame Chanteau en reconduisant le docteur.

— Non, non, ma tante, il sera sage, tu verras, se permit d'affirmer Pauline. Je le ferai bien obéir.

Cazenove la regardait, amusé par son air réfléchi. Il la baisa de nouveau, sur les deux joues.

— Voilà une gamine qui est née pour les autres, déclara-t-il, avec le coup d'œil clair dont il portait ses diagnostics.

Chanteau hurla pendant huit jours. Le pied droit s'était pris, au moment où l'accès semblait terminé ; et les douleurs avaient reparu, avec un redoublement de violence. Toute la maison frémissait, Véronique s'enfermait au fond de sa cuisine pour ne pas entendre, madame Chanteau et Lazare eux-mêmes fuyaient parfois dehors, dans leur angoisse nerveuse. Seule, Pauline ne quitta pas la chambre, où elle devait encore lutter contre les coups de tête du malade, qui voulait à toute force manger une côtelette, criant qu'il avait faim, que le docteur Cazenove était un âne, puisqu'il ne savait seulement pas le guérir. La nuit surtout, le mal redoublait d'intensité. Elle dormait à peine deux ou trois heures. Du reste, elle était gaillarde, jamais fillette n'avait poussé plus sainement. Madame Chanteau, soulagée, avait fini par accepter cette aide d'une enfant qui apaisait la maison. Enfin, la convalescence arriva, Pauline reprit sa liberté, et une étroite camaraderie se noua entre elle et Lazare.

D'abord, ce fut dans la grande chambre du jeune homme. Il avait fait abattre une cloison, il occupait ainsi toute une moitié du second étage. Un petit lit de fer se perdait dans un coin, derrière un antique paravent crevé. Contre un mur, sur des planches de bois blanc, étaient rangés un millier de volumes, des livres classiques, des ouvrages dépareillés, découverts au fond d'un grenier de Caen et apportés à Bonneville. Près de la fenêtre, une vieille armoire normande, immense, débordait d'un fouillis d'objets extraordinaires, des échantillons de minéralogie, des outils hors d'usage, des jouets d'enfant éventrés. Et il y avait encore le piano, surmonté d'une paire de fleurets et d'un masque d'escrime, sans compter l'énorme table du milieu, une ancienne table à dessiner, très haute, encombrée de papiers, d'images, de pots à tabac, de pipes, et où il était difficile de trouver une place large comme la main pour écrire.

Pauline, lâchée dans ce désordre, fut ravie. Elle mit un mois à explorer la pièce ; et c'était chaque jour des découvertes nouvelles, un Robinson avec des gravures trouvé dans la bibliothèque, un polichinelle repêché sous l'armoire. Aussitôt levée, elle sautait de sa chambre chez son cousin, s'installait, remontait l'après-midi, vivait là. Lazare, dès le premier jour, l'avait acceptée comme un garçon, un frère cadet, de neuf ans plus jeune que lui, mais si gai, si drôle, avec ses grands yeux intelligents, qu'il ne se gênait plus, fumait sa pipe, lisait renversé sur une chaise, les pieds en l'air, écrivait de longues lettres, où il glissait des fleurs. Seulement, le camarade devenait parfois d'une turbulence terrible. Brusquement, elle grimpait sur la table, ou bien elle passait d'un bond au travers du paravent crevé. Un matin, comme il se tournait en ne l'entendant plus, il l'aperçut, le visage couvert du masque d'escrime, un fleuret à la main, saluant le vide. Et, s'il lui criait d'abord de rester tranquille, s'il la menaçait de la mettre dehors, cela se terminait d'habitude par d'effrayantes parties à deux, des gambades de chèvre au milieu de la chambre bouleversée. Elle se jetait à son cou, il la faisait virer ainsi qu'une toupie, les jupes volantes, redevenu gamin lui-même, riant tous deux d'un bon rire d'enfance.

Ensuite, le piano les occupa. L'instrument datait de 1810, un vieux piano d'Érard, sur lequel, autrefois, mademoiselle Eugénie de la Vignière avait donné quinze ans de leçons. Dans la boîte d'acajou dévernie, les cordes soupiraient des sons lointains, d'une douceur voilée. Lazare, qui ne pouvait obtenir de sa mère un piano neuf, tapait sur celui-là de toutes ses forces, sans en tirer les sonorités romantiques dont bourdonnait son crâne ; et il avait pris l'habitude de les renforcer lui-même avec la bouche, pour arriver à l'effet voulu. Sa passion le fit bientôt abuser de la complaisance de Pauline ; il tenait un auditeur, il déroulait son répertoire, pendant des après-midi entières : c'était ce qu'il y avait de plus compliqué en musique, surtout les pages niées alors de Berlioz et de Wagner. Et il mugissait, et il finissait par jouer autant de la gorge que des doigts. Ces jours-là, l'enfant s'ennuyait beaucoup, mais elle restait pourtant tranquille à écouter, de peur de chagriner son cousin.

Le crépuscule parfois les surprenait. Alors, Lazare, étourdi de rythmes, disait ses grands rêves. Lui aussi, serait un musicien de génie, malgré sa mère, malgré tout le monde. Au lycée de Caen, il avait eu un professeur de violon, qui, frappé de son intelligence musicale, lui prédisait un avenir de gloire. Il s'était fait donner en cachette des leçons de composition, il travaillait seul maintenant, et déjà il avait une idée vague, l'idée d'une symphonie sur le Paradis terrestre ; même un morceau était trouvé, Adam et Ève chassés par les Anges, une marche d'un caractère solennel et douloureux, qu'il consentit à jouer un soir devant Pauline. L'enfant approuvait, trouvait ça très bien. Puis, elle discutait. Sans doute, il devait y avoir du plaisir à composer de la belle musique ; mais peut-être se serait-il montré plus sage en obéissant à ses parents, qui voulaient faire de lui un préfet ou un juge. La maison était désolée par cette querelle de la mère et du fils, celui-ci parlant d'aller à Paris se présenter au Conservatoire, celle-là lui accordant jusqu'au mois d'octobre pour choisir une carrière d'honnête homme. Et Pauline soutenait le projet de sa tante, à qui elle avait annoncé, de son air tranquillement convaincu, qu'elle se chargeait de décider son cousin. On en riait, Lazare furieux refermait le piano avec violence, en lui criant qu'elle était « une sale bourgeoise. »

Ils se fâchèrent trois jours, puis ils se raccommodèrent. Pour la conquérir à la musique, il s'était mis en tête de lui apprendre le piano. Il lui posait les doigts sur les touches, la tenait des heures à monter et à descendre des gammes. Mais, décidément, elle le révoltait par son manque de feu. Elle ne cherchait qu'à rire, elle trouvait drôle de promener le long du clavier la Minouche, dont les pattes exécutaient des symphonies barbares ; et elle jurait que la chatte jouait la fameuse sortie du Paradis terrestre, ce qui égayait l'auteur lui-même. Alors, les grandes parties recommençaient, elle lui sautait au cou, il la faisait virer ; tandis que la Minouche, entrant dans la danse, bondissait de la table sur l'armoire. Quant à Mathieu, il n'était pas admis, il avait la joie trop brutale.

— Fiche-moi la paix, sale petite bourgeoise ! répéta un jour Lazare exaspéré. Maman t'apprendra le piano, si elle veut.

— Ça ne sert à rien, ta musique, déclara carrément Pauline. À ta place, je me ferais médecin.

Outré, il la regardait. Médecin, maintenant ! où prenait-elle cela ? Il s'exaltait, il se jetait dans sa passion, avec une impétuosité qui semblait devoir tout emporter.

— Écoute, cria-t-il, si l'on m'empêche d'être musicien, je me tue !

L'été avait achevé la convalescence de Chanteau, et Pauline put suivre Lazare au dehors. La grande chambre fut désertée, leur camaraderie galopa en courses folles. Pendant quelques jours, ils se contentèrent de la terrasse où végétaient des touffes de tamaris, brûlées par les vents du large ; puis, ils envahirent la cour, cassèrent la chaîne de la citerne, effarouchèrent la douzaine de poules maigres qui vivaient de sauterelles, se cachèrent dans l'écurie et la remise vides, dont on laissait tomber les plâtres ; puis, ils gagnèrent le potager, un terrain sec, que Véronique bêchait comme un paysan, quatre planches semées de légumes noueux, plantées de poiriers aux moignons d'infirme, tous pliés dans une même fuite par les bourrasques du nord-ouest ; et ce fut de là, en poussant une petite porte, qu'ils se trouvèrent sur les falaises, sous le ciel libre, en face de la pleine mer. Pauline avait gardé la curiosité passionnée de cette eau immense, si pure et si douce maintenant, au clair soleil de juillet. C'était toujours la mer qu'elle regardait de chaque pièce de la maison. Mais elle ne l'avait pas encore approchée, et une nouvelle vie commença, quand elle se trouva lâchée avec Lazare dans la solitude vivante des plages.

Quelles bonnes escapades ! Madame Chanteau grondait, voulait les retenir au logis, malgré sa confiance dans la raison de la petite. Aussi ne traversaient-ils jamais la cour, où Véronique les aurait vus ; ils filaient par le potager, disparaissaient jusqu'au soir. Bientôt, les promenades autour de l'église, les coins du cimetière abrités par des ifs, les quatre salades du curé, les ennuyèrent ; et ils épuisèrent également en huit jours tout Bonneville, les trente maisons collées contre le roc, le banc de galets où les pêcheurs échouaient leurs barques. Ce qui était plus amusant, c'était, à mer basse, de s'en aller très loin, sous les falaises : on marchait sur des sables fins, où fuyaient des crabes, on sautait de roche en roche, parmi les algues, pour éviter les ruisseaux d'eau limpide, pleins d'un frétillement de crevettes ; sans parler de la pêche, des moules mangées sans pain, toutes crues, des bêtes étranges, emportées dans le coin d'un mouchoir, des trouvailles brusques, une limande égarée, un petit homard entendu au fond d'un trou. La mer remontait, ils se laissaient parfois surprendre, jouaient au naufrage, réfugiés sur quelque récif, en attendant que l'eau voulût bien se retirer. Ils étaient ravis, ils rentraient mouillés jusqu'aux épaules, les cheveux envolés dans le vent, si habitués au grand air salé, qu'ils se plaignaient d'étouffer le soir, sous la lampe.

Mais leur joie fut de se baigner. La plage était trop rocheuse pour attirer les familles de Caen et de Bayeux. Tandis que, chaque année, les falaises d'Arromanches se couvraient de chalets nouveaux, pas un baigneur ne se montrait à Bonneville. Eux avaient découvert, à un kilomètre du village, du côté de Port-en-Bessin, un coin adorable, une petite baie enfoncée entre deux rampes de roches, et toute d'un sable fin et doré. Ils la nommèrent la baie du Trésor, à cause de son flot solitaire qui semblait rouler des pièces de vingt francs. Là, ils étaient chez eux, ils se déshabillaient sans honte. Lui, continuant de causer, se tournait à demi, boutonnait son costume. Elle, un instant, tenait à sa bouche la coulisse de sa chemise, puis apparaissait serrée aux hanches, ainsi qu'un garçon, par une ceinture de laine. En huit jours, il lui apprit à nager : elle y mordait davantage qu'au piano, elle avait une bravoure qui lui faisait souvent boire de grands coups d'eau de mer. Toute leur jeunesse riait dans cette fraîcheur âpre, quand une lame plus forte les culbutait l'un contre l'autre. Ils sortaient luisants de sel, ils séchaient au vent leurs bras nus, sans cesser leurs jeux hardis de galopins. C'était encore plus amusant que la pêche.

Les journées passaient, on était arrivé au commencement d'août, et Lazare ne prenait aucune décision. Pauline devait, en octobre, entrer dans un pensionnat de Bayeux. Lorsque la mer les avait engourdis d'une lassitude heureuse, ils s'allongeaient sur le sable, ils causaient de leurs affaires, très raisonnablement. Elle finissait par l'intéresser à la médecine, en lui expliquant que, si elle était un homme, ce qu'elle trouverait de plus passionnant, ce serait de guérir le monde. Justement, depuis une semaine, le Paradis terrestre allait mal, il doutait de son génie. Certes, il y avait eu des gloires médicales, les grands noms lui revenaient, Hippocrate, Ambroise Paré, et tant d'autres. Mais, une après-midi, il poussa des cris de joie, il tenait son chef-d'œuvre : c'était bête, le Paradis, il cassait tout ça, il écrivait la symphonie de la Douleur, une page où il notait, en harmonies sublimes, la plainte désespérée de l'Humanité sanglotant sous le ciel ; et il utilisait sa marche d'Adam et d'Ève, il en faisait carrément la marche de la Mort. Pendant huit jours, son enthousiasme augmenta d'heure en heure, il résumait l'univers dans son plan. Une autre semaine s'écoula, son amie resta très étonnée, un soir, de l'entendre dire qu'il irait tout de même étudier volontiers la médecine à Paris. Il avait songé que cela le rapprochait du Conservatoire : être là-bas d'abord, ensuite il verrait. Ce fut une grande joie pour madame Chanteau. Elle aurait préféré son fils dans l'administration ou dans la magistrature ; mais les médecins étaient au moins des gens honorables, et qui gagnaient beaucoup d'argent.

— Tu es donc une petite fée ? dit-elle en embrassant Pauline. Ah ! ma chérie, tu nous récompenses bien de t'avoir prise avec nous !

Tout fut réglé. Lazare partirait le 1er octobre. Alors, en septembre, les escapades recommencèrent avec plus d'entrain, les deux camarades voulaient finir dignement leur belle vie de liberté. Ils s'oubliaient jusqu'à la nuit, sur le sable de la baie du Trésor.

Un soir, allongés côte à côte, ils regardaient les étoiles pointer comme des perles de feu, dans le ciel pâlissant. Elle, sérieuse, avait la tranquille admiration d'une enfant bien portante. Lui, fiévreux depuis qu'il se préparait à partir, battait nerveusement des paupières, au milieu des soubresauts de sa volonté, qui l'emportait sans cesse en nouveaux projets.

— C'est beau, les étoiles, dit-elle gravement, après un long silence.

Il laissa le silence retomber. Sa gaieté ne sonnait plus si claire, un malaise intérieur troublait ses yeux ouverts très grands. Au ciel, le fourmillement des astres croissait de minute en minute, ainsi que des pelletées de braise jetées au travers de l'infini.

— Tu n'as pas appris ça, toi, murmura-t-il enfin. Chaque étoile est un soleil, autour duquel roulent des machines comme la terre ; et il y en a des milliards, d'autres encore derrière celles-ci, toujours d'autres…

Il se tut, il reprit d'une voix qu'un grand frisson étranglait :

— Moi, je n'aime pas les regarder… Ça me fait peur.

La mer, qui montait, avait une lamentation lointaine, pareille à un désespoir de foule pleurant sa misère. Sur l'immense horizon, noir maintenant, flambait la poussière volante des mondes. Et, dans cette plainte de la terre écrasée sous le nombre sans fin des étoiles, l'enfant crut entendre près d'elle un bruit de sanglots.

— Qu'as-tu donc ? es-tu malade ?

Il ne répondait pas, il sanglotait, la face couverte de ses mains crispées violemment, comme pour ne plus voir. Quand il put parler, il bégaya :

— Oh ! mourir, mourir !

Pauline conserva de cette scène un souvenir étonné. Lazare s'était mis debout péniblement, ils rentrèrent à Bonneville dans l'ombre, les pieds gagnés par les vagues ; et ni l'un ni l'autre ne trouvaient plus rien à se dire. Elle le regardait marcher devant elle, il lui semblait diminué de taille, courbé sous le vent qui soufflait de l'ouest.

Ce soir-là, une nouvelle venue les attendait dans la salle à manger, en causant avec Chanteau. Depuis huit jours, on comptait sur Louise, une fillette d'onze ans et demi qui passait, chaque année, une quinzaine à Bonneville. Mais, deux fois, on était allé inutilement à Arromanches ; et elle tombait tout d'un coup, le soir où l'on ne songeait point à elle. La mère de Louise était morte dans les bras de madame Chanteau, en lui recommandant sa fille. Le père, M. Thibaudier, un banquier de Caen, s'était remarié six mois plus tard, et avait trois enfants déjà. Pris par sa nouvelle famille, la tête cassée de chiffres, il laissait la petite en pension, s'en débarrassait volontiers aux vacances, quand il pouvait l'envoyer chez des amis. Le plus souvent, il ne se dérangeait même pas, c'était un domestique qui avait amené mademoiselle, après huit jours de retard. Monsieur avait tant de tracas ! Et le domestique était reparti tout de suite, en disant que monsieur ferait son possible pour venir en personne chercher mademoiselle.

— Arrive donc, Lazare ! cria Chanteau. Elle est ici !

Louise, souriante, baisa le jeune homme sur les deux joues. Ils se connaissaient peu pourtant, elle toujours cloîtrée dans son pensionnat, lui sorti du lycée depuis un an à peine. Leur amitié ne datait guère que des dernières vacances ; et encore l'avait-il traitée cérémonieusement, la sentant coquette déjà, dédaigneuse des jeux bruyants de l'enfance.

— Eh bien ! Pauline, tu ne l'embrasses pas ? dit madame Chanteau qui entrait. C'est ton aînée, elle a dix-huit mois de plus que toi... Aimez-vous bien, ça me fera plaisir.

Pauline regardait Louise, mince et fine, d'un visage irrégulier, mais d'un grand charme, avec de beaux cheveux blonds, noués et frisés comme ceux d'une dame. Elle avait pâli, en la voyant au cou de Lazare. Et, lorsque l'autre l'eut embrassée gaiement, elle lui rendit son baiser, les lèvres tremblantes.

— Qu'as-tu donc ? demanda sa tante. Tu as froid ?

— Oui, un peu, le vent n'est pas chaud, répondit-elle, toute rouge de son mensonge.

À table, elle ne mangea pas. Ses yeux ne quittaient plus les gens, et ils prenaient un noir farouche, dès que son cousin, son oncle ou même Véronique, s'occupaient de Louise. Mais elle parut souffrir surtout, quand Mathieu, au dessert, fit son tour habituel et alla poser sa grosse tête sur le genou de la nouvelle venue. Vainement elle l'appela, il ne lâchait pas celle-ci, qui le bourrait de sucre.

On s'était levé, Pauline avait disparu, lorsque Véronique, qui enlevait la table, revint de la cuisine, en disant d'un air de triomphe :

— Ah bien ! madame qui trouve sa Pauline si bonne !… Allez donc voir dans la cour.

Tout le monde y alla. Cachée derrière la remise, l'enfant tenait Mathieu acculé contre le mur, et hors d'elle, emportée par un accès fou de sauvagerie, elle lui tapait sur le crâne de toute la force de ses petits poings. Le chien, étourdi, sans se défendre, baissait le cou. On se précipita, mais elle tapait toujours, il fallut l'emporter, raidie, morte, si malade, qu'on la coucha tout de suite et que sa tante dut passer une partie de la nuit près d'elle.

— Elle est gentille, elle est très gentille, répétait Véronique, enchantée d'avoir enfin trouvé un défaut à cette perle.

— Je me souviens qu'on m'avait parlé de ses colères, à Paris, disait madame Chanteau. Elle est jalouse, c'est une laide chose… Depuis six mois qu'elle est ici, je m'étais bien aperçue de certains petits faits ; mais, vraiment, vouloir assommer ce chien, ça dépasse tout.

Le lendemain, lorsque Pauline rencontra Mathieu, elle le serra entre ses bras tremblants, le baisa sur le museau avec un tel flot de larmes, qu'on craignit de voir la crise recommencer. Pourtant, elle ne se corrigea pas, c'était une poussée intérieure qui lui jetait tout le sang de ses veines au cerveau. Il semblait que ces violences jalouses lui vinssent de loin, de quelque aïeul maternel, par dessus le bel équilibre de sa mère et de son père, dont elle était la vivante image. Comme elle avait beaucoup de raison pour ses dix ans, elle expliquait elle-même qu'elle faisait tout au monde afin de lutter contre ces colères, mais qu'elle ne pouvait pas. Ensuite, elle en restait triste, ainsi que d'un mal dont on a honte.

— Je vous aime tant, pourquoi en aimez-vous d'autres ? répondit-elle en cachant sa tête contre l'épaule de sa tante, qui la sermonnait dans sa chambre.

Aussi, malgré ses efforts, Pauline souffrit-elle beaucoup de la présence de Louise. Depuis qu'on annonçait son arrivée, elle l'avait attendue avec une curiosité inquiète, et maintenant elle comptait les jours, dans le désir impatient de son départ. Louise d'ailleurs la séduisait, bien mise, se tenant en grande demoiselle savante, d'une grâce câline d'enfant peu caressée chez elle ; mais, lorsque Lazare se trouvait là, c'était justement cette séduction de petite femme, cet éveil de l'inconnu, qui troublaient et irritaient

Pauline. Le jeune homme, cependant, traitait celle-ci en préférée ; il plaisantait l'autre, disant qu'elle l'ennuyait avec ses grands airs, parlait de la laisser toute seule faire la dame, pour aller jouer plus loin à leur aise. Les jeux violents étaient abandonnés, on regardait des images dans la chambre, on se promenait sur la plage, d'un pas convenable. Ce furent deux semaines absolument gâtées.

Un matin, Lazare déclara qu'il avançait son départ de cinq jours. Il voulait s'installer à Paris, il devait y retrouver un de ses anciens camarades de Caen. Et Pauline, que la pensée de ce départ désespérait depuis un mois, appuya vivement la nouvelle décision de son cousin, aida sa tante à faire la malle, avec une activité joyeuse. Puis, quand le père Malivoire eut emmené Lazare dans sa vieille berline, elle courut s'enfermer au fond de sa chambre, où elle pleura longtemps. Le soir, elle se montra très gentille pour Louise ; et les huit jours que celle-ci passa encore à Bonneville, furent charmants. Lorsque le domestique de son père revint la chercher, en expliquant que monsieur n'avait pu quitter sa banque, les deux petites amies se jetèrent dans les bras l'une de l'autre et jurèrent de s'aimer toujours.

Alors, lentement, une année s'écoula. Madame Chanteau avait changé d'avis : au lieu d'envoyer Pauline en pension, elle la gardait près d'elle, déterminée surtout par les plaintes de Chanteau, qui ne pouvait plus se passer de l'enfant ; mais elle ne s'avouait pas cette raison intéressée, elle parlait de se charger de son instruction, toute rajeunie à l'idée de rentrer ainsi dans l'enseignement. En pension, les petites filles entendent de vilaines choses, elle voulait pouvoir répondre de la parfaite innocence de son élève. On repêcha, au fond de la bibliothèque de Lazare, une Grammaire, une Arithmétique, un Traité d'Histoire, même un Résumé de la Mythologie ; et madame Chanteau reprit la férule, une seule leçon par jour, des dictées, des problèmes, des récitations. La grande chambre du cousin était transformée en salle d'étude, Pauline dut se remettre au piano, sans compter le maintien, dont sa tante lui démontra sévèrement les principes, pour corriger ses allures garçonnières ; du reste, elle était docile et intelligente, elle apprenait volontiers, même quand les matières la rebutaient. Un seul livre l'ennuyait, le catéchisme. Elle n'avait pas encore compris que sa tante se dérangeât le dimanche et la conduisît à la messe. Pour quoi faire ? à Paris, on ne la menait jamais à Saint-Eustache, qui pourtant se trouvait près de leur maison. Les idées abstraites n'entraient que très difficilement dans son cerveau, sa tante dut lui expliquer qu'une demoiselle bien élevée ne pouvait, à la campagne, se dispenser de donner le bon exemple, en se montrant polie avec le curé. Elle-même n'avait jamais eu qu'une religion de convenance, qui faisait partie d'une bonne éducation, au même titre que le maintien.

La mer, cependant, battait deux fois par jour Bonneville de l'éternel balancement de sa houle, et Pauline grandissait dans le spectacle de l'immense horizon. Elle ne jouait plus, n'ayant point de camarade. Quand elle avait galopé autour de la terrasse avec Mathieu, ou promené au fond du potager la Minouche sur son épaule, son unique récréation était de regarder la mer, toujours vivante, livide par les temps noirs de décembre, d'un vert délicat de moire changeante aux premiers soleils de mai. L'année fut heureuse d'ailleurs, le bonheur que sa présence semblait avoir amené dans la maison, se manifesta encore par un envoi inespéré de cinq mille francs, que Davoine fit aux Chanteau, pour éviter une rupture dont ils le menaçaient. Très scrupuleusement, la tante allait chaque trimestre toucher à Caen les rentes de Pauline, prélevait ses frais et la pension allouée par le conseil de famille, puis achetait de nouveaux titres avec le reste ; et, lorsqu'elle rentrait, elle voulait que la petite l'accompagnât dans sa chambre, elle ouvrait le fameux tiroir du secrétaire, en répétant :

— Tu vois, je mets celui-ci sur les autres… Hein ? le tas grossit. N'aie pas peur, tu retrouveras le tout, il n'y manquera pas un centime.

En août, Lazare tomba un beau matin, en apportant la nouvelle d'un succès complet à son examen de fin d'année. Il ne devait arriver qu'une semaine plus tard, il avait voulu surprendre sa mère. Ce fut une grande joie. Dans les lettres qu'il écrivait tous les quinze jours, il avait montré une passion croissante pour la médecine. Lorsqu'il fut là, il leur parut absolument changé, ne parlant plus musique, finissant par les ennuyer avec ses continuelles histoires sur ses professeurs et ses dissertations scientifiques à propos de tout, des plats qu'on servait, du vent qui soufflait. Une nouvelle fièvre l'emportait, il s'était donné entier, fougueusement, à l'idée d'être un médecin de génie, dont l'apparition bouleverserait les mondes.

Pauline surtout, après lui avoir sauté au cou en gamine qui ne dissimulait point encore ses tendresses, restait surprise de le sentir autre. Cela la chagrinait presque, qu'il cessât de causer musique, au moins un peu, comme récréation. Est-ce que, vraiment, on pouvait ne plus aimer une chose, lorsqu'on l'avait beaucoup aimée ? Le jour où elle l'interrogea sur sa symphonie, il se mit à plaisanter, en disant que c'était bien fini, ces bêtises ; et elle devint toute triste. Puis, elle le voyait gêné vis-à-vis d'elle, riant d'un vilain rire, ayant dans les yeux, dans les gestes, dix mois d'une existence qu'on ne pouvait raconter aux petites filles. Lui-même avait vidé sa malle, pour cacher ses livres, des romans, des volumes de science pleins de gravures. Il ne la faisait plus tourner comme une toupie, les jupes volantes, décontenancé parfois, quand elle s'entêtait à entrer et à vivre dans sa chambre. Cependant, elle avait à peine grandi, elle le regardait en face de ses yeux purs d'innocente ; et, au bout de huit jours, leur camaraderie de garçons s'était renouée. La rude brise de mer le lavait des odeurs du quartier latin, il se retrouvait enfant avec cette enfant bien portante, aux gaietés sonores. Tout fut repris, tout recommença, les jeux autour de la grande table, les galopades en compagnie de Mathieu et de la Minouche au fond du potager, et les courses jusqu'à la baie du Trésor, et les bains candides sous le soleil, dans la joie bruyante des chemises qui claquaient sur leurs jambes comme des drapeaux. Justement, cette année-là, Louise, venue en mai à Bonneville, était allée passer les vacances près de Rouen, chez d'autres amis. Deux mois adorables coulèrent, pas une bouderie ne gâta leur amitié.

En octobre, le jour où Lazare fit sa malle, Pauline le regarda empiler les livres qu'il avait apportés, et qui étaient restés enfermés dans l'armoire, sans qu'il eût même l'idée d'en ouvrir un seul.

— Alors, tu les emportes ? demanda-t-elle d'un air désolé.

— Sans doute, répondit-il. C'est pour mes études… Ah ! sapristi, comme je vais travailler ! Il faut que j'enfonce tout.

Une paix morte retomba sur la petite maison de Bonneville, les jours uniformes se déroulèrent, ramenant les habitudes quotidiennes, en face du rythme éternel de l'océan. Mais, cette année-là, il y eut, dans la vie de Pauline, un fait qui marqua. Elle fit sa première communion au mois de juin, à l'âge de douze ans et demi. Lentement, la religion s'était emparée d'elle, une religion grave, supérieure aux réponses du catéchisme, qu'elle récitait toujours sans les comprendre. Dans sa jeune tête raisonneuse, elle avait fini par concevoir de Dieu l'idée d'un maître très puissant, très savant, qui dirigeait tout, de façon à ce que tout marchât sur la terre selon la justice ; et cette conception simplifiée lui suffisait pour s'entendre avec l'abbé Horteur. Celui-ci, fils de paysan, crâne dur où la lettre avait seule pénétré, en était venu à se contenter des pratiques extérieures, du bon ordre d'une dévotion décente.

Personnellement, il soignait son salut ; quant à ses paroissiens, tant pis s'ils se damnaient ! Il avait pendant quinze ans tâché de les effrayer sans y réussir, il ne leur demandait plus que la politesse de monter à l'église, les jours de grandes fêtes. Tout Bonneville y montait, par un reste d'habitude, malgré le péché où pourrissait le village. Son indifférence du salut des autres tenait lieu au prêtre de tolérance. Il allait chaque samedi jouer aux dames avec Chanteau, bien que le maire, grâce à l'excuse de sa goutte, ne mît jamais les pieds à l'église. Madame Chanteau, d'ailleurs, faisait le nécessaire, en suivant régulièrement les offices et en y conduisant Pauline. C'était la grande simplicité du curé qui séduisait peu à peu l'enfant. À Paris, on méprisait devant elle les curés, ces hypocrites dont les robes noires cachaient tous les crimes. Mais celui-ci, au bord de la mer, lui paraissait vraiment brave homme, avec ses gros souliers, sa nuque brûlée de soleil, son allure et son langage de fermier pauvre. Une remarque l'avait surtout conquise : l'abbé Horteur fumait passionnément une grosse pipe d'écume, ayant encore des scrupules pourtant, se réfugiant au fond de son jardin, seul au milieu de ses salades ; et cette pipe qu'il dissimulait, plein de trouble, quand on venait à le surprendre, touchait beaucoup la petite, sans qu'elle eût pu dire pourquoi. Elle communia d'un air très sérieux, en compagnie de deux autres gamines et d'un galopin du village. Le soir, comme le curé dînait chez les Chanteau, il déclara qu'il n'avait jamais eu, à Bonneville, une communiante qui se fût si bien tenue à la Sainte-Table.

L'année fut moins bonne, la hausse que Davoine attendait depuis longtemps sur les sapins, ne se produisait pas ; et de mauvaises nouvelles arrivaient de Caen : on assurait que, forcé de vendre à perte, il marchait fatalement à une catastrophe. La famille vécut chichement, les trois mille francs de rente suffisaient bien juste aux besoins stricts de la maison, en rognant sur les moindres provisions. Le grand souci de madame Chanteau était Lazare, dont elle recevait des lettres qu'elle gardait pour elle. Il semblait se dissiper, il la poursuivait de continuelles demandes d'argent. En juillet, comme elle allait toucher les rentes de Pauline, elle tomba violemment chez Davoine ; deux mille francs, déjà donnés par lui, avaient passé aux mains du jeune homme ; et elle réussit à lui arracher encore mille francs, qu'elle envoya tout de suite à Paris. Lazare lui écrivait qu'il ne pourrait venir, s'il ne payait pas ses dettes.

Pendant une semaine, on l'attendit. Chaque matin, une lettre arrivait, remettant son départ au jour suivant. Sa mère et Pauline allèrent à sa rencontre jusqu'à Verchemont. On s'embrassa sur la route, on rentra dans la poussière, suivi par la voiture vide, qui portait la malle. Mais ce retour en famille fut moins gai que la surprise triomphale de l'année précédente. Il avait échoué à son examen de juillet, il était aigri contre les professeurs, toute la soirée il déblatéra contre eux, des ânes dont il finissait par avoir plein le dos, disait-il. Le lendemain, devant Pauline, il jeta ses livres sur une planche de l'armoire, en déclarant qu'ils pouvaient bien pourrir là. Ce dégoût si prompt la consternait, elle l'écoutait plaisanter férocement la médecine, la mettre au défi de guérir seulement un rhume de cerveau ; et un jour qu'elle défendait la science, dans un élan de jeunesse et de foi, elle devint toute rouge, tellement il se moqua de son enthousiasme d'ignorante. Du reste, il se résignait quand même à être médecin ; autant cette blague-là qu'une autre ; rien n'était drôle, au fond. Elle s'indignait de ces nouvelles idées qu'il rapportait. Où avait-il pris ça ? dans de mauvais livres, bien sûr ; mais elle n'osait plus discuter, gênée par son ignorance absolue, mal à l'aise devant le ricanement de son cousin, qui affectait de ne pouvoir lui tout dire. Les vacances se passèrent de la sorte, en continuelles taquineries. Dans leurs promenades, lui, maintenant, semblait s'ennuyer, trouvait la mer bête, toujours la même ; cependant, il s'était mis à faire des vers, pour tuer le temps, et il écrivait sur la mer des sonnets, d'une facture soignée, de rimes très riches. Il refusa de se baigner, il avait découvert que les bains froids étaient contraires à son tempérament ; car, malgré sa négation de la médecine, il exprimait des opinions tranchantes, il condamnait ou sauvait les gens d'un mot. Vers le milieu de septembre, comme Louise allait arriver, il parla tout d'un coup de retourner à Paris, en prétextant la préparation de son examen ; ces deux petites filles l'assommeraient, autant reprendre un mois plus tôt la vie du quartier. Pauline était devenue plus douce à mesure qu'il la chagrinait davantage. Lorsqu'il se montrait brusque, lorsqu'il se réjouissait à la désespérer, elle le regardait des yeux tendres et rieurs dont elle calmait Chanteau, quand celui-ci hurlait dans l'angoisse d'une crise. Pour elle, son cousin devait être malade, il voyait la vie comme les vieux.

La veille de son départ, Lazare témoignait une telle joie de quitter Bonneville, que Pauline sanglota.

— Tu ne m'aimes plus !

— Es-tu sotte ! est-ce qu'il ne faut pas que je fasse mon chemin ?... Une grande fille qui pleurniche !

Déjà elle retrouvait son courage, elle souriait.

— Travaille bien cette année, pour revenir content.

— Oh ! il est inutile de tant travailler. Leur examen est d'une bêtise ! Si je n'ai pas été reçu, c'est que je n'ai pas pris la peine de vouloir... Je vais enlever ça, puisque mon manque de fortune m'empêche de vivre les bras croisés, la seule chose intelligente qu'un homme ait à faire.

Dès les premiers jours d'octobre, lorsque Louise fut retournée à Caen, Pauline se remit à ses leçons avec sa tante. Le cours de la troisième année allait porter particulièrement sur l'Histoire de France expurgée et sur la Mythologie à l'usage des jeunes personnes, enseignement supérieur qui devait leur permettre de comprendre les tableaux des musées. Mais l'enfant, si appliquée l'année précédente, semblait maintenant avoir la tête lourde : elle s'endormait parfois en faisant ses devoirs, des chaleurs brusques lui empourpraient la face. Une crise folle de colère contre Véronique, qui ne l'aimait pas, disait-elle, l'avait mise au lit pour deux jours. Puis, c'étaient en elle des changements qui la troublaient, un lent développement de tout son corps, des rondeurs naissantes, comme engorgées et douloureuses, des ombres noires, d'une légèreté de duvet, au plus caché et au plus délicat de sa peau. Quand elle s'étudiait, d'un regard furtif, le soir, à son coucher, elle éprouvait un malaise, une confusion, qui lui faisait vite souffler la bougie. Sa voix prenait une sonorité qu'elle trouvait laide, elle se déplaisait ainsi, elle passait les jours dans une sorte d'attente nerveuse, espérant elle ne savait quoi, n'osant parler de ces choses à personne.

Enfin, vers la Noël, l'état de Pauline inquiéta madame Chanteau. Elle se plaignait de vives douleurs aux reins, une courbature l'accablait, des accès de fièvre se déclarèrent. Lorsque le docteur Cazenove, devenu son grand ami, l'eut questionnée, il prit la tante à l'écart, pour lui conseiller d'avertir sa nièce. C'était le flot de la puberté qui montait ; et il disait avoir vu, devant la débâcle de cette marée de sang, des jeunes filles tomber malades d'épouvante. La tante se défendit d'abord, jugeant la précaution exagérée, répugnant à des confidences pareilles : elle avait pour système d'éducation l'ignorance complète, les faits gênants évités, tant qu'ils ne s'imposaient pas d'eux-mêmes. Cependant, comme le médecin insistait, elle promit de parler, n'en fit rien le soir, remit ensuite de jour en jour. L'enfant n'était pas peureuse ; puis, bien d'autres n'avaient pas été prévenues. Il serait toujours temps de lui dire simplement que les choses étaient ainsi, sans s'exposer d'avance à des questions et à des explications inconvenantes.

Un matin, au moment où madame Chanteau quittait sa chambre, elle entendit des plaintes chez Pauline, elle monta très inquiète. Assise au milieu du lit, les couvertures rejetées, la jeune fille appelait sa tante d'un cri continu, blanche de terreur ; et elle écartait sa nudité ensanglantée, elle regardait ce qui était sorti d'elle, frappée d'une surprise dont la secousse avait emporté toute sa bravoure habituelle.

— Oh ! ma tante ! oh ! ma tante !

Madame Chanteau venait de comprendre d'un coup d'œil.

— Ce n'est rien, ma chérie. Rassure-toi.

Mais Pauline, qui se regardait toujours, dans son attitude raidie de blessée, ne l'entendait même pas.

— Oh ! ma tante, je me suis sentie mouillée, et vois donc, vois donc, c'est du sang !… Tout est fini, les draps en sont pleins.

Sa voix défaillait, elle croyait que ses veines se vidaient par ce ruisseau rouge. Le cri de son cousin lui vint aux lèvres, ce cri dont elle n'avait pas compris la désespérance, devant la peur du ciel sans bornes.

— Tout est fini, je vais mourir.

Étourdie, la tante cherchait des mots décents, un mensonge qui la tranquillisât, sans rien lui apprendre.

— Voyons, ne te fais pas de mal, je serais plus inquiète, n'est-ce pas ? si tu étais en péril… Je te jure que cette chose arrive à toutes les femmes. C'est comme les saignements de nez…

— Non, non, tu dis ça pour me tranquilliser… Je vais mourir, je vais mourir.

Il n'était plus temps. Quand le docteur Cazenove arriva, il craignit une fièvre cérébrale. Madame Chanteau avait recouché la jeune fille, en lui faisant honte de sa peur. Des journées passèrent, celle-ci était sortie de la crise, étonnée, songeant désormais à des choses nouvelles et confuses, gardant sourdement au fond d'elle une question, dont elle cherchait la réponse.

Ce fut la semaine suivante que Pauline se remit au travail et parut se passionner pour la Mythologie. Elle ne descendait plus de la grande chambre de Lazare, qui lui servait toujours de salle d'étude ; il fallait l'appeler à chaque repas, et elle arrivait, la tête perdue, engourdie d'immobilité. Mais, en haut, la Mythologie traînait au bout de la table, c'était sur les ouvrages de médecine laissés dans l'armoire, qu'elle passait des journées entières, les yeux élargis par le besoin d'apprendre, le front serré entre ses deux mains que l'application glaçait. Lazare, aux beaux jours de flamme, avait acheté des volumes qui ne lui étaient d'aucune utilité immédiate, le *Traité de physiologie*, de Longuet, l'*Anatomie descriptive*, de Cruveilhier ; et, justement, ceux-là étaient restés, tandis qu'il remportait ses livres de travail. Elle les sortait, dès que sa tante tournait le dos, puis les replaçait, au moindre bruit, sans hâte, non pas en curieuse coupable, mais en travailleuse dont les parents auraient contrarié la vocation. D'abord, elle n'avait pas compris, rebutée par les mots techniques qu'il lui fallait chercher dans le dictionnaire. Devinant ensuite la nécessité d'une méthode, elle s'était acharnée sur l'*Anatomie descriptive*, avant de passer au *Traité de physiologie*. Alors, cette enfant de quatorze ans apprit, comme dans un devoir, ce que l'on cache aux vierges jusqu'à la nuit des noces. Elle feuilletait les planches de l'*Anatomie*, ces planches superbes d'une réalité saignante ; elle s'arrêtait à chacun des organes, pénétrait les plus secrets, ceux dont on a fait la honte de l'homme et de la femme ; et elle n'avait pas de honte, elle était sérieuse, allant des organes qui donnent la vie aux organes qui la règlent, emportée et sauvée des idées charnelles par son amour de la santé. La découverte lente de cette machine humaine l'emplissait d'admiration. Elle lisait cela passionnément, jamais les contes de fées, ni Robinson, autrefois, ne lui avaient ainsi élargi l'intelligence. Puis, le *Traité de physiologie* fut comme le commentaire des planches, rien ne lui demeura caché. Même elle trouva un *Manuel de pathologie et de clinique médicale*, elle descendit dans les maladies affreuses, dans les traitements de chaque décomposition. Bien des choses lui échappaient, elle avait la seule prescience de ce qu'il faudrait savoir, pour soulager ceux qui souffrent. Son cœur se brisait de pitié, elle reprenait son ancien rêve de tout connaître, afin de tout guérir.

Et, maintenant, Pauline savait pourquoi le flot sanglant de sa puberté avait jailli comme d'une grappe mûre, écrasée aux vendanges. Ce mystère éclairci la rendait grave, dans la marée de vie qu'elle sentait monter en elle. Elle gardait une surprise et une rancune du silence de sa tante, de l'ignorance complète où celle-ci la maintenait. Pourquoi donc la laisser ainsi s'épouvanter ? ce n'était pas juste, il n'y avait aucun mal à savoir.

Du reste, rien ne reparut pendant deux mois. Madame Chanteau dit un jour :

— Si tu revois comme en décembre, tu te souviens ? ne t'effraie pas, au moins… Ça vaudrait mieux.

— Oui, je sais, répondit tranquillement la jeune fille.

Sa tante la regarda, pleine d'effarement.

— Que sais-tu donc ?

Alors, Pauline rougit, à l'idée de mentir, pour cacher plus longtemps ses lectures. Le mensonge lui était insupportable, elle préféra se confesser. Quand madame Chanteau, ouvrant les livres sur la table, aperçut les gravures, elle resta pétrifiée. Elle qui se donnait tant de peine, afin d'innocenter les amours de Jupiter ! Vraiment, Lazare aurait dû mettre sous clef de pareilles abominations. Et, longuement, elle interrogea la coupable, avec des précautions et des sous-entendus de toutes sortes. Mais Pauline, de son air candide, achevait de l'embarrasser. Eh bien ! quoi ? on était fait ainsi, il n'y avait pas de mal. Sa passion purement cérébrale éclatait, aucune sensualité sournoise ne s'éveillait encore dans ses grands yeux clairs d'enfant. Elle avait trouvé sur la même planche, des romans dont elle s'était dégoûtée dès les premières pages, tellement ils l'ennuyaient, bourrés de phrases où elle ne comprenait rien. Sa tante, de plus en plus déconcertée, un peu tranquillisée cependant, se contenta de fermer l'armoire et de garder la clef. Huit jours après, la clef traînait de nouveau, et Pauline s'accordait de loin en loin, comme une récréation, de lire le chapitre des névroses, en songeant à son cousin, ou le traitement de la goutte, avec l'idée de soulager son oncle.

D'ailleurs, malgré les sévérités de madame Chanteau, on ne se gênait guère devant elle. Les quelques bêtes de la maison l'auraient instruite, si elle n'avait pas ouvert les livres. La Minouche surtout l'intéressait. Cette Minouche était une gueuse, qui, quatre fois par an, tirait des bordées terribles. Brusquement, elle si délicate, sans cesse en toilette, ne posant la patte dehors qu'avec des frissons, de peur de se salir, disparaissait des deux et trois jours. On l'entendait jurer et se battre, on voyait luire dans le noir, ainsi que des chandelles, les yeux de tous les matous de Bonneville. Puis, elle rentrait abominable, faite comme une traînée, le poil tellement déguenillé et sale, qu'elle se léchait pendant une semaine. Ensuite, elle reprenait son air dégoûté de princesse, elle se caressait au menton du monde, sans paraître s'apercevoir que son ventre s'arrondissait. Un beau matin, on la trouvait avec des petits, Véronique les emportait tous, dans un coin de son tablier, pour les jeter à l'eau. Et la Minouche, mère détestable, ne les cherchait même pas, accoutumée à en être débarrassée ainsi, croyant que la maternité finissait là. Elle se léchait encore, ronronnait, faisait la belle, jusqu'au soir où, dévergondée, dans les coups de griffes et les miaulements, elle allait en chercher une ventrée nouvelle. Mathieu était meilleur père pour ces enfants qu'il n'avait pas faits, car il suivait le tablier de Véronique en geignant, il avait la passion de débarbouiller tous les petits êtres au berceau.

— Oh ! ma tante, cette fois, il faut lui en laisser un, disait à chaque portée Pauline, indignée et ravie des grâces amoureuses de la chatte.

Mais Véronique se fâchait.

— Non, par exemple ! pour qu'elle nous le traîne partout !… Et puis, elle n'y tient pas. Elle a tout le plaisir, sans avoir le mal.

C'était, chez Pauline, un amour de la vie, qui débordait chaque jour davantage, qui faisait d'elle « la mère des bêtes », comme disait sa tante. Tout ce qui vivait, tout ce qui souffrait, l'emplissait d'une tendresse active, d'une effusion de soins et de caresses. Elle avait oublié Paris, il lui semblait avoir poussé là, dans ce sol rude, au souffle pur des vents de mer. En moins d'une année, l'enfant de formes hésitantes était devenue une jeune fille déjà robuste, les hanches solides, la poitrine large. Et les troubles de cette éclosion s'en allaient, le malaise de son corps gonflé de sève, la confusion inquiète de sa gorge plus lourde, du fin duvet plus noir sur sa peau satinée de brune. Au contraire, à cette heure, elle avait la joie de son épanouissement, la sensation victorieuse de grandir et de mûrir au soleil. Le sang qui montait et qui crevait en pluie rouge, la rendait fière. Du matin au soir, elle emplissait la maison des roulades de sa voix plus grave, qu'elle trouvait belle ; et, à son coucher, quand ses regards glissaient sur la rondeur fleurie de ses seins, jusqu'à la tache d'encre qui ombrait son ventre vermeil, elle souriait, elle se respirait un instant comme un bouquet frais, heureuse de son odeur nouvelle de femme. C'était la vie acceptée, la vie aimée dans ses fonctions, sans dégoût ni peur, et saluée par la chanson triomphante de la santé.

Lazare, cette année-là, resta six mois sans écrire. À peine de courts billets venaient-ils rassurer la famille. Puis, coup sur coup, il accabla sa mère de lettres. Refusé de nouveau aux examens de novembre, de plus en plus rebuté par les études médicales, qui remuaient des matières trop tristes, il venait encore de se jeter dans une autre passion, la chimie. Par hasard, il avait fait la connaissance de l'illustre Herbelin, dont les découvertes révolutionnaient alors la science, et il était entré dans son laboratoire comme préparateur, sans pourtant avouer qu'il lâchait la médecine. Mais bientôt ses lettres furent pleines d'un projet, d'abord timide, peu à peu enthousiaste. Il s'agissait d'une grande exploitation sur les algues marines, qui devait rapporter des millions, grâce aux méthodes et aux réactifs nouveaux découverts par l'illustre Herbelin. Lazare énumérait les chances de succès : l'aide du grand chimiste, la facilité de se procurer la matière première, l'installation peu coûteuse. Enfin, il signifia son désir formel de ne pas être médecin, il plaisanta, préférant encore, disait-il, vendre des remèdes aux malades que de les tuer lui-même. L'argument d'une fortune rapide terminait chacune de ses lettres, où il faisait en outre luire aux yeux de sa famille la promesse de ne plus la quitter, d'établir l'usine là-bas, près de Bonneville.

Les mois se passaient, Lazare n'était pas venu aux vacances. Tout l'hiver, il détailla ainsi son projet en pages serrées, que madame Chanteau lisait à voix haute, le soir, après le repas. Un soir de mai, un grand conseil eut lieu, car il demandait une réponse catégorique. Véronique rôdait, ôtant la nappe, remettant le tapis.

— Il est tout le portrait craché de son grand-père, brouillon et entreprenant, déclara la mère en jetant un coup d'œil sur le chef-d'œuvre de l'ancien ouvrier charpentier, dont la présence sur la cheminée l'irritait toujours.

— Certes, il ne tient pas de moi, qui ai l'horreur du changement, murmura Chanteau entre deux plaintes, allongé dans son fauteuil, où il achevait une crise. Mais toi non plus, ma bonne, tu n'es pas très calme.

Elle haussa les épaules, comme pour dire que son activité, à elle, était soutenue et dirigée par la logique. Puis, elle reprit lentement :

— Enfin, que voulez-vous ? il faut lui écrire de faire à sa tête… Je le désirais dans la magistrature ; médecin, ce n'était déjà pas très propre ; et le voilà apothicaire… Qu'il revienne et qu'il gagne beaucoup d'argent, ce sera toujours quelque chose.

Au fond, c'était cette idée de l'argent qui la décidait. Son adoration pour son fils portait sur un nouveau rêve : elle le voyait très riche, propriétaire d'une maison à Caen, conseiller général, député peut-être. Chanteau n'avait pas d'opinion, se contentait de souffrir, en abandonnant à sa femme le soin supérieur des intérêts de la famille. Quant à Pauline, malgré sa surprise et sa désapprobation muette des continuels changements de son cousin, elle était d'avis qu'on le laissât revenir tenter sa grande affaire.

— Au moins nous vivrons tous ensemble, dit-elle.

— Et puis, pour ce que monsieur Lazare doit faire de bon à Paris ! se permit d'ajouter Véronique. Vaut mieux qu'il se soigne un peu l'estomac chez nous.

Madame Chanteau approuvait de la tête. Elle reprit la lettre qu'elle avait reçue le matin.

— Attendez, il aborde le côté financier de l'entreprise.

Alors, elle lut, elle commenta. Il fallait une soixantaine de mille francs pour installer la petite usine. Lazare, à Paris, s'était retrouvé avec un de ses anciens camarades de Caen, le gros Boutigny, qui avait quitté le latin en quatrième, et qui maintenant plaçait des vins. Boutigny, très enthousiaste du projet, offrait trente mille francs : ce serait un excellent associé, un administrateur dont les facultés pratiques assureraient le succès matériel. Restaient trente mille francs à emprunter, car Lazare voulait avoir en main la moitié de la propriété.

— Comme vous avez entendu, continua madame Chanteau, il me prie de m'adresser en son nom à Thibaudier. L'idée est bonne, Thibaudier lui prêtera tout de suite l'argent... Justement, Louise est un peu souffrante, je compte l'aller chercher pour une semaine, de sorte que j'aurai l'occasion de parler à son père.

Les yeux de Pauline s'étaient troublés, un pincement convulsif avait aminci ses lèvres. Plantée debout, de l'autre côté de la table, en train d'essuyer une tasse à thé, Véronique la regardait.

— J'avais bien songé à autre chose, murmura la tante, mais comme dans l'industrie on court toujours des risques, je m'étais même promis de ne pas en parler.

Et, se tournant vers la jeune fille :

— Oui, ma chérie, ce serait que toi-même tu prêtasses les trente mille francs à ton cousin... Jamais tu n'aurais fait un placement si avantageux, ton argent te rapporterait peut-être le vingt-cinq pour cent, car ton cousin t'associerait à ses bénéfices ; et cela me fend le cœur de voir toute cette fortune aller dans la poche d'un autre... Seulement, je ne veux pas que tu hasardes tes sous. C'est un dépôt sacré, il est là-haut, et je te le rendrai intact.

Pauline écoutait, plus pâle, en proie à une lutte intérieure. Il y avait en elle une hérédité d'avarice, l'amour de Quenu et de Lisa pour la grosse monnaie de leur comptoir, toute une première éducation reçue autrefois dans la boutique de charcuterie, le respect de l'argent, la peur d'en manquer, un inconnu honteux, une vilenie secrète qui s'éveillait au fond de son bon cœur. Puis, sa tante lui avait tant montré le tiroir du secrétaire où dormait son héritage, que l'idée de le voir se fondre aux mains brouillonnes de son cousin, l'irritait presque. Et elle se taisait, ravagée aussi par l'image de Louise apportant un gros sac d'argent au jeune homme.

— Tu voudrais, que je ne voudrais pas, reprit madame Chanteau. N'est-ce pas, mon ami, c'est un cas de conscience ?

— Son argent est son argent, répondit Chanteau, qui jeta un cri en essayant de soulever sa jambe. Si les choses tournaient mal, on tomberait sur nous... Non, non ! Thibaudier sera très heureux de prêter.

Mais enfin Pauline retrouvait la voix, dans une explosion de son cœur.

— Oh ! ne me faites pas cette peine, c'est moi qui dois prêter à Lazare ! Est-ce qu'il n'est pas mon frère ?... Ce serait trop vilain, si je lui refusais cet argent. Pourquoi m'en avez-vous parlé ?... Donne-lui l'argent, ma tante, donne-lui tout.

L'effort qu'elle venait de faire, noya ses yeux de larmes ; et elle souriait, confuse d'avoir hésité, encore travaillée d'un regret dont elle était désespérée. Du reste, il lui fallut batailler contre ses parents, qui s'entêtaient à prévoir les mauvais côtés de l'entreprise. En cette circonstance, ils se montrèrent d'une probité parfaite.

— Allons, viens m'embrasser, finit par dire la tante, que les larmes gagnaient. Tu es une bonne petite fille… Lazare prendra ton argent, puisque tu te fâches.

— Et moi, tu ne m'embrasses pas ? demanda l'oncle.

On pleura, on se baisa autour de la table. Puis, pendant que Véronique servait le thé et que Pauline appelait Mathieu, qui aboyait dans la cour, madame Chanteau ajouta, en s'essuyant les yeux :

— C'est une grande consolation, elle a le cœur sur la main.

— Pardi ! grogna la bonne, pour que l'autre ne donne rien, elle donnerait sa chemise.

Ce fut huit jours plus tard, un samedi, que Lazare revint à Bonneville. Le docteur Cazenove, invité à dîner, devait amener le jeune homme dans son cabriolet. Venu le premier, l'abbé Horteur, qui dînait aussi, jouait aux dames avec Chanteau, allongé dans son fauteuil de convalescent. L'attaque le tenait depuis trois mois, jamais encore il n'avait tant souffert ; et c'était le paradis maintenant, malgré les démangeaisons terribles qui lui dévoraient les pieds : la peau s'écaillait, l'œdème avait presque disparu. Comme Véronique faisait rôtir des pigeons, il levait le nez chaque fois que s'ouvrait la porte de la cuisine, repris de sa gourmandise incorrigible ; ce qui lui attirait les sages remontrances du curé.

— Vous n'êtes pas à votre jeu, monsieur Chanteau… Croyez-moi, vous devriez vous modérer, ce soir, à table. La succulence ne vaut rien, dans votre état.

Louise était arrivée la veille. Lorsque Pauline entendit le cabriolet du docteur, toutes deux se précipitèrent dans la cour. Mais Lazare ne parut voir que sa cousine, stupéfait.

— Comment, c'est Pauline ?

— Mais oui, c'est moi.

— Ah ! mon Dieu ! qu'as-tu donc mangé pour grandir comme ça ?… Te voilà bonne à marier maintenant.

Elle rougissait, riant d'aise, les yeux brûlant de plaisir, à le voir l'examiner ainsi. Il avait laissé une galopine, une écolière en sarrau de toile, et il était en face d'une grande jeune fille, à la poitrine et aux hanches coquettement serrées dans une robe printanière, blanche à fleurs roses. Pourtant, elle redevenait grave, elle le regardait à son tour et le trouvait vieilli : il semblait s'être courbé, son rire n'était plus jeune, un léger frisson nerveux courait sur sa face.

— Allons, continua-t-il, il va falloir te prendre au sérieux… Bonjour, mon associée.

Pauline rougit plus fort, ce mot la comblait de bonheur. Son cousin, après l'avoir embrassée, pouvait embrasser Louise : elle n'était pas jalouse.

Le dîner fut charmant. Chanteau, terrifié par les menaces du docteur, mangea sans excès. Madame Chanteau et le curé firent des projets superbes pour l'agrandissement de Bonneville, lorsque la spéculation sur les algues aurait enrichi le pays. On ne se coucha qu'à onze heures. En haut, comme Lazare et Pauline se séparaient devant leurs chambres, le jeune homme, d'un ton de plaisanterie, demanda :

— Alors, parce qu'on est grand, on ne se dit plus bonsoir ?

— Mais si ! cria-t-elle, en se jetant à son cou et en le baisant à pleine bouche, avec son ancienne impétuosité de gamine.

III

Deux jours plus tard, une grande marée découvrait les roches profondes. Dans le coup de passion qui emportait Lazare au début de chaque entreprise nouvelle, il ne voulut pas attendre davantage, il partit jambes nues, une veste de toile simplement jetée sur son costume de bain ; et Pauline était de l'enquête, en costume de bain elle aussi, chaussée de gros souliers, qu'elle réservait pour la pêche aux crevettes.

Quand ils furent à un kilomètre des falaises, au milieu du champ des algues ruisselant encore du flot qui se retirait, l'enthousiasme du jeune homme éclata, comme s'il découvrait cette moisson immense d'herbes marines, qu'ils avaient cent fois traversée ensemble.

— Regarde ! regarde ! criait-il. En voilà de la marchandise !... Et on n'en fait rien, et il y en a ainsi jusqu'à plus de cent mètres de profondeur !

Puis, il lui nommait les espèces, avec une pédanterie joyeuse : les zostères, d'un vert tendre, pareilles à de fines chevelures, étalant à l'infini une succession de vastes pelouses ; les ulves aux feuilles de laitue larges et minces, d'une transparence glauque ; les fucus dentelés, les fucus vésiculeux, en si grand nombre, que leur végétation couvrait les roches ainsi qu'une mousse haute ; et, à mesure qu'ils descendaient en suivant le flot, ils rencontraient des espèces de taille plus grande et d'aspect plus étrange, les laminaires, surtout le Baudrier de Neptune, cette ceinture de cuir verdâtre, aux bords frisés, qui semble taillée pour la poitrine d'un géant.

— Hein ? quelle richesse perdue ! reprenait-il. Est-on bête !… En Écosse, ils sont au moins assez intelligents pour manger les ulves. Nous autres, nous faisons du crin végétal avec les zostères, et nous emballons le poisson avec les fucus. Le reste est du fumier, de qualité discutable, qu'on abandonne aux paysans des côtes… Dire que la science en est encore à la méthode barbare d'en brûler quelques charretées, afin d'en tirer de la soude !

Pauline, dans l'eau jusqu'aux genoux, était heureuse de cette fraîcheur salée. Du reste, les explications de son cousin l'intéressaient profondément.

— Alors, demanda-t-elle, tu vas distiller tout ça ?

Le mot « distiller » égaya beaucoup Lazare.

— Oui, distiller, si tu veux. Mais c'est joliment compliqué, tu verras, ma chère… N'importe, retiens bien mes paroles : on a conquis la végétation terrestre, n'est-ce pas ? les plantes, les arbres, ce dont nous nous servons, ce que nous mangeons ; eh bien ! peut-être la conquête de la végétation marine nous enrichira-t-elle davantage encore, le jour où l'on se décidera à la tenter.

Tous deux, cependant, enflammés de zèle, ramassaient des échantillons. Ils s'en chargèrent les bras, ils s'oublièrent si loin, qu'ils durent, pour revenir, se mouiller jusqu'aux épaules. Et les explications continuaient, le jeune homme répétait des phrases de son maître Herbelin : la mer est un vaste réservoir de composés chimiques, les algues travaillaient pour l'industrie, en condensant, dans leurs tissus, les sels que les eaux où elles vivent contiennent en faible proportion. Aussi le problème consistait-il à extraire économiquement de ces algues tous les composés utiles. Il parlait d'en prendre les cendres, la soude impure du commerce, puis de séparer et de livrer, à l'état de pureté parfaite, les bromures, les iodures de sodium et de potassium, le sulfate de soude, d'autres sels de fer et de manganèse, de façon à ne laisser aucun déchet de la matière première. Ce qui l'enthousiasmait, c'était cet espoir de ne pas perdre un seul corps utile, grâce à la méthode du froid, trouvée par l'illustre Herbelin. Il y avait là une grosse fortune.

— Bon Dieu ! comme vous voilà faits ! cria madame Chanteau, lorsqu'ils rentrèrent.

— Ne te fâche pas, répondit gaiement Lazare, en jetant son paquet d'algues au milieu de la terrasse. Tiens ! nous te rapportons des pièces de cent sous.

Le lendemain, la charrette d'un paysan de Verchemont alla prendre toute une charge d'herbes marines, et les études commencèrent dans la grande chambre du second étage. Pauline obtint le grade de préparateur. Ce fut une rage pendant un mois, la chambre s'emplit rapidement de plantes sèches, de bocaux où nageaient des arborescences, d'instruments aux profils bizarres ; un microscope occupait un coin de la table, le piano disparaissait sous des chaudières et des cornues, l'armoire elle-même craquait d'ouvrages spéciaux, de collections sans cesse consultées. Du reste, les expériences tentées de la sorte en petit, avec des soins minutieux, donnèrent des résultats encourageants. La méthode du froid portait sur cette découverte que certains corps se cristallisent à de basses températures différentes pour les divers corps ; et il ne s'agissait plus que d'obtenir et de maintenir les températures voulues : chaque corps se déposait successivement, se trouvait séparé des autres. Lazare brûlait les algues dans une fosse, puis traitait par le froid la lessive des cendres, à l'aide d'un système réfrigérant, basé sur l'évaporation rapide de l'ammoniaque. Mais il fallait exécuter en grand cette manipulation, la porter du laboratoire dans l'industrie, en installant et en faisant fonctionner économiquement les appareils.

Le jour où il eut dégagé des eaux mères jusqu'à cinq corps bien distincts, la chambre retentit de cris de triomphe.

Il y avait surtout une proportion surprenante de bromure de potassium. Ce remède à la mode allait se vendre comme du pain. Pauline, qui dansait autour de la table, reprise de sa gaminerie ancienne, descendit l'escalier brusquement, tomba au milieu de la salle à manger, où son oncle lisait un journal, tandis que sa tante marquait des serviettes.

— Ah bien ! cria-t-elle, vous pouvez être malades, nous vous en donnerons, du bromure !

Madame Chanteau, qui souffrait depuis quelque temps de crises nerveuses, venait d'être mise au régime du bromure par le docteur Cazenove. Elle sourit, en disant :

— En aurez-vous assez pour guérir tout le monde, puisque tout le monde est détraqué maintenant ?

La jeune fille, aux membres forts, et dont le visage joyeux éclatait de santé, ouvrit les bras comme pour jeter sa guérison aux quatre coins du ciel.

— Oui, oui, nous allons en bourrer la terre… Fichue, leur grande névrose !

Après avoir visité la côte, discuté les emplacements, Lazare décida qu'il installerait son usine à la baie du Trésor. Toutes les conditions s'y trouvaient réunies : plage immense, comme dallée de roches plates, ce qui facilitait la récolte des algues ; charrois plus directs, par la route de Verchemont ; terrains à bon marché, matériaux sous la main, éloignement suffisant, sans être excessif. Et Pauline plaisantait sur le nom qu'ils avaient donné à la baie autrefois, pour l'or fin de son sable : ils ne croyaient pas si bien dire, un vrai « trésor » maintenant, qu'ils allaient trouver dans la mer. Les débuts furent superbes, heureux achats de vingt mille mètres de lande déserte, autorisation préfectorale obtenue après un retard de deux mois seulement. Enfin, les ouvriers se mirent aux constructions. Boutigny était arrivé, un petit homme rouge d'une trentaine d'années, très commun, qui déplut beaucoup aux Chanteau. Il avait refusé d'habiter Bonneville, ayant découvert à Verchemont, disait-il, une maison très commode ; et la froideur de la famille augmenta, lorsqu'elle apprit qu'il venait d'y installer une femme, quelque fille perdue, amenée sans doute d'un mauvais lieu de Paris. Lazare haussait les épaules, outré de ces idées de province ; elle était très gentille, cette femme, une blonde qui devait avoir du dévouement, pour consentir à s'enterrer dans ce pays de loups ; d'ailleurs, il n'insista pas, à cause de Pauline. Ce qu'on attendait de Boutigny, en somme, c'était une surveillance active, une organisation intelligente du travail. Or, il se montrait merveilleux, toujours debout, enflammé du génie de l'administration. Sous ses ordres, les murailles montaient à vue d'œil.

Alors, pendant quatre mois, tant que les travaux durèrent pour la construction des bâtiments et l'installation des appareils, l'usine du Trésor, comme on avait fini par l'appeler, devint un but de promenade quotidienne. Madame Chanteau n'accompagnait pas toujours les enfants, Lazare et Pauline reprirent leurs courses de jadis. Mathieu seul les suivait, vite fatigué, traînant ses grosses pattes et se couchant là-bas, la langue pendante, avec une respiration courte et pressée de soufflet de forge. Lui seul aussi se baignait encore, se jetait à la mer quand on lançait un bâton, qu'il avait l'intelligence de prendre contre la vague, pour ne pas avaler d'eau salée. À chaque visite, Lazare pressait les entrepreneurs ; tandis que Pauline risquait des réflexions pratiques, d'une grande justesse parfois. Il avait dû commander les appareils à Caen, sur des plans dessinés par lui, et des ouvriers étaient venus les monter. Boutigny commençait à témoigner des inquiétudes, en voyant les devis augmenter sans cesse. Pourquoi ne pas s'être contenté d'abord des salles strictement nécessaires, des machines indispensables ? pourquoi ces bâtisses compliquées, ces appareils énormes, en vue d'une exploitation qu'il aurait été plus sage d'élargir peu à peu, lorsqu'on se serait rendu un compte exact des conditions de la fabrication et de la vente ? Lazare s'emportait. Il voyait immense, il aurait volontiers donné aux hangars une façade monumentale, dominant la mer, développant devant l'horizon sans borne la grandeur de son idée. Puis, la visite s'achevait au milieu d'une fièvre d'espoir : à quoi bon liarder, puisqu'on tenait la fortune ? Et le retour était fort gai, on se souvenait de Mathieu qui s'attardait sans cesse. Pauline se cachait brusquement avec Lazare derrière un mur, tous les deux amusés comme des enfants, quand le chien, saisi de se voir seul, se croyant perdu, vagabondait dans un effarement comique.

Chaque soir, à la maison, la même question les accueillait.

— Eh bien, ça marche-t-il, êtes-vous contents ?

Et la réponse était toujours la même.

— Oui, oui… Mais ils n'en finissent pas.

Ce furent des mois d'une intimité complète. Lazare témoignait à Pauline une affection vive, où il entrait de la reconnaissance, pour l'argent qu'elle avait mis dans son entreprise. Peu à peu, de nouveau, la femme disparaissait, il vivait près d'elle comme en compagnie d'un garçon, d'un frère cadet, dont les qualités le touchaient chaque jour davantage. Elle était si raisonnable, d'un si beau courage, d'une bonté si riante, qu'elle finissait par lui inspirer une estime inavouée, un sourd respect, contre lequel il se défendait encore en la plaisantant. Tranquillement, elle lui avait conté ses lectures, l'effroi de sa tante à la vue des planches anatomiques ; et, un instant, il était resté surpris et plein de gêne, devant cette fille déjà savante, avec ses grands yeux candides. Ensuite, leurs rapports s'en trouvèrent resserrés, il prit l'habitude de parler de tout librement, dans leurs études communes, lorsqu'elle l'aidait : cela en parfaite simplicité scientifique, usant du mot propre, comme s'il n'y en avait pas eu d'autre. Elle-même, sans paraître y mettre autre chose que le plaisir d'apprendre et de lui être utile, abordait toutes les questions. Mais elle l'amusait souvent, tant son instruction avait de trous, tant il s'y trouvait un extraordinaire mélange de connaissances qui se battaient : les idées de sous-maîtresse de sa tante, le train du monde réduit à la pudeur des pensionnats ; puis, les faits précis lus par elle dans les ouvrages de médecine, les vérités physiologiques de l'homme et de la femme, éclairant la vie. Quand elle lâchait une naïveté, il riait si fort, qu'elle entrait en colère : au lieu de rire, est-ce qu'il n'aurait pas mieux fait de lui montrer son erreur ? et, le plus souvent, la dispute se terminait ainsi par une leçon, il achevait de l'instruire, en jeune chimiste supérieur aux convenances. Elle en savait trop pour ne pas savoir le reste. D'ailleurs, un travail lent s'opérait, elle lisait toujours, elle coordonnait peu à peu ce qu'elle entendait, ce qu'elle voyait, respectueuse cependant pour madame Chanteau, dont elle continuait à écouter d'une mine sérieuse les mensonges décents. C'était seulement avec son cousin, dans la grande chambre, qu'elle devenait un garçon, un préparateur, auquel il criait :

— Dis donc, as-tu regardé cette Floridée ?… Elle n'a qu'un sexe.

— Oui, oui, répondait-elle, des organes mâles en gros bouquets.

Pourtant, un vague trouble montait en elle. Lorsque Lazare la bousculait parfois fraternellement, elle restait quelques secondes étouffée, le cœur battant à grands coups. La femme, qu'ils oubliaient tous deux, se réveillait dans sa chair, avec la poussée même de son sang. Un jour, comme il se tournait, il la heurta du coude. Elle jeta un cri, elle porta les mains à sa gorge. Quoi donc ? il lui avait fait du mal ? mais il l'avait à peine touchée ! et, d'un geste naturel, il voulut écarter son fichu, pour voir. Elle s'était reculée, ils demeurèrent face à face, confus, souriant d'un air contraint. Un autre jour, au courant d'une expérience, elle refusa de tremper ses mains dans l'eau froide. Lui, s'étonnait, s'irritait : pourquoi ? quel drôle de caprice ! si elle ne l'aidait pas, elle ferait mieux de descendre. Puis, la voyant rougir, il comprit, il la regarda d'un visage béant. Alors, cette gamine, ce frère cadet était décidément une femme ? on ne pouvait l'effleurer sans qu'elle jetât une plainte, on ne devait seulement pas compter sur elle à toutes les époques du mois. À chaque fait nouveau, c'était une surprise, comme une découverte imprévue qui les embarrassait et les émotionnait l'un et l'autre, dans leur camaraderie de garçons. Lazare semblait n'en éprouver que de l'ennui, ça n'allait plus être possible de travailler ensemble, puisqu'elle n'était pas un homme et qu'un rien la dérangeait. Quant à Pauline, elle en gardait une sorte de malaise, une anxiété où grandissait un charme délicieux.

Dès ce moment, chez la jeune fille, se développèrent des sensations dont elle ne parlait à personne. Elle ne mentait pas, elle se taisait simplement, par une fierté inquiète, par une honte aussi. Plusieurs fois, elle se crut souffrante, sur le point de faire une maladie grave, car elle se couchait fiévreuse, brûlée d'insomnie, emportée tout entière dans le tumulte sourd de l'inconnu qui l'envahissait ; puis, au jour, elle était seulement brisée, elle ne se plaignait même pas devant sa tante. C'étaient encore des chaleurs brusques, une excitation nerveuse, et des pensées inattendues qui la révoltaient ensuite, et surtout des rêves dont elle sortait fâchée contre elle. Ses lectures, cette anatomie, cette physiologie épelées passionnément, lui avaient laissé une telle virginité de corps, qu'elle retombait dans des stupeurs d'enfant, à chaque phénomène. Puis, la réflexion la calmait : elle n'était pas à part, elle devait s'attendre à voir se dérouler en elle-même, cette mécanique de la vie, faite pour les autres. Après le dîner, un soir, elle discuta la bêtise des rêves : était-ce irritant, d'être sur le dos, sans défense, en proie aux imaginations baroques ? et ce qui l'exaspérait, paraissait être la mort de la volonté dans le sommeil, l'abandon complet de sa personne. Son cousin, avec ses théories pessimistes, attaquait aussi les rêves, comme troublant le parfait bonheur du néant ; tandis que son oncle distinguait, aimait les songes agréables, abominait les cauchemars de la fièvre. Mais elle s'acharnait si fort, que madame Chanteau, surprise, la questionna sur ce qu'elle voyait, la nuit. Alors, elle balbutia : rien, des absurdités, des choses trop vagues pour en garder le souvenir. Et elle ne mentait toujours pas, ses rêves se passaient dans un demi-jour, des apparences la frôlaient, son sexe de femme s'éveillait à la vie charnelle, sans que jamais une image nette précisât la sensation. Elle ne voyait personne, elle pouvait croire à une caresse du vent de mer, qui, l'été, entrait par la fenêtre ouverte.

Cependant, la grande affection de Pauline pour Lazare semblait être chaque jour plus ardente ; et ce n'était pas seulement, dans leur camaraderie fraternelle de sept années, l'éveil instinctif de la femme : elle avait aussi le besoin de se dévouer, une illusion le lui montrait comme le plus intelligent et le plus fort. Lentement, cette fraternité devenait de l'amour, avec les bégayements exquis de la passion naissante, des rires aux frissons sonores, des contacts furtifs et appuyés, tout le départ enchanté pour le pays des nobles tendresses, sous le coup de fouet de l'instinct génésique. Lui, protégé par ses débordements du quartier latin, n'ayant plus de curiosités à perdre, continuait à voir en elle une sœur, que son désir n'effleurait pas. Elle, au contraire, vierge encore, dans cette solitude où elle ne trouvait que lui, l'adorait peu à peu et se donnait entière. Quand ils étaient ensemble, du matin au soir, elle semblait vivre de sa présence, les yeux cherchant les siens, empressé à le servir.

Vers ce temps, madame Chanteau s'étonna de la piété de Pauline. Deux fois, elle la vit se confesser. Puis, brusquement, la jeune fille parut en froid avec l'abbé Horteur ; elle refusa même d'aller à la messe pendant trois dimanches, et n'y retourna que pour ne point chagriner sa tante. Du reste, elle ne s'expliquait pas, elle avait dû être blessée par les questions et les commentaires de l'abbé, dont la langue était lourde. Et ce fut alors, avec son flair de mère passionnée, que madame Chanteau devina l'amour croissant de Pauline. Elle se tut pourtant, n'en parla même pas à son mari. Cette aventure fatale la surprenait, car jusque-là une tendresse possible, peut-être un mariage, n'était pas entré dans ses plans. Comme Lazare, elle avait continué à traiter sa pupille en gamine ; et elle voulait réfléchir, elle se promit de les surveiller, n'en fit rien, peu soucieuse au fond de ce qui n'était pas le plaisir de son fils.

Les chaudes journées d'août étaient venues, le jeune homme décida un soir qu'on se baignerait le lendemain, en allant à l'usine. Travaillée par ses idées de convenances, la mère les accompagna, malgré le terrible soleil de trois heures. Elle s'assit près de Mathieu sur les galets brûlants, elle s'abrita de son ombrelle, sous laquelle le chien tâchait d'allonger sa tête.

— Eh bien ! où va-t-elle donc ? demanda Lazare en voyant Pauline disparaître à demi derrière une roche.

— Elle va se déshabiller, parbleu ! dit madame Chanteau. Tourne-toi, tu la gênes, ce n'est pas convenable.

Il demeura très étonné, regarda encore du côté de la roche, où flottait un coin blanc de chemise, puis ramena les yeux sur sa mère, en se décidant à tourner le dos. Pourtant, il se déshabilla rapidement lui-même, sans rien ajouter.

— Y sommes-nous ? cria-t-il enfin. En voilà des affaires ! Est-ce que tu mets ta robe couleur du temps ?

Légèrement, Pauline accourait, riant d'un rire trop gai, où l'on sentait un peu d'embarras. Depuis le retour de son cousin, ils ne s'étaient pas baignés ensemble. Elle avait un costume de grande nageuse, fait d'une seule pièce, serré à la taille par une ceinture et découvrant les hanches. Les reins souples, la gorge haute, elle ressemblait, amincie de la sorte, à un marbre florentin. Ses jambes et ses bras nus, ses petits pieds nus chaussés de sandales, gardaient une blancheur d'enfant.

— Hein ? reprit Lazare, allons-nous jusqu'aux Picochets ?

— C'est ça, jusqu'aux Picochets, répondit-elle.

Madame Chanteau criait :

— Ne vous éloignez pas… Vous me faites toujours des peurs !

Mais ils s'étaient déjà mis à l'eau. Les Picochets, un groupe de rochers dont quelques-uns restaient découverts à marée haute, se trouvaient éloignés d'un kilomètre environ. Et ils nageaient tous deux côte à côte, sans hâte, comme deux amis partis pour une promenade, sur un beau chemin tout droit. D'abord, Mathieu les avait suivis ; puis, les voyant aller toujours, il était revenu se secouer et éclabousser madame Chanteau. Les exploits inutiles répugnaient à sa paresse.

— Tu es sage, toi, disait la vieille dame. Est-il Dieu permis de risquer sa vie de la sorte !

Elle distinguait à peine les têtes de Lazare et de Pauline, pareilles à des touffes de varech, errantes au ras des vagues. La mer avait une houle assez forte, ils avançaient balancés par de molles ondulations, ils causaient tranquillement, occupés des algues qui passaient sous eux, dans la transparence de l'eau. Pauline, fatiguée, fit la planche, le visage en plein ciel, perdue au fond de tout ce bleu. Cette mer qui la berçait, était restée sa grande amie. Elle en aimait l'haleine âpre, le flot glacé et chaste, elle s'abandonnait à elle, heureuse d'en sentir le ruissellement immense contre sa chair, goûtant la joie de cet exercice violent, qui réglait les battements de son cœur.

Mais elle eut une légère exclamation. Son cousin, inquiet, la questionna.

— Quoi donc ?

— Je crois que mon corsage a craqué… J'ai trop raidi le bras gauche.

Et tous deux plaisantèrent. Elle s'était remise à nager doucement, elle riait d'un rire gêné, en constatant le désastre : c'était la couture de l'épaulette qui avait cédé, toute l'épaule et le sein se trouvaient à découvert. Le jeune homme, très gai, lui disait de fouiller ses poches, pour voir si elle n'aurait pas sur elle des épingles. Cependant, ils arrivaient aux Picochets, il monta sur une roche, comme ils en avaient l'habitude, afin de reprendre haleine, avant de retourner à terre. Elle, autour de l'écueil, nageait toujours.

— Tu ne montes pas ?

— Non, je suis bien.

Il crut à un caprice, il se fâcha. Était-ce raisonnable ? les forces pouvaient lui manquer au retour, si elle ne se reposait pas un instant. Mais elle s'entêtait, ne répondant même plus, filant à petit bruit avec de l'eau jusqu'au menton, enfonçant la blancheur nue de son épaule, vague et laiteuse comme la nacre d'un coquillage. La roche était creusée, vers la pleine mer, d'une sorte de grotte, où jadis ils jouaient aux Robinsons, en face de l'horizon vide. De l'autre côté, sur la plage, madame Chanteau faisait la tache noire et perdue d'un insecte.

— Sacré caractère, va ! finit par crier Lazare en se rejetant à l'eau. Si tu bois un coup, je te le laisse boire, parole d'honneur !

Lentement, ils repartirent. Ils se boudaient, ils ne se parlaient plus. Comme il l'entendait s'essouffler, il lui dit de faire au moins la planche. Elle ne parut pas entendre. La déchirure augmentait : au moindre mouvement pour se retourner, sa gorge aurait jailli à fleur d'eau, ainsi qu'une floraison des algues profondes. Alors, il comprit sans doute ; et, voyant sa fatigue, sentant qu'elle n'arriverait jamais à la plage, il s'approcha résolûment pour la soutenir. Elle voulut se débattre, continuer seule ; puis, elle dut s'abandonner. Ce fut serrés étroitement, elle en travers de lui, qu'ils abordèrent.

Épouvantée, madame Chanteau était accourue, tandis que Mathieu hurlait, dans les vagues jusqu'au ventre.

— Mon Dieu ! quelle imprudence !… Je le disais bien que vous alliez trop loin !

Pauline s'était évanouie. Lazare la porta comme une enfant sur le sable ; et elle demeurait contre sa poitrine, à demi nue maintenant, tous deux ruisselant d'eau amère. Aussitôt, elle soupira, ouvrit les yeux. Quand elle reconnut le jeune homme, elle éclata en gros sanglots, elle l'étouffa dans une étreinte nerveuse, en lui baisant la face à pleines lèvres, au hasard. C'était comme inconscient, l'élan libre de l'amour, qui sortait de ce danger de mort.

— Oh ! que tu es bon ! Lazare, oh ! que je t'aime !

Il resta tout secoué de l'emportement de ce baiser. Lorsque madame Chanteau la rhabilla, il s'écarta de lui-même. La rentrée à Bonneville fut douce et pénible, l'un et l'autre semblaient brisés de fatigue. Entre eux, la mère marchait, en réfléchissant que l'heure était venue de prendre un parti.

D'autres inquiétudes agitèrent la famille. L'usine du Trésor était bâtie, on essayait depuis huit jours les appareils, qui donnaient des résultats déplorables. Lazare dut s'avouer qu'il avait mal combiné certaines pièces. Il se rendit à Paris, pour consulter son maître Herbelin, et il revint désespéré : tout devait être refait, le grand chimiste avait déjà perfectionné sa méthode, ce qui modifiait absolument les appareils. Cependant, les soixante mille francs étaient mangés, Boutigny refusait de mettre un sou de plus : du matin au soir, il parlait amèrement des gaspillages, avec la ténacité insupportable de l'homme pratique qui triomphe. Lazare avait des envies de le battre. Il aurait peut-être tout planté là, sans l'angoisse qu'il éprouvait, à l'idée de laisser dans ce gouffre les trente mille francs de Pauline. Son honnêteté, sa fierté se révoltaient : c'était impossible, il devait trouver de l'argent, on ne pouvait abandonner ainsi une affaire qui rendrait plus tard des millions.

— Tiens-toi tranquille, répétait sa mère, lorsqu'elle le voyait malade d'incertitude. Nous n'en sommes pas encore à ne savoir où prendre quelques billets de mille francs.

Madame Chanteau mûrissait un projet. Après l'avoir surprise, l'idée d'un mariage entre Lazare et Pauline lui semblait convenable. Il n'y avait, en somme, que neuf années entre eux, différence acceptée tous les jours. Cela n'arrangeait-il pas les choses ? Lazare désormais travaillerait pour sa femme, il ne se tourmenterait plus de sa dette, il emprunterait même à Pauline la somme dont il avait besoin. Au fond de madame Chanteau, confusément, s'agitait bien un scrupule, la crainte d'une catastrophe finale, la ruine de leur pupille. Seulement, elle écartait ce dénouement impossible ; est-ce que Lazare n'avait pas du génie ? Il enrichirait Pauline, c'était celle-ci qui faisait une bonne affaire. Son fils avait beau être pauvre, il valait une fortune, si elle le donnait.

Le mariage fut décidé très simplement. Un matin, la mère interrogea dans sa chambre la jeune fille, qui, tout de suite, vida son cœur avec une tranquillité souriante. Puis, elle lui fit prétexter un peu de fatigue ; et, l'après-midi, elle accompagna seule son fils à l'usine. Lorsque, au retour, elle lui expliqua longuement son projet, l'amour de la petite cousine, la convenance d'un pareil mariage, les avantages que chacun en tirerait, il parut stupéfait d'abord. Jamais il n'avait songé à cela, quel âge avait donc l'enfant ? Ensuite, il demeura tout ému ; certes, il l'aimait bien aussi, il ferait ce qu'on voudrait.

Quand ils rentrèrent, Pauline achevait de mettre la table, pour s'occuper ; tandis que son oncle, un journal tombé sur les genoux, regardait Minouche qui se léchait délicatement le ventre.

— Eh bien, quoi donc ? on se marie, dit Lazare en cachant son émotion sous une gaieté bruyante.

Elle était restée une assiette à la main, très rouge, la voix coupée.

— Qui se marie ? demanda l'oncle, comme éveillé en sursaut.

Sa femme l'avait prévenu le matin ; mais l'air gourmand dont la chatte promenait la langue sur son poil, l'absorbait. Pourtant, il se souvint aussitôt.

— Ah ! oui, cria-t-il.

Et il regarda les jeunes gens d'un œil malin, la bouche tordue par un élancement douloureux au pied droit. Pauline, doucement, avait reposé l'assiette. Elle finit par répondre à Lazare :

— Si tu veux, toi, moi je veux bien.

— Allons, c'est fait, embrassez-vous, conclut madame Chanteau, en train d'accrocher son chapeau de paille.

La jeune fille s'avança la première, les mains tendues. Lui, riant toujours, les prit dans les siennes ; et il la plaisantait.

— Tu as donc lâché ta poupée ?… Voilà pourquoi tu devenais si cachotière, qu'on ne pouvait seulement plus te voir, quand tu te lavais le bout des doigts !… Et c'est ce pauvre Lazare que tu as choisi pour victime ?

— Oh ! ma tante, fais-le taire, ou je me sauve ! murmura-t-elle, confuse, en essayant de se dégager.

Peu à peu, il l'attirait, il jouait encore comme à l'époque de leur camaraderie d'écoliers ; et, brusquement, elle lui planta sur la joue un baiser retentissant, qu'il lui rendit au petit bonheur, dans une oreille. Puis, une pensée inavouée parut l'assombrir, il ajouta d'une voix triste :

— Un drôle de marché que tu fais là, ma pauvre enfant ! Si tu savais comme je suis vieux, au fond !... Enfin, puisque tu veux bien de moi !

Le dîner fut tumultueux. Ils parlaient tous ensemble, ils faisaient des projets d'avenir, comme s'ils se trouvaient réunis pour la première fois. Véronique, qui était entrée au beau milieu des accordailles, fermait à la volée la porte de la cuisine, sans desserrer les lèvres. Au dessert, on aborda enfin les questions sérieuses. La mère expliqua que le mariage ne pouvait avoir lieu avant deux ans : elle voulait attendre l'âge légal d'émancipation, elle n'entendait pas être accusée d'avoir opéré, à l'aide de son fils, une pression sur une enfant trop jeune. Ce délai de deux ans consterna Pauline ; mais l'honnêteté de sa tante la touchait beaucoup, elle se leva pour l'embrasser. On fixa une date, les jeunes gens patienteraient, et en patientant ils gagneraient les premiers écus des millions futurs. La question d'argent se trouva ainsi traitée d'enthousiasme.

— Prends dans le tiroir, ma tante, répétait la jeune fille. Tout ce qu'il voudra, pardi ! C'est à lui autant qu'à moi, maintenant.

Madame Chanteau se récriait.

— Non, non, il n'en sortira pas un sou inutile… Tu sais qu'on peut avoir confiance, on me couperait plutôt la main… Vous avez besoin de dix mille francs là-bas ; je vous donne dix mille francs, et je referme à double tour. C'est sacré.

— Avec dix mille francs, dit Lazare, je suis certain du succès… Les grosses dépenses sont faites, ce serait un crime que de se décourager. Vous verrez, vous verrez… Et, toi, chérie, je veux t'habiller d'une robe d'or, comme une reine, le jour de notre mariage.

La joie fut encore augmentée par l'arrivée imprévue du docteur Cazenove. Il venait de panser un pêcheur, qui s'était écrasé les doigts sous un bateau ; et on le retint, on le força à boire une tasse de thé. La grande nouvelle ne parut pas le surprendre. Seulement, lorsqu'il entendit les Chanteau s'exalter sur l'exploitation des algues, il regarda Pauline d'un air inquiet, il murmura.

— Sans doute, l'idée est ingénieuse, on peut faire un essai. Mais avoir des rentes, c'est encore plus solide. À votre place, je voudrais être tout de suite heureux, dans mon petit coin…

Il s'interrompit, en voyant une ombre pâlir les yeux de la jeune fille. La vive affection qu'il éprouvait pour elle, lui fit reprendre, contre sa pensée :

— Oh ! l'argent a du bon, gagnez-en beaucoup… Et, vous savez, je danserai à votre noce. Oui, je danserai le zambuco des Caraïbes, que vous ne connaissez pas je parie… Tenez ! les deux mains en moulin à vent, avec des claques sur les cuisses, et en rond autour du prisonnier, quand il est cuit et que les femmes le découpent.

Les mois recommencèrent à couler. Maintenant, Pauline avait retrouvé son calme souriant, seule l'incertitude pesait à sa nature franche. L'aveu de son amour, la date fixée pour le mariage, semblaient avoir apaisé jusqu'aux troubles de sa chair ; et elle acceptait sans fièvre la floraison de la vie, ce lent épanouissement de son corps, cette poussée rouge de son sang, qui l'avaient un instant tourmentée le jour et violentée la nuit. N'était-ce point la loi commune ? il fallait grandir pour aimer. Du reste, ses rapports avec Lazare ne changeaient guère, tous deux continuaient leur existence de travaux communs : lui sans cesse affairé, prévenu contre un coup de désir par ses aventures d'hôtels garnis, elle si simple, si droite dans sa tranquillité de fille savante et vierge, qu'elle était comme protégée par une double armure. Parfois, cependant, au milieu de la chambre encombrée, ils se prenaient les mains, ils riaient d'un air tendre. C'était un traité de Phycologie qu'ils feuilletaient ensemble et qui rapprochait leurs chevelures ; ou bien, en examinant un flacon pourpré de brome, un échantillon violâtre d'iode, ils s'appuyaient un instant l'un à l'autre ; ou encore, elle se penchait près de lui, au-dessus des instruments qui encombraient la table et le piano, elle l'appelait pour qu'il la soulevât jusqu'à la plus haute planche de l'armoire. Mais il n'y avait, dans ces contacts de chaque heure, que la caresse permise, échangée sous des yeux de grands-parents, une bonne amitié chauffée à peine d'une pointe de joie sensuelle, entre cousin et cousine qui doivent s'épouser un jour. Ainsi que le disait madame Chanteau, ils étaient vraiment raisonnables. Lorsque Louise venait et qu'elle se mettait entre eux, avec ses jolies mines de fille coquette, Pauline ne paraissait même plus jalouse.

Toute une année passa de la sorte. L'usine fonctionnait à présent, et peut-être furent-ils gardés surtout par les tracas qu'elle leur causait. Après une réinstallation difficile des appareils, les premiers résultats semblèrent excellents ; sans doute, le rendement était médiocre ; mais, en perfectionnant la méthode, en redoublant de soins et d'activité, on devait arriver à une production énorme. Boutigny avait créé déjà de larges débouchés, trop larges même. La fortune leur parut certaine. Et, dès lors, cet espoir les entêta, ils réagirent contre les avertissements de ruine, l'usine devint un gouffre, où ils jetaient l'argent à poignées, toujours persuadés qu'ils le retrouveraient en un lingot d'or, au fond. Chaque sacrifice nouveau les enrageait davantage.

Madame Chanteau, les premières fois, ne prenait pas une somme, dans le tiroir du secrétaire, sans en avertir Pauline.

— Petite, il y a des paiements à faire samedi, il vous manque trois mille francs… Veux-tu monter avec moi, pour choisir le titre que nous allons vendre ?

— Mais tu peux bien le choisir toute seule, répondait la jeune fille.

— Non, tu sais que je ne fais rien sans toi. C'est ton argent.

Puis, madame Chanteau se relâcha de cette rigidité. Un soir, Lazare lui avoua une dette qu'il avait cachée à Pauline : cinq mille francs de tuyaux de cuivre, qu'on n'avait pas même utilisés. Et, comme la mère venait justement de visiter le tiroir avec la jeune fille, elle y retourna seule, elle prit les cinq mille francs, devant le désespoir de son fils, en se promettant de les remettre, au premier gain. Mais, à partir de ce jour, la brèche était ouverte, elle s'accoutuma, puisa sans compter. D'ailleurs, elle finissait par trouver blessante, à son âge, cette continuelle sujétion au bon plaisir d'une gamine ; et elle en gardait une rancune. On le lui rendrait, son argent ; s'il lui appartenait, ce n'était pas une raison suffisante pour ne plus se permettre un geste, avant de lui en avoir demandé la permission. Dès qu'elle eut fait un trou dans le tiroir, elle n'exigea plus d'être accompagnée. Pauline en éprouva un soulagement ; car, malgré son bon cœur, les visites au secrétaire lui étaient pénibles : sa raison l'avertissait d'une catastrophe, l'économie prudente de sa mère se révoltait en elle. D'abord, elle s'étonna du silence de madame Chanteau, elle sentait bien que l'argent filait tout de même, et qu'on se passait d'elle, simplement. Ensuite, elle préféra cela. Au moins, elle n'avait pas le désagrément de voir, chaque fois, le tas des papiers diminuer. Il n'y eut désormais, entre elles deux, qu'un échange rapide de regards, à certaines heures : le regard fixe et inquiet de la nièce, quand elle devinait un nouvel emprunt ; le regard vacillant de la tante, irritée d'avoir à tourner la tête. C'était comme un ferment de haine qui germait.

Malheureusement, cette année-là, Davoine fut déclaré en faillite. Ce désastre était prévu, les Chanteau n'en reçurent pas moins un coup terrible. Ils restaient avec leurs trois mille francs de rente. Tout ce qu'ils purent tirer de la débâcle, une douzaine de mille francs, fut aussitôt placé et leur compléta, en tout, trois cents francs par mois. Aussi madame Chanteau, dès la seconde quinzaine, dut-elle prendre cinquante francs sur l'argent de Pauline : le boucher de Verchemont attendait avec sa note, on ne pouvait le renvoyer. Puis, ce furent cent francs pour l'achat d'une lessiveuse, jusqu'à des dix francs de pommes de terre et des cinquante sous de poisson. Elle en était arrivée à entretenir Lazare et l'usine, par petites sommes honteuses, au jour le jour ; et elle tomba plus bas, aux centimes du ménage, aux trous de la dette bouchés misérablement. Vers les fins de mois surtout, on la voyait sans cesse disparaître d'un pas discret et revenir presque aussitôt, la main dans sa poche, d'où elle se décidait à sortir, pour une facture, des sous un à un. L'habitude se trouvait prise, elle achevait de vivre sur le tiroir du secrétaire, emportée, ne résistant plus. Pourtant, dans l'obsession qui la ramenait toujours là, le meuble, lorsqu'elle baissait le tablier, jetait un léger cri, dont elle restait énervée. Quel vieux bahut ! dire qu'elle n'avait jamais pu s'acheter un bureau propre ! Ce secrétaire vénérable, qui, bourré d'une fortune, avait d'abord donné à la maison un air de gaieté et de richesse, la ravageait aujourd'hui, était comme la boîte empoisonnée de tous les fléaux, lâchant le malheur par ses fentes.

Un soir, Pauline rentra de la cour, en criant :

— Le boulanger !… On lui doit trois jours, deux francs quatre-vingt-cinq.

Madame Chanteau se fouilla.

— Il faut que je monte, murmura-t-elle.

— Reste donc, reprit la jeune fille étourdiment, je vais monter, moi… Où est ta monnaie ?

— Non, non, tu ne trouverais pas… C'est quelque part…

La tante balbutiait, et toutes deux échangèrent le muet regard qui les faisait pâlir. Il y eut une hésitation pénible, puis madame Chanteau monta, toute froide d'une rage contenue, ayant la sensation nette que sa pupille savait où elle allait prendre les deux francs quatre-vingt-cinq. Aussi pourquoi lui avait-elle si souvent montré l'argent dormant dans le tiroir ? Son ancienne probité bavarde l'exaspérait, cette petite devait la suivre en imagination, la voir ouvrir, fouiller, refermer. Quand elle fut redescendue et qu'elle eut payé le boulanger, sa colère éclata contre la jeune fille.

— Eh bien ! ta robe est propre, d'où viens-tu ?… Hein ? tu as tiré de l'eau pour le potager. Laisse donc Véronique faire sa besogne. Ma parole ! tu te salis exprès, tu n'as pas l'air de savoir ce que ça coûte… Ta pension n'est pas si grosse, je ne peux plus joindre les deux bouts…

Et elle continua. Pauline, qui avait d'abord tâché de se défendre, l'écoutait maintenant sans une parole, le cœur gros. Depuis quelque temps, sa tante l'aimait de moins en moins, elle le sentait bien. Lorsqu'elle se retrouva seule avec Véronique, elle pleura ; et la bonne se mit à bousculer ses casseroles, comme pour éviter de prendre parti. Elle grondait toujours contre la jeune fille ; mais il y avait à présent, dans sa rudesse, des réveils de justice.

L'hiver arriva, Lazare perdit courage. Une fois encore, sa passion avait tourné, l'usine le répugnait et l'épouvantait. En novembre, la peur le saisit, devant un nouvel embarras d'argent. Il en avait surmonté d'autres, celui-là le laissa tremblant, désespérant de tout, accusant la science. Son idée d'exploitation était stupide, on aurait beau perfectionner les méthodes, on n'arracherait jamais à la nature ce qu'elle ne voudrait pas donner ; et il écrasait son maître lui-même, l'illustre Herbelin, qui, ayant eu l'obligeance de se détourner d'un voyage, afin de visiter l'usine, était demeuré plein de gêne devant les appareils, trop agrandis peut-être, disait-il, pour fonctionner avec la régularité des petits appareils de son cabinet. En somme, l'expérience semblait faite, la vérité était que, dans ces réactions du froid, on n'avait pas encore trouvé le moyen de maintenir au degré voulu les basses températures, nécessaires à la cristallisation des corps. Lazare tirait bien des algues une certaine quantité de bromure de potassium ; mais, comme il n'arrivait point ensuite à isoler suffisamment les quatre ou cinq autres corps qu'il lui fallait jeter aux déchets, l'exploitation devenait un désastre. Il en était malade, il se déclarait vaincu. Le soir où madame Chanteau et Pauline le supplièrent de se calmer, de tenter un suprême effort, il y eut une scène douloureuse, des mots blessants, des larmes, des portes jetées avec une violence telle, que Chanteau effaré sautait dans son fauteuil.

— Vous me tuerez ! cria le jeune homme en s'enfermant à double tour, bouleversé par un désespoir d'enfant.

Au déjeuner, le lendemain, il apporta une feuille de papier couverte de chiffres. On avait déjà mangé près de cent mille francs, sur les cent quatre-vingt mille francs de Pauline. Était-ce raisonnable de continuer ? Tout y passerait ; et sa peur de la veille le blêmissait de nouveau. D'ailleurs, sa mère à présent lui donnait raison ; jamais elle ne l'avait contrarié, elle l'aimait jusqu'à la complicité de ses fautes. Seule, Pauline essaya de discuter encore. Le chiffre de cent mille francs venait de l'étourdir. Comment ! on en était là, il lui avait pris plus de la moitié de sa fortune ! cent mille francs allaient être perdus, s'il refusait de lutter davantage ! Mais elle parla vainement, tandis que Véronique ôtait le couvert. Puis, pour ne pas éclater en reproches, elle monta s'enfermer dans sa chambre, désespérée.

Derrière elle, un silence s'était fait, la famille embarrassée s'oubliait devant la table.

— Décidément, cette enfant est avare, c'est un vilain défaut, dit enfin la mère. Je n'ai pas envie que Lazare se tue de fatigues et de contrariétés.

Le père hasarda d'une voix timide :

— On ne m'avait pas parlé d'une pareille somme… Cent mille francs, mon Dieu ! c'est terrible.

— Eh bien ! quoi, cent mille francs ? interrompit-elle de sa voix brève, on les lui rendra… Si notre fils l'épouse, il est bien homme à gagner cent mille francs.

Tout de suite, on s'occupa de liquider l'affaire. C'était Boutigny qui avait terrifié Lazare, en lui présentant un relevé de situation désastreux. La dette montait à près de vingt mille francs. Quand il vit son associé décidé à se retirer, il déclara d'abord qu'il partait lui-même se fixer en Algérie, où l'attendait une position superbe. Puis, il voulut bien reprendre l'usine ; mais il semblait y apporter une telle répugnance, il compliqua tellement les comptes, qu'il finit par avoir les terrains, les constructions, les appareils, pour les vingt mille francs de dettes ; et Lazare, au dernier moment, dut considérer comme une victoire, de lui tirer cinq mille francs de billets, payables de trois mois en trois mois. Le lendemain, Boutigny revendait le cuivre des appareils, aménageait les bâtiments pour la fabrication en grand de la soude de commerce, sans aucune recherche scientifique, en plein dans la routine des méthodes connues.

Pauline, honteuse de son premier mouvement de fille économe et prudente, était redevenue très gaie, très bonne, comme si elle avait eu une faute à se faire pardonner. Aussi, lorsque Lazare apporta les cinq mille francs de billets, madame Chanteau triompha-t-elle. Il fallut que la jeune fille montât les mettre dans le tiroir.

— C'est toujours cinq mille francs de rattrapés, ma chère… Ils sont à toi, les voici. Mon fils n'a pas même voulu en garder un, pour toutes ses peines.

Depuis quelque temps, Chanteau se tourmentait dans son fauteuil de goutteux. Bien qu'il n'osât lui refuser une signature, la façon dont sa femme administrait la fortune de leur pupille, l'emplissait de crainte. Toujours le chiffre de cent mille francs sonnait à ses oreilles. Comment boucher un pareil trou, le jour où il aurait à rendre des comptes ? Et le pis était que le subrogé-tuteur, ce Saccard, qui emplissait alors Paris du tapage de ses spéculations, venait de se rappeler Pauline, après avoir paru l'oublier pendant près de huit ans. Il écrivait, demandait des nouvelles, parlait même de tomber un matin à Bonneville, en allant traiter une affaire à Cherbourg. Que répondre, s'il exigeait un état de situation, ainsi qu'il en avait le droit ? Son brusque réveil, à la suite d'une si longue indifférence, devenait menaçant.

Lorsque Chanteau aborda enfin ce sujet avec sa femme, il trouva celle-ci travaillée plus de curiosité que d'inquiétude. Un instant, elle avait flairé la vérité, en pensant que Saccard, au milieu du galop de ses millions, était peut-être sans un sou et songeait à se faire remettre l'argent de Pauline, pour le décupler. Puis, elle s'égara, elle se demanda si ce n'était pas la jeune fille elle-même qui avait écrit à son subrogé-tuteur, dans une idée de vengeance. Et, cette supposition ayant révolté son mari, elle imagina une histoire compliquée, des lettres anonymes lancées par la créature de Boutigny, cette gueuse qu'ils refusaient de recevoir et qui les mettait plus bas que terre, dans les boutiques de Verchemont et d'Arromanches.

— Ce que je me moque d'eux, après tout ! dit-elle. La petite n'a pas dix-huit ans, c'est vrai ; mais je n'ai qu'à la marier tout de suite avec Lazare, le mariage émancipe de plein droit.

— En es-tu sûre ? demanda Chanteau.

— Parbleu ! je le lisais encore dans le Code, ce matin.

En effet, madame Chanteau lisait le Code, maintenant. Ses derniers scrupules s'y débattaient, elle y cherchait des excuses ; puis, tout le travail sourd d'une captation légale l'intéressait, dans l'émiettement continu de son honnêteté, que la tentation de cette grosse somme, dormant près d'elle, avait détruite un peu à chaque heure.

Du reste, madame Chanteau ne se décidait pas à conclure le mariage. Après le désastre d'argent, Pauline aurait désiré hâter les choses : pourquoi attendre, pendant six mois, qu'elle eût dix-huit ans ? Il valait mieux en finir, sans vouloir que Lazare cherchât d'abord une position. Elle osa en parler à sa tante, qui, gênée, inventa un mensonge, fermant la porte, baissant la voix, pour lui confier un tourment secret de son fils : il était très délicat, il souffrait beaucoup de l'épouser, avant de lui apporter une fortune, maintenant qu'il avait compromis la sienne. La jeune fille l'écoutait, pleine d'étonnement, ne comprenant pas ce raffinement romanesque ; il aurait pu être très riche, elle l'aurait épousé quand même puisqu'elle l'aimait ; et, d'ailleurs, combien faudrait-il attendre ? toujours peut-être. Mais madame Chanteau se récriait, elle se chargeait de vaincre ce sentiment exagéré de l'honneur, si l'on ne brusquait rien. En terminant, elle fit jurer à Pauline de garder le silence, car elle craignait un coup de tête, un départ subit du jeune homme, le jour où il se saurait deviné, étalé, discuté. Pauline, prise d'inquiétude, dut se résoudre à patienter et à se taire.

Cependant, lorsque la peur de Saccard travaillait Chanteau, il disait à sa femme :

— Si ça doit tout arranger, marie-les donc, ces enfants.

— Rien ne presse, répondait-elle. Le danger n'est pas à la porte.

— Mais puisque tu les marieras un jour… Tu n'as pas changé d'idée, je pense ? Ils en mourraient.

— Oh ! ils en mourraient… Tant qu'une chose n'est pas faite, on peut ne pas la faire, si elle devient mauvaise. Et puis, quoi ? ils sont bien libres, nous verrons si ça leur plaît toujours autant.

Pauline et Lazare avaient recommencé leur ancienne vie commune, tous deux bloqués dans la maison par la rudesse d'un terrible hiver. La première semaine, elle le vit si triste, si honteux de lui et si enragé contre les choses, qu'elle le soigna comme un malade, avec des complaisances infinies ; même il y avait chez elle de la pitié pour ce grand garçon, dont la volonté courte, le courage simplement nerveux, expliquaient les avortements ; et elle prenait peu à peu sur lui une autorité grondeuse de mère. D'abord, il s'emporta, déclara qu'il allait se faire paysan, entassa des projets fous de fortune immédiate, rougissant du pain qu'il mangeait, ne voulant pas rester une heure de plus à la charge de sa famille. Puis, les journées passèrent, il remettait toujours à plus tard l'exécution de ses idées, il se contentait de changer chaque matin son plan, le plan qui devait en quelques bonds le mener au sommet des honneurs et des richesses. Elle, effrayée par les fausses confidences de sa tante, le bousculait alors : est-ce qu'on lui demandait de se casser la tête ainsi ? il chercherait une position au printemps, il la trouverait tout de suite ; mais, jusque-là, on le forcerait bien à prendre du repos. Dès la fin du premier mois, elle parut l'avoir dompté, il était tombé dans une oisiveté vague, dans une résignation goguenarde à ce qu'il appelait « les embêtements de l'existence ».

Chaque jour davantage, Pauline sentait chez Lazare un inconnu troublant, qui la révoltait. Elle regrettait les colères, les feux de paille dont il brûlait trop vite, quand elle le voyait ricaner de tout, professer le néant d'une voix blanche et aigre. C'était, dans la paix de l'hiver, au fond de ce trou perdu de Bonneville, comme un réveil de ses anciennes relations de Paris, de ses lectures, de ses discussions entre camarades d'École. Le pessimisme avait passé par là, un pessimisme mal digéré, dont il ne restait que les boutades de génie, la grande poésie noire de Schopenhauer. La jeune fille comprenait bien que, sous ce procès fait à l'humanité, il y avait surtout, chez son cousin, la rage de la défaite, le désastre de l'usine dont la terre semblait avoir craqué. Mais elle ne pouvait descendre plus avant dans les causes, elle protestait ardemment, quand il reprenait sa vieille thèse, la négation du progrès, l'inutilité finale de la science. Est-ce que cette brute de Boutigny n'était pas en train de gagner une fortune, avec sa soude de commerce ? alors, à quoi bon s'être ruiné pour trouver mieux, pour dégager des lois nouvelles, puisque l'empirisme l'emportait ? Et, chaque fois, il partait de là, il concluait, les lèvres pincées d'un mauvais rire, que la science aurait seulement une utilité certaine, si elle donnait jamais le moyen de faire sauter l'univers d'un coup, à l'aide de quelque cartouche colossale. Puis, défilaient, en plaisanteries froides, les ruses de la Volonté qui mène le monde, la bêtise aveugle du vouloir-vivre. La vie était douleur, et il aboutissait à la morale des fakirs indiens, à la délivrance par l'anéantissement. Lorsque Pauline l'entendait affecter l'horreur de l'action, lorsqu'il annonçait le suicide final des peuples, culbutant en masse dans le noir, refusant d'engendrer des générations nouvelles, le jour où leur intelligence développée les convaincrait de la parade imbécile et cruelle qu'une force inconnue leur faisait jouer, elle s'emportait, cherchait des arguments, restait sur le carreau, ignorante de ces questions, n'ayant pas la tête métaphysique, comme il le disait. Mais elle refusait de s'avouer vaincue, elle envoyait carrément au diable son Schopenhauer, dont il avait voulu lui lire des passages : un homme qui écrivait un mal atroce des femmes ! elle l'aurait étranglé, s'il n'avait pas eu au moins le cœur d'aimer les bêtes. Bien portante, toujours droite dans le bonheur de l'habitude et dans l'espoir du lendemain, elle le réduisait à son tour au silence par l'éclat de son rire sonore, elle triomphait, de toute la poussée vigoureuse de sa puberté.

— Tiens ! criait-elle, tu racontes des bêtises… Nous songerons à mourir quand nous serons vieux.

L'idée de la mort, qu'elle traitait si gaiement, le rendait chaque fois sérieux, le regard fuyant. Il détournait d'ordinaire la conversation, après avoir murmuré :

— On meurt à tout âge.

Pauline finit par comprendre que la mort épouvantait Lazare. Elle se souvenait de son cri terrifié, autrefois, en face des étoiles ; elle le voyait maintenant pâlir à certains mots, se taire comme s'il avait eu à cacher un mal inavouable ; et c'était pour elle une grosse surprise, cet effroi du néant, chez le pessimiste enragé qui parlait de souffler les astres, ainsi que des chandelles, sur le massacre universel des êtres. Le mal datait de loin, elle n'en soupçonnait même pas la gravité. À mesure qu'il avançait en âge, Lazare voyait se dresser la mort. Jusqu'à ses vingt ans, à peine un souffle froid l'avait-il effleuré le soir, quand il se couchait. Aujourd'hui, il ne pouvait poser la tête sur l'oreiller, sans que l'idée du plus jamais vînt lui glacer la face. Des insomnies le prenaient, il était sans résignation, devant la nécessité fatale qui se déroulait en images lugubres. Puis, lorsqu'il avait cédé à la fatigue, un sursaut l'éveillait parfois, le mettait debout, les yeux grands d'horreur, les mains jointes, bégayant dans les ténèbres :

« Mon Dieu ! mon Dieu ! » Sa poitrine craquait, il croyait mourir ; et il devait rallumer, il attendait d'être éveillé complètement pour retrouver un peu de calme. Une honte lui restait de cette épouvante : était-ce imbécile, cet appel à un Dieu qu'il niait, cette hérédité de la faiblesse humaine criant au secours, dans l'écrasement du monde ! Mais la crise revenait quand même chaque soir, pareille à une passion mauvaise, qui l'aurait épuisé, malgré sa raison. Durant le jour, d'ailleurs, tout l'y ramenait aussi, une phrase jetée au hasard, une pensée rapide, née d'une scène entrevue, d'une lecture faite. Comme Pauline lisait un soir le journal à son oncle, Lazare était sorti, bouleversé d'avoir entendu la fantaisie d'un conteur, qui montrait le ciel du vingtième siècle empli par des vols de ballons, promenant des voyageurs d'un continent à l'autre : il ne serait plus là, ces ballons, qu'il ne verrait pas, disparaissaient au fond de ce néant des siècles futurs, dont le cours en dehors de son être l'emplissait d'angoisse. Ses philosophes avaient beau lui répéter que pas une étincelle de vie ne se perdait, son moi refusait violemment de finir. Déjà, dans cette lutte, sa gaieté était partie. Lorsque Pauline le regardait, ne comprenant pas toujours les sauts de son caractère, aux heures où il cachait sa plaie avec une pudeur inquiète, elle éprouvait une compassion, elle avait le besoin d'être très bonne et de le rendre heureux.

Leurs journées traînaient dans la grande chambre du second étage, au milieu des algues, des bocaux, des instruments, dont Lazare n'avait pas même eu la force de se débarrasser ; et les algues tombaient en miettes, les bocaux se décoloraient, tandis que les instruments se détraquaient sous la poussière. Ils étaient perdus, ils avaient chaud, dans ce désordre. Souvent, du matin au soir, les averses de décembre battaient les ardoises de la toiture, le vent d'ouest ronflait comme un orgue par les fentes des boiseries. Des semaines entières passaient sans un rayon de soleil, ils ne voyaient que la mer grise, une immensité grise où la terre semblait fondre. Pauline, pour occuper les longues heures vides, s'amusait à classer une collection de Floridées, recueillies au printemps. D'abord, Lazare, promenant son ennui, s'était contenté de la regarder coller les délicates arborescences, dont le rouge et le bleu tendres gardaient des tons d'aquarelle ; puis, malade de désœuvrement, oublieux de sa théorie de l'inaction, il avait déterré le piano sous les appareils bossués et les flacons sales qui l'encombraient. Huit jours plus tard, la passion de la musique le reprenait tout entier. C'était en lui la lésion première, la fêlure de l'artiste, que l'on aurait retrouvée chez le savant et l'industriel avortés. Un matin, comme il jouait sa marche de la Mort, l'idée de la grande symphonie de la Douleur qu'il voulait écrire autrefois l'avait échauffé de nouveau. Tout le reste lui paraissait mauvais, il garderait seulement la marche ; mais quel sujet ! quelle œuvre à faire ! et il y résumait sa philosophie. Au début, la vie naîtrait du caprice égoïste d'une force ; ensuite, viendrait l'illusion du bonheur, la duperie de l'existence, en traits saisissants, un accouplement d'amoureux, un massacre de soldats, un dieu expirant sur une croix ; toujours le cri du mal monterait, le hurlement des êtres emplirait le ciel, jusqu'au chant final de la délivrance, un chant dont la douceur céleste exprimerait la joie de l'anéantissement universel. Dès le lendemain, il était au travail, tapant sur le piano, couvrant le papier de barres noires. Comme l'instrument râlait, de plus en plus affaibli, il chantait lui-même les notes, avec un bourdonnement de cloche. Jamais encore une besogne ne l'avait emporté à ce point, il en oubliait les repas, il cassait les oreilles de Pauline, qui, bonne enfant, trouvait ça très bien et lui recopiait proprement les morceaux. Cette fois, il tenait son chef-d'œuvre, il en était sûr.

Pourtant, Lazare finit par se calmer. Il ne lui restait qu'à écrire le début, dont l'inspiration le fuyait. Tout cela devait dormir. Et il fuma des cigarettes devant sa partition étalée sur la grande table. Pauline, à son tour, en jouait des phrases, avec des maladresses d'élève. Ce fut à ce moment que leur intimité devint dangereuse. Lui, n'avait plus le cerveau pris, les membres fatigués des tracas de l'usine ; et, maintenant qu'il se trouvait enfermé près d'elle, inoccupé, le sang tourmenté de paresse, il l'aimait d'une tendresse croissante. Elle était si gaie, si bonne ! elle se dévouait si joyeusement ! Il avait d'abord cru céder à un simple élan de gratitude, à un redoublement de cette affection fraternelle, qu'elle lui inspirait depuis l'enfance. Mais, peu à peu, le désir, endormi jusque-là, s'était éveillé : il voyait enfin une femme, dans ce frère cadet, dont il avait si longtemps bousculé les épaules larges, sans être troublé par leur odeur. Alors, il se mit à rougir comme elle, quand il l'effleurait. Il n'osait plus s'approcher, se pencher derrière son dos pour donner un coup d'œil à la musique qu'elle copiait. Si leurs mains se rencontraient, ils demeuraient tous les deux balbutiants, l'haleine courte, les joues brûlées d'une flamme. Désormais, les après-midi entières passaient ainsi dans un malaise, d'où ils sortaient brisés, tourmentés du besoin confus d'un bonheur qui leur manquait.

Parfois, afin d'échapper à un de ces embarras dont ils souffraient délicieusement, Pauline plaisantait, avec sa belle hardiesse de vierge savante.

— Ah ! je ne t'ai pas dit ? j'ai rêvé que ton Schopenhauer apprenait notre mariage dans l'autre monde et qu'il revenait la nuit nous tirer par les pieds.

Lazare riait d'un rire contraint. Il entendait bien qu'elle se moquait de ses perpétuelles contradictions ; mais une tendresse infinie le pénétrait, emportait sa haine du vouloir-vivre.

— Sois gentille, murmurait-il, tu sais que je t'aime.

Elle prenait une mine sévère.

— Méfie-toi ! tu vas ajourner la délivrance… Te voilà retombé dans l'égoïsme et l'illusion.

— Veux-tu te taire, mauvaise gale !

Et il la poursuivait autour de la chambre, tandis qu'elle continuait à débiter des lambeaux de philosophie pessimiste, d'une voix chargée de docteur en Sorbonne. Puis, quand il la tenait, il n'osait la garder comme jadis dans ses bras, et la pincer pour la punir.

Un jour, cependant, la poursuite fut si chaude, qu'il la saisit violemment par les reins. Elle était toute sonore de rires. Lui, la renversait contre l'armoire, éperdu de la sentir se débattre.

— Ah ! je te tiens, cette fois… Dis ? qu'est-ce que je vais te faire ?

Leurs visages se touchaient, elle riait toujours, mais d'un rire mourant.

— Non, non, lâche-moi, je ne recommencerai plus.

Il lui planta un rude baiser sur la bouche. La chambre tournait, il leur sembla qu'un vent de flamme les emportait dans le vide. Elle tombait à la renverse lorsque d'un effort, elle se dégagea. Ils restèrent oppressés, un instant, très rouges, tournant la tête. Puis, elle s'assit pour respirer, et sérieuse, mécontente :

— Tu m'as fait du mal, Lazare.

À partir de ce jour, il évita jusqu'à la tiédeur de son haleine, jusqu'au frôlement de sa robe. La pensée d'une faute bête, d'une chute derrière une porte, révoltait son honnêteté. Malgré la résistance instinctive de la jeune fille, il la voyait à lui, étourdie par le sang à la première étreinte, l'aimant au point de se donner entière, s'il l'exigeait ; et il voulait avoir de la sagesse pour deux, il comprenait qu'il serait le grand coupable, dans une aventure dont son expérience pouvait seule prévoir le danger. Mais son amour augmentait de cette lutte soutenue contre lui-même. Tout en avait soufflé l'ardeur, l'inaction des premières semaines, son prétendu renoncement, son dégoût de la vie où repoussait la furieuse envie de vivre, d'aimer, de combler l'ennui des heures vides par des souffrances nouvelles. Et la musique achevait maintenant de l'exalter, la musique qui les soulevait ensemble au pays du rêve, sur les ailes sans cesse élargies du rythme. Alors, il crut tenir une grande passion, il se jura d'y cultiver son génie. Cela ne faisait plus aucun doute : il serait un musicien illustre, car il lui suffirait de puiser dans son cœur. Tout sembla s'épurer, il affectait d'adorer son bon ange à genoux, la pensée ne lui venait même pas de hâter le mariage.

— Tiens ! lis donc cette lettre que je reçois à l'instant, dit un jour Chanteau effrayé à sa femme, qui remontait de Bonneville.

C'était encore une lettre de Saccard, menaçante cette fois. Depuis novembre, il écrivait pour demander un état de situation ; et, comme les Chanteau répondaient par des faux-fuyants, il annonçait enfin qu'il allait saisir de leur refus le conseil de famille. Tout en ne l'avouant pas, madame Chanteau était prise des terreurs de son mari.

— Le misérable ! murmura-t-elle, après avoir lu la lettre.

Ils se regardèrent en silence, très pâles. Déjà, dans l'air mort de la petite salle à manger, ils entendaient le retentissement d'un procès scandaleux.

— Tu n'as plus à hésiter, reprit le père, marie-la, puisque le mariage émancipe.

Mais cet expédient paraissait répugner à la mère chaque jour davantage. Elle exprimait des craintes. Qui savait si les deux enfants se conviendraient ? On peut être une bonne paire d'amis et faire un ménage détestable. Dans les derniers temps, disait-elle, bien des remarques fâcheuses l'avaient frappée.

— Non, vois-tu, ce serait mal de les sacrifier à notre paix. Attendons encore… Et, du reste, pourquoi la marier maintenant, puisqu'elle a eu dix-huit ans le mois dernier, et que nous pouvons demander l'émancipation légale ?

Sa confiance revenait, elle monta chercher son Code, tous deux l'étudièrent. L'article 478 les tranquillisa, mais ils restèrent embarrassés devant l'article 480, où il est dit que le compte de tutelle doit être rendu devant un curateur, nommé par le conseil de famille. Certes, elle tenait dans sa main tous les membres du conseil, elle leur ferait nommer qui elle voudrait ; seulement, quel homme choisir, où le prendre ? Le problème était de substituer à un subrogé-tuteur redouté un curateur complaisant.

Tout d'un coup, elle eut une inspiration.

— Hein ? le docteur Cazenove… Il est un peu dans nos confidences, il ne refusera pas.

Chanteau approuvait d'un hochement de tête. Mais il regardait fixement sa femme, une idée le préoccupait.

— Alors, finit-il par demander, tu rendras l'argent, je veux dire ce qui reste ?

Elle ne répondit pas tout de suite. Ses yeux s'étaient baissés, elle feuilletait le Code d'une main nerveuse. Puis, avec effort :

— Sans doute, je le rendrai, et ce sera même un bon débarras pour nous. Tu vois ce dont on nous accuse déjà… Ma parole ! on en viendrait à douter de soi-même, je donnerais cent sous pour ne plus l'avoir ce soir dans mon secrétaire. Et, d'ailleurs, il aurait toujours fallu le rendre.

Dès le lendemain, le docteur Cazenove étant venu faire à Bonneville sa tournée du samedi, madame Chanteau lui parla du grand service qu'ils attendaient de son amitié. Elle lui avoua la situation, l'argent englouti dans le désastre de l'usine, sans qu'on eût jamais consulté le conseil de famille ; ensuite, elle insista sur le mariage projeté, sur le lien de tendresse qui les unissait tous et que le scandale d'un procès allait rompre.

Avant de promettre son aide, le docteur désira causer avec Pauline. Depuis longtemps, il la sentait exploitée, mangée peu à peu ; si, jusque-là, il avait pu se taire, de crainte de la chagriner, son devoir était de la prévenir, à présent qu'on tentait de le prendre pour complice. L'affaire se débattit dans la chambre de la jeune fille. Sa tante assista au début de l'entretien ; elle avait accompagné le docteur pour déclarer que le mariage dépendait maintenant de l'émancipation, car jamais Lazare ne consentirait à épouser sa cousine, tant qu'on pourrait l'accuser de vouloir escamoter la reddition des comptes. Puis, elle se retira, en affectant de ne pas chercher à peser sur les idées de celle qu'elle appelait déjà sa fille adorée. Tout de suite, Pauline, très émue, supplia le docteur de leur rendre le service délicat dont on venait, devant elle, d'expliquer la nécessité. Vainement, il essaya de l'éclairer sur sa situation : elle se dépouillait, elle renonçait à tout recours, même il laissa voir sa peur de l'avenir, la ruine complète, l'ingratitude, beaucoup de souffrances. À chaque trait plus noir ajouté au tableau, elle se récriait, refusait d'entendre, montrait une hâte fébrile du sacrifice.

— Non, ne me donnez pas de regret. Je suis une avare sans que ça paraisse, j'ai déjà assez de mal pour me vaincre… Qu'ils prennent tout. Je leur laisse le reste, s'ils veulent m'aimer davantage.

— Enfin, demanda le docteur, c'est par amitié pour votre cousin que vous vous dépouillez ?

Elle rougit sans répondre.

— Et si, plus tard, votre cousin ne vous aimait plus ?

Effarée, elle le regarda. Ses yeux s'emplirent de grosses larmes, et son cœur éclata dans ce cri d'amour révolté :

— Oh ! non, oh ! non… Pourquoi me faites-vous tant de peine ?

Alors, le docteur Cazenove consentit. Il ne se sentait pas le courage d'opérer ce grand cœur de l'illusion de ses tendresses. Assez vite l'existence serait dure.

Madame Chanteau mena la campagne avec une étonnante supériorité d'intrigue. Cette bataille la rajeunissait. Elle était partie de nouveau pour Paris, en emportant les pouvoirs nécessaires. Vivement, les membres du conseil de famille furent acquis à ses idées ; jamais, du reste, ils ne s'étaient préoccupés de leur mission : ils y apportaient l'indifférence ordinaire. Ceux de la branche Quenu, les cousins Naudet, Liardin et Delorme, opinaient comme elle ; et elle n'eut, sur les trois de la branche Lisa, qu'à convaincre Octave Mouret, les deux autres, Claude Lantier et Rambaud, alors à Marseille, s'étant contentés de lui envoyer une approbation écrite. Elle avait raconté à tous une histoire attendrissante et embrouillée, l'affection du vieux médecin d'Arromanches pour Pauline, l'intention où il semblait être de laisser sa fortune à la jeune fille, si on lui permettait de s'occuper d'elle. Quant à Saccard, il céda également, après trois visites de madame Chanteau, qui lui apportait une idée superbe, l'accaparement des beurres du Cotentin, grâce à un système nouveau de transport. Et l'émancipation fut prononcée par le conseil de famille, on nomma curateur l'ancien chirurgien de marine Cazenove, sur lequel le juge de paix avait reçu les meilleurs renseignements.

Quinze jours après le retour de madame Chanteau à Bonneville, la reddition des comptes de tutelle eut lieu de la façon la plus simple. Le docteur avait déjeuné, on s'était un peu attardé autour de la table, à commenter les dernières nouvelles de Caen, où Lazare venait de passer quarante-huit heures, pour un procès dont l'avait menacé cette canaille de Boutigny.

— À propos, dit le jeune homme, Louise doit nous surprendre, la semaine prochaine… Je ne la reconnaissais pas, elle vit chez son père à présent, et elle devient d'une élégance !… Oh ! nous avons ri !

Pauline le regardait, étonnée de l'émotion chaude de sa voix.

— Tiens ! en parlant de Louise, s'écria madame Chanteau, j'ai voyagé avec une dame de Caen qui connaît les Thibaudier. Je suis tombée de mon haut, Thibaudier donnerait une dot de cent mille francs à sa fille. Avec les cent mille francs de sa mère, la petite en aurait deux cent mille… Hein ? deux cent mille francs, la voilà riche !

— Bah ! reprit Lazare, elle n'a pas besoin de ça, elle est jolie comme un amour… Et si chatte !

Les yeux de Pauline s'étaient assombris, une légère contraction nerveuse serrait ses lèvres. Alors, le docteur, qui ne la quittait pas du regard, leva le petit verre de rhum qu'il achevait.

— Dites donc, nous n'avons pas trinqué… Oui, à votre bonheur, mes amis. Mariez-vous vite, et ayez beaucoup d'enfants.

Madame Chanteau avança lentement son verre, sans un sourire, tandis que Chanteau, auquel les liqueurs étaient défendues, se contentait de hocher la tête, d'un air d'approbation. Mais Lazare venait de saisir la main de Pauline, dans un geste d'abandon charmant, qui avait suffi pour rendre aux joues de la jeune fille tout le sang de son cœur. N'était-elle pas le bon ange, comme il la nommait, la passion toujours ouverte d'où il ferait couler le sang de son génie ? Elle lui rendit son étreinte. Tous trinquèrent.

— À vos cent ans ! continuait le docteur, qui avait pour théorie que cent ans sont le bel âge de l'homme.

Lazare, à son tour, pâlissait. Ce chiffre jeté le traversait d'un frisson, évoquait les temps où il aurait cessé d'être, et dont l'éternelle peur veillait au fond de sa chair. Dans cent ans, que serait-il ? quel inconnu boirait à cette place, devant cette table ? Il vida son petit verre d'une main tremblante, pendant que Pauline, qui lui avait repris l'autre main, la serrait de nouveau, maternellement, comme si elle voyait passer, sur ce visage blême, le souffle glacé du jamais plus.

Après un silence, madame Chanteau dit avec gravité :

— Maintenant, si nous terminions l'affaire ?

Elle avait décidé qu'on signerait dans sa chambre : c'était plus solennel. Depuis qu'il prenait du salicylate, Chanteau marchait mieux. Il monta derrière elle, en s'aidant de la rampe ; et, comme Lazare parlait d'aller fumer un cigare sur la terrasse, elle le rappela, elle exigea qu'il fût présent, au moins par convenance. Le docteur et Pauline étaient passés les premiers. Mathieu, étonné de cette procession, suivit le monde.

— Est-il ennuyeux, ce chien, à vous accompagner partout ! cria madame Chanteau, quand elle voulut refermer la porte. Allons, entre, je ne veux pas que tu grattes... Là, personne ne viendra nous déranger... Vous voyez, tout est prêt.

En effet, un encrier et des plumes se trouvaient sur le guéridon. La chambre avait cet air lourd, ce silence mort des pièces dans lesquelles on pénètre rarement. Minouche seule y vivait des journées de paresse, quand elle pouvait s'y glisser le matin. Justement, elle dormait au fond de l'édredon, elle avait levé la tête, surprise de cet envahissement, regardant de ses yeux verts.

— Asseyez-vous, asseyez-vous, répétait Chanteau.

Alors les choses furent vivement réglées. Madame Chanteau affectait de disparaître, laissant jouer à son mari le rôle qu'elle lui faisait répéter depuis la veille. Pour se conformer à la loi, celui-ci, dix jours auparavant, avait remis à Pauline, assistée du docteur, les comptes de tutelle, qui formaient un épais cahier, les recettes d'un côté, les dépenses de l'autre ; on avait tout déduit, non seulement la pension de la pupille mais encore les frais d'actes, les voyages à Caen et à Paris. Il ne s'agissait donc plus que d'accepter les comptes par sous-seings privés. Mais Cazenove, prenant sa mission de curateur au sérieux, voulut élever une contestation au sujet des affaires de l'usine ; et il força Chanteau à entrer dans certains détails. Pauline regardait le docteur d'un air suppliant. À quoi bon ? elle avait elle-même aidé à collationner ces comptes, que sa tante avait écrits de son anglaise la plus déliée.

Cependant, la Minouche s'était assise au milieu de l'édredon, pour mieux regarder cette étrange besogne. Mathieu, après avoir sagement allongé sa grosse tête au bord du tapis, venait de se mettre sur le dos, cédant à la jouissance d'être dans de la bonne laine chaude ; et il se frottait, il se roulait, en poussant des grognements d'aise.

— Lazare, fais-le donc taire ! dit enfin madame Chanteau impatientée. On ne s'entend pas.

Debout devant la fenêtre, le jeune homme suivait au loin une voile blanche, pour dissimuler sa gêne. Il éprouvait une honte, à écouter son père, qui détaillait précisément les sommes englouties dans le désastre de l'usine.

— Tais-toi, Mathieu, dit-il en allongeant le pied.

Le chien crut à une claque sur le ventre, ce qu'il adorait, et grogna plus fort. Heureusement, il ne restait qu'à donner les signatures. Pauline, d'un trait de plume, se hâta de tout approuver. Puis, le docteur, comme à regret, balafra le papier timbré d'un parafe immense. Un silence pénible s'était fait.

— L'actif, reprit madame Chanteau, est donc de soixante-quinze mille deux cent dix francs trente centimes… Je vais remettre cet argent à Pauline.

Elle s'était dirigée vers le secrétaire, dont le tablier jeta le cri sourd, qui l'avait si souvent émotionnée. Mais, en ce moment, elle était solennelle, elle ouvrit le tiroir, où l'on aperçut la vieille couverture de registre ; c'était la même, marbrée de vert, piquetée de taches de graisse ; seulement, elle avait maigri, les titres diminués n'en crevaient plus le dos de basane.

— Non, non ! s'écria Pauline, garde ça, ma tante.

Madame Chanteau se formalisa.

— Nous rendons nos comptes, nous devons rendre l'argent… C'est ton bien. Tu te rappelles ce que je t'ai dit, il y a huit ans, en le mettant là ? Nous ne voulons pas garder un sou.

Elle sortit les titres, elle força la jeune fille à les compter. Il y en avait pour soixante-quinze mille francs, un petit paquet d'or, plié dans un morceau de journal, faisait l'appoint.

— Mais où vais-je mettre ça ? demandait Pauline, dont le maniement de cette grosse somme colorait les joues.

— Enferme-le dans ta commode, répondit la tante. Tu es assez grande fille pour veiller sur ton argent. Moi, je ne veux plus même le voir… Tiens ! s'il t'embarrasse, donne-le à la Minouche qui te regarde.

Les Chanteau avaient payé, leur gaieté revenait. Lazare, soulagé, jouait avec le chien, le lançait après sa queue, l'échine tordue, tournant sans fin comme une toupie ; tandis que le docteur Cazenove, entrant dans son rôle de curateur, promettait à Pauline de toucher ses rentes et de lui indiquer des placements.

Et, à ce moment même, en bas, Véronique bousculait ses casseroles. Elle était montée, elle avait surpris des chiffres, l'oreille collée contre la porte. Depuis quelques semaines, le sourd travail de sa tendresse pour la jeune fille chassait ses dernières préventions.

— Ils lui en ont mangé la moitié, ma parole ! grondait-elle furieusement. Non, ce n'est pas propre… Bien sûr qu'elle n'avait pas besoin de tomber chez nous, mais était-ce une raison pour la mettre nue comme un ver ?... Non, moi je suis juste, je finirai par l'aimer, cette enfant !

IV

Ce samedi-là, lorsque Louise, qui venait passer deux mois chez les Chanteau, débarqua sur leur terrasse, elle y trouva la famille réunie. La journée finissait, une journée d'août très chaude, rafraîchie par la brise de mer. Déjà l'abbé Horteur était là, jouant aux dames avec Chanteau ; tandis que madame Chanteau, près d'eux, brodait un mouchoir. Et, à quelques pas, debout, Pauline se tenait devant un banc de pierre, où elle avait fait asseoir quatre galopins du village, deux fillettes et deux petits garçons.

— Comment ! c'est déjà toi ! s'écria madame Chanteau. Je pliais mon ouvrage, pour aller à ta rencontre jusqu'à la fourche.

Louise expliqua gaiement que le père Malivoire l'avait menée comme le vent. Elle était bien, elle ne voulait même pas changer de robe ; et, pendant que sa marraine allait veiller à son installation, elle se contenta d'accrocher son chapeau à la ferrure d'un volet. Elle les avait tous embrassés, puis elle revint prendre Pauline par la taille, rieuse, très câline.

— Mais regarde-moi donc !… Hein ? sommes-nous grandes, à présent… Tu sais, moi, dix-neuf ans sonnés, me voilà une vieille fille…

Elle s'interrompit et ajouta vivement :

— À propos, je te félicite… Oh ! ne fais pas la bête, on m'a dit que c'était pour le mois prochain.

Pauline lui avait rendu ses caresses, d'un air gravement tendre de sœur aînée, bien qu'elle fût sa cadette de dix-huit mois. Une rougeur légère lui montait aux joues, il s'agissait de son mariage avec Lazare.

— Mais non, on t'a trompée, je t'assure, répondit-elle. Rien n'est fixé, il est seulement question de cet automne.

En effet, madame Chanteau, mise en demeure, avait parlé de l'automne, malgré ses répugnances, dont les jeunes gens commençaient à s'apercevoir. Elle était revenue à son premier prétexte, elle aurait préféré, disait-elle, que son fils eût d'abord une position.

— Bon ! reprit Louise, tu es cachottière. Enfin, j'en serai, n'est-ce pas ?… Et Lazare, il n'est donc pas là ?

Chanteau, que l'abbé avait battu, fit la réponse.

— Alors, tu ne l'as pas rencontré, Louisette ? Nous disions tout à l'heure que vous alliez arriver ensemble. Oui, il est à Bayeux, une démarche auprès de notre sous-préfet. Mais il rentrera ce soir, un peu tard peut-être.

Et, se remettant à son jeu :

— C'est moi qui commence, l'abbé… Vous savez que nous les aurons, les fameux épis, car le département ne peut, dans cette affaire, nous refuser une subvention.

C'était une nouvelle aventure qui passionnait Lazare. Aux dernières grandes marées de mars, la mer avait encore emporté deux maisons de Bonneville. Peu à peu mangé sur son étroite plage de galets, le village menaçait d'être définitivement aplati contre la falaise si l'on ne se décidait pas à le protéger par des travaux sérieux. Mais il était d'une si mince importance, avec ses trente masures, que Chanteau, en qualité de maire, attirait vainement depuis dix années l'attention du sous-préfet sur la situation désespérée des habitants. Enfin, Lazare, poussé par Pauline, dont le désir était de le rejeter dans l'action, venait d'avoir l'idée de tout un système d'épis et d'estacades, qui devait museler la mer. Seulement, il fallait des fonds, une douzaine de mille francs au moins.

— Celui-là, je vous le souffle, mon ami, dit le prêtre, en prenant un pion.

Puis, il donna complaisamment des détails sur l'ancien Bonneville.

— Les vieux le disent, il y avait une ferme sous l'église même, à un kilomètre de la plage actuelle. Voici plus de cinq cents ans que la mer les mange… C'est inconcevable, ils doivent expier de pères en fils leurs abominations.

Cependant, Pauline était retournée près du banc où les quatre galopins attendaient, sales, déguenillés, la bouche béante.

— Qu'est-ce que c'est que ça ? lui demanda Louise, sans trop oser s'approcher.

— Ça, répondit-elle, ce sont mes petits amis.

Maintenant, sa charité active s'élargissait sur toute la contrée. Elle aimait d'instinct les misérables, n'était pas répugnée par leurs déchéances, poussait ce goût jusqu'à raccommoder avec des bâtons les pattes cassées des poules, et à mettre dehors, la nuit, des écuelles de soupe pour les chats perdus. C'était, chez elle, un continuel souci des souffrants, un besoin et une joie de les soulager. Aussi les pauvres venaient-ils à ses mains tendues, comme les moineaux pillards vont aux fenêtres ouvertes des granges. Bonneville entier, cette poignée de pêcheurs rongés de maux sous l'écrasement des marées hautes, montait chez la demoiselle, ainsi qu'ils la nommaient. Mais elle adorait surtout les enfants, les petits aux culottes percées, laissant voir leurs chairs roses, les petites blêmies, ne mangeant pas à leur faim, dévorant des yeux les tartines qu'elle leur distribuait. Et les parents finauds spéculaient sur cette tendresse, lui envoyaient leur marmaille, les plus troués, les plus chétifs, pour l'apitoyer davantage.

— Tu vois, reprit-elle en riant, j'ai mon jour comme une dame, le samedi. On vient me visiter... Eh ! toi, petite Gonin, veux-tu bien ne pas pincer cette grande bête de Houtelard ! Je me fâche, si vous n'êtes pas sages... Tâchons de procéder par ordre.

Alors, la distribution commença. Elle les régentait, les bousculait avec maternité. Le premier qu'elle appela, ce fut le fils Houtelard, un garçon de dix ans, le teint jaune, de mine sombre et terreuse. Il montra sa jambe, il avait au genou une longue écorchure, et son père l'envoyait chez la demoiselle, pour qu'elle lui mît quelque chose là-dessus. C'était elle qui fournissait tout le pays d'arnica et d'eau sédative. Sa passion de guérir lui avait fait peu à peu acheter une pharmacie très complète, dont elle était fière. Lorsqu'elle eut pansé l'enfant, elle baissa la voix, elle donna des détails à Louise.

— Ma chère, des gens riches, ces Houtelard, les seuls pêcheurs riches de Bonneville. Tu sais bien, la grande barque est à eux… Seulement, une avarice épouvantable, une vie de chien dans une saleté sans nom. Et le pis est que le père, après avoir tué sa femme de coups, a épousé sa bonne, une affreuse fille plus dure que lui. Maintenant, à eux deux, ils massacrent ce pauvre être.

Et, sans remarquer la répugnance inquiète de son amie, elle haussa la voix.

— À toi, petite, as-tu bien bu ta bouteille de quinquina ?

Celle-ci était la fille de Prouane, le bedeau. On aurait dit une sainte Thérèse enfant, couverte de scrofules, d'une maigreur ardente, avec de gros yeux à fleur de tête, où l'hystérie flambait déjà. Elle avait onze ans et en paraissait à peine sept.

— Oui, mademoiselle, bégaya-t-elle, j'ai bu.

— Menteuse ! cria le curé, sans quitter le damier du regard. Ton père sentait encore le vin, hier soir.

Du coup, Pauline se fâcha. Les Prouane n'avaient pas de barque, ramassaient des crabes et des moules, vivaient de la pêche aux crevettes. Mais, grâce à la place de bedeau, ils auraient encore mangé du pain tous les jours, sans leur ivrognerie. On trouvait le père et la mère en travers des portes, assommés par le calvados, la terrible eau-de-vie normande ; tandis que la petite les enjambait, pour égoutter leurs verres. Quand le calvados manquait, Prouane buvait le vin de quinquina de sa fille.

— Moi qui prends la peine de le fabriquer ! disait Pauline. Écoute, je garde la bouteille, tu viendras le boire ici tous les soirs, à cinq heures… Et je te donnerai un peu de viande crue hachée, c'est le docteur qui l'ordonne.

Puis, arriva le tour d'un grand garçon de douze ans, le fils Cuche, un galopin efflanqué, maigre de vices précoces. À celui-là, elle remit un pain, un pot-au-feu et une pièce de cinq francs. C'était encore une vilaine histoire. Après la destruction de sa maison, Cuche avait quitté sa femme, pour s'installer chez une cousine ; et la femme, aujourd'hui, réfugiée au fond d'un poste de douaniers en ruine, couchait avec tout le pays, malgré sa laideur repoussante. On la payait en nature, des fois on lui donnait trois sous. Le garçon, qui assistait à cela, crevait la faim. Mais il s'échappait d'un saut de chèvre sauvage, lorsqu'on parlait de le retirer de ce cloaque.

Louise, cependant, se détournait, l'air gêné, tandis que Pauline lui racontait cette histoire, sans embarras aucun. Celle-ci, élevée librement, montrait la tranquille bravoure de la charité devant les hontes humaines, savait tout et parlait de tout, avec la franchise de son innocence. Au contraire, l'autre, rendue savante par dix années de pensionnat, rougissait aux images que les mots éveillaient dans sa tête, ravagée par les rêves du dortoir. C'étaient des choses auxquelles on pensait, mais dont il ne fallait point parler.

— Tiens ! justement, continua Pauline, la petite qui reste, cette blondine de neuf ans, si gentille et si rose, est la fille des Gonin, le ménage où ce vaurien de Cuche s'est installé… Ces Gonin, très à leur aise, avaient une barque ; mais le père a été pris par les jambes, une paralysie assez fréquente dans nos villages ; et Cuche, simple matelot d'abord, est devenu bientôt le maître de la barque et de la femme. Maintenant, la maison lui appartient, il tape sur l'infirme, un grand vieux qui passe les nuits et les jours au fond d'un ancien coffre à charbon ; tandis que le matelot et la cousine ont gardé le lit, dans la même chambre… Alors, je m'occupe de l'enfant. Le malheur est qu'elle attrape des calottes égarées, sans compter qu'elle est trop intelligente et qu'elle voit des choses…

Elle s'interrompit, elle questionna la petite.

— Comment ça va-t-il chez vous ?

Celle-ci avait suivi des yeux le récit fait à demi-voix. Sa jolie figure de gamine vicieuse riait sournoisement aux détails qu'elle devinait.

— Ils l'ont encore battu, répondit-elle sans cesser de rire. Cette nuit, maman s'est relevée et a pris une bûche… Ah ! mademoiselle, vous seriez bien bonne de lui donner un peu de vin, car ils ont posé une cruche devant le coffre, en criant qu'il pouvait crever.

Louise eut un geste de révolte. Quel monde affreux ! et son amie s'intéressait à ces horreurs ! Était-ce possible que, si près d'une grande ville comme Caen, il existât des trous de pays, où les habitants vécussent de la sorte, en véritables sauvages ? Car, enfin, il n'y avait que les sauvages pour offenser ainsi toutes les lois divines et humaines.

— Non, ma chère, murmura-t-elle en s'asseyant près de Chanteau, j'en ai assez, de tes petits amis !… La mer peut bien les écraser, c'est moi qui ne les plaindrai plus !

L'abbé venait d'aller à dame. Il cria :

— Gomorrhe et Sodome !… Je les avertis depuis vingt ans. Tant pis pour eux !

— J'ai demandé une école, dit Chanteau désolé de voir sa partie compromise. Mais ils ne sont pas assez nombreux, leurs enfants doivent se rendre à Verchemont ; et ils ne vont pas aux classes, ou ils polissonnent le long de la route.

Pauline les regardait, surprise. Si les misérables étaient propres, on n'aurait pas besoin de les nettoyer. Le mal et la misère se tenaient, elle n'avait aucune répulsion devant la souffrance, même lorsqu'elle semblait le résultat du vice. D'un geste large, elle se contenta de dire la tolérance de sa charité. Et elle promettait à la petite Gonin d'aller voir son père, lorsque Véronique parut, en poussant devant elle une autre fillette.

— Tenez ! mademoiselle, en voici encore une !

Cette dernière, toute jeune, cinq ans au plus, était complètement en loques, la figure noire, les cheveux embroussaillés. Aussitôt, avec l'aplomb extraordinaire d'un petit prodige déjà rompu à la mendicité des grandes routes, elle se mit à geindre.

— Ayez pitié… Mon pauvre père qui s'est cassé la jambe…

— C'est la fille des Tourmal, n'est-ce pas ? demandait Pauline à la bonne.

Mais le curé s'emportait.

— Ah ! la gueuse ! Ne l'écoutez pas, il y a vingt-cinq ans que son père s'est foulé le pied… Une famille de voleurs qui ne vit que de rapines ! Le père aide à la contrebande, la mère ravage les champs de Verchemont, le grand-père va la nuit ramasser des huîtres à Roqueboise, dans le parc de l'État… Et vous voyez ce qu'ils font de leur fille : une mendiante, une voleuse qu'ils envoient chez les gens pour rafler tout ce qui traîne… Regardez-la loucher du côté de ma tabatière.

En effet, les yeux vifs de l'enfant, après avoir fouillé les coins de la terrasse, s'étaient allumés d'une courte flamme, à la vue de la vieille tabatière du prêtre. Mais elle ne perdait pas son aplomb, elle répéta, comme si le curé n'avait pas conté leur histoire :

— La jambe cassée… Donnez-moi quelque chose, ma bonne demoiselle…

Cette fois, Louise s'était mise à rire, tellement cet avorton de cinq ans, déjà canaille comme père et mère, lui semblait drôle. Pauline, restée grave, sortit son porte-monnaie, en tira une nouvelle pièce de cinq francs.

— Écoute, dit-elle, je t'en donnerai autant tous les samedis, si je sais que tu n'as pas couru les chemins pendant la semaine.

— Cachez les couverts ! cria encore l'abbé Horteur. Elle vous volera.

Mais Pauline, sans répondre, congédiait les enfants, qui s'en allaient en traînant leurs savates, avec des « merci bien ! » et des « Dieu vous le rende ! » Pendant ce temps, madame Chanteau, qui revenait de donner son coup d'œil à la chambre de Louise, se fâchait tout bas contre Véronique. C'était insupportable, la bonne elle aussi introduisait à présent des mendiantes ! Comme si Mademoiselle n'en amenait pas assez dans la maison ! Un tas de vermines qui la dévoraient et se moquaient d'elle ! Certes, son argent lui appartenait, elle pouvait bien le gaspiller à sa guise : mais, en vérité, cela devenait immoral, d'encourager ainsi le vice. Madame Chanteau avait entendu la jeune fille promettre cent sous chaque samedi à la petite Tourmal. Encore vingt francs par mois ! la fortune d'un satrape n'y suffirait point.

— Tu sais que je ne veux pas revoir ici cette voleuse, dit-elle à Pauline. Si tu es maintenant maîtresse de ta fortune, je ne puis pourtant pas te laisser ruiner si bêtement. J'ai une responsabilité morale… Oui, ruiner, ma chère, et plus vite que tu ne crois !

Véronique, qui était retournée dans sa cuisine, furieuse de la réprimande de Madame, reparut en criant brutalement :

— Voilà le boucher… Il veut sa note, quarante-six francs dix centimes.

Un grand trouble coupa la parole à madame Chanteau. Elle se fouilla, eut un geste de surprise. Puis, à voix basse :

— Dis donc, Pauline, as-tu assez sur toi ?… Je n'ai pas de monnaie, il me faudrait remonter. Nous compterons.

Pauline suivit la bonne, pour payer le boucher. Depuis qu'elle avait son argent dans sa commode, la même comédie recommençait, chaque fois qu'on présentait une facture. C'était une exploitation réglée, par continuelles petites sommes, et qui semblait toute naturelle. La tante n'avait même plus la peine de prendre au tas, elle demandait, elle laissait la jeune fille se dépouiller de ses mains. D'abord, on avait compté, on lui rendait des dix francs et des quinze francs ; puis, les comptes s'étaient embrouillés si fort, qu'on parlait de régler plus tard, lors du mariage ; ce qui ne l'empêchait point, le premier de chaque mois, de payer avec exactitude sa pension, qu'ils avaient portée à quatre-vingt-dix francs.

— Encore votre argent qui la danse ! grogna Véronique dans le corridor. C'est moi qui l'aurais envoyée chercher sa monnaie !… Il n'est pas Dieu permis qu'on vous mange ainsi la laine sur le dos !

Quand Pauline revint avec la facture acquittée, qu'elle remit à sa tante, le curé triomphait bruyamment. Chanteau était battu ; décidément, il n'en prendrait pas une. Le soleil se couchait, les rayons obliques empourpraient la mer, qui montait d'un flot paresseux. Et Louise, les yeux perdus, souriait à cette joie de l'immense horizon.

— Voilà Louisette partie pour les nuages, dit madame Chanteau. Eh ! Louisette, j'ai fait monter ta malle… Nous sommes donc voisines une fois encore !

Lazare ne fut de retour que le lendemain. Après sa visite au sous-préfet de Bayeux, il avait pris le parti d'aller à Caen, pour voir le préfet. Et, s'il ne rapportait pas la subvention dans sa poche, il était convaincu, disait-il, que le conseil général voterait au moins la somme de douze mille francs. Le préfet l'avait accompagné jusqu'à la porte, en s'engageant par des promesses formelles : on ne pouvait abandonner ainsi Bonneville, l'administration était prête à seconder le zèle des habitants de la commune. Seulement, Lazare se désespérait, car il prévoyait des retards de toutes sortes, et le moindre délai à la réalisation d'un de ses désirs devenait pour lui une véritable torture.

— Parole d'honneur ! criait-il, si j'avais les douze mille francs, j'aimerais mieux les avancer… Même pour faire une première expérience, on n'aurait pas besoin de cette somme… Et vous verrez quels ennuis, lorsqu'ils auront voté leur subvention ! Nous aurons tous les ingénieurs du département sur le dos. Tandis que, si nous commencions sans eux, ils seraient bien forcés de s'incliner devant les résultats… Je suis sûr de mon projet. Le préfet, auquel je l'ai expliqué brièvement, a été émerveillé du bon marché et de la simplicité.

L'espoir de vaincre la mer l'enfiévrait. Il avait conservé contre elle une rancune, depuis qu'il l'accusait sourdement de sa ruine, dans l'affaire des algues. S'il n'osait l'injurier tout haut, il nourrissait l'idée de se venger un jour. Et quelle plus belle vengeance, que de l'arrêter dans sa destruction aveugle, de lui crier en maître : « Tu n'iras pas plus loin ! » Il entrait aussi, dans cette entreprise, en dehors de la grandeur du combat, une part de philanthropie qui achevait de l'exalter. Lorsque sa mère l'avait vu perdre ses journées à tailler des morceaux de bois, le nez sur des traités de mécanique, elle s'était rappelé en tremblant le grand-père, le charpentier entreprenant et brouillon, dont le chef-d'œuvre inutile dormait sous une boîte vitrée. Est-ce que le vieux allait renaître, pour achever la ruine de la famille ? Puis, elle s'était laissé convaincre par ce fils adoré. S'il réussissait, et il réussirait naturellement, c'était enfin le premier pas, une belle action, une œuvre désintéressée qui le mettrait en lumière ; de là, il irait aisément où il voudrait, aussi haut qu'il en aurait l'ambition. Depuis ce jour, toute la maison ne rêvait plus que d'humilier la mer, de l'enchaîner au pied de la terrasse dans une obéissance de chien battu.

Le projet de Lazare était du reste, comme il le disait, d'une grande simplicité. Il se composait de gros pieux, enfoncés dans le sable, recouverts de planches, et derrière lesquels les galets amenés par le flot formeraient une sorte de muraille inexpugnable, où se briseraient ensuite les vagues : la mer elle-même était ainsi chargée de construire la redoute qui l'arrêterait. Des épis, de longues poutres portées sur des jambes de force, faisant brise-lames au loin, en avant des murs de galets, devaient compléter le système. On pourrait enfin, si l'on avait les fonds nécessaires, construire deux ou trois grandes estacades, vastes planchers établis sur des charpentes, dont les masses touffues couperaient la poussée des marées les plus hautes. Lazare avait trouvé l'idée première dans le *Manuel du parfait charpentier*, un bouquin aux planches naïves, acheté sans doute autrefois par le grand-père ; mais il perfectionnait cette idée, il faisait des recherches considérables, étudiait la théorie des forces, la résistance des matériaux, se montrait surtout très fier d'un nouvel assemblage et d'une inclinaison des épis, qui, selon lui, rendaient la réussite absolument certaine.

Pauline s'était encore une fois intéressée à ces études. Elle avait, comme le jeune homme, la curiosité sans cesse éveillée par les expériences qui la mettaient aux prises avec l'inconnu. Seulement, de raison plus froide, elle ne s'illusionnait plus sur les échecs possibles. Lorsqu'elle voyait la mer monter, balayer la terre de sa houle, elle reportait des regards de doute vers les joujoux que Lazare avait construits, des rangées de pieux, des épis, des estacades en miniature. La grande chambre en était maintenant encombrée.

Une nuit, la jeune fille resta très tard à sa fenêtre. Depuis deux jours, son cousin parlait de tout brûler ; un soir, à table, il s'était écrié qu'il allait filer en Australie, puisqu'il n'y avait pas de place pour lui en France. Et elle songeait à ces choses, tandis que la marée, dans son plein, battait Bonneville, au fond des ténèbres. Chaque secousse l'ébranlait, elle croyait entendre, à intervalles réguliers, le hurlement des misérables mangés par la mer. Alors, le combat que l'amour de l'argent livrait encore à sa bonté devint insupportable. Elle ferma la fenêtre, ne voulant plus écouter. Mais les coups lointains la secouèrent dans son lit. Pourquoi ne pas tenter l'impossible ? Qu'importait cet argent jeté à l'eau, s'il y avait une seule chance de sauver le village ? Et elle s'endormit au jour, en pensant à la joie de son cousin, tiré de ses tristesses noires, mis enfin peut-être sur sa véritable voie, heureux par elle, lui devant tout.

Le lendemain, elle l'appela, avant de descendre. Elle riait.

— Tu ne sais pas ? j'ai rêvé que je te prêtais tes douze mille francs.

Il se fâcha, refusa violemment.

— Veux-tu donc que je parte et que je ne reparaisse plus ?... Non, il y a assez de l'usine. J'en meurs de honte, sans te le dire.

Deux heures après, il acceptait, il lui serrait les mains avec une effusion passionnée. C'était une avance, simplement ; son argent ne courait aucun risque, car le vote de la subvention par le Conseil général ne faisait pas un doute, surtout devant un commencement d'exécution. Et, dès le soir, le charpentier d'Arromanches fut appelé. Il y eut des conférences interminables, des promenades le long de la côte, une discussion acharnée des devis. La maison entière en perdait la tête.

Madame Chanteau, cependant, s'était emportée, lorsqu'elle avait appris le prêt des douze mille francs. Lazare, étonné, ne comprenait pas. Sa mère l'accablait d'arguments singuliers : sans doute, Pauline leur avançait de temps à autre de petites sommes ; mais elle allait encore se croire indispensable, on aurait bien pu demander au père de Louise l'ouverture d'un crédit. Louise elle-même, qui avait une dot de deux cent mille francs, ne faisait pas tant d'embarras avec sa fortune. Ce chiffre de deux cent mille francs revenait sans cesse sur les lèvres de madame Chanteau ; et elle semblait avoir un dédain irrité contre les débris de l'autre fortune, celle qui avait fondu dans le secrétaire et qui continuait à fondre dans la commode.

Chanteau, poussé par sa femme, affecta aussi d'être contrarié. Pauline en éprouva un gros chagrin ; même en donnant son argent, elle se sentait moins aimée qu'autrefois ; c'était, autour d'elle, comme une rancune, dont elle ne pouvait s'expliquer la cause, et qui grandissait de jour en jour. Quant au docteur Cazenove, il grondait également, lorsqu'elle le consultait pour la forme ; mais il avait bien été obligé de dire oui, à toutes les sommes prêtées, les petites et les grosses. Sa mission de curateur restait illusoire, il se trouvait désarmé, dans cette maison où il était reçu en vieil ami. Le jour des douze mille francs, il renonça à toute responsabilité.

— Mon enfant, dit-il en prenant Pauline à l'écart, je ne veux plus être votre complice. Cessez de me consulter, ruinez-vous selon votre cœur… Vous savez bien que jamais je ne résisterai devant vos supplications ; et, vraiment, j'en souffre ensuite, j'en ai la conscience toute barbouillée… J'aime mieux ignorer ce que je désapprouve.

Elle le regardait, très touchée. Puis, après un silence :

— Merci, mon bon docteur… Mais n'est-ce pas le plus sage ? qu'importe, si je suis heureuse !

Il lui avait pris les mains, il les serra paternellement, avec une émotion triste.

— Oui, si vous êtes heureuse… Allez, le malheur s'achète aussi bien cher quelquefois.

Naturellement, dans l'ardeur de cette bataille qu'il livrait à la mer, Lazare avait abandonné la musique. Une fine poussière retombait sur le piano, la partition de sa grande symphonie était retournée au fond d'un tiroir, grâce à Pauline, qui en avait ramassé les feuillets, jusque sous les meubles. D'ailleurs, certains morceaux ne le satisfaisaient plus ; ainsi la douceur céleste de l'anéantissement final, rendue d'une façon commune par un mouvement de valse, serait peut-être mieux exprimée par un temps de marche très ralenti. Un soir, il avait déclaré qu'il recommencerait tout, quand il en aurait le temps. Et sa flambée de désir, son malaise dans le continuel contact de la jeune fille, paraissait s'en être allé avec sa fièvre de génie. C'était un chef-d'œuvre remis à une meilleure époque, une grande passion également retardée, dont il semblait pouvoir reculer ou avancer l'heure. Il traitait de nouveau sa cousine en vieille amie, en femme légitime, qui se donnerait, le jour où il ouvrirait les bras. Depuis avril, ils ne vivaient plus si étroitement enfermés, le vent emportait la chaleur de leurs joues. La grande chambre était vide, tous deux couraient la plage rocheuse devant Bonneville, étudiant les points où les palissades et les épis devraient être installés. Souvent, les pieds dans l'eau fraîche, ils rentraient las et purs, comme aux jours lointains de l'enfance. Lorsque Pauline, pour le taquiner, jouait la fameuse marche de la Mort, Lazare s'écriait :

— Tais-toi donc !… En voilà des blagues.

Le soir même de la visite du charpentier, Chanteau fut pris d'un accès de goutte. Maintenant, les crises revenaient presque tous les mois ; le salicylate, après les avoir soulagées, semblait en redoubler la violence. Et Pauline se trouva clouée pendant quinze jours devant le lit de son oncle. Lazare, qui continuait ses études sur la plage, se mit alors à emmener Louise, afin de l'éloigner du malade, dont les cris l'effrayaient. Comme elle occupait la chambre d'ami, juste au-dessus de Chanteau, elle devait, pour dormir, se boucher les oreilles et s'enfoncer la tête dans l'oreiller. Dehors, elle redevenait souriante, ravie de la promenade, oublieuse du pauvre homme qui hurlait.

Ce furent quinze jours charmants. Le jeune homme avait d'abord regardé sa nouvelle compagne avec surprise. Elle le changeait de l'autre, criant pour un crabe qui effleurait sa bottine, ayant une frayeur de l'eau si grande, qu'elle se croyait noyée, s'il lui fallait sauter une flaque. Les galets blessaient ses petits pieds, elle ne quittait jamais son ombrelle, gantée jusqu'aux coudes, avec la continuelle peur de livrer au soleil un coin de sa peau délicate. Puis, après le premier étonnement, il s'était laissé séduire par ces grâces peureuses, cette faiblesse toujours prête à lui demander protection. Celle-là ne sentait pas seulement le grand air, elle le grisait de son odeur tiède d'héliotrope ; et ce n'était plus enfin un garçon qui galopait à son côté, c'était une femme, dont les bas entrevus, dans un coup de vent, faisaient battre le sang de ses veines. Pourtant, elle était moins belle que l'autre, plus âgée et déjà pâlie ; mais elle avait un charme câlin, ses petits membres souples s'abandonnaient, toute sa personne coquette se fondait en promesses de bonheur. Il lui semblait qu'il la découvrait brusquement, il ne reconnaissait pas la fillette maigre de jadis. Était-ce possible que les longues années du pensionnat en eussent fait cette jeune fille si troublante, pleine de l'homme dans sa virginité, ayant au fond de ses yeux limpides le mensonge de son éducation ? Et il se prenait peu à peu pour elle d'un goût singulier, d'une passion perverse, où son ancienne amitié d'enfant tournait à des raffinements sensuels.

Lorsque Pauline put quitter la chambre de son oncle, et qu'elle se remit à accompagner Lazare, elle sentit tout de suite, entre ce dernier et Louise, un air nouveau, des regards, des rires dont elle n'était pas. Elle voulait se faire expliquer ce qui les égayait, et elle n'en riait guère. Les premiers jours, elle resta maternelle, les traitant en jeunes fous qu'un rien amuse. Mais, bientôt elle devint triste, chaque promenade parut être pour elle une fatigue. Aucune plainte ne lui échappait, d'ailleurs ; elle parlait de continuelles migraines ; puis, quand son cousin lui conseillait de ne pas sortir, elle se fâchait, ne le quittait plus, même dans la maison. Une nuit, vers deux heures, comme il ne s'était pas couché, pour achever un plan, il ouvrit sa porte, étonné d'entendre marcher ; et sa surprise augmenta, lorsqu'il l'aperçut, en simple jupon, sans lumière, penchée sur la rampe, écoutant les bruits des chambres, au-dessous. Elle raconta qu'elle-même avait cru saisir des plaintes. Mais ce mensonge lui empourprait les joues, il rougit aussi, traversé d'un doute. Dès lors, sans autre explication, il y eut une fâcherie entre eux. Lui, tournait la tête, la trouvait ridicule de bouder de la sorte, pour des enfantillages ; tandis que, de plus en plus sombre, elle ne le laissait pas une minute seul avec Louise, étudiant leurs moindres gestes, agonisant le soir, dans sa chambre, lorsqu'elle les avait vus se parler bas, au retour de la plage.

Les travaux marchaient. Une équipe de charpentiers, après avoir cloué de fortes planches sur une rangée de pieux, achevait de poser un premier épi. C'était un simple essai du reste, ils se hâtaient en prévision d'une grande marée ; si les pièces de bois résistaient, on compléterait le système de défense. Le temps, par malheur, était exécrable. Des averses tombaient sans relâche, tout Bonneville se faisait tremper pour voir enfoncer les pieux à l'aide d'un pilon. Enfin, le matin du jour où l'on attendait la grande marée, un ciel d'encre assombrissait la mer ; et, dès huit heures, la pluie redoubla, noyant l'horizon d'une brume glaciale. Ce fut une désolation, car on avait projeté la partie d'aller assister en famille à la victoire des planches et des poutres, sous l'attaque des grandes eaux.

Madame Chanteau décida qu'elle resterait près de son mari, encore très souffrant. Et l'on fit les plus grands efforts pour retenir Pauline, qui avait la gorge irritée depuis une semaine : elle était enrouée légèrement, un petit mouvement de fièvre la prenait chaque soir. Mais elle repoussa tous les conseils de prudence, elle voulut aller sur la plage, puisque Lazare et Louise s'y rendaient. Cette Louise, d'allures si fragiles, toujours près de l'évanouissement, était au fond d'une force nerveuse surprenante, lorsqu'un plaisir la tenait debout.

Tous trois partirent donc après le déjeuner. Un coup de vent venait de balayer les nuages, des rires de triomphe saluèrent cette joie inattendue. Le ciel avait des nappes de bleu si larges, encore traversées de quelques haillons noirs, que les jeunes filles s'entêtèrent à n'emporter que leurs ombrelles. Lazare seul prit un parapluie. D'ailleurs, il répondait de leur santé, il les abriterait bien quelque part, si les averses recommençaient.

Pauline et Louise marchaient en avant. Mais, dès la pente raide qui descendait à Bonneville, celle-ci parut faire un faux pas, sur la terre détrempée, et Lazare, courant à elle, lui offrit de la soutenir. Pauline dut les suivre. Sa gaieté du départ était tombée, ses regards soupçonneux remarquaient que le coude de son cousin frôlait d'une continuelle caresse la taille de Louise. Bientôt, elle ne vit plus que ce contact, tout disparut, et la plage où les pêcheurs du pays attendaient d'un air goguenard, et la mer qui montait, et l'épi déjà blanc d'écume. À l'horizon, grandissait une barre sombre, une nuée au galop de tempête.

— Diable ! murmura le jeune homme en se retournant, nous allons encore avoir du bouillon… Mais la pluie nous laissera bien le temps de voir, et nous nous sauverons en face, chez les Houtelard.

La marée, qui avait le vent contre elle, montait avec une lenteur irritante. Sans doute ce vent l'empêcherait d'être aussi forte qu'on l'annonçait. Personne pourtant ne quittait la plage. L'épi, à demi couvert, fonctionnait très bien, coupait les vagues, dont l'eau abattue bouillonnait ensuite jusqu'aux pieds des spectateurs. Mais le triomphe fut la résistance victorieuse des pieux. À chaque lame qui les couvrait, charriant les galets du large, on entendait ces galets tomber et s'amasser de l'autre côté des planches, comme la décharge brusque d'une charretée de cailloux ; et ce mur en train de se bâtir, c'était le succès, la réalisation du rempart promis.

— Je le disais bien ! criait Lazare. Maintenant, vous pouvez tous vous moquer d'elle !

Près de lui, Prouane, qui n'avait pas dessoûlé depuis trois jours, hochait la tête en bégayant :

— Faudra voir ça, quand le vent soufflera d'en haut.

Les autres pêcheurs se taisaient. Mais, à la bouche tordue de Cuche et de Houtelard, il était visible qu'ils avaient une médiocre confiance dans toutes ces manigances. Puis, cette mer qui les écrasait, ils n'auraient pas voulu la voir battue par ce gringalet de bourgeois. Ils riraient bien le jour où elle lui emporterait ses poutres comme des pailles. Ça pouvait démolir le pays, ça serait farce tout de même.

Brusquement, l'averse creva. De grosses gouttes tombaient de la nuée livide, qui avait envahi les trois quarts du ciel.

— Ce n'est rien, attendons encore un instant, répétait Lazare enthousiasmé. Voyez donc, voyez donc, pas un pieu ne bouge !

Il avait ouvert son parapluie au-dessus de la tête de Louise. Cette dernière, d'un air de tourterelle frileuse, se serrait davantage contre lui. Et Pauline, oubliée, les regardait toujours, prise d'une rage sombre, croyant recevoir au visage la chaleur de leur étreinte. La pluie était devenue torrentielle, il se tourna tout d'un coup.

— Quoi donc ? cria-t-il. Es-tu folle ?... Ouvre ton ombrelle au moins.

Elle était debout, raidie sous ce déluge, qu'elle semblait ne pas sentir. Elle répondit d'une voix rauque :

— Laisse-moi tranquille, je suis très bien.

— Oh ! Lazare, je vous en prie, disait Louise désolée, forcez-la donc à venir... Nous tiendrons tous les trois.

Mais Pauline ne daignait même plus refuser, dans son obstination farouche. Elle était bien, pourquoi la dérangeait-on ? Et, comme, à bout de supplications, il reprenait :

— C'est imbécile, courons chez Houtelard !

Elle déclara rudement :

— Courez où vous voudrez... Puisqu'on est venu pour voir, moi je veux voir.

Les pêcheurs avaient fui. Elle demeurait sous l'averse, immobile, tournée vers les poutres, que les vagues recouvraient complètement. Ce spectacle semblait l'absorber, malgré la poussière d'eau où maintenant tout se confondait, une poussière grise qui montait de la mer, criblée par la pluie. Sa robe ruisselante se marquait, aux épaules et aux bras, de larges taches noires. Et elle ne consentit à quitter la place que lorsque le vent d'ouest eut emporté le nuage.

Tous trois revinrent en silence. Pas un mot de l'aventure ne fut dit à l'oncle ni à la tante. Pauline était allée rapidement changer de linge, pendant que Lazare racontait la réussite complète de l'expérience. Le soir, à table, elle fut reprise d'un accès de fièvre ; mais elle prétendait ne pas souffrir, malgré la gêne évidente qu'elle éprouvait à avaler chaque bouchée. Même elle finit par répondre brutalement à Louise, qui s'inquiétait d'un air tendre, et lui demandait sans cesse comment elle se trouvait.

— Vraiment, elle devient insupportable avec son mauvais caractère, avait murmuré derrière elle madame Chanteau. C'est à ne plus lui adresser la parole.

Cette nuit-là, vers une heure, Lazare fut réveillé par une toux gutturale, d'une sécheresse si douloureuse, qu'il se mit sur son séant, pour écouter. Il pensa d'abord à sa mère ; puis, comme il tendait toujours l'oreille, la chute brusque d'un corps dont le plancher tremblait, le fit sauter du lit et se vêtir à la hâte. Ce ne pouvait être que Pauline, le corps semblait être tombé derrière la cloison. De ses doigts égarés, il cassait les allumettes. Enfin, il put sortir avec son bougeoir, et il eut la surprise de trouver la porte d'en face ouverte. Barrant le seuil, étendue sur le flanc, la jeune fille était là, en chemise, les jambes et les bras nus.

— Qu'est-ce donc ? s'écria-t-il, tu as glissé ?

La pensée qu'elle rôdait pour l'épier encore venait de lui traverser l'esprit. Mais elle ne répondait pas, elle ne bougeait pas, et il la vit comme assommée, les yeux clos. Sans doute, au moment où elle allait chercher du secours, un étourdissement l'avait jetée sur le carreau.

— Pauline, réponds-moi, je t'en supplie… Où souffres-tu ?

Il s'était baissé, il lui éclairait la face. Très rouge, elle semblait brûler d'une fièvre intense. Le sentiment instinctif de gêne qui le tenait hésitant devant cette nudité de vierge, n'osant la prendre à bras le corps pour la porter sur le lit, céda tout de suite à son inquiétude fraternelle. Il ne la voyait plus ainsi dénudée, il la saisit aux reins et aux cuisses, sans avoir seulement conscience de cette peau de femme sur sa poitrine d'homme. Et, quand il l'eut recouchée, il la questionna encore, avant même de songer à rabattre les couvertures.

— Mon Dieu ! parle-moi… Tu t'es blessée peut-être ?

La secousse venait de lui faire ouvrir les yeux. Mais elle ne parlait toujours pas, elle le regardait fixement ; et, comme il la pressait davantage, elle porta enfin la main à son cou.

— C'est à la gorge que tu souffres ?

Alors, d'une voix changée, difficile et sifflante, elle dit très bas :

— Ne me force pas à parler, je t'en prie… Ça me fait trop de mal.

Et elle fut aussitôt prise d'un accès de toux, cette toux gutturale qu'il avait entendue de sa chambre. Son visage bleuit, la douleur devint telle, que ses yeux s'emplirent de grosses larmes. Elle portait les deux mains à sa pauvre tête ébranlée, où battaient les marteaux d'une céphalalgie affreuse.

— C'est aujourd'hui que tu as empoigné ça, bégayait-il éperdu. Aussi était-ce raisonnable, malade déjà comme tu l'étais !

Mais il s'arrêta, en rencontrant de nouveau ses regards suppliants. D'une main tâtonnante, elle cherchait les couvertures. Il la recouvrit jusqu'au menton.

— Veux-tu ouvrir la bouche, pour que je regarde ?

Elle put à peine desserrer les mâchoires. Il avançait la flamme de la bougie, il vit avec difficulté l'arrière-gorge, luisante, sèche, d'un rouge vif. C'était évidemment une angine. Seulement, cette fièvre terrible, ce mal de tête effroyable, l'épouvantaient sur la nature de cette angine. La face de la malade exprimait une sensation d'étranglement si pleine d'angoisse, qu'il eut dès lors la peur folle de la voir étouffer devant lui. Elle n'avalait plus, chaque mouvement de déglutition la secouait tout entière. Un nouvel accès de toux lui fit encore perdre connaissance. Et il acheva de s'affoler, il courut ébranler à coups de poing la porte de la bonne.

— Véronique ! Véronique ! lève-toi !... Pauline se meurt.

Lorsque Véronique, effarée, à demi vêtue, entra chez Mademoiselle, elle le trouva jurant et se débattant au milieu de la chambre.

— Quel pays de misère ! on y crèverait comme un chien... Plus de deux lieues pour aller chercher du secours !

Il revint vers elle.

— Tâche d'envoyer quelqu'un, qu'on ramène le docteur tout de suite !

Elle s'était approchée du lit, elle regardait la malade, saisie de la voir si rouge, terrifiée dans son affection croissante pour cette enfant, qu'elle avait détestée d'abord.

— J'y vais moi-même, dit-elle simplement. Ce sera plus tôt fait... Madame peut bien allumer le feu, en bas, si vous en avez besoin.

Et, mal éveillée, elle mit de grosses bottines, s'enveloppa dans un châle ; puis, après avoir averti madame Chanteau, en descendant, elle s'en alla à grandes enjambées, le long de la route boueuse. Deux heures sonnaient à l'église, la nuit était si noire, qu'elle butait contre les tas de pierres.

— Qu'est-ce donc ? demanda madame Chanteau, lorsqu'elle monta.

Lazare répondait à peine. Il venait de fouiller violemment l'armoire, pour retrouver ses anciens livres de médecine ; et, penché devant la commode, feuilletant les pages de ses doigts tremblants, il essayait de se rappeler ses cours d'autrefois. Mais tout se brouillait, se confondait, il retournait sans cesse à la table des matières, ne trouvant plus rien.

— Ce n'est sans doute qu'une forte migraine, répétait madame Chanteau, qui s'était assise. Le mieux serait de la laisser dormir.

Alors, il éclata.

— Une migraine ! une migraine !... Écoute, maman, tu m'agaces, à rester là tranquille. Descends faire chauffer de l'eau.

— Il est inutile de déranger Louise, n'est-ce pas ? demanda-t-elle encore.

— Oui, oui, complètement inutile... Je n'ai besoin de personne. J'appellerai.

Quand il fut seul, il revint prendre la main de Pauline, pour compter les pulsations. Il en compta cent quinze. Et il sentit cette main brûlante qui serrait longuement la sienne. La jeune fille, dont les paupières lourdes restaient fermées, mettait dans son étreinte un remerciement et un pardon. Si elle ne pouvait sourire, elle voulait lui faire comprendre qu'elle avait entendu, qu'elle était bien touchée de le savoir là, seul avec elle, ne pensant plus à une autre. D'habitude, il avait l'horreur de la souffrance, il se sauvait à la moindre indisposition des siens, en mauvais garde-malade, si peu sûr de ses nerfs, disait-il, qu'il craignait d'éclater en sanglots. Aussi éprouvait-elle une surprise pleine de gratitude, à le voir se dévouer de la sorte. Lui-même n'aurait pu dire quelle chaleur le soulevait, quel besoin de s'en fier uniquement à lui, pour la soulager. La pression ardente de cette petite main le bouleversa, il voulut lui donner du courage.

— Ce n'est rien, ma chérie. J'attends Cazenove… Surtout ne te fais pas peur.

Elle resta les yeux clos, et elle murmura péniblement :

— Oh ! je n'ai pas peur… Ça te dérange, c'est ce qui me fait de la peine.

Puis, à voix plus basse encore, d'une légèreté de souffle :

— Hein ? tu me pardonnes… J'ai été vilaine, aujourd'hui.

Il s'était penché, pour la baiser au front, comme sa femme. Et il s'écarta, car les larmes l'étouffaient. L'idée lui venait de préparer au moins une potion calmante, en attendant le médecin. La petite pharmacie de la jeune fille était là, dans un étroit placard. Seulement, il craignait de se tromper, il l'interrogea sur les flacons, finit par verser quelques gouttes de morphine dans un verre d'eau sucrée. Lorsqu'elle en avalait une cuillerée, la douleur était si vive, qu'il hésitait chaque fois à lui en donner une autre. Ce fut tout, il se sentait impuissant à essayer davantage. Son attente devenait horrible. Quand il ne pouvait plus la voir souffrir, les jambes cassées d'être debout devant le lit, il rouvrait ses livres, croyant qu'il allait enfin trouver le cas et le remède. Était-ce donc une angine couenneuse ? pourtant, il n'avait pas remarqué de fausses membranes sur les piliers du voile du palais ; et il s'entêtait dans la lecture de la description et du traitement de l'angine couenneuse, perdu au fil de longues phrases dont le sens lui échappait, appliqué à épeler les détails inutiles, comme un enfant qui apprend de mémoire une leçon obscure. Puis, un soupir le ramenait près du lit, frémissant, la tête bourdonnante de mots scientifiques, dont les syllabes rudes redoublaient son anxiété.

— Eh bien ? demanda madame Chanteau, qui était remontée doucement.

— Toujours la même chose, répondit-il.

Et, s'emportant :

— C'est épouvantable, ce médecin… On aurait le temps de mourir vingt fois.

Les portes étant restées ouvertes, Mathieu, qui couchait sous la table de la cuisine, venait de monter l'escalier, par cette manie qu'il avait de suivre les gens dans toutes les pièces de la maison. Ses grosses pattes faisaient sur le carreau le bruit de vieux chaussons de laine. Il était très gai de cette équipée de nuit, il voulut sauter près de Pauline, se lança après sa queue, en bête inconsciente du deuil de ses maîtres. Et Lazare, exaspéré de cette joie inopportune, lui allongea un coup de pied.

— Va-t-en ou je t'étrangle !… Tu ne vois donc pas, imbécile !

Le chien, saisi d'être battu, flairant l'air comme s'il eût compris tout d'un coup, alla se coucher humblement sous le lit. Mais cette brutalité avait indigné madame Chanteau. Sans attendre, elle redescendit à la cuisine, en disant d'une voix sèche :

— Quand tu voudras… L'eau va être chaude.

Lazare l'entendit, dans l'escalier, gronder que c'était révoltant de frapper ainsi une bête, qu'il finirait par la battre elle-même, si elle restait là. Lui qui, d'habitude, était aux genoux de sa mère, eut derrière elle un geste de folle irritation. À chaque minute, il retournait jeter un coup d'œil sur Pauline. Maintenant, écrasée par la fièvre, elle semblait anéantie ; et il n'y avait plus d'elle, dans le silence frissonnant de la pièce, que le raclement de son haleine, qui semblait se changer en un râle d'agonisante. La peur le reprit, irraisonnée, absurde : elle allait sûrement étrangler, si les secours n'arrivaient pas. Il piétinait d'un bout à l'autre de la chambre, consultait sans cesse la pendule. À peine trois heures, Véronique n'était pas encore chez le médecin. Le long de la route d'Arromanches, il la suivait dans la nuit noire : elle avait dépassé le bois de chênes, elle arrivait au petit pont, elle gagnerait cinq minutes en descendant la côte à la course. Alors, un besoin violent de savoir lui fit ouvrir la fenêtre, bien qu'il ne pût rien distinguer, dans cet abîme de ténèbres. Une seule lumière brûlait au fond de Bonneville, sans doute la lanterne d'un pêcheur allant en mer. C'était d'une tristesse lugubre, un abandon immense où il croyait sentir toute vie rouler et s'éteindre. Il ferma la fenêtre, puis la rouvrit pour la refermer bientôt. La notion du temps finissait par lui échapper, il s'étonna d'entendre sonner trois heures. À présent, le docteur avait fait atteler, le cabriolet filait sur le chemin, trouant l'ombre de son œil jaune. Et Lazare était si hébété d'impatience, devant la suffocation croissante de la malade, qu'il s'éveilla comme en sursaut, lorsque, vers quatre heures, un bruit rapide de pas vint de l'escalier.

— Enfin, c'est vous ! cria-t-il.

Le docteur Cazenove fit tout de suite allumer une seconde bougie, pour examiner Pauline. Lazare en tenait une, tandis que Véronique, dépeignée par le vent, crottée jusqu'à la taille, approchait l'autre, au chevet du lit. Madame Chanteau regardait. La malade, somnolente, ne put ouvrir la bouche sans jeter des plaintes. Quand il l'eut recouchée doucement, le docteur, très inquiet à son entrée, revint au milieu de la chambre, d'un air plus tranquille.

— Cette Véronique m'a fait une belle peur ! murmura-t-il. D'après les choses extravagantes qu'elle me racontait, j'ai cru à un empoisonnement… Vous voyez, je m'étais bourré les poches de drogues.

— C'est une angine, n'est-ce pas ? demanda Lazare.

— Oui, une simple angine… Il n'y a pas de danger immédiat.

Madame Chanteau eut un geste triomphant, pour dire qu'elle le savait bien.

— Pas de danger immédiat, répéta Lazare, repris de crainte, est-ce que vous redoutez des complications ?

— Non, répondit le médecin après avoir hésité ; mais, avec ces diables de maux de gorge, on ne sait jamais.

Et il avoua qu'il n'y avait rien à faire. Il désirait attendre le lendemain, avant de saigner la malade. Puis, comme le jeune homme le suppliait de tenter au moins de la soulager, il voulut bien essayer des sinapismes. Véronique monta une cuvette d'eau chaude, le médecin posa lui-même les feuilles mouillées, en les faisant glisser le long des jambes, depuis les genoux jusqu'aux chevilles. Ce ne fut qu'une souffrance de plus, la fièvre persistait, la céphalalgie devenait insupportable. Des gargarismes émollients se trouvaient aussi indiqués, et madame Chanteau prépara une décoction de feuilles de ronces, qu'il fallut abandonner dès la première tentative, tellement la douleur rendait impossible tout mouvement de la gorge. Il était près de six heures, le jour se levait, lorsque le médecin se retira.

— Je reviendrai vers midi, dit-il à Lazare dans le corridor. Tranquillisez-vous… Il n'y a que de la souffrance.

— N'est-ce donc rien, la souffrance ! cria le jeune homme que le mal indignait. On ne devrait pas souffrir.

Cazenove le regarda, puis leva les bras au ciel, devant une prétention si extraordinaire.

Lorsque Lazare revint dans la chambre, il envoya sa mère et Véronique se coucher un instant : lui, n'aurait pu dormir. Et il vit le jour se lever dans la pièce en désordre, cette aube lugubre des nuits d'agonie. Le front contre une vitre, il regardait désespérément le ciel livide, lorsqu'un bruit lui fit tourner la tête. Il croyait que Pauline se levait. C'était Mathieu, oublié de tous, qui avait enfin quitté le dessous du lit, pour s'approcher de la jeune fille, dont une main pendait hors des couvertures. Le chien léchait cette main avec tant de douceur, que Lazare, très ému, le prit par le cou, en disant :

— Tu vois, mon pauvre gros, la maîtresse est malade… Mais ce ne sera rien, va ! Nous irons encore galoper tous les trois.

Pauline avait ouvert les yeux, et malgré la contraction douloureuse de sa face, elle souriait.

Alors, commença l'existence d'angoisses, le cauchemar que l'on vit dans la chambre d'un malade. Lazare, cédant à un sentiment d'affection sauvage, en chassait tout le monde ; c'était à peine s'il laissait sa mère et Louise entrer le matin, pour prendre des nouvelles, et il n'admettait que Véronique, chez laquelle il sentait une tendresse véritable. Les premiers jours, madame Chanteau avait voulu lui faire comprendre l'inconvenance de ces soins donnés par un homme à une jeune fille ; mais il s'était récrié, est-ce qu'il n'était pas son mari ? puis, les médecins soignaient bien les femmes. Entre eux, il n'y avait, en effet, aucune gêne pudique. La souffrance, la mort prochaine peut-être, emportaient les sens. Il lui rendait tous les petits services, la levait, la recouchait, en frère apitoyé qui ne voyait de ce corps désirable que la fièvre dont il frissonnait. C'était comme le prolongement de leur enfance bien portante, ils retournaient à la nudité chaste de leurs premiers bains, lorsqu'il la traitait en gamine. Le monde disparaissait, rien n'existait plus, rien que la potion à boire, le mieux annoncé attendu vainement d'heure en heure, les détails bas de la vie animale prenant soudain une importance énorme, décidant de la joie ou de la tristesse des journées. Et les nuits suivaient les jours, l'existence de Lazare était comme balancée au-dessus du vide, avec la peur, à chaque minute, d'une chute dans le noir.

Tous les matins, le docteur Cazenove visitait Pauline ; même, il revenait parfois le soir, après son dîner. Dès la seconde visite, il s'était décidé à une saignée copieuse. Mais la fièvre, un instant coupée, avait reparu. Deux jours se passèrent, il était visiblement préoccupé, ne comprenant pas cette ténacité du mal. Comme la jeune fille éprouvait une peine de plus en plus grande à ouvrir la bouche, il ne pouvait examiner l'arrière-gorge, qui lui apparaissait gonflée et d'une rougeur livide. Enfin, Pauline se plaignant d'une tension croissante dont son cou semblait éclater, le docteur dit un matin à Lazare :

— Je soupçonne un phlegmon.

Le jeune homme l'emmena dans sa chambre. Il avait relu justement la veille, en feuilletant son ancien manuel de pathologie, les pages sur les abcès rétro-pharyngiens, qui font saillie dans l'œsophage, et qui peuvent amener la mort par suffocation, en comprimant la trachée. Très pâle, il demanda :

— Alors, elle est perdue ?

— J'espère que non, répondit le médecin. Il faut voir.

Mais lui-même ne cachait plus son inquiétude. Il confessait son impuissance à peu près complète, dans le cas qui se présentait. Comment aller chercher un abcès au fond de cette bouche contractée ? et, du reste, l'ouvrir trop tôt présentait des inconvénients graves. Le mieux était d'en abandonner la terminaison à la nature, ce qui serait très long et très douloureux.

— Je ne suis pas le bon Dieu ! criait-il, lorsque Lazare lui reprochait l'inutilité de sa science.

La tendresse que le docteur Cazenove éprouvait pour Pauline se traduisait chez lui par un redoublement de brusquerie fanfaronne. Ce grand vieillard, sec comme une tige d'églantier, venait d'être touché au cœur. Pendant plus de trente années, il avait battu le monde, passant de vaisseau en vaisseau, faisant le service d'hôpital aux quatre coins de nos colonies ; il avait soigné les épidémies du bord, les maladies monstrueuses des tropiques, l'éléphantiasis à Cayenne, les piqûres de serpent dans l'Inde ; il avait tué des hommes de toutes les couleurs, étudié les poisons sur des Chinois, risqué des nègres dans des expériences délicates de vivisection. Et, aujourd'hui, cette petite fille, avec son bobo à la gorge, le retournait au point qu'il ne dormait plus ; ses mains de fer tremblaient, son habitude de la mort défaillait, à la crainte d'une issue fatale. Aussi, voulant cacher cette émotion indigne, tâchait-il d'affecter le mépris de la souffrance. On naissait pour souffrir, à quoi bon s'en émouvoir ?

Chaque matin, Lazare lui disait :

— Essayez quelque chose, docteur, je vous en supplie… C'est affreux, elle ne peut même plus s'assoupir un instant. Toute la nuit, elle a crié.

— Mais, tonnerre de Dieu ! ce n'est pas ma faute, finissait-il par répondre, exaspéré. Je ne puis pourtant pas lui couper le cou, histoire de la guérir.

Le jeune homme se fâchait à son tour.

— Alors, la médecine ne sert à rien.

— À rien du tout, lorsque la machine se détraque… La quinine coupe la fièvre, une purge agit sur les intestins, on doit saigner un apoplectique… Et, pour le reste, c'est au petit bonheur. Il faut s'en remettre à la nature.

C'étaient là des cris arrachés par la colère de ne savoir comment agir. D'habitude, il n'osait nier la médecine si carrément, tout en ayant trop pratiqué pour ne pas être sceptique et modeste. Il perdait des heures entières, assis près du lit, à étudier la malade ; et il repartait sans même laisser une ordonnance, les poings liés, ne pouvant qu'assister à l'entier développement de cet abcès, qui, pour une ligne de moins ou une ligne de plus, allait être la vie ou la mort.

Lazare se traîna huit jours entiers, dans des transes terribles. Lui aussi, attendait de minute en minute l'arrêt de la nature. À chaque respiration pénible, il croyait que tout finissait. Le phlegmon se matérialisait en une image vive, il le voyait énorme, barrant la trachée ; encore un peu de gonflement, l'air ne passerait plus. Ses deux années de médecine mal digérées redoublaient son effroi. Et c'était surtout la douleur qui le jetait hors de lui, dans une révolte nerveuse, une protestation affolée contre l'existence.

Pourquoi cette abomination de la douleur ? n'était-ce pas monstrueusement inutile, ce tenaillement des chairs, ces muscles brûlés et tordus, lorsque le mal s'attaquait à un pauvre corps de fille, d'une blancheur si délicate ? Une obsession du mal le ramenait sans cesse près du lit. Il l'interrogeait, au risque de la fatiguer : souffrait-elle davantage ? où était-ce maintenant ? Parfois, elle lui prenait la main, la posait sur son cou : c'était là, comme un poids intolérable, une boule de plomb ardente, qui battait à l'étouffer. La migraine ne la quittait pas, elle ne savait de quelle façon poser la tête, torturée par l'insomnie ; depuis dix jours que la fièvre la secouait, elle n'avait pas dormi deux heures. Un soir, pour comble de misère, des maux d'oreilles atroces s'étaient déclarés ; et, dans ces crises, elle perdait connaissance, il lui semblait qu'on lui broyait les os des mâchoires. Mais elle n'avouait pas tout ce martyre à Lazare, elle montrait un beau courage, car elle le sentait presque aussi malade qu'elle, le sang brûlé de sa fièvre, la gorge étranglée de son abcès. Souvent même elle mentait, elle arrivait à sourire, au moment des plus vives angoisses : ça devenait sourd, disait-elle, et elle l'engageait à se reposer un peu. Le pis était qu'elle ne pouvait plus avaler sa salive sans jeter un cri, tellement son arrière-gorge se trouvait tuméfiée. Lazare se réveillait en sursaut : ça recommençait donc ? De nouveau, il la questionnait, il voulait savoir à quel endroit ; tandis que la face douloureuse, les yeux clos, elle luttait encore pour le tromper, en balbutiant que ce n'était rien, quelque chose qui l'avait chatouillée, simplement.

— Dors, ne te dérange pas… je vais dormir aussi.

Le soir, elle jouait cette comédie du sommeil, pour qu'il se couchât. Mais il s'entêtait à veiller près d'elle, dans un fauteuil. Les nuits étaient si mauvaises, qu'il ne voyait plus tomber le jour sans une terreur superstitieuse. Est-ce que le soleil reparaîtrait jamais ?

Une nuit, Lazare, assis contre le lit même, tenait dans sa main la main de Pauline, comme il le faisait souvent, pour dire qu'il restait là, qu'il ne l'abandonnait pas. Le docteur Cazenove était parti à dix heures, furieux, ne répondant plus de rien. Jusqu'à ce moment, le jeune homme avait eu la consolation de croire qu'elle ne se voyait pas en danger. Autour d'elle, on parlait d'une simple inflammation de la gorge, très douloureuse, mais qui passerait aussi aisément qu'un rhume de cerveau. Elle-même semblait tranquille, le visage brave, toujours gaie, malgré la souffrance. Quand on faisait des projets, en causant de sa convalescence, elle souriait. Et, cette nuit-là encore, elle venait d'écouter Lazare arranger, pour sa première sortie, une promenade sur la plage. Puis, le silence était tombé, elle paraissait dormir, lorsqu'elle murmura d'une voix distincte, au bout d'un grand quart d'heure :

— Mon pauvre ami, je crois que tu épouseras une autre femme.

Il resta saisi, un petit frisson lui glaçait la nuque.

— Comment ça ? demanda-t-il.

Elle avait ouvert les yeux, elle le regardait de son air de résignation courageuse.

— Va, je sais bien ce que j'ai... Et j'aime mieux savoir, pour vous embrasser tous au moins.

Alors, Lazare se fâcha : c'était fou, des idées pareilles ! avant une semaine, elle serait sur pied ! Il lui lâcha la main, il se sauva dans sa chambre sous un prétexte, car les sanglots l'étranglaient. Là, dans l'obscurité, il s'abandonna, tombé en travers du lit, où il ne couchait plus. Une certitude affreuse lui avait serré le cœur tout d'un coup : Pauline allait mourir, peut-être ne passerait-elle pas la nuit. Et l'idée qu'elle le savait, que son silence jusque-là était une bravoure de femme ménageant dans la mort même la sensibilité des autres, achevait de le désespérer. Elle le savait, elle verrait venir l'agonie, et il serait là, impuissant. Déjà, il se croyait aux derniers adieux, la scène se déroulait avec des détails lamentables, sur les ténèbres de la chambre. C'était la fin de tout, il prit l'oreiller entre ses bras convulsifs, il y enfonça la tête, pour étouffer le hoquet de ses larmes.

Cependant, la nuit se termina sans catastrophe. Deux journées passèrent encore. Mais, à présent, il y avait entre eux un nouveau lien, la mort toujours présente. Elle ne faisait plus aucune allusion à la gravité de son état, elle trouvait la force de sourire ; lui-même parvenait à feindre une tranquillité parfaite, un espoir de la voir se lever d'une heure à l'autre ; et, pourtant, chez elle comme chez lui, tout se disait adieu, continuellement, dans la caresse plus longue de leurs regards qui se rencontraient. La nuit surtout, lorsqu'il veillait près d'elle, ils finissaient l'un et l'autre par s'entendre penser, la menace de l'éternelle séparation attendrissait jusqu'à leur silence. Rien n'était d'une douceur si cruelle, jamais ils n'avaient senti leurs êtres se confondre à ce point.

Lazare, un matin, au lever du soleil, s'étonna du calme où l'idée de la mort le laissait. Il tâcha de se rappeler les dates : depuis le jour où Pauline était tombée malade, il n'avait pas une seule fois senti, de son crâne à ses talons, passer l'horreur froide de ne plus être. S'il tremblait de perdre sa compagne, c'était une autre épouvante, où il n'entrait rien de la destruction de son moi. Le cœur saignait en lui, mais il semblait que cette bataille, livrée à la mort, l'égalait à elle, lui donnait le courage de la regarder en face. Peut-être aussi n'y avait-il que de la fatigue et de l'hébétement, dans le sommeil qui engourdissait sa peur. Il ferma les yeux pour ne pas voir le soleil grandir, il voulut retrouver son frisson d'angoisse, en s'excitant à la crainte, en se répétant que lui aussi mourrait un jour : rien ne répondit, cela lui était devenu indifférent, les choses avaient pris une légèreté singulière. Son pessimisme même sombrait devant ce lit de douleur ; au lieu de l'enfoncer dans la haine du monde, sa révolte contre la douleur n'était que le désir ardent de la santé, l'amour exaspéré de la vie. Il ne parlait plus de faire sauter la terre comme une vieille construction inhabitable ; la seule image qui le hantait, était Pauline bien portante, s'en allant à son bras, sous un gai soleil ; et il n'avait qu'un besoin, l'emmener encore, rieuse, le pied solide, par les sentiers où ils avaient passé.

Ce fut ce jour-là que Lazare crut la mort venue. Dès huit heures, la malade se trouva prise de nausées, chaque effort déterminait une crise d'étouffement très inquiétante. Bientôt des frissons parurent, elle était secouée d'un tremblement tel qu'on entendait claquer ses dents. Terrifié, Lazare cria par la fenêtre d'envoyer un gamin à Arromanches, bien qu'il attendît le docteur vers onze heures, comme d'habitude. La maison était plongée dans un silence morne, un vide s'y faisait, depuis que Pauline ne l'animait plus de son activité vibrante. Chanteau passait les journées en bas, silencieux, les regards sur ses jambes, avec la peur d'un accès, pendant que personne n'était là pour le soigner ; madame Chanteau forçait Louise à sortir, toutes deux vivaient dehors, rapprochées, très intimes maintenant ; et il n'y avait que le pas lourd de Véronique, montant et descendant sans cesse, qui troublait la paix de l'escalier et des pièces vides. Trois fois, Lazare était allé se pencher sur la rampe, impatient de savoir si la bonne avait pu décider quelqu'un à faire la course. Il venait de rentrer, il regardait la malade un peu plus calme, lorsque la porte, laissée entrouverte, craqua légèrement.

— Eh bien, Véronique ?

Mais c'était sa mère. Ce matin-là, elle devait mener Louise chez des amis, du côté de Verchemont.

— Le petit Cuche est parti tout de suite, répondit-elle. Il a de bonnes jambes.

Puis, après un silence, elle demanda :

— Ça ne va donc pas mieux ?

D'un geste désespéré, Lazare, sans une parole, lui montra Pauline immobile, comme morte, le visage baigné d'une sueur froide.

— Alors, nous n'irons pas à Verchemont, continua-t-elle. Est-ce tenace, ces maladies où l'on ne comprend rien ?... La pauvre enfant est vraiment bien éprouvée.

Elle s'était assise, elle dévida des phrases, de la même voix basse et monotone.

— Nous qui voulions nous mettre en route à sept heures ! C'est une chance que Louise ne se soit pas réveillée assez tôt... Et tout qui tombe ce matin ! on dirait qu'ils le font exprès. L'épicier d'Arromanches a passé avec sa note, j'ai dû le payer. Maintenant, il y a en bas le boulanger... Encore un mois de quarante francs de pain ! Je ne peux pas m'imaginer ou ça passe...

Lazare ne l'écoutait pas, absorbé tout entier par la crainte de voir reparaître le frisson. Mais le bruit sourd de ce flot de paroles l'irritait. Il tâcha de la renvoyer.

— Tu donneras à Véronique deux serviettes, pour qu'elle me les monte.

— Naturellement, il faut le payer, ce boulanger, poursuivit-elle, comme si elle n'avait pas entendu. Il m'a parlé, on ne peut lui raconter que je suis sortie... Ah ! j'en ai assez, de la maison ! Ça devient trop lourd, je finirai par tout planter là... Si Pauline seulement n'allait pas si mal, elle nous avancerait les quatre-vingt-dix francs de sa pension. Nous sommes au vingt, ça ne ferait jamais que dix jours… La pauvre petite paraît bien faible…

D'un mouvement brusque, Lazare se tourna.

— Quoi ? qu'est-ce que tu veux ?

— Tu ne sais pas où elle met son argent ?

— Non.

— Ça doit être dans sa commode… Si tu regardais.

Il refusa d'un geste exaspéré. Ses mains tremblaient.

— Je t'en prie, maman… Par pitié, laissez-moi.

Ces quelques phrases étaient chuchotées rapidement, au fond de la chambre. Un silence pénible se faisait, lorsqu'une voix légère s'éleva du lit.

— Lazare, prends la clef sous mon oreiller, donne à ma tante ce qu'elle voudra.

Tous deux restèrent saisis. Lui, protestait, ne voulait pas fouiller dans la commode. Mais il dut céder, pour ne point tourmenter Pauline. Lorsqu'il eut remis un billet de cent francs à sa mère, et qu'il revint glisser la clef sous l'oreiller, il trouva la malade en proie à un nouveau frisson, qui la secouait comme un jeune arbre, près de se rompre. Et deux grosses larmes coulaient sur ses joues, de ses pauvres yeux fermés.

Le docteur Cazenove ne parut qu'à son heure habituelle. Il n'avait pas même vu le petit Cuche, qui polissonnait sans doute dans les fossés. Dès qu'il eut écouté Lazare et jeté un coup d'œil sur Pauline, il cria :

— Elle est sauvée !

Ces nausées, ces frissons terribles étaient simplement les indices que l'abcès perçait enfin. On n'avait plus à craindre la suffocation, désormais le mal allait se résoudre de lui-même. La joie fut grande, Lazare accompagna le docteur, et comme Martin, l'ancien matelot resté au service de ce dernier, avec sa jambe de bois, buvait un verre de vin dans la cuisine, tout le monde voulut trinquer. Madame Chanteau et Louise prirent du brou de noix.

— Je n'ai jamais été sérieusement inquiète, disait la première. Je sentais que ça ne serait rien.

— N'empêche que la chère enfant en a vu de grises ! répliquait Véronique. Vrai ! on me donnerait cent sous que je ne serais pas si contente.

À ce moment, l'abbé Horteur entra. Il venait chercher des nouvelles, et il accepta une goutte de liqueur, pour faire comme tout le monde. Chaque jour, il s'était ainsi présenté, en bon voisin ; car, dès la première visite, Lazare lui ayant signifié qu'il ne le laisserait pas voir la malade, de peur de l'effrayer, le prêtre avait répondu tranquillement qu'il comprenait ça. Il se contentait de dire ses messes à l'intention de cette pauvre demoiselle. Chanteau, en trinquant avec lui, le loua de sa tolérance.

— Vous voyez bien qu'elle s'en est tirée sans orémus.

— Chacun se sauve comme il l'entend, déclara le curé d'un ton sentencieux, en achevant de vider son verre.

Quand le docteur fut parti, Louise voulut monter embrasser Pauline. Celle-ci souffrait encore atrocement, mais il semblait que la souffrance ne comptât plus. Lazare lui criait gaiement de prendre courage ; et il cessait de feindre, il exagérait même le danger passé, en lui racontant qu'il avait cru trois fois la tenir morte entre ses bras. Elle, cependant, ne témoignait pas si haut sa joie d'être sauvée. Mais elle était pénétrée de la douceur de vivre, après avoir eu le courage de s'habituer à la mort. Des attendrissements passaient sur son visage douloureux, elle lui avait serré la main, en murmurant avec un sourire :

— Allons, mon ami, tu ne peux l'échapper : je serai ta femme.

Enfin, la convalescence commença par de grands sommeils. Elle dormait des journées entières, très calmes, l'haleine douce, dans un néant réparateur. La Minouche, qu'on avait chassée de la chambre, aux heures énervées de la maladie, profitait de cette paix pour s'y glisser ; elle sautait légèrement sur le lit, se couchait vite en rond contre le flanc de sa maîtresse, passait là elle aussi les journées, à jouir de la tiédeur des draps ; parfois, elle y faisait d'interminables toilettes, s'usant le poil à coups de langue, mais d'un mouvement si souple, que la malade ne la sentait même pas remuer. Pendant ce temps, Mathieu, admis également dans la chambre, ronflait comme un homme, en travers de la descente de lit.

Un des premiers caprices de Pauline fut, le samedi suivant, de faire monter ses petits amis du village. On commençait à lui permettre les œufs à la coque, après la diète sévère qu'elle venait de garder pendant trois semaines. Elle put recevoir les enfants, assise, toujours très faible. Lazare avait dû fouiller de nouveau dans la commode, pour lui remettre des pièces de cent sous. Mais, lorsqu'elle eut questionné ses pauvres, et qu'elle se fut entêtée à régler avec eux ce qu'elle appelait ses comptes en retard, elle éprouva une telle lassitude, qu'il fallut la recoucher sans connaissance. Elle s'intéressait également à l'épi et aux palissades, demandait chaque jour s'ils tenaient bon. Des poutres avaient déjà faibli, son cousin lui mentait, en ne parlant que de deux ou trois planches déclouées. Un matin, restée seule, elle s'était échappée des draps, voulant voir la marée haute battre au loin les charpentes ; et, cette fois encore, ses forces renaissantes l'avaient trahie, elle serait tombée si Véronique n'était entrée à temps, pour la recevoir dans ses bras.

— Méfie-toi ! je t'attache, si tu n'es pas sage, répétait Lazare en plaisantant.

Lui, s'obstinait toujours à la veiller ; mais, brisé de fatigue, il s'endormait dans son fauteuil. D'abord, il avait goûté des joies vives, à la regarder boire ses premiers bouillons. Cette santé qui revenait dans ce corps jeune, était une chose exquise, un renouveau de l'existence, où lui-même se sentait revivre. Puis, l'habitude de la santé l'avait repris, il cessait de s'en réjouir comme d'un bienfait inespéré, depuis que la douleur n'était plus là. Et un hébétement seul lui restait, une détente nerveuse après la lutte, l'idée confuse que le vide de tout recommençait.

Une nuit, Lazare dormait profondément, lorsque Pauline l'entendit s'éveiller avec un soupir d'angoisse. Elle le voyait, à la faible clarté de la veilleuse, la face épouvantée, les yeux élargis d'horreur, les mains jointes dans un geste de supplication. Il balbutiait des mots entrecoupés.

— Mon Dieu !… mon Dieu !

Inquiète, elle s'était penchée vivement.

— Qu'as-tu donc, Lazare ?… Souffres-tu ?

Cette voix le fit tressaillir. On le voyait donc ? Il demeura gêné, ne finit par trouver qu'un mensonge maladroit.

— Mais je n'ai rien… C'est toi qui te plaignais tout à l'heure.

La peur de la mort venait de reparaître dans son sommeil, une peur sans cause, comme sortie du néant lui-même, une peur dont le souffle glacé l'avait éveillé d'un grand frisson. Mon Dieu ! il faudrait mourir un jour ! Cela montait, l'étouffait, tandis que Pauline, qui avait reposé la tête sur l'oreiller, le regardait de son air de compassion maternelle.

V

Chaque soir, dans la salle à manger, lorsque Véronique avait enlevé la nappe, la même conversation recommençait entre madame Chanteau et Louise ; tandis que Chanteau, absorbé par la lecture de son journal, se contentait de répondre d'un mot aux rares questions de sa femme. Durant les quinze jours où Lazare avait cru Pauline en danger, il n'était même pas descendu pour se mettre à table ; maintenant, il dînait en bas, mais dès le dessert il remontait près de la convalescente ; et il était à peine dans l'escalier, que madame Chanteau reprenait ses plaintes de la veille.

D'abord, elle se faisait tendre.

— Pauvre enfant, il s'épuise… Ce n'est pas raisonnable vraiment de risquer ainsi sa santé. Voici trois semaines qu'il ne dort plus… Il a encore pâli depuis hier.

Et elle plaignait aussi Pauline : la chère petite souffrait beaucoup, on ne pouvait passer une minute en haut, sans avoir le cœur retourné. Mais, peu à peu, elle en venait au dérangement que cette malade causait dans la maison : tout restait en l'air, impossible de manger quelque chose de chaud, c'était à ne plus savoir si l'on vivait. Là, elle s'interrompait pour demander à son mari :

— Véronique a-t-elle seulement songé à ton eau de guimauve ?

— Oui, oui, répondait-il par-dessus son journal.

Alors, elle baissait la voix, en s'adressant à Louise.

— C'est drôle, cette malheureuse Pauline ne nous a jamais porté bonheur. Et dire que des gens la croient notre bon ange ! Va, je sais les commérages qui courent... À Caen, n'est-ce pas ? Louisette, on raconte qu'elle nous a enrichis. Ah ! oui, enrichis !... Tu peux être franche, je me moque bien des mauvaises langues !

— Mon Dieu ! on cause sur vous comme sur tout le monde, murmurait la jeune fille. Le mois dernier, j'ai encore remis à sa place la femme d'un notaire qui parlait de ça, sans en connaître le premier mot... Vous n'empêcherez pas les gens de parler.

Dès ce moment, madame Chanteau ne se retenait plus. Oui, ils étaient les victimes de leur bon cœur. Est-ce qu'ils avaient eu besoin de quelqu'un pour vivre, avant l'arrivée de Pauline ? Où serait-elle à présent, dans quel coin du pavé de Paris, s'ils n'avaient pas consenti à la prendre ? Et l'on était bien venu, en vérité, de causer de son argent : un argent dont eux, personnellement, n'avaient eu qu'à souffrir ; un argent qui semblait avoir apporté la ruine dans la maison. Car, enfin, les faits parlaient assez haut : jamais son fils ne se serait embarqué dans cette stupide exploitation des algues, jamais il n'aurait perdu son temps à vouloir empêcher la mer d'écraser Bonneville, sans cette Pauline de malheur qui lui tournait la tête. Tant pis pour elle, si elle y avait laissé des sous ! lui, le pauvre garçon, y avait bien laissé de sa santé et de son avenir ! Madame Chanteau ne tarissait pas en rancune contre les cent cinquante mille francs dont son secrétaire gardait la fièvre. C'étaient les grosses sommes englouties, les petites sommes prises encore chaque jour et agrandissant le trou, qui la jetaient ainsi hors d'elle, comme si elle sentait là le ferment mauvais, où s'était décomposée son honnêteté. Aujourd'hui, la décomposition était faite, elle exécrait Pauline, de tout l'argent qu'elle lui devait.

— Que veux-tu qu'on dise à une entêtée de cette espèce ? continuait elle. Elle est horriblement avare au fond, et c'est le gaspillage en personne. Elle jettera douze mille francs à la mer pour ces pêcheurs de Bonneville qui se moquent de nous, elle nourrira la marmaille pouilleuse du pays, et je tremble, parole d'honneur ! quand j'ai quarante sous à lui demander. Arrange cela… Elle a un cœur de roc, avec son air de tout donner aux autres.

Souvent, Véronique entrait, promenant la vaisselle ou apportant le thé ; et elle s'attardait, elle écoutait, se permettait même parfois d'intervenir.

— Mademoiselle Pauline, un cœur de roc ! oh ! Madame peut-elle dire ça !

D'un regard sévère, madame Chanteau lui imposait silence. Puis, les coudes sur la table, elle entrait dans des calculs compliqués, comme se parlant à elle-même.

— Je ne l'ai plus à garder, son argent, Dieu merci ! mais je serais curieuse de savoir ce qu'il lui en reste. Pas soixante-dix mille francs, je le jurerais… Dame ! comptons un peu : trois mille déjà pour l'essai des charpentes, et deux cents francs au moins d'aumônes chaque mois, et les quatre-vingt-dix francs de sa pension, ici. Ça va vite… Veux-tu parier, Louisette, qu'elle se ruinera ? Oui, tu la verras sur la paille… Et, si elle se ruine, qui voudra d'elle, comment fera-t-elle pour vivre ?

Véronique, du coup, ne pouvait se contenir.

— J'espère bien que Madame ne la mettrait pas à la porte.

— Hein ! quoi ? reprenait furieusement sa maîtresse, que vient-elle nous chanter, celle-là ?… Il n'est bien sûr pas question de mettre quelqu'un à la porte. Jamais je n'ai mis personne à la porte… Je dis que, lorsqu'on a hérité d'une fortune, rien ne me paraît plus sot que de la gâcher et de retomber à la charge des autres… Va donc voir dans ta cuisine si j'y suis, ma fille !

La bonne s'en allait, en mâchant de sourdes protestations. Et il se faisait un silence, pendant que Louise servait le thé. On n'entendait plus que le petit craquement du journal, dont Chanteau lisait jusqu'aux annonces. Parfois, ce dernier échangeait quelques mots avec la jeune fille.

— Va, tu peux ajouter un morceau de sucre… As-tu reçu enfin une lettre de ton père ?

— Ah ! oui, jamais ! répondait-elle en riant. Mais, vous savez, si je vous gêne, je puis partir. Vous êtes assez encombrés déjà avec Pauline malade… Je voulais me sauver, c'est vous qui m'avez retenue.

Il tâchait de l'interrompre.

— On ne te parle pas de ça. Tu es trop aimable de nous tenir compagnie, en attendant que la pauvre enfant puisse redescendre.

— Je me réfugie à Arromanches, jusqu'à l'arrivée de mon père, si vous ne voulez plus de moi, continua-t-elle, sans paraître l'entendre, pour le taquiner. Ma tante Léonie a loué un chalet ; et il y a du monde là-bas, une plage où l'on peut se baigner au moins… Seulement, elle est si ennuyeuse, ma tante Léonie !

Chanteau finissait par rire de ces espiègleries de grande fille caressante. Cependant, sans qu'il osât l'avouer devant sa femme, tout son cœur était pour Pauline, qui le soignait d'une main si légère. Et il se replongeait dans son journal, dès que madame Chanteau, perdue au fond de ses réflexions, en sortait brusquement, comme d'un rêve.

— Vois-tu, il y a une chose que je ne lui pardonne pas, c'est de m'avoir pris mon fils… Il reste à peine un quart d'heure à table. On se parle toujours en courant.

— Cela va cesser, faisait remarquer Louise. Il faut bien que quelqu'un veille près d'elle.

La mère hochait la tête. Ses lèvres se pinçaient. Les paroles qu'elle semblait vouloir retenir sortaient quand même.

— Possible ! mais c'est drôle, un garçon toujours avec une fille malade… Ah ! je ne l'ai pas mâché, j'ai dit ce que j'en pensais, tant pis s'il arrive des ennuis !

Et, devant les regards embarrassés de Louise, elle ajoutait :

— D'ailleurs, ce n'est guère bon à respirer, l'air de cette chambre. Elle pourrait très bien lui donner son mal de gorge… Ces jeunes filles qui paraissent si grasses, ont quelquefois toutes sortes de vices dans le sang. Veux-tu que je te le dise ? eh bien ! moi, je ne la crois pas saine.

Louise, doucement, continuait à défendre son amie. Elle la trouvait si gentille ! et c'était là son argument unique, qui répondait aux accusations de mauvais cœur et de mauvaise santé. Un besoin de grâce, d'équilibre heureux, lui faisait combattre la rancune trop rude de madame Chanteau, bien que, chaque jour, elle l'écoutât en souriant renchérir sur sa haine de la veille. Elle se récriait, excitée par la violence des mots, toute rose du sourd plaisir qu'elle goûtait à se sentir préférée, maîtresse maintenant de la maison. Elle était comme la Minouche, elle se caressait aux autres, sans méchanceté tant qu'on ne troublait pas son plaisir.

Enfin, chaque soir, après avoir passé par les mêmes redites, la conversation aboutissait à ce début de phrase, prononcé lentement :

— Non, Louisette, la femme qu'il faudrait à mon fils…

Madame Chanteau repartait de là, s'étendait sur les qualités qu'elle exigeait d'une bru parfaite ; et ses yeux ne quittaient plus ceux de la jeune fille, tâchaient de faire entrer en elle les choses qu'elle ne disait pas. Tout le portrait de celle-ci se déroulait : une jeune personne bien élevée, connaissant déjà le monde, capable de recevoir, plutôt gracieuse que belle, surtout très femme, car elle disait détester ces filles garçonnières, brutales sous prétexte de franchise. Puis, il y avait la question de l'argent, la seule décisive, qu'elle effleurait d'un mot : certes, la dot ne comptait pas, mais son fils avait de grands projets, il ne pouvait s'engager dans un mariage ruineux.

— Tiens ! ma chère, Pauline n'aurait pas eu un sou, serait tombée ici sans une chemise, eh bien ! le mariage serait fait depuis des années… Seulement, ne veux-tu pas que je tremble, lorsque je vois l'argent fondre ainsi dans ses mains ? Elle ira loin, n'est-ce pas ? à cette heure, avec ses soixante mille francs… Non, Lazare vaut mieux que cela, je ne le donnerai jamais à une folle qui rognera sur la nourriture, pour se ruiner en bêtises !

— Oh ! l'argent ne signifie rien, répondait Louise, dont les yeux se baissaient. Cependant, il en faut.

Sans qu'il fût plus nettement question de sa dot, les deux cent mille francs semblaient être là, sur la table, éclairés par la lueur dormante de la suspension. C'était à les sentir, à les voir, que madame Chanteau s'enfiévrait ainsi, écartant du geste les soixante pauvres mille francs de l'autre, rêvant de conquérir cette dernière venue, avec sa fortune intacte. Elle avait remarqué le coup de désir de son fils, avant les ennuis qui le retenaient en haut. Si la jeune fille l'aimait également, pourquoi ne pas les marier ensemble ? Le père consentirait, surtout dans un cas de passion partagée. Et elle soufflait sur cette passion, elle passait le reste de la soirée à murmurer des phrases troublantes.

— Mon Lazare est si bon ! Personne ne le connaît. Toi-même, Louisette, tu ne peux te douter combien il est tendre… Ah ! je ne plaindrai pas sa femme ! Elle est sûre d'être aimée, celle-là !… Et bien portant toujours ! Une peau de poulet. Mon aïeul, le chevalier de la Vignière, avait la peau si blanche, qu'il se décolletait comme une femme, dans les bals masqués de son temps.

Louise rougissait, riait, très amusée de ces détails. La cour que la mère lui faisait pour le fils, ces confidences d'entremetteuse honnête qui pouvaient aller loin entre deux femmes, l'auraient retenue là toute la nuit. Mais Chanteau finissait par s'endormir sur son journal.

— Est-ce qu'on ne va pas bientôt se coucher ? demandait-il en bâillant.

Puis, comme il n'était plus depuis longtemps à la conversation, il ajoutait :

— Vous avez beau dire, elle n'est pas méchante… Je serai content, le jour où elle redescendra manger sa soupe à côté de moi.

— Nous serons tous contents, s'écriait madame Chanteau avec aigreur. On parle, on dit ce qu'on pense, mais ça n'empêche pas d'aimer le monde.

— Cette pauvre chérie ! déclarait à son tour Louise, je lui prendrais volontiers la moitié de son mal, si ça pouvait se faire… Elle est si gentille !

Véronique, qui apportait les bougeoirs, intervenait de nouveau.

— Vous avez bien raison d'être son amie, mademoiselle Louise, car il faudrait avoir un pavé au lieu de cœur, pour comploter de vilaines choses contre elle.

— C'est bon, on ne te demande pas ton avis, reprenait madame Chanteau. Tu ferais mieux de nettoyer tes bougeoirs... Est-il assez dégoûtant, celui-là !

Tout le monde se levait. Chanteau, fuyant devant cette explication orageuse, s'enfermait dans sa chambre, au rez-de-chaussée. Mais, quand les deux femmes étaient montées au premier étage, où leurs chambres se faisaient face, elles ne se couchaient pas encore. Presque toujours, madame Chanteau emmenait un instant Louise chez elle ; et là, elle se remettait parler de Lazare, étalait ses portraits, allait jusqu'à sortir des souvenirs de lui : une dent qu'on lui avait arrachée tout jeune, des cheveux pâlis de sa première enfance, même d'anciens vêtements, son nœud de communion, sa première culotte.

— Tiens ! voilà de ses cheveux, dit-elle un soir. Tu ne m'en prives pas, j'en ai de tous les âges.

Et, lorsque Louise était enfin au lit, elle ne pouvait fermer les yeux, sous l'obsession de ce garçon que sa mère lui poussait ainsi dans les bras. Elle se retournait, brûlée d'insomnie, le voyait se détacher des ténèbres, avec sa peau blanche. Souvent elle prêtait l'oreille, pour écouter s'il ne marchait pas, à l'étage supérieur ; et l'idée qu'il veillait sans doute encore près de Pauline couchée, redoublait sa fièvre, au point qu'elle devait rejeter le drap et s'endormir la gorge nue.

En haut, la convalescence marchait lentement. Bien que la malade fût hors de danger, elle restait très faible, épuisée par des accès de fièvre qui étonnaient le médecin. Comme le disait Lazare, les médecins étaient toujours étonnés. Lui, à chaque heure, devenait plus irritable. La brusque lassitude qu'il avait éprouvée dès la fin de la crise, semblait augmenter, tournait à une sorte de malaise inquiet. Maintenant qu'il ne se battait plus contre la mort, il souffrait de la chambre sans air, des cuillerées de potion qu'il devait donner à heure fixe, de toutes les misères de la maladie, dont il avait d'abord pris sa part si ardemment. Elle pouvait se passer de lui, et il retombait dans l'ennui de son existence vide, un ennui qui le laissait les mains ballantes, changeant de siège, se promenant avec des regards désespérés aux quatre murs, s'oubliant devant la fenêtre, sans rien voir. Dès qu'il ouvrait un livre pour lire à côté d'elle, il étouffait des bâillements entre les pages.

— Lazare, dit un jour Pauline, tu devrais sortir. Véronique suffirait.

Il refusa violemment. Elle ne pouvait donc plus le supporter, qu'elle le renvoyait ? Ce serait gentil peut-être, de l'abandonner ainsi, avant de l'avoir remise complètement sur pied ! Il se calma enfin, pendant qu'elle s'expliquait avec douceur.

— Tu ne m'abandonnerais pas pour prendre un peu l'air… Sors l'après-midi. Nous serons bien avancés, si tu tombes malade à ton tour !

Mais elle eut la maladresse d'ajouter :

— Je te vois bien bâiller toute la journée.

— Moi, je bâille ! cria-t-il. Dis tout de suite que je n'ai pas de cœur… Vrai ! tu me récompenses joliment !

Pauline, le lendemain, fut plus habile. Elle affecta un vif désir de voir continuer la construction des épis et des palissades : les grandes marées d'hiver allaient venir, les charpentes d'essai seraient emportées, si l'on ne complétait pas le système de défense. Mais Lazare n'avait déjà plus son coup d'enthousiasme ; il se montrait mécontent de l'assemblage sur lequel il comptait, des études nouvelles étaient nécessaires ; enfin, on dépasserait le devis, et le conseil général n'avait pas encore voté un sou. Pendant deux jours, elle dut alors réveiller son amour-propre d'inventeur : est-ce qu'il consentait à être battu par la mer, devant tout le pays, qui riait déjà ? quant à l'argent, il serait certainement remboursé, si elle l'avançait, comme c'était convenu. Peu à peu, Lazare sembla se passionner de nouveau. Il refit ses plans, il appela le charpentier d'Arromanches, avec lequel il eut des entretiens dans sa chambre, dont il laissait la porte ouverte, afin d'accourir au premier appel.

— Maintenant, déclarait-il en l'embrassant un matin, la mer ne nous cassera pas une allumette, je suis sûr de mon affaire… Dès que tu pourras marcher, nous irons voir l'état des charpentes.

Justement, Louise était montée prendre des nouvelles de Pauline, et comme elle la baisait aussi, cette dernière lui souffla à l'oreille :

— Emmène-le.

Lazare d'abord refusa. Il attendait le docteur. Mais Louise riait, lui répétait qu'il était trop galant pour la laisser aller seule chez les Gonin, où elle choisissait elle-même des langoustes, qu'elle envoyait à Caen. Il pourrait, au passage, donner un coup d'œil à l'épi.

— Va, tu me feras plaisir, dit Pauline. Prends-lui donc le bras, Louise… C'est ça, ne le lâche plus.

Elle s'égayait, les deux autres se poussaient en plaisantant ; et, lorsqu'ils sortirent, elle redevint sérieuse, elle se pencha au bord du lit, pour écouter leurs pas et leurs rires, qui se perdaient dans l'escalier.

Un quart d'heure plus tard, Véronique parut avec le docteur. Puis, elle s'installa au chevet de Pauline, sans abandonner ses casseroles, montant à chaque minute, passant là une heure, entre deux sauces. Cela ne se fit pas d'un coup. Lazare était revenu le soir ; mais il sortit de nouveau, le lendemain ; et, chaque jour, emporté par la vie du dehors, il abrégeait ses visites, ne demeurait plus que le temps de prendre des nouvelles. C'était d'ailleurs Pauline qui le renvoyait, s'il parlait seulement de s'asseoir. Lorsqu'il rentrait avec Louise, elle les forçait à raconter leur promenade, heureuse de leur animation, du grand air qu'ils rapportaient dans leurs cheveux. Ils semblaient si camarades, qu'elle ne les soupçonnait plus. Et, dès qu'elle apercevait Véronique, la potion à la main, elle criait gaiement :

— Allez-vous-en donc ! vous me gênez.

Parfois, elle rappelait Louise pour lui recommander Lazare, comme un enfant.

— Tâche qu'il ne s'ennuie pas. Il a besoin de distraction… Et faites une bonne course, je ne veux pas vous voir d'aujourd'hui.

Quand elle était seule, ses yeux fixes semblaient les suivre au loin. Elle passait les journées à lire, en attendant le retour de ses forces, si brisée encore, que deux ou trois heures de fauteuil l'épuisaient. Souvent, elle laissait tomber le livre sur ses genoux, une songerie l'égarait à la suite de son cousin et de son amie. S'ils avaient longé la plage, ils devaient arriver aux grottes, où il faisait bon sur le sable, à l'heure fraîche de la marée. Et elle croyait, dans la persistance de ces visions, n'éprouver que le regret de ne pouvoir être avec eux. Ses lectures, du reste, l'ennuyaient. Les romans qui traînaient dans la maison, des histoires d'amour aux trahisons poétiques, avaient toujours révolté sa droiture, son besoin de se donner et de ne plus se reprendre. Était-ce possible qu'on mentît à son cœur, qu'on cessât d'aimer un jour, après avoir aimé ? Elle repoussait le livre. Maintenant, ses regards perdus voyaient là-bas, au-delà des murs, son cousin qui ramenait son amie, dont il soutenait la marche lasse, l'un contre l'autre, chuchotant avec des rires.

— Votre potion, mademoiselle, disait brusquement Véronique, dont la grosse voix, derrière elle, l'éveillait en sursaut.

Au bout de la première semaine, Lazare n'entrait plus sans frapper. Un matin, comme il poussait la porte, il aperçut Pauline, les bras nus, qui se peignait dans son lit.

— Oh ! pardon ! murmura-t-il en se rejetant en arrière.

— Quoi donc ? cria-t-elle, je te fais peur ?

Alors, il se décida, mais il craignait de l'embarrasser, il détournait la tête, pendant qu'elle achevait de rattacher ses cheveux.

— Tiens ! passe-moi une camisole, dit-elle tranquillement. Là, dans le premier tiroir… Je vais mieux, je redeviens coquette.

Lui, se troublait, ne trouvait que des chemises. Enfin, quand il lui eut jeté une camisole, il attendit devant la fenêtre qu'elle se fût boutonnée jusqu'au menton. Quinze jours plus tôt, lorsqu'il la croyait à l'agonie, il la levait sur ses bras comme une petite fille, sans voir qu'elle était nue. À cette heure, le désordre même de la chambre le blessait. Et elle aussi, gagnée par sa gêne, en arriva bientôt à ne plus demander les services intimes qu'il lui avait rendus un instant.

— Véronique, ferme donc la porte ! cria-t-elle un matin, en entendant le jeune homme marcher dans le corridor. Cache tout ça, et donne-moi ce fichu.

Pauline, cependant, allait de mieux en mieux. Son grand plaisir, lorsqu'elle put se tenir debout et s'accouder à la fenêtre, fut de suivre, au loin, la construction des épis. On entendait nettement les coups de marteau, on voyait l'équipe de sept ou huit hommes, dont les taches noires s'agitaient comme de grandes fourmis, sur les galets jaunes de la plage. Entre deux marées, ils se bousculaient ; puis, ils devaient reculer devant le flot montant. Mais Pauline, surtout, s'intéressait au veston blanc de Lazare et à la robe rose de Louise, qui éclataient au soleil. Elle les suivait, les retrouvait toujours, aurait pu raconter l'emploi de leur journée, à un geste près. Maintenant que les travaux étaient poussés vigoureusement, tous deux ne pouvaient plus s'écarter, aller aux grottes, derrière les falaises. Elle les avait sans cesse à un kilomètre, d'une délicatesse amusante de poupées, sous le ciel immense. Et, dans ses forces qui revenaient, dans la gaieté de sa convalescence, entrait pour beaucoup, à son insu, la joie jalouse d'être ainsi avec eux.

— Hein ? ça vous distrait, de regarder travailler ces hommes, répétait chaque jour Véronique, pendant qu'elle balayait la chambre. Bien sûr, ça vaut mieux que de lire. Moi, les livres me cassent la tête. Et, quand on a du sang à se refaire, voyez-vous, faut ouvrir le bec au soleil comme les dindons, pour en boire de grandes goulées.

Elle n'était pas causeuse d'habitude, on la trouvait même sournoise. Mais, avec Pauline, elle bavardait par amitié, croyant lui faire du bien.

— Drôle de travail tout de même ! Enfin, pourvu que ça plaise à monsieur Lazare… Quand je dis que ça lui plaît, il n'a déjà pas l'air si en train ! Mais il est orgueilleux, et il s'obstine, quitte à en crever d'ennui… Avec ça, s'il lâche une minute ces soûlards d'ouvriers, ils lui plantent tout de suite des clous de travers.

Après avoir promené son balai sous le lit, elle continuait :

— Quant à la duchesse…

Pauline, qui écoutait d'une oreille distraite, s'étonnait de ce mot.

— Comment ! la duchesse ?

— Mademoiselle Louise donc ! Est-ce qu'on ne la dirait pas sortie de la cuisse de Jupiter ?… Si vous voyiez, dans sa chambre, tous ses petits pots, des pommades, des liqueurs ! Dès qu'on entre, ça vous prend au gosier, tellement ça embaume… Elle n'est pourtant pas si jolie que vous.

— Oh ! moi, je ne suis plus qu'une paysanne, reprenait la jeune fille avec un sourire. Louise est très gracieuse.

— Possible ! mais elle n'a pas de chair tout de même. Je la vois bien, quand elle se débarbouille… Si j'étais homme seulement, c'est moi qui n'hésiterais pas !

Emportée par le feu de sa conviction, elle venait alors s'accouder près de Pauline.

— Regardez-la donc sur le sable, si l'on ne dirait pas une vraie crevette ! Sans doute que c'est loin, et qu'elle ne peut paraître d'ici large comme une tour. Mais, enfin, il faut au moins avoir l'air de quelque chose… Ah ! voilà monsieur Lazare qui la soulève, pour qu'elle ne mouille pas ses bottines. Il n'en a pas gros dans les bras, allez ! C'est vrai qu'il y a des hommes qui aiment les os…

Véronique s'interrompait net, en sentant près d'elle le tressaillement de Pauline. Sans cesse elle revenait à ce sujet, avec la démangeaison d'en dire davantage. Tout ce qu'elle entendait, tout ce qu'elle voyait à présent, lui restait dans la gorge et l'étranglait : les conversations du soir où la jeune fille était mangée, les rires furtifs de Lazare et de Louise, la maison entière ingrate, glissant à la trahison. Si elle était montée sur le coup, quand une injustice trop forte révoltait son bon sens, elle aurait tout rapporté à la convalescente ; mais la peur de rendre celle-ci malade encore la retenait à piétiner dans sa cuisine, brutalisant ses marmites, jurant que ça ne pouvait pas durer, qu'elle éclaterait une bonne fois. Puis, en haut, dès qu'un mot inquiétant lui échappait, elle tâchait de le rattraper, elle l'expliquait avec une maladresse touchante.

— Dieu merci ! monsieur Lazare ne les aime pas, les os ! Il est allé à Paris, il a trop bon goût… Vous voyez, il vient de la remettre par terre, comme s'il jetait une allumette.

Et Véronique, craignant de lâcher d'autres choses inutiles, brandissait le plumeau pour achever le ménage ; tandis que Pauline, absorbée, suivait jusqu'au soir, à l'horizon, la robe bleue de Louise et le veston blanc de Lazare au milieu des taches sombres des ouvriers.

Comme la convalescence s'achevait enfin, Chanteau fut pris d'un violent accès de goutte, qui décida la jeune fille à descendre, malgré sa faiblesse. La première fois qu'elle sortit de sa chambre, ce fut pour aller s'asseoir au chevet d'un malade. Ainsi que madame Chanteau le disait avec rancune, la maison était un vrai hôpital. Depuis quelque temps, son mari ne quittait plus la chaise longue. À la suite de crises répétées, son corps entier se prenait, le mal montait des pieds aux genoux, puis aux coudes et aux mains. La petite perle blanche de l'oreille était tombée ; d'autres, plus fortes, avaient paru ; et toutes les jointures se tuméfiaient, la craie des tophus perçait partout sous la peau, en pointes blanchâtres, pareilles à des yeux d'écrevisse. C'était maintenant la goutte chronique, inguérissable, la goutte qui ankylose et qui déforme.

— Mon Dieu ! que je souffre ! répétait Chanteau. Ma jambe gauche est raide comme du bois ; pas possible de remuer le pied ni le genou… Et mon coude, le voilà qui brûle aussi. Regarde-le donc.

Pauline constata au coude gauche une tumeur très enflammée. Il se plaignait surtout de cette jointure, où la douleur devint bientôt insupportable. Le bras étendu, il soupirait, en ne quittant pas des yeux sa main, une main pitoyable aux phalanges enflées de nœuds, au pouce dévié et comme cassé d'un coup de marteau.

— Je ne peux pas rester, il faut que tu m'aides… J'avais trouvé une si bonne position ! Et tout de suite ça recommence, on dirait qu'on me racle les os avec une scie… Tâche de me relever un peu.

Vingt fois dans une heure, il fallait le changer de place. Une anxiété continue l'agitait, toujours il espérait un soulagement. Mais elle se sentait si peu forte encore, qu'elle n'osait le remuer à elle seule. Elle murmurait :

— Véronique, prends-le doucement avec moi.

— Non, non ! criait-il, pas Véronique ! Elle me secoue.

Alors, Pauline devait faire un effort, dont craquaient ses épaules. Et, si légèrement qu'elle le retournât, il poussait un hurlement qui mettait la bonne en fuite. Celle-ci jurait qu'il fallait être une sainte comme mademoiselle, pour ne pas se dégoûter d'une pareille besogne ; car le bon Dieu lui-même se serait sauvé, en entendant gueuler monsieur.

Les crises, cependant, devenaient moins aiguës ; mais elles ne cessaient pas, elles duraient nuit et jour, exaspérantes de malaise, arrivant à une torture sans nom par l'angoisse de l'immobilité. Ce n'étaient plus seulement les pieds qu'un animal rongeait, c'était tout le corps qui se trouvait broyé, comme sous l'entêtement d'une meule. Et il n'y avait point de soulagement possible, elle ne pouvait que demeurer là, soumise à ses caprices, toujours prête à le changer de position, sans qu'il en retirât jamais une heure de calme. Le pis était que la souffrance le rendait injuste et brutal, il lui parlait furieusement, comme à une servante maladroite.

— Tiens ! tu es aussi bête que Véronique !… S'il est permis de m'entrer tes doigts dans le corps ! Tu as donc des doigts de gendarme ?… Fiche-moi la paix ! je ne veux plus que tu me touches !

Elle, sans répondre, d'une résignation que rien n'entamait, redoublait de douceur. Quand elle le sentait trop irrité, elle se cachait un instant derrière les rideaux, pour qu'il s'apaisât en ne la voyant plus. Souvent, elle y pleurait en silence, non des brutalités du pauvre homme, mais de l'abominable martyre qui le rendait méchant. Et elle l'entendait parler à demi-voix, au milieu de ses plaintes.

— Elle est partie, la sans-cœur… Ah ! je puis bien crever, je n'aurais que la Minouche pour me fermer les yeux. Ce n'est pas Dieu possible qu'on abandonne un chrétien de la sorte… Je parie qu'elle est dans la cuisine à boire du bouillon.

Puis, après avoir lutté un moment, il grognait plus fort, et il se décidait enfin à dire :

— Pauline, es-tu là ?… Viens donc me soulever un peu, il n'y a pas moyen de rester ainsi… Essayons sur le côté gauche, veux-tu ?

Des attendrissements le prenaient, il lui demandait pardon de n'avoir pas été gentil avec elle. Parfois, il voulait qu'elle fît entrer Mathieu, pour être moins seul, s'imaginant que la présence du chien lui était favorable. Mais il avait surtout dans Minouche une compagne fidèle, car elle adorait les chambres closes des malades, elle passait maintenant les journées sur un fauteuil, en face du lit. Les plaintes trop vives semblaient pourtant la surprendre. Quand il criait, elle restait assise sur sa queue, elle le regardait souffrir de ses yeux ronds, où luisait l'étonnement indigné d'une personne sage, dérangée dans sa quiétude. Pourquoi faisait-il tout ce bruit désagréable et inutile ?

Chaque fois que Pauline accompagnait le docteur Cazenove, elle le suppliait.

— Ne pouvez-vous donc lui faire une piqûre de morphine ? J'ai le cœur brisé de l'entendre.

Le docteur refusait. À quoi bon ? l'accès reviendrait plus violent. Puisque le salicylate paraissait avoir aggravé le mal, il préférait ne tenter aucune drogue nouvelle. Pourtant, il parlait d'essayer le régime du lait, dès que la période aiguë de la crise serait passée. Jusque-là, diète absolue, des boissons diurétiques, et rien autre.

— Au fond, répétait-il, c'est un gourmand qui paie trop cher les bons morceaux. Il a mangé du gibier, je le sais, j'ai vu les plumes. Tant pis, à la fin ! je l'ai assez prévenu, qu'il souffre, puisqu'il aime mieux se gaver et en courir les risques !... Mais ce qui serait moins juste, mon enfant, ce serait que vous vous remissiez au lit. Soyez prudente, n'est-ce pas ? votre santé demande encore des ménagements.

Elle ne se ménageait guère, donnait toutes ses heures, et la notion du temps, de la vie même, lui échappait, dans les journées qu'elle passait près de son oncle, les oreilles bourdonnantes de la plainte dont frissonnait la chambre. Cette obsession était si grande, qu'elle en oubliait Lazare et Louise, échangeant avec eux des mots en courant, ne les retrouvant qu'aux rares minutes où elle traversait la salle à manger. Du reste, les travaux des épis étaient terminés, des pluies violentes retenaient les jeunes gens à la maison, depuis une semaine ; et, lorsque l'idée qu'ils se trouvaient ensemble lui revenait tout à coup, elle était heureuse de les savoir près d'elle.

Jamais madame Chanteau n'avait paru si occupée. Elle profitait, disait-elle, du désarroi où les crises de son mari jetaient la famille, pour revoir ses papiers, faire ses comptes, mettre à jour sa correspondance. Aussi, l'après-midi, s'enfermait-elle dans sa chambre, en abandonnant Louise, qui montait aussitôt chez Lazare, car elle avait la solitude en horreur. L'habitude en était prise, ils demeuraient ensemble jusqu'au dîner dans la grande pièce du second étage, cette pièce qui avait servi si longtemps à Pauline de salle d'étude et de récréation.

L'étroit lit de fer du jeune homme était toujours là, caché derrière le paravent ; tandis que le piano se couvrait de poussière, et que la table immense disparaissait sous un encombrement de papiers, de livres, de brochures. Au milieu de la table, entre deux paquets d'algues séchées, il y avait un épi grand comme un joujou, taillé au couteau dans du sapin, et qui rappelait le chef-d'œuvre du grand-père, le pont dont la boîte vitrée ornait la salle à manger.

Lazare, depuis quelque temps, se montrait nerveux. Son équipe d'ouvriers l'avait exaspéré, il venait de se débarrasser des travaux ainsi que d'une corvée trop lourde, sans goûter la joie de voir enfin son idée debout. D'autres projets l'occupaient, des projets confus d'avenir, des places à Caen, des ouvrages destinés à le pousser très haut. Mais il ne faisait toujours aucune démarche sérieuse, il retombait dans une oisiveté qui l'aigrissait, moins fort, moins courageux à chaque heure. Ce malaise s'aggravait de la secousse profonde dont la maladie de Pauline l'avait ébranlé, d'un besoin continuel de grand air, d'une singulière excitation physique, comme s'il eût obéi à l'impérieuse nécessité de prendre sa revanche contre la douleur. La présence de Louise irritait encore sa fièvre ; elle ne pouvait lui parler sans s'appuyer à son épaule, elle lui soufflait ses jolis rires au visage ; et ses grâces de chatte, son odeur de femme coquette, tout cet abandon amical et troublant, achevait de le griser. Il en arrivait à un désir maladif, combattu de scrupules. Avec une amie d'enfance, chez sa mère, cela était impossible, l'idée de l'honnêteté lui cassait brusquement les bras, lorsqu'il la saisissait en jouant, et qu'un feu brusque lui jetait le sang à la peau. Dans ce débat, ce n'était jamais l'image de Pauline qui l'arrêtait : elle n'en aurait rien su, un mari trompe bien sa femme avec une servante. La nuit, il imaginait des histoires, on avait renvoyé Véronique devenue insupportable, Louise n'était plus qu'une petite bonne, qu'il allait retrouver pieds nus. Comme la vie s'arrangeait mal ! Aussi exagérait-il, du matin au soir, son pessimisme sur les femmes et l'amour, dans des boutades féroces. Tout le mal venait des femmes, sottes, légères, éternisant la douleur par le désir, et l'amour n'était qu'une duperie, l'égoïste poussée des générations futures qui voulaient vivre. Schopenhauer entier y passait, avec des brutalités, dont la jeune fille, rougissante, s'égayait beaucoup. Et peu à peu, il l'aimait davantage, une véritable passion se dégageait de ces dédains furieux, il se lançait dans cette nouvelle tendresse avec sa fougue première, toujours en quête d'un bonheur qui avortait.

Chez Louise, il n'y avait eu longtemps qu'un jeu naturel de coquetterie. Elle adorait les petits soins, les louanges chuchotées, l'effleurement des hommes aimables, tout de suite dépaysée et triste si l'on ne s'occupait plus d'elle. Ses sens de vierge dormaient, elle en restait seulement au caquetage, aux privautés permises d'une cour galante de chaque minute. Lorsque Lazare la négligeait un instant pour écrire une lettre ou pour s'absorber dans une de ses mélancolies subites, sans cause apparente, elle devenait si malheureuse, qu'elle se mettait à le taquiner, à le provoquer, préférant le danger à l'oubli. Plus tard, cependant, la peur l'avait prise, un jour que l'haleine du jeune homme passait comme une flamme sur sa nuque délicate. Elle était suffisamment instruite par ses longues années de pensionnat, pour ne rien ignorer de ce qui la menaçait ; et, dès ce moment, elle avait vécu dans l'attente à la fois délicieuse et effrayée d'un malheur possible ; non qu'elle le souhaitât le moins du monde, ni même qu'elle en raisonnât nettement, car elle comptait bien y échapper, sans cesser de s'y exposer, pourtant, tellement son bonheur de femme était fait de cette lutte à fleur d'épiderme, de son abandon et de son refus.

En haut, dans la grande chambre, Lazare et Louise se sentirent encore plus l'un à l'autre. La famille complice semblait vouloir les perdre, lui désœuvré, malade de solitude, elle troublée par les détails intimes, les renseignements passionnés que madame Chanteau donnait sur son fils. Ils se réfugiaient là, sous le prétexte de moins entendre les cris du père, tordu en bas par la goutte ; et ils y vivaient, sans toucher à un livre, sans ouvrir le piano, uniquement occupés d'eux, s'étourdissant de causeries interminables.

Le jour où l'accès de Chanteau fut à son paroxysme, la maison entière trembla de ses cris. C'étaient des lamentations, longues, déchirées, pareilles aux hurlements d'une bête qu'on égorge. Après le déjeuner, avalé rapidement dans une exaspération nerveuse, madame Chanteau se sauva, en disant :

— Je ne peux pas, je me mettrais à hurler aussi. Si l'on me demande, je suis chez moi, à écrire… Et toi, Lazare, emmène vite Louise dans ta chambre. Enfermez-vous bien, tâche de l'égayer, car elle a vraiment du plaisir ici, cette pauvre Louisette !

On l'entendit, à l'étage supérieur, fermer sa porte violemment, tandis que son fils et la jeune fille montaient plus haut.

Pauline était retournée près de son oncle. Elle seule restait calme, dans sa pitié pour tant de douleur. Si elle ne pouvait que demeurer là, elle voulait au moins donner au malheureux le soulagement de ne pas souffrir solitaire, le sentant plus brave contre le mal, lorsqu'elle le regardait, même sans lui adresser la parole. Pendant des heures, elle s'asseyait ainsi près du lit, et elle arrivait à l'apaiser un peu, de ses grands yeux compatissants. Mais, ce jour-là, la tête renversée sur le traversin, le bras étendu, broyé au coude par la souffrance, il ne la voyait même pas, il criait plus fort, dès qu'elle s'approchait.

Vers quatre heures, Pauline, désespérée, alla trouver Véronique à la cuisine, en laissant la porte ouverte. Elle comptait revenir tout de suite.

— Il faudrait pourtant faire quelque chose, murmura-t-elle. J'ai envie d'essayer des compresses d'eau froide. Le docteur dit que c'est dangereux, mais que ça réussit parfois... Je voudrais du linge.

Véronique était d'une humeur exécrable.

— Du linge !... Je viens de monter pour des torchons, et l'on m'a joliment reçue... Faut pas les déranger, paraît-il. C'est propre !

— Si tu demandais à Lazare ? reprit Pauline, sans comprendre encore.

Mais, emportée, la bonne avait mis les poings sur les hanches, et la phrase partit avant toute réflexion.

— Ah ! oui, ils sont bien trop occupés à se lécher la figure, là-haut !

— Comment ? balbutia la jeune fille, devenue très pâle.

Véronique, étonnée elle-même du son de sa voix, voulant rattraper cette confidence qu'elle retenait depuis si longtemps, cherchait une explication, un mensonge, sans rien trouver de raisonnable. Elle s'était emparée des poignets de Pauline, par précaution ; mais celle-ci, brusquement, se dégagea d'une secousse, et se jeta dans l'escalier comme une folle, si étranglée, si convulsée de colère, que la bonne n'osa la suivre, tremblante devant ce masque blanc, qu'elle ne reconnaissait plus. La maison semblait dormir, un silence tombait des étages supérieurs, seul le hurlement de Chanteau montait, au milieu de l'air mort. La jeune fille d'un élan arrivait au premier, lorsqu'elle se heurta contre sa tante. Celle-ci était là, debout, barrant le palier ainsi qu'une sentinelle, aux aguets depuis longtemps peut-être.

— Où vas-tu ? demanda-t-elle.

Pauline, suffoquée, irritée de cet obstacle, ne pouvait répondre.

— Laisse-moi, finit-elle par bégayer.

Et elle eut un geste terrible qui fit reculer madame Chanteau. Puis, d'un nouvel élan, elle monta au second étage pendant que sa tante, pétrifiée, levait les bras, sans un cri. C'était un de ces accès de révolte furieuse, dont la tempête éclatait dans la douceur gaie de sa nature, et qui, tout enfant, la laissait comme morte. Depuis des années, elle se croyait guérie. Mais le souffle jaloux venait de la reprendre si rudement, qu'elle n'aurait pu s'arrêter, sans se briser elle-même.

En haut, lorsque Pauline fut devant la porte de Lazare, elle s'y jeta d'un bond. La clef fut tordue, le battant alla claquer contre le mur. Et ce qu'elle vit acheva de l'affoler. Lazare, qui tenait Louise acculée contre l'armoire, lui mangeait de baisers le menton et le cou ; tandis que celle-ci, défaillante, prise de la peur de l'homme, s'abandonnait. Sans doute ils avaient joué, et le jeu finissait mal.

Il y eut un moment de stupeur. Tous trois se regardaient. Enfin, Pauline cria :

— Ah ! coquine ! coquine !

La trahison de la femme surtout l'exaspérait. D'un geste de mépris, elle avait écarté Lazare, comme un enfant dont elle connaissait la faiblesse. Mais cette femme qui la tutoyait, cette femme qui lui volait son mari, tandis qu'elle soignait un malade, en bas ! Elle l'avait saisie aux épaules, elle la secouait, avec des envies de la battre.

— Dis, pourquoi as-tu fait cela ?… Tu as fait une infamie, entends-tu !

Louise, éperdue, les yeux vacillants, balbutiait :

— C'est lui qui me tenait, qui me cassait les os.

— Lui ? laisse donc ! il aurait éclaté en larmes, si tu l'avais seulement poussé.

La vue de la chambre fouettait encore sa rancune, cette chambre de Lazare où ils s'étaient aimés, où elle aussi avait senti brûler le sang de ses veines, au souffle ardent du jeune homme. Qu'allait-elle donc faire à cette femme, pour se venger ? Stupide d'embarras, il se décidait enfin à intervenir, quand elle lâcha si brutalement Louise, que les épaules de celle-ci tapèrent contre l'armoire.

— Tiens ! j'ai peur de moi… Va-t-en !

Et, dès lors, elle n'eut plus que ce mot, elle la poursuivit à travers la pièce, la jeta dans le corridor, lui fit descendre les marches, en la souffletant du même cri.

— Va-t-en ! va-t-en !... Prends tes affaires, va-t-en !

Cependant, madame Chanteau était restée sur le palier du premier étage. La rapidité de la scène ne lui avait pas permis de s'interposer. Mais elle retrouvait sa voix ; elle donna d'un geste à son fils l'ordre de s'enfermer chez lui ; puis, elle tâcha de calmer Pauline, en affectant la surprise d'abord. Cette dernière, après avoir traqué Louise jusque dans la chambre où celle-ci couchait, répétait toujours :

— Va-t-en ! va-t-en !

— Comment ! qu'elle s'en aille !... Perds-tu la tête ?

Alors, la jeune fille bégaya l'histoire. Un dégoût la soulevait, c'était pour sa nature droite l'action la plus honteuse, sans excuse, sans pardon ; et, à mesure qu'elle y songeait, elle s'emportait davantage, révoltée dans son horreur du mensonge et dans la fidélité de ses tendresses. Lorsqu'on s'était donné, on ne se reprenait pas.

— Va-t-en ! fais ta malle tout de suite... Va-t-en !

Louise, bouleversée, ne trouvant plus un mot de défense, avait déjà ouvert un tiroir, pour en sortir ses chemises. Mais madame Chanteau se fâchait.

— Reste, Louisette !... À la fin, suis-je la maîtresse chez moi ? Qui ose commander ici et se permettre de renvoyer le monde ?... C'est odieux, nous ne sommes pas à la halle !

— Tu n'entends donc pas ? cria Pauline, je viens de la surprendre là-haut avec Lazare… Il l'embrassait.

La mère haussait les épaules. Toute sa rancune amassée lui échappa dans une phrase de honteux soupçon.

— Ils jouaient, où est le mal ?… Est-ce que, lorsque tu étais au lit et qu'il te soignait, nous avons mis le nez dans ce que vous pouviez faire ?

Brusquement, l'excitation de la jeune fille tomba. Elle restait immobile, très pâle, saisie de cette accusation qui se retournait contre elle. Voilà qu'elle devenait la coupable, et que sa tante avait l'air de croire des choses affreuses !

— Que veux-tu dire ? murmura-t-elle. Si tu avais pensé cela, tu ne l'aurais sans doute pas toléré chez toi ?

— Eh ! vous êtes assez grands ! Mais je n'entends pas que mon fils s'achève dans l'inconduite… Laisse tranquille les personnes qui peuvent encore faire d'honnêtes femmes.

Pauline demeura un instant muette, ses larges yeux purs fixés sur madame Chanteau, qui détournait les siens. Puis, elle monta dans sa chambre, en disant d'une voix brève :

— C'est bien, c'est moi qui pars.

Le silence recommença, un lourd silence où la maison entière semblait s'anéantir. Et, dans cette paix soudaine, la plainte de l'oncle monta de nouveau, une plainte de bête agonisante et abandonnée. Sans relâche, elle s'enflait, se dégageait des autres bruits, qu'elle finissait par couvrir.

Maintenant, madame Chanteau regrettait le soupçon qui lui était échappé. Elle en sentait l'injure irréparable, elle éprouvait une inquiétude à l'idée que Pauline allait exécuter sa menace de départ immédiat. Avec une tête pareille, toutes les aventures devenaient possibles ; et que dirait-on d'elle et de son mari, si leur pupille battait les chemins en racontant l'histoire de la rupture ? Peut-être se réfugierait-elle chez le docteur Cazenove, cela ferait un scandale horrible dans le pays. Au fond de cet embarras de madame Chanteau, il y avait la terreur du passé, la crainte de l'argent perdu, qui pouvait se dresser contre eux.

— Ne pleure pas, Louisette, répétait-elle, reprise de colère. Tu vois, nous voilà encore dans de beaux draps par sa faute. Et ce sont toujours des violences, impossible de vivre tranquille !... Je vais tâcher d'arranger ça.

— Je vous en supplie, interrompit Louise, laissez-moi partir. Je souffrirais trop, si je restais... Elle a raison, je veux partir.

— Pas ce soir en tout cas. Il faut que je te remette à ton père... Attends, je monte voir si elle fait réellement sa malle.

Doucement, madame Chanteau alla écouter à la porte de Pauline. Elle l'entendit marcher d'un pas pressé, ouvrant et fermant des meubles. Son idée fut un instant d'entrer et de provoquer une explication, qui noierait tout dans des larmes. Mais elle eut peur, elle se sentit bégayante et rougissante devant cette enfant, ce qui augmenta sa haine.

Et, au lieu de frapper, elle descendit à la cuisine, en étouffant le bruit de ses pas. Une idée lui était venue.

— As-tu entendu la scène que Mademoiselle vient encore de nous faire ? demanda-t-elle à Véronique, qui s'était mise à nettoyer rageusement ses cuivres.

La bonne, le nez baissé dans le tripoli, ne répondit pas.

— Elle devient insupportable. Moi, je ne puis plus en rien tirer… Imagine-toi qu'elle veut nous quitter à présent ; oui, elle est en train de prendre ses affaires… Si tu montais, toi ? si tu essayais de la raisonner ?

Et, comme elle n'obtenait toujours pas de réponse :

— Es-tu sourde ?

— Si je ne réponds pas, c'est que je ne veux pas ! cria brusquement Véronique, hors d'elle, en train de frotter un bougeoir à s'écorcher les doigts. Elle a raison de partir, il y a longtemps qu'à sa place j'aurais fiché le camp.

Madame Chanteau l'écoutait, bouche béante, stupéfaite de ce flot débordé de paroles.

— Moi, madame, je ne suis pas bavarde ; mais faut pas me pousser, parce que alors je dis tout… C'est comme ça, je l'aurais flanquée à la mer, le jour où vous l'avez apportée, cette petite ; seulement, je ne peux pas souffrir qu'on fasse du mal au monde, et vous êtes tous à la martyriser tellement, que je finirai un jour par allonger des calottes au premier qui la touchera… Ah ! je m'en moque, vous pouvez bien me donner mes huit jours, elle en saura de belles ! oui, oui, tout ce que vous lui avez fait, avec vos airs de braves gens !

— Veux-tu te taire, enragée ! murmura la vieille dame, inquiète de cette nouvelle scène.

— Non, je ne me tairai pas... C'est trop vilain, entendez-vous ! Il y a des années que ça m'étouffe. Est-ce que ce n'était pas déjà bien joli de lui avoir pris ses sous ? il faut encore que vous lui coupiez le cœur en quatre !... Oh ! je sais ce que je sais, j'ai vu manigancer tout ça... Et, tenez ! monsieur Lazare n'a peut-être pas tant de calcul, mais il n'en vaut guère mieux, il lui donnerait aussi le coup de la mort par égoïsme, histoire de ne pas s'ennuyer... Misère ! Il y en a qui sont nées pour être mangées par les autres !

Elle brandissait son bougeoir, puis elle saisit une casserole qui ronfla comme un tambour, sous le chiffon dont elle l'essuyait. Madame Chanteau avait délibéré si elle ne la jetterait pas dehors. Elle réussit à se vaincre, elle lui demanda froidement :

— Alors, tu ne veux pas monter lui parler ?... C'est pour elle, c'est pour lui éviter des sottises.

De nouveau, Véronique se taisait. Et elle grogna enfin :

— Je monterai tout de même... La raison est la raison, et les coups de tête, ça n'a jamais rien valu.

Elle prit le temps de se laver les mains. Ensuite, elle ôta son tablier sale. Lorsqu'elle se décida à ouvrir la porte du corridor, pour gagner l'escalier, un souffle lamentable entra. C'était le cri de l'oncle, incessant, énervant. Madame

Chanteau qui la suivait, parut frappée d'une idée, se reprit à demi-voix, avec insistance :

— Dis-lui qu'elle ne peut laisser Monsieur dans l'état où il est… Entends-tu ?

— Oh ! pour ça, avoua Véronique, il gueule ferme, c'est bien vrai.

Elle monta, pendant que Madame, qui avait allongé la tête vers la chambre de son mari, se gardait d'en refermer la porte. Les plaintes s'engouffraient dans la cage de l'escalier, élargies par la sonorité des étages. En haut, la bonne trouva mademoiselle sur le point de partir, ayant noué en un paquet le peu de linge nécessaire, et résolue à faire prendre le reste, dès le lendemain, par le père Malivoire. Elle s'était calmée, très pâle encore, désespérée, mais d'une raison froide, sans colère aucune.

— Ou elle, ou moi, répondit-elle à toutes les paroles de Véronique, en évitant même de nommer Louise.

Quand Véronique rapporta cette réponse à madame Chanteau, celle-ci se trouvait justement dans la chambre de Louise, qui s'était habillée et qui s'obstinait aussi à partir tout de suite, tremblante, effarée au moindre bruit de porte. Alors, madame Chanteau dut se résigner ; elle envoya prendre à Verchemont la voiture du boulanger, elle décida qu'elle accompagnerait elle-même la jeune fille chez sa tante Léonie, qui habitait Arromanches ; et on raconterait une histoire à cette dernière, on prétexterait la violence de la crise de Chanteau, dont les cris devenaient insupportables.

Après le départ des deux femmes, que Lazare avait mises en voiture, Véronique lança du vestibule, à plein gosier :

— Vous pouvez descendre, mademoiselle : il n'y a plus personne.

La maison semblait vide, le lourd silence était retombé, et la continuelle lamentation du malade éclatait plus haute. Comme Pauline descendait la dernière marche, Lazare, qui revenait de la cour, se trouva en face d'elle. Tout son corps fut pris d'un tremblement nerveux. Il s'arrêta une seconde, il voulait sans doute s'accuser, demander pardon. Mais des larmes le suffoquèrent, et il remonta violemment chez lui, sans avoir rien pu dire. Elle, les yeux secs, la face grave, était entrée dans la chambre de son oncle.

En travers du lit, Chanteau étendait toujours le bras et renversait la tête sur le traversin. Il n'osait plus bouger, il ne devait même pas s'être aperçu de l'absence de la jeune fille, serrant les yeux, ouvrant la bouche, pour crier à l'aise. Aucun des bruits de la maison ne lui parvenait, sa seule affaire était de pousser sa plainte jusqu'au bout de son haleine. Peu à peu, il la prolongeait désespérément, au point d'incommoder la Minouche, dont on avait encore jeté quatre petits le matin, et qui, déjà oublieuse, ronronnait d'un air béat sur un fauteuil.

Quand Pauline reprit sa place, l'oncle hurlait si fort, que la chatte se leva, les oreilles inquiètes. Elle se mit à le regarder fixement, avec son indignation de sage personne dont on trouble le calme. S'il n'y avait plus moyen de ronronner en paix, cela devenait impossible ! Et elle se retira, la queue en l'air.

VI

Lorsque madame Chanteau rentra le soir, quelques minutes avant le dîner, il ne fut plus question de Louise. Elle appela simplement Véronique, pour que celle-ci lui ôtât ses bottines. Le pied gauche la faisait souffrir.

— Pardi ! ce n'est pas étonnant, murmura la bonne, il est enflé.

En effet, les coutures du cuir étaient marquées en rouge dans la chair molle et blanche. Lazare qui descendait, regarda.

— Tu auras trop marché, dit-il.

Mais elle avait à peine traversé Arromanches. Du reste, ce jour-là, elle suffoquait, prise d'étouffements qui augmentaient depuis quelques mois. Alors, elle accusa les bottines.

— Ces cordonniers ne peuvent pas se décider à faire des cous-de-pied assez hauts… Dès que je suis bridée, moi, c'est un supplice.

Et, comme elle ne souffrait plus dans ses pantoufles, on ne s'inquiéta pas davantage. Le lendemain, l'enflure avait gagné la cheville. Mais, la nuit suivante, elle disparut complètement.

Une semaine se passa. Dès le premier dîner qui avait remis Pauline en présence de la mère et du fils, le soir de la catastrophe, chacun s'était efforcé de reprendre son air de tous les jours. Aucune allusion n'était faite, il semblait qu'il n'y eût rien de nouveau entre eux. La vie de famille continuait machinale, déroulant les mêmes habitudes affectueuses, le bonjour et le bonsoir accoutumés, les baisers distraits, donnés à heure fixe. Ce fut pourtant un soulagement, lorsqu'on put rouler Chanteau jusqu'à la table. Cette fois, ses genoux restaient ankylosés, il lui était impossible de se mettre debout. Mais il n'en jouissait pas moins du calme relatif où la douleur le laissait, et cela au point de ne plus être touché de la joie ni de la tristesse des siens, tout entier à l'égoïsme de son bien-être. Quand madame Chanteau s'était risquée à l'entretenir du départ précipité de Louise, il l'avait suppliée de ne pas lui parler de ces choses tristes. Pauline, depuis qu'elle n'était plus clouée dans la chambre de son oncle, tâchait de s'occuper, sans parvenir à cacher son tourment. Les soirées surtout devenaient pénibles, le malaise perçait sous l'affectation de la paix habituelle. C'était bien l'existence d'autrefois, avec les petits faits quotidiens répétés ; mais, à certains gestes nerveux, même à un silence, tous sentaient le déchirement intérieur, la blessure dont ils ne parlaient pas et qui allait en s'agrandissant.

Lazare, d'abord, s'était méprisé. La supériorité morale de Pauline, si droite, si juste, l'emplissait de honte et de colère. Pourquoi n'avait-il pas le courage de se confesser franchement à elle et de lui demander pardon ? Il lui aurait raconté cette aventure, la surprise de sa chair, l'odeur de femme coquette dont il venait de se griser ; et elle était d'esprit trop large pour ne pas comprendre. Mais un insurmontable embarras l'empêchait, il craignait de se diminuer encore aux yeux de la jeune fille, dans une explication où il bégaierait peut-être comme un enfant. Puis, il y avait au fond de son hésitation la peur d'un nouveau mensonge, car Louise le hantait toujours, il la revoyait, la nuit surtout avec le regret brûlant de ne l'avoir pas possédée, lorsqu'il la tenait défaillante sous ses lèvres. Malgré lui, ses longues promenades le ramenaient sans cesse du côté d'Arromanches. Un soir, il poussa jusqu'à la petite maison de la tante Léonie, il rôda autour du mur, et se sauva brusquement, au bruit d'un volet, bouleversé de la mauvaise action qu'il avait failli commettre. C'était cette conscience de son indignité qui redoublait sa gêne : il se jugeait, sans pouvoir tuer son désir ; à chaque heure, le débat recommençait, jamais il n'avait tant souffert de son irrésolution. Il ne lui restait assez d'honnêteté et de force que pour éviter Pauline, afin de s'épargner la bassesse dernière des faux serments. Peut-être l'aimait-il encore, mais l'image provocante de l'autre était continuellement là, effaçant le passé, bouchant l'avenir.

Pauline, de son côté, attendait qu'il s'excusât. Dans sa première révolte, elle s'était juré d'être sans pardon. Ensuite, elle avait souffert secrètement de n'avoir pas à pardonner. Pourquoi se taisait-il, l'air fiévreux, toujours dehors, comme s'il avait craint de rester seul avec elle ? Elle était prête à l'entendre, à oublier tout, s'il montrait seulement un peu de repentir. L'explication espérée ne venant pas, sa tête travaillait, elle passait d'une hypothèse à une autre, tandis qu'une fierté la tenait silencieuse ; et, à mesure que les jours pénibles coulaient avec lenteur, elle arrivait à se vaincre, au point de retrouver son attitude de fille active ; mais ce beau calme courageux cachait une torture de toutes les minutes, elle sanglotait dans sa chambre, le soir, étouffant ses cris au fond de son oreiller. Personne ne parlait du mariage, bien que tout le monde y songeât, visiblement. L'automne approchait, qu'allait-on faire ? Chacun évitait de se prononcer, on paraissait renvoyer la décision à plus tard, lorsqu'on oserait en causer de nouveau.

Ce fut l'époque de sa vie où madame Chanteau acheva de perdre sa tranquillité. De tout temps, elle s'était dévorée elle-même ; mais le sourd travail qui émiettait en elle les bons sentiments semblait arrivé à la période extrême de destruction ; et jamais elle n'avait paru si déséquilibrée, ravagée d'une telle fièvre nerveuse. La nécessité où elle était de se contraindre, exaspérait son mal davantage. Elle souffrait de l'argent, c'était comme une rage de l'argent, grandie peu à peu, emportant la raison et le cœur. Toujours elle retombait sur Pauline, elle l'accusait maintenant du départ de Louise, ainsi que d'un vol qui aurait dépouillé son fils. Il y avait là une plaie saignante qui refusait de se fermer ; les moindres faits grossissaient, elle n'oubliait pas un geste, elle entendait encore le cri : « Va-t'en ! » et elle s'imaginait qu'on la chassait aussi, qu'on jetait à la rue la joie et la fortune de la famille. La nuit, lorsqu'elle s'agitait dans un demi-sommeil plein de malaise, elle en venait à regretter que la mort ne les eût pas débarrassés de cette Pauline maudite. Des plans se heurtaient en elle, des calculs compliqués, sans qu'elle trouvât le moyen raisonnable de supprimer la jeune fille. En même temps, une sorte de réaction redoublait sa tendresse pour son fils : elle l'adorait comme elle ne l'avait peut-être pas adoré au berceau, lorsqu'il était tout à elle, dans ses bras. Du matin au soir, elle le suivait de ses yeux inquiets. Puis, dès qu'ils étaient seuls, elle l'embrassait, elle le suppliait de ne point se faire de la peine. N'est-ce pas ? il ne lui cachait rien, il ne s'amusait pas à pleurer, quand il n'y avait personne ? Et elle lui jurait que tout s'arrangerait, qu'elle étranglerait plutôt les autres, pour que lui fût heureux. Après quinze jours de ces continuels combats, son visage avait pris une pâleur de cire, sans qu'elle eût maigri pourtant. Deux fois, l'enflure des pieds était revenue, puis s'en était allée.

Un matin, elle sonna Véronique et lui montra ses jambes, qui avaient enflé jusqu'aux cuisses, pendant la nuit.

— Vois donc ce qui me pousse ! Est-ce ennuyeux ! Moi qui voulais sortir !… Me voilà forcée de garder le lit. Ne dis rien, pour ne pas inquiéter Lazare.

Elle-même ne semblait point effrayée. Elle parlait simplement d'un peu de fatigue, et toute la maison crut à une courbature. Comme Lazare était allé battre la côte, et que Pauline évitait de monter en sentant sa présence désagréable, la malade cassa les oreilles de la bonne de ses accusations furieuses contre la jeune fille. Elle ne pouvait plus se contenir. L'immobilité où elle était condamnée, les palpitations qui l'étouffaient au moindre mouvement, semblaient la jeter à une exaspération croissante.

— Hein ! que fait-elle en bas ? encore quelque malheur… Tu verras qu'elle ne me montera seulement pas un verre d'eau.

— Mais, madame, répondait Véronique, puisque c'est vous qui la rebutez !

— Laisse donc ! tu ne la connais pas. Il n'y a pas de pire hypocrite. Devant les gens, elle fait son bon cœur ; puis, derrière, elle vous mange… Va, ma fille, toi seule as vu clair, le jour où je l'ai amenée. Si elle n'était jamais entrée ici, nous ne serions point où nous en sommes… Et elle nous finira : Monsieur souffre comme un damné, depuis qu'elle s'occupe de lui ; moi, j'ai le sang tourné, tellement elle me bouscule ; quant à mon fils, il est en train de perdre la tête…

— Oh ! madame, si l'on peut dire ! elle qui est si gentille pour vous tous !

Jusqu'au soir, madame Chanteau se soulagea. Tout y passait, et le renvoi brutal de Louise, et l'argent surtout. Aussi, lorsque Véronique put redescendre après le dîner, et qu'elle trouva Pauline dans la cuisine, s'occupant à ranger la vaisselle, lâcha-t-elle à son tour ce qu'elle avait sur le cœur. Depuis longtemps, elle retenait ces confidences indignées ; mais cette fois les mots sortaient d'eux-mêmes.

— Ah ! mademoiselle, vous êtes bien bonne de prendre garde à leurs assiettes. C'est moi, à votre place, qui casserais tout !

— Pourquoi ça ? demanda la jeune fille étonnée.

— Parce que vous n'en ferez jamais autant qu'on en dit.

Et elle partit de là, et elle remonta aux premiers jours.

— N'est-ce pas une chose à mettre en colère le bon Dieu lui-même ? elle vous a sucé votre argent sou à sou, et cela d'une façon aussi vilaine que possible. Ma parole ! on aurait dit que c'était elle qui vous nourrissait... Quand il était dans son secrétaire, votre argent, elle faisait devant toutes sortes de salamalecs, comme si elle avait eu à garder le pucelage d'une fille ; ce qui n'empêchait pas ses mains crochues d'y creuser de jolis trous... Ah ! bon sang ! elle en a joué, une comédie, pour vous flanquer sur les bras l'affaire de l'usine, puis pour faire bouillir la marmite avec le reste du magot. Voulez-vous savoir ? eh bien ! sans vous, ils auraient tous crevé de faim... Aussi a-t-elle eu une belle peur, quand les autres de Paris ont failli se fâcher, à propos des comptes ! Dame ! vous pouviez l'envoyer droit en cour d'assises... Et ça ne l'a pas corrigée, elle vous mange encore aujourd'hui, elle vous grugera jusqu'au dernier liard… Vous croyez peut-être que je mens ? Tenez ! je lève la main. J'ai vu de mes yeux et entendu de mes oreilles, et je ne vous dis pas le plus sale, par respect, mademoiselle, comme lorsque vous étiez malade et qu'elle rageait seulement de ne pas pouvoir fouiller dans votre commode.

Pauline écoutait, sans trouver un mot pour l'interrompre. Souvent, cette idée que sa famille vivait sur elle, la dépouillait avec aigreur, avait gâté ses journées les plus heureuses. Mais elle s'était toujours refusée à réfléchir sur ces choses, elle préférait vivre dans l'aveuglement, en s'accusant elle-même d'avarice. Et, cette fois, il lui fallait bien tout savoir, la brutalité de ces confidences semblait encore aggraver les faits. À chaque phrase, sa mémoire s'éveillait, elle reconstruisait des histoires anciennes dont le sens exact lui avait échappé, elle suivait, jour par jour, le travail de madame Chanteau autour de sa fortune. Lentement, elle s'était laissée tomber sur une chaise, comme accablée tout à coup d'une grande fatigue. Un pli douloureux coupait ses lèvres.

— Tu exagères, murmura-t-elle.

— Comment ! j'exagère ! continua violemment Véronique. Ce n'est pas tant la question des sous qui me met hors de moi. Voyez-vous, ce que je ne lui pardonnerai jamais, c'est de vous avoir repris monsieur Lazare, après vous l'avoir donné… Oui, parfaitement ! vous n'étiez plus assez riche, il lui fallait une héritière. Hein ? Qu'en dites-vous ? on vous pille, puis on vous méprise, parce que vous n'avez plus rien… Non, je ne me tairai pas, mademoiselle ! On ne coupe pas aux gens le cœur en quatre, quand on leur a déjà vidé les poches. Puisque vous aimiez votre cousin et qu'il devait tout vous rembourser en gentillesse, c'est une franche abomination que de vous avoir encore volée de ce côté-là… Et elle a tout fait, je l'ai vue. Oui, oui, chaque soir, elle aguichait la petite, elle l'allumait pour le jeune homme, avec un tas d'affaires malpropres. Aussi vrai que cette lampe nous éclaire, c'est elle qui les a jetés l'un sur l'autre. Enfin, quoi ! elle aurait tenu la chandelle, histoire de rendre le mariage inévitable. Ce n'est pas sa faute, s'ils ne sont pas allés jusqu'au bout… Défendez-la donc, maintenant qu'elle vous a pilé sous ses pieds, et qu'elle est en cause que vous pleurez la nuit comme une Madeleine ; car je vous entends bien de ma chambre, j'en tomberai malade, de tous ces chagrins et de toutes ces injustices !

— Tais-toi, je t'en supplie, bégaya Pauline à bout de courage, tu me fais trop de peine.

De grosses larmes roulaient sur ses joues. Elle sentait que cette fille ne mentait pas, ses affections déchirées saignaient en elle. Chaque scène évoquée prenait une réalité vive : Lazare étreignait Louise défaillante, tandis que madame Chanteau veillait à la porte. Mon Dieu ! qu'avait-elle fait, pour que chacun la trompât, lorsqu'elle était fidèle à tous ?

— Je t'en supplie, tais-toi, ça m'étouffe.

Alors, Véronique, en la voyant si émue, se contenta d'ajouter sourdement :

— C'est pour vous, ce n'est pas pour elle, si je n'en dis pas davantage… Eh ! aussi elle est là, depuis la matinée, à vomir sur votre compte un tas d'horreurs ! La patience m'échappe à la fin, mon sang bout, quand je l'entends tourner en mal le bien que vous lui avez fait… Parole d'honneur ! elle prétend que vous les avez ruinés et que vous lui tuez son fils. Allez écouter à la porte, si vous ne me croyez pas.

Puis, comme Pauline éclatait en sanglots, Véronique éperdue lui saisit la tête entre ses mains, et lui baisa les cheveux, en répétant :

— Non, non, mademoiselle, je ne dis plus rien… Il faut pourtant que vous sachiez. Ça devient trop bête, d'être dévorée ainsi… Je ne dis plus rien, calmez-vous.

Il y eut un silence. La bonne éteignait la braise qui restait dans le fourneau. Mais elle ne put s'empêcher de murmurer encore :

— Je sais pourquoi elle enfle : sa méchanceté lui est tombée dans les genoux.

Pauline, qui regardait fixement un des carreaux de la cuisine, la pensée confuse et lourde de chagrin, leva les yeux. Pourquoi Véronique disait-elle cela, est-ce que l'enflure avait reparu ? Celle-ci, embarrassée, dut manquer à sa promesse de silence. Elle se permettait bien de juger madame, mais elle lui obéissait. Enfin, les deux jambes étaient prises depuis la nuit, et il ne fallait pas le répéter devant monsieur Lazare. Pendant que la bonne donnait ces détails, le visage de Pauline changeait, une inquiétude en chassait le morne abattement. Malgré tout ce qu'elle venait d'apprendre, elle s'effrayait d'un symptôme qu'elle savait très grave.

— Mais on ne peut la laisser ainsi, dit-elle en se levant. Elle est en danger.

— Ah ! oui, en danger ! s'écria brutalement Véronique. Elle n'en a pas la figure, et elle n'y pense guère en tout cas, bien trop occupée à cracher sur les autres et à se carrer comme un pacha dans son lit… D'ailleurs, elle dort à présent, il faut attendre demain. C'est justement le jour où le docteur vient à Bonneville.

Le lendemain, il fut impossible de cacher davantage à Lazare l'état de sa mère. Toute la nuit, Pauline avait écouté, éveillée d'heure en heure, croyant sans cesse entendre des plaintes au travers du plancher. Puis, au jour, elle s'était endormie d'un si profond sommeil, que neuf heures sonnaient, lorsqu'un bruit de porte l'avait fait se lever en sursaut. Comme elle descendait aux nouvelles, après s'être vêtue à la hâte, elle rencontra justement, sur le palier du premier étage, Lazare qui sortait de chez la malade. L'enflure gagnait le ventre, Véronique s'était décidée à prévenir le jeune homme.

— Eh bien ? demanda Pauline.

Lazare, le visage décomposé, ne répondit pas d'abord. D'un geste qui lui était familier, il se prenait le menton entre ses doigts convulsifs. Et, quand il parla, sa première parole fut cette phrase à peine bégayée :

— Elle est perdue.

Il montait chez lui d'un air d'égarement. Pauline le suivit. Lorsqu'ils furent dans la grande chambre du second, où elle n'était pas rentrée depuis qu'elle l'y avait surpris avec Louise, elle ferma la porte, elle tâcha de le rassurer.

— Voyons, tu ignores même ce qu'elle a. Attends le docteur au moins… Elle est très forte, il y a toujours de l'espoir.

Mais lui, s'entêtait, frappé au cœur d'une conviction subite.

— Elle est perdue, elle est perdue.

C'était un coup imprévu qui l'assommait. À son lever, il avait comme d'habitude regardé la mer, en bâillant d'ennui et en se plaignant du vide imbécile de l'existence. Puis, quand sa mère s'était découverte jusqu'aux genoux, la vue de ces pauvres jambes gonflées par l'œdème, énormes et pâles, pareilles à des troncs déjà morts, l'avait empli d'un attendrissement épouvanté. Eh quoi ! d'une minute à l'autre, le malheur entrait ainsi ! Maintenant encore, assis sur un coin de sa grande table, le corps tremblant, il n'osait nommer tout haut la maladie qu'il venait de reconnaître. Toujours l'effroi d'une maladie de cœur l'avait hanté pour les siens et pour lui, sans que ses deux années de médecine lui eussent démontré l'égalité des maux devant la mort. Être frappé au cœur, à la source même de la vie, restait à ses yeux la mort affreuse, impitoyable. Et c'était de cette mort que sa mère allait mourir et que lui-même mourrait certainement ensuite !

— Pourquoi te désoler ainsi ? continuait Pauline, il y a des hydropiques qui vivent très longtemps. Tu te rappelles madame Simonnot ? elle a fini par s'en aller d'une fluxion de poitrine.

Mais il hochait la tête, il n'était pas un enfant pour qu'on le trompât de la sorte. Ses pieds pendants battaient dans le vide, le tremblement de son corps ne cessait point, tandis qu'il fixait obstinément les yeux sur la fenêtre. Alors, pour la première fois depuis la rupture, elle le baisa au front, comme jadis. Ils se retrouvaient côte à côte dans cette chambre où ils avaient grandi, toute leur rancune sombrait au fond du grand chagrin dont ils étaient menacés. Elle essuya ses yeux. Lui, ne pouvant pleurer, répétait machinalement :

— Elle est perdue, elle est perdue.

Vers onze heures, lorsque le docteur Cazenove entra, ainsi qu'il le faisait d'ordinaire chaque semaine, en remontant de Bonneville, il parut très étonné de trouver madame Chanteau au lit. Qu'avait-elle donc, cette chère dame ? et il plaisantait même : toute la maison était trop douillette, on allait décidément la transformer en ambulance. Mais, quand il eut examiné, palpé, ausculté la malade, il devint plus grave ; même il eut besoin de sa grande habitude, pour ne pas laisser percer un peu d'effarement.

Du reste, madame Chanteau n'avait nullement conscience de la gravité de son état.

— J'espère que vous allez me tirer de là, docteur, dit-elle d'une voix gaie. Voyez-vous, je n'ai qu'une peur, c'est que cette enflure ne m'étouffe, si elle monte toujours.

— Soyez tranquille, ça ne monte pas comme ça, répondit-il en riant aussi. Puis, nous saurons bien l'arrêter.

Lazare, qui était rentré après l'examen, l'écoutait en frémissant, brûlant de le tenir à l'écart et de le questionner, pour savoir enfin.

— Là, chère madame, continuait le docteur, ne vous tourmentez pas, je reviendrai demain causer avec vous… Au revoir, je vais écrire mon ordonnance en bas.

Pauline, en bas, les empêcha d'entrer dans la salle à manger, car on parlait toujours à Chanteau d'une simple courbature. Elle avait déjà préparé de l'encre et du papier, sur la table de la cuisine. Devant leur impatience anxieuse, le docteur Cazenove confessa que c'était grave ; mais il employait des phrases longues et embrouillées, évitant de conclure.

— Enfin, elle est perdue, cria Lazare, dans une sorte d'irritation. C'est le cœur, n'est-ce pas ?

Pauline eut un regard suppliant que le médecin comprit.

— Oh ! le cœur, dit-il, j'en doute… Du reste, si elle ne peut s'en relever, elle ira peut-être loin encore, avec des ménagements.

Le jeune homme avait eu son haussement d'épaules, son geste colère d'enfant qui n'est point dupe des contes dont on l'amuse. Il continuait :

— Et vous ne m'avertissez pas, docteur, vous qui l'avez soignée dernièrement !… Ces abominations-là ne viennent jamais tout d'un coup. Vous n'aviez donc rien vu ?

— Si, si, murmura Cazenove, je m'étais bien aperçu de quelques petites choses.

Puis, comme Lazare était pris d'un rire méprisant :

— Écoutez, mon brave, je me crois moins bête qu'un autre, et ce n'est pourtant pas la première fois qu'il m'arrive de n'avoir rien prévu et de rester stupide devant la maladie… Vous êtes agaçant, de vouloir qu'on sache tout, lorsqu'il est déjà bien joli d'épeler les premières lignes, dans cette machine compliquée de la carcasse humaine.

Il se fâchait, il écrivait son ordonnance d'une plume irritée, qui trouait le papier mince. Le chirurgien de marine reparaissait, dans les mouvements brusques de son grand corps. Mais, quand il se fut remis debout, son vieux visage tanné par les vents du large s'adoucit, en voyant devant lui Lazare et Pauline, la tête basse, désespérés.

— Mes pauvres enfants, reprit-il, nous ferons le possible pour la tirer d'affaire… Vous savez que je ne veux pas jouer au grand homme avec vous. Eh bien, franchement, je ne peux rien dire. Il me semble pourtant qu'il n'y a aucun danger immédiat.

Et il partit, après s'être assuré que Lazare avait de la teinture de digitale. L'ordonnance portait simplement des frictions de cette teinture sur les jambes, et quelques gouttes dans un verre d'eau sucrée. Cela suffisait pour le moment, il apporterait le lendemain des pilules. Peut-être se déciderait-il à pratiquer une saignée. Pauline, cependant, l'avait accompagné jusqu'à son cabriolet, afin de lui demander la vérité vraie ; mais la vérité vraie était réellement qu'il n'osait se prononcer. Quand elle rentra dans la cuisine, elle trouva Lazare qui relisait l'ordonnance. Le seul mot de digitale l'avait fait blêmir de nouveau.

— Ne vous tourmentez donc pas si fort ! dit Véronique qui s'était mise à pelurer des pommes de terre, afin de rester et d'entendre. Les médecins, c'est tous des massacres. Pour que celui-là ne sache quoi dire, ça doit être qu'il n'y a pas grand'chose.

Une discussion les retint autour du plat, où la cuisinière coupait ses pommes de terre. Pauline, elle aussi, se montrait rassurée. Le matin, elle était entrée embrasser sa tante, et elle lui avait trouvé une bonne figure : on ne pouvait mourir avec des joues pareilles. Mais Lazare retournait l'ordonnance entre ses doigts fébriles. Le mot digitale flamboyait : sa mère était perdue.

— Je remonte, finit-il par dire.

À la porte, il hésita, il demanda à sa cousine :

— Viendras-tu un instant ?

Elle aussi eut une légère hésitation.

— J'ai peur de la contrarier, murmura-t-elle.

Un silence embarrassé régna, et il monta seul, sans ajouter un mot.

Au déjeuner, pour ne pas inquiéter son père, Lazare reparut, très pâle. De temps à autre, un coup de sonnette appelait Véronique, qui se promenait avec des assiettées de potage, auxquelles la malade touchait à peine ; et, quand elle redescendait, elle racontait à Pauline que le pauvre jeune homme perdait la tête, en haut. C'était une pitié, de le voir grelotter la fièvre devant sa mère, les mains malhabiles, la figure bouleversée, comme s'il avait craint, à chaque minute, de la sentir passer entre ses bras. Vers trois heures, la bonne venait encore de monter, lorsqu'elle appela la jeune fille, en se penchant sur la rampe. Puis, quand celle-ci fut sur le palier du premier étage :

— Vous devriez entrer, mademoiselle, pour lui donner un coup de main. Tant pis si ça la fâche ! Elle veut qu'il la retourne, et si vous le voyiez frémir, sans oser la toucher seulement !… Avec ça, elle me défend d'approcher.

Pauline entra. Carrément assise contre trois oreillers, madame Chanteau aurait paru garder le lit par simple paresse, sans le souffle court et pénible qui soulevait ses épaules. Devant elle, Lazare balbutiait :

— Alors, tu veux que je te mette sur le côté droit ?

— Oui, pousse-moi un peu… Ah ! mon pauvre enfant, que tu as de peine à comprendre !

Déjà la jeune fille l'avait saisie doucement et la retournait.

— Laisse-moi faire, j'ai l'habitude avec mon oncle… Es-tu bien ?

Madame Chanteau, irritée, gronda qu'on la bousculait. Elle ne pouvait faire un mouvement, sans étouffer aussitôt ; et elle demeura une minute haletante, le visage terreux. Lazare s'était reculé derrière les rideaux du lit, afin de cacher son désespoir. Pourtant, il resta encore, pendant que Pauline frictionnait les jambes de la malade, avec la teinture de digitale. Il détournait la tête, mais un besoin de voir ramenait ses regards sur ces jambes monstrueuses, ces paquets inertes de chair blafarde, dont la vue achevait de l'étrangler d'angoisse. Quand sa cousine l'aperçut si défait, elle crut prudent de le renvoyer. Elle s'approcha, et comme madame Chanteau s'endormait, très lasse d'avoir été simplement changée de place, elle dit tout bas :

— Tu ferais mieux de t'en aller.

Il lutta un instant, des larmes l'aveuglaient. Mais il dut céder, il descendit, honteux, bégayant :

— Mon Dieu ! je ne peux pas ! je ne peux pas !

Lorsque la malade se réveilla, elle ne remarqua point d'abord l'absence de son fils. Une stupeur semblait la prendre, elle se repliait en elle-même, dans le besoin égoïste de se sentir vivre. Seule, la présence de Pauline l'inquiétait, bien que celle-ci se dissimulât, assise à l'écart, sans parler, sans bouger. Sa tante ayant allongé la tête, elle crut pourtant devoir la renseigner d'un mot.

— C'est moi, ne te tourmente pas... Lazare est allé jusqu'à Verchemont, où il a le menuisier à voir.

— Bon, bon, murmura madame Chanteau.

— Tu n'es pas assez souffrante, n'est-ce pas ? pour que ça l'empêche de faire ses affaires.

— Bien sûr.

Dès ce moment, elle ne parla plus que rarement de son fils, malgré l'adoration qu'elle lui témoignait la veille encore. Il s'effaçait de son reste de vie, après avoir été la cause et le but de son existence entière. La décomposition cérébrale qui commençait à se faire en elle, ne lui laissait que le souci physique de sa santé. Elle accepta les soins de sa nièce, sans paraître se rendre compte de la substitution, simplement préoccupée de la suivre des yeux, comme distraite par la méfiance croissante qu'elle éprouvait, à la voir toujours aller et venir devant son lit.

Et, pendant ce temps, Lazare était descendu dans la cuisine, éperdu, les jambes cassées. La maison entière lui faisait peur : il ne pouvait demeurer dans sa chambre dont le vide l'écrasait, il n'osait traverser la salle à manger, où la vue de son père, lisant paisiblement un journal, le suffoquait de sanglots. Aussi revenait-il sans cesse à la cuisine, le seul coin chaud et vivant, rassuré d'y trouver Véronique, qui se battait avec ses casseroles, comme aux bons jours de tranquillité. Quand elle le vit se rasseoir près du fourneau, sur la chaise de paille qu'il adoptait, elle lui dit franchement ce qu'elle pensait de son peu de courage.

— En vérité, monsieur Lazare, vous n'êtes pas d'un grand secours. C'est encore cette pauvre mademoiselle qui va tout avoir sur le dos… On croirait qu'il n'y a jamais eu de malade ici ; et ce qui est fort, c'est que vous avez très bien soigné votre cousine, quand elle a failli mourir de son mal de gorge… Hein ? vous ne pouvez dire le contraire, vous êtes resté quinze jours là-haut, à la retourner comme une enfant.

Lazare l'écoutait, plein de surprise. Il n'avait pas songé à cette contradiction, pourquoi ces façons de sentir différentes et illogiques ?

— C'est vrai, répétait-il, c'est vrai.

— Vous ne laissiez entrer personne, continuait la bonne, et mademoiselle était encore plus triste à regarder que madame, tellement elle souffrait. Moi, je redescendais toute bousculée, sans avoir seulement l'envie d'avaler gros comme ça de pain… Puis, aujourd'hui, voilà le cœur qui vous tourne, dès que vous voyez votre mère au lit ! Vous ne lui porteriez pas même des tasses de tisane… Votre mère est ce qu'elle est, mais elle est votre mère.

Il n'entendait plus, il regardait fixement devant lui, dans le vide. Enfin, il murmura :

— Que veux-tu ? je ne peux pas… C'est peut-être parce que c'est maman, mais je ne peux pas… Quand je la vois avec ses jambes, en me disant qu'elle est perdue, il y a quelque chose qui se casse dans mon estomac, je crierais comme une bête, si je ne me sauvais de la chambre.

Tout son corps était repris d'un tremblement, il avait ramassé par terre un couteau tombé de la table, qu'il examinait sans le voir, les yeux noyés. Un silence régna. Véronique plongeait la tête dans son pot-au-feu, pour cacher l'émotion qui l'étranglait aussi. Elle finit par reprendre :

— Tenez ! monsieur Lazare, vous devriez descendre un peu sur la plage. Vous me gênez, à être toujours là, dans mes jambes… Et emmenez donc Mathieu. Il est assommant, lui aussi ne sait plus que faire de son corps, et j'ai toutes les peines du monde à l'empêcher de monter chez Madame.

Le lendemain, le docteur Cazenove se montra encore hésitant. Une catastrophe brusque était possible, ou peut-être la malade allait-elle se remettre pour un temps plus ou moins long, si l'œdème diminuait. Il renonça à la saignée, se contenta de prescrire les pilules qu'il apportait, sans cesser l'emploi de la teinture de digitale. Son attitude chagrine, sourdement irritée, confessait qu'il croyait peu à ces remèdes, dans un de ces cas organiques, où le détraquement successif de tous les organes rend inutile la science du médecin. D'ailleurs, il affirmait que la malade ne souffrait point. En effet, madame Chanteau ne se plaignait d'aucune douleur vive ; ses jambes étaient d'une lourdeur de plomb, elle suffoquait de plus en plus, dès qu'elle bougeait ; mais, étendue sur le dos, immobile, elle avait toujours sa voix forte, ses yeux vifs, qui l'illusionnaient elle-même. Autour d'elle, personne, excepté son fils, ne se résignait à désespérer, en la voyant si brave. Quand le docteur remonta dans sa voiture, il leur dit de ne pas trop se plaindre, car c'était déjà une grâce, pour soi et pour les siens, que de ne pas se voir mourir.

La première nuit venait d'être dure pour Pauline. À demi allongée dans un fauteuil, elle n'avait pu dormir, les oreilles bourdonnantes du souffle fort de la mourante. Dès qu'elle s'assoupissait, il lui semblait que ce souffle ébranlait la maison et que tout allait craquer. Puis, les yeux ouverts, elle était prise d'oppression, elle revivait les tourments qui avaient gâté sa vie, depuis quelques mois. Même à côté de ce lit de mort, la paix ne se faisait pas en elle, il lui était impossible de pardonner. Dans le demi-cauchemar de la veillée lugubre, elle souffrait surtout des confidences de Véronique. Ses violences de jadis, ses rancunes jalouses, s'éveillaient aux détails qu'elle remâchait péniblement. Ne plus être aimée, mon Dieu ! se voir trahie par ceux qu'on aime ! se retrouver seule, pleine de mépris et de révolte ! Sa plaie rouverte saignait, jamais elle n'avait senti à ce point l'injure de Lazare. Puisqu'ils l'avaient tuée, les autres pouvaient mourir. Et sans cesse le vol de son argent et de son cœur recommençait, dans l'obsession du souffle fort de sa tante, qui finissait par lui casser la poitrine.

Au jour, Pauline resta combattue. L'affection ne revenait pas, seul le devoir la tenait dans cette chambre. Cela achevait de la rendre malheureuse : allait-elle donc devenir mauvaise, elle aussi ? La journée se passa dans ce trouble, elle s'empressait, mécontente d'elle, rebutée par les méfiances de la malade. Celle-ci accueillait ses prévenances d'un grognement, la poursuivait d'un œil soupçonneux, regardant derrière elle ce qu'elle faisait. Si elle lui demandait un mouchoir, elle le flairait avant de s'en servir, et quand elle la voyait apporter une bouteille d'eau chaude, elle voulait toucher la bouteille.

— Qu'a-t-elle donc ? disait tout bas la jeune fille à la bonne. Est-ce qu'elle me croit capable de lui faire du mal ?

Après le départ du docteur, comme Véronique présentait une cuillerée de potion à madame Chanteau, celle-ci n'apercevant pas sa nièce, qui cherchait du linge dans l'armoire, murmura :

— C'est le médecin qui a préparé cette drogue ?

— Non, madame, c'est mademoiselle.

Alors, elle goûta du bout des lèvres, puis elle eut une grimace.

— Ça sent le cuivre... Je ne sais ce qu'elle me force à prendre, j'ai le goût du cuivre dans l'estomac depuis hier.

Et, d'un geste brusque, elle jeta la cuillerée derrière le lit. Véronique restait la bouche béante.

— Eh bien ! quoi donc ? en voilà une idée !

— Je n'ai pas envie de m'en aller encore, dit madame Chanteau en reposant la tête sur l'oreiller. Tiens ! écoute, les poumons sont solides. Et elle pourrait bien partir avant moi, car elle n'a pas la chair très saine.

Pauline avait entendu. Elle se tourna, frappée au cœur, et regarda Véronique. Au lieu de s'avancer, elle se reculait davantage, ayant honte pour sa tante de ce soupçon abominable. Une détente se produisait en elle, il lui venait une grande pitié, en face de cette malheureuse ravagée de peur et de haine ; et, loin d'en éprouver une nouvelle rancune, elle se sentit débordée d'un attendrissement douloureux, lorsqu'en se baissant elle aperçut sous le lit les médicaments que la malade y jetait, par crainte du poison. Jusqu'au soir, elle montra une douceur vaillante, elle ne parut même pas s'apercevoir des regards inquiets qui étudiaient ses mains. Son ardent désir était de vaincre par ses bons soins les terreurs de la moribonde, de ne pas lui laisser emporter dans la terre cette pensée affreuse. Elle défendit à Véronique d'effrayer Lazare davantage, en lui contant l'histoire.

Une seule fois, depuis le matin, madame Chanteau avait demandé son fils ; et elle s'était contentée de la première réponse venue, sans s'étonner de ne plus le voir. D'ailleurs, elle parlait moins encore de son mari, elle ne s'inquiétait pas de ce qu'il pouvait faire, seul, dans la salle à manger. Tout disparaissait pour elle, le froid de ses jambes semblait monter et lui glacer le cœur, de minute en minute. Et il fallait, à chaque repas, que Pauline descendît, afin de mentir à son oncle. Ce soir-là, elle trompa Lazare lui-même, elle lui assura que l'enflure diminuait.

Mais, dans la nuit, le mal fit des progrès effrayants. Le lendemain, au grand jour, lorsque la jeune fille et la bonne revirent la malade, elles furent saisies de l'expression égarée de ses yeux. La face n'était pas changée, et elle n'avait toujours pas de fièvre ; seulement, l'intelligence paraissait se prendre, une idée fixe achevait la destruction de ce cerveau. C'était la phase dernière, l'être peu à peu mangé par une passion unique, tombé à la fureur.

La matinée, avant l'arrivée du docteur Cazenove, fut terrible. Madame Chanteau ne voulait même plus que sa nièce l'approchât.

— Laisse-toi soigner, je t'en prie, répétait Pauline. Je vais te lever un instant, puisque tu es si mal couchée.

Alors, la mourante se débattait, comme si on l'étouffait.

— Non, non, tu as tes ciseaux, tu me les enfonces exprès dans la chair… Je les sens bien, je saigne de partout.

Navrée, la jeune fille devait se tenir à distance ; et elle chancelait de fatigue et de chagrin, elle succombait de bonté impuissante. Pour faire agréer le moindre soin, il lui fallait supporter des rudesses, des accusations qui la mettaient en larmes. Parfois, vaincue, elle tombait sur une chaise, elle pleurait, ne sachant plus comment ramener à elle cette ancienne affection tournée à la rage. Puis, la résignation lui revenait, et elle s'ingéniait encore, elle redoublait de douceur. Mais, ce jour-là, son insistance détermina une crise dont elle resta longtemps tremblante.

— Ma tante, dit-elle en préparant la cuiller, voici l'heure de ta potion. Tu sais que le médecin t'a bien recommandé de la prendre exactement.

Madame Chanteau voulut voir la bouteille qu'elle finit par sentir.

— C'est la même qu'hier ?

— Oui, ma tante.

— Je n'en veux pas.

Pourtant, à force de supplications caressantes, sa nièce obtint qu'elle en avalerait encore une cuillerée. Le visage de la malade exprimait une grande méfiance. Et, dès qu'elle eut la cuillerée dans la bouche, elle la cracha violemment par terre, secouée d'un accès de toux, bégayant au milieu des hoquets :

— C'est du vitriol, ça me brûle.

Son exécration et sa terreur de Pauline, peu à peu grandies depuis le jour où elle lui avait pris une première pièce de vingt francs, éclataient enfin dans le suprême détraquement de son mal, en un flot de paroles folles ; tandis que la jeune fille, saisie, l'écoutait, sans trouver un mot de défense.

— Si tu crois que je ne le sens pas ! Tu mets du cuivre et du vitriol dans tout… C'est ça qui m'étouffe. Je n'ai rien, je me serais levée ce matin, si tu n'avais pas fait fondre du vert-de-gris dans mon bouillon, hier soir… Oui, tu as assez de moi, tu voudrais m'enterrer. Mais je suis solide, c'est moi qui t'enterrerai.

Ses paroles s'embarrassaient de plus en plus, elle suffoquait, et ses lèvres devenaient si noires, qu'une catastrophe immédiate semblait à craindre.

— Oh ! ma tante, ma tante, murmura Pauline terrifiée, si tu savais comme tu te fais du mal !

— Eh bien ! c'est ce que tu veux, n'est-ce pas ? Va, je te connais, ton plan est arrêté depuis longtemps, tu es entrée ici dans l'unique but de nous assassiner et de nous dépouiller. Ton idée est d'avoir la maison, et je te gêne… Ah ! gueuse, j'aurais dû t'écraser le premier jour… Je te hais ! je te hais !

Pauline, immobile, pleurait silencieusement. Un seul mot revenait sur ses lèvres, comme une protestation involontaire.

— Mon Dieu !… mon Dieu !

Mais madame Chanteau s'épuisait, et une terreur d'enfant succédait à la violence de ses attaques. Elle était retombée sur ses oreillers.

— Ne m'approche pas, ne me touche pas… Je crie au secours, si tu me touches… Non, non, je ne veux pas boire. C'est du poison.

Et elle ramenait les couvertures de ses mains crispées, et elle se cachait derrière les oreillers, roulant la tête, fermant la bouche. Lorsque sa nièce, éperdue, s'avança pour la calmer, elle poussa des hurlements.

— Ma tante, sois raisonnable… Je ne te ferai rien boire malgré toi.

— Si, tu as la bouteille… Oh ! j'ai peur ! oh ! j'ai peur !

Elle agonisait, sa tête trop basse, renversée dans l'épouvante, se tachait de plaques violettes. La jeune fille, croyant qu'elle expirait dans ses bras, sonna la bonne. Toutes deux eurent beaucoup de peine pour la soulever et la recoucher sur les oreillers.

Alors, les souffrances personnelles de Pauline, ses tourments d'amour furent définitivement emportés dans cette douleur commune. Elle ne songeait plus à sa plaie récente qui saignait encore la veille, elle n'avait plus ni violence ni jalousie, devant une si grande misère. Tout se noyait au fond d'une pitié immense, elle aurait voulu pouvoir aimer davantage, se dévouer, se donner, supporter l'injustice et l'injure, pour mieux soulager les autres. C'était comme une bravoure à prendre la grosse part du mal de la vie. Dès ce moment, elle n'eut pas un abandon, elle montra devant ce lit de mort le calme résigné qu'elle avait eu lorsque la mort la menaçait elle-même. Toujours prête, elle ne se rebutait de rien. Et sa tendresse était même revenue, elle pardonnait à sa tante l'emportement des crises, elle la plaignait de s'être lentement enragée ainsi, préférant la revoir dans les années anciennes, l'aimant de nouveau, comme elle l'aimait à dix ans, lorsqu'elle était arrivée avec elle à Bonneville, un soir, par un vent de tempête.

Ce jour-là, le docteur Cazenove ne parut qu'après le déjeuner : un accident, le bras cassé d'un fermier, qu'il avait dû remettre, venait de l'arrêter à Verchemont. Quand il eut vu madame Chanteau et qu'il redescendit dans la cuisine, il ne cacha pas son impression mauvaise. Justement, Lazare était là, assis près du fourneau, dans cette oisiveté fiévreuse qui le dévorait.

— Il n'y a plus d'espoir, n'est-ce pas ? demanda-t-il. J'ai relu cette nuit l'ouvrage de Bouillaud sur les maladies de cœur...

Pauline, descendue avec le médecin, jeta de nouveau à ce dernier un regard suppliant, qui lui fit interrompre le jeune homme de son air courroucé. Chaque fois que les maladies tournaient mal, il se fâchait.

— Eh ! le cœur, mon cher, vous n'avez que le cœur à la bouche !... Est-ce qu'on peut affirmer quelque chose ? Je crois le foie plus malade encore. Seulement, quand la machine se détraque, tout se prend, parbleu ! les poumons, l'estomac, et le cœur lui-même... Au lieu de lire Bouillaud, la nuit, ce qui ne sert absolument qu'à vous rendre malade, vous aussi, vous feriez mieux de dormir.

C'était un mot d'ordre dans la maison, on affirmait à Lazare que sa mère se mourait du foie. Il n'en croyait rien, feuilletait ses anciens livres, aux heures d'insomnie ; puis, il s'embrouillait sur les symptômes, et cette explication du docteur que les organes se prenaient les uns après les autres, finissait par l'effrayer davantage.

— Enfin, reprit-il péniblement, combien croyez-vous qu'elle puisse aller encore ?

Cazenove eut un geste vague.

— Quinze jours, un mois peut-être... Ne m'interrogez pas, je me tromperais, et vous auriez raison de dire que nous ne savons et que nous ne pouvons rien... C'est effrayant, le progrès que le mal a fait depuis hier.

Véronique, en train d'essuyer des verres, le regardait, la bouche ouverte. Eh quoi ! c'était donc vrai, madame était si malade, madame allait mourir ? Jusque-là, elle n'avait pu croire au danger, elle grognait dans les coins, en continuant à parler de malice rentrée, histoire de faire tourner les gens en bourrique. Elle demeura stupide, et comme Pauline lui disait de monter près de Madame, pour que celle-ci ne restât pas seule, elle sortit, s'essuyant les mains à son tablier et en ne trouvant que ces mots :

— Ah bien alors ! ah bien alors !...

— Docteur, avait repris Pauline, qui seule gardait toute sa tête, il faudrait songer aussi à mon oncle... Pensez-vous qu'on doive le préparer ? Voyez-le donc avant de partir.

Mais, à ce moment, l'abbé Horteur se présenta. Il n'avait su que le matin ce qu'il appelait l'indisposition de madame Chanteau. Quand il connut la gravité de la maladie, son visage hâlé qui riait au grand air prit une expression de réel chagrin. Cette pauvre dame ! était-ce possible ? elle qui semblait si vaillante, trois jours auparavant ! Puis, après un silence, il demanda :

— Puis-je la voir ?

Il avait jeté sur Lazare un coup d'œil inquiet, le sachant irréligieux et prévoyant un refus. Mais le jeune homme, accablé, ne paraissait même pas avoir compris. Ce fut Pauline qui répondit nettement :

— Non, pas aujourd'hui, monsieur le curé. Elle ignore son état, votre présence la révolutionnerait… Nous verrons demain.

— Très bien, se hâta de dire le prêtre, rien ne presse, j'espère. Mais chacun doit faire son devoir, n'est-ce pas ?… Ainsi le docteur qui ne croit pas en Dieu…

Depuis un moment, le docteur regardait fixement un pied de la table, absorbé, perdu dans le doute où il tombait, quand il sentait la nature lui échapper. Il venait d'entendre pourtant, il coupa la parole à l'abbé Horteur.

— Qui vous a dit que je ne croyais pas en Dieu ?… Dieu n'est pas impossible, on voit des choses si drôles !… Après tout, qui sait ?

Il secoua la tête, il sembla se réveiller.

— Tenez ! continua-t-il, vous allez entrer avec moi serrer la main à ce brave monsieur Chanteau… Il aura bientôt besoin d'un grand courage.

— Si ça pouvait le distraire, offrit obligeamment le curé, je resterais avec lui à faire quelques parties de dames.

Alors, tous deux passèrent dans la salle à manger, tandis que Pauline se hâtait de remonter près de sa tante. Lazare, demeuré seul, se leva, hésita un moment à monter lui aussi, alla écouter la voix de son père, sans avoir le courage d'entrer ; puis, il revint s'abandonner sur la même chaise, dans le désœuvrement de son désespoir.

Le médecin et le prêtre avaient trouvé Chanteau en train de pousser sur la table une boule de papier, faite avec un prospectus, encarté dans son journal. La Minouche, couchée près de lui, regardait de ses yeux verts. Elle dédaignait ce joujou trop simple, les pattes sous le ventre, reculant devant la fatigue de sortir ses griffes. La boule s'était arrêtée devant son nez.

— Ah ! c'est vous, dit Chanteau. Vous êtes bien aimables, je ne m'amuse guère tout seul… Eh bien ! docteur, elle va mieux ? Oh ! je ne m'inquiète pas, elle est la plus solide de la maison, elle nous enterrera tous.

Le docteur pensa l'occasion bonne pour l'éclairer.

— Sans doute, son état ne me paraît pas très grave… Seulement, je la trouve bien affaiblie.

— Non, non, docteur, s'écria Chanteau, vous ne la connaissez point. Elle a un ressort incroyable… Avant trois jours, vous la verrez sur pied.

Et il refusa de comprendre, dans le besoin qu'il avait de croire à la santé de sa femme. Le médecin, ne voulant pas lui dire brutalement les choses, dut se taire. D'ailleurs, autant valait-il attendre encore. La goutte le laissait par bonheur assez tranquille, sans douleurs trop vives, les jambes prises de plus en plus seulement, au point qu'il fallait le porter de son lit dans son fauteuil.

— Si ce n'étaient ces maudites jambes, répétait-il, je monterais la voir au moins.

— Résignez-vous, mon ami, dit l'abbé Horteur, qui de son côté songeait à remplir son ministère consolateur. Chacun doit porter sa croix… Nous sommes tous dans la main de Dieu…

Mais il s'aperçut que ces paroles, loin de soulager Chanteau, l'ennuyaient et finissaient même par l'inquiéter. Aussi, en brave homme, coupa-t-il court à ses exhortations toutes faites, en lui offrant une distraction plus efficace.

— Voulez-vous faire une partie ? Ça vous débrouillera la tête.

Et il alla chercher lui-même le damier sur une armoire. Chanteau, ravi, serra la main du docteur, qui partait. Déjà les deux hommes s'enfonçaient dans leur jeu, oublieux du monde entier, lorsque la Minouche sans doute énervée à la longue par la boule de papier restée devant elle, bondit brusquement et la fit voler d'un coup de patte, puis la poursuivit avec des culbutes folles, autour de la pièce.

— Sacrée capricieuse ! cria Chanteau, dérangé. Elle ne voulait pas jouer avec moi tout à l'heure, et la voilà maintenant qui nous empêche de réfléchir, en s'amusant toute seule !

— Laissez, dit le curé plein de mansuétude, les chats prennent du plaisir pour eux-mêmes.

Comme il traversait de nouveau la cuisine, le docteur Cazenove, emporté par une soudaine émotion, à la vue de Lazare toujours écrasé sur la même chaise, le saisit dans ses grands bras et le baisa paternellement, sans prononcer une parole. Justement, Véronique redescendait, en chassant Mathieu devant elle. Il roulait sans cesse dans l'escalier, avec son petit sifflement de nez, qui ressemblait à la plainte d'un oiseau ; et, dès qu'il trouvait la chambre de la malade ouverte, il venait y pleurer sur ce ton aigu de flageolet, dont la note persistante trouait les oreilles.

— Va donc, va donc ! criait la bonne, ce n'est pas ta musique qui la remettra.

Puis, quand elle aperçut Lazare :

— Emmenez-le quelque part, ça nous débarrassera et ça vous fera du bien.

C'était un ordre de Pauline. Elle chargeait Véronique de renvoyer Lazare de la maison, de le forcer à de longues courses. Mais il refusait, il lui fallait tout un effort pour se mettre debout. Cependant, le chien était venu se placer devant lui, et il recommençait à pleurer.

— Ce pauvre Mathieu n'est plus jeune, dit le docteur qui le regardait.

— Dame ! il a quatorze ans, répondit Véronique. Ça ne l'empêche pas d'être encore comme un fou après les souris… Vous voyez, il a le nez écorché et les yeux rouges. C'est qu'il en a senti une sous le fourneau, la nuit dernière ; et il n'a pas fermé l'œil, il a bouleversé ma cuisine avec son nez, il a encore la fièvre aux pattes. Un si gros chien, pour une si petite bête, est-ce ridicule !… D'ailleurs, il n'y a pas que les souris, tout ce qui est petit et tout ce qui grouille, les poussins un jour, les enfants de Minouche, ça l'allume à en perdre le boire et le manger. Des fois, il reste des heures, à souffler sous un meuble où a passé un cafard… En ce moment, il faut dire qu'il sent des choses pas ordinaires dans la maison…

Elle s'arrêta, en voyant des larmes emplir les yeux de Lazare.

— Faites donc un tour, mon enfant, reprit le docteur. Vous n'êtes pas utile ici, vous seriez mieux dehors.

Le jeune homme avait fini par se lever péniblement.

— Allons, dit-il, viens, mon pauvre Mathieu.

Quand il eut mis le médecin en voiture, il s'éloigna avec le chien, le long des falaises. De temps à autre, il devait s'arrêter pour attendre Mathieu, car celui-ci en effet vieillissait beaucoup. Son arrière-train se paralysait, on entendait ses grosses pattes traîner à terre comme des chaussons. Il ne faisait plus de trou dans le potager, il tombait vite étourdi, lorsqu'il se lançait après sa queue. Mais il se fatiguait surtout rapidement, toussant s'il se jetait à l'eau, se couchant et ronflant au bout d'un quart d'heure de promenade. Sur la plage, il vint marcher dans les jambes de son maître.

Lazare restait une minute immobile, à regarder un bateau pêcheur de Port-en-Bessin, dont la voile grise rasait l'eau comme l'aile d'une mouette. Puis, il se remettait à marcher. Sa mère allait mourir ! cela retentissait à grands coups dans son être. Quand il n'y pensait plus, un nouveau coup, plus profond, l'ébranlait ; et c'étaient des surprises continuelles, une idée à laquelle il ne pouvait s'habituer, une stupeur sans cesse renaissante, qui ne laissait pas de place pour d'autres sensations. Même, par moments, cette idée perdait de sa netteté, il y avait en lui le vague pénible d'un cauchemar, où ne surnageait de précise que l'attente anxieuse d'un grand malheur. Pendant des minutes entières, tout ce qui l'entourait, disparaissait ; ensuite, lorsqu'il revoyait les sables, les algues, la mer au loin, cet horizon immense, il s'étonnait un instant, sans le reconnaître. Était-ce donc là qu'il avait passé si souvent ? Le sens des choses lui semblait changé, jamais il n'en avait ainsi pénétré les formes ni les couleurs. Sa mère allait mourir ! et il marchait toujours, comme pour échapper à ce bourdonnement qui l'étourdissait.

Brusquement, il entendit un souffle derrière lui. Il se tourna et reconnut le chien, la langue pendante, à bout de force. Alors, il parla tout haut.

— Mon pauvre Mathieu, tu n'en peux plus... Nous rentrons, va ! On a beau se secouer, on pense quand même !

Le soir, on mangeait rapidement. Lazare, dont l'estomac resserré ne tolérait que quelques bouchées de pain, se hâtait de remonter chez lui, en inventant pour son père le prétexte d'un travail qui pressait. Au premier étage, il entrait chez sa mère, où il s'efforçait de s'asseoir cinq minutes, avant de l'embrasser et de lui souhaiter une bonne nuit. Elle, d'ailleurs, l'oubliait complètement, ne s'inquiétait jamais de ce qu'il devenait dans la journée. Quand il se penchait, elle tendait la joue, paraissait trouver naturel ce bonsoir rapide, absorbée à chaque heure davantage dans l'égoïsme instinctif de sa fin. Et il s'échappait, Pauline abrégeait la visite, en inventant un prétexte pour le renvoyer.

Mais chez lui, dans la grande chambre du second, le tourment de Lazare redoublait. C'était surtout la nuit, la longue nuit, qui pesait à son esprit troublé. Il montait des bougies pour ne pas rester sans lumière ; il les allumait les unes après les autres, jusqu'au jour, saisi de l'horreur des ténèbres. Quand il s'était couché, vainement, il tâchait de lire, ses anciens livres de médecine seuls l'intéressaient encore ; et il les repoussait, il avait fini par en avoir peur. Alors, les yeux ouverts, il demeurait sur le dos, avec l'unique sensation qu'il se passait près de lui, derrière le mur, une chose affreuse dont le poids l'étouffait. Le souffle de sa mère moribonde était dans ses oreilles, ce souffle devenu si fort, que, depuis deux jours, il l'entendait de chaque marche de l'escalier, où il ne se risquait plus sans presser le pas. Toute la maison semblait l'exhaler comme une plainte, il croyait en être remué dans son lit, inquiet des silences qui se faisaient parfois, courant pieds nus sur le palier, pour se pencher au-dessus de la rampe. En bas, Pauline et Véronique qui veillaient ensemble, laissaient la porte ouverte, afin d'aérer la chambre. Et il apercevait le pâle carré de lumière dormante que la veilleuse jetait sur le carreau, et il retrouvait le souffle fort, élargi, prolongé dans l'ombre. Lui aussi, quand il rentrait se coucher, laissait sa porte ouverte, car il avait le besoin d'entendre ce râle, c'était une obsession qui le poursuivait jusque dans les somnolences où il glissait enfin, au petit jour. Comme à l'époque de la maladie de sa cousine, son épouvante de la mort avait disparu. Sa mère allait mourir, tout allait mourir, il s'abandonnait à cet effondrement de la vie, sans autre sentiment que l'exaspération de son impuissance à rien changer.

Ce fut le lendemain que l'agonie de madame Chanteau commença, une agonie bavarde, qui dura vingt-quatre heures. Elle s'était calmée, l'effroi du poison ne l'affolait plus ; et, sans arrêt, elle parlait toute seule, d'une voix claire, en phrases rapides, sans lever la tête de l'oreiller. Ce n'était pas une causerie, elle ne s'adressait à personne, il semblait seulement que, dans le détraquement de la machine, son cerveau se hâtât de fonctionner comme une horloge qui se déroule, et que ce flot de petites paroles pressées fût les derniers tic-tac de son intelligence à bout de chaîne. Tout son passé défilait, il ne lui venait pas un mot du présent, de son mari, de son fils, de sa nièce, de cette maison de Bonneville, où son ambition avait souffert dix années. Elle était encore mademoiselle de la Vignière, lorsqu'elle courait le cachet dans les familles distinguées de Caen ; elle prononçait familièrement des noms que ni Pauline ni Véronique n'avaient jamais entendus ; elle racontait de longues histoires, sans suite, coupées d'incidents, et dont les détails échappaient à la bonne elle-même, vieillie pourtant à son service. Comme ces coffres que l'on vide des lettres jaunies d'autrefois, il semblait qu'elle se débarrassât la tête des souvenirs de sa jeunesse, avant d'expirer. Pauline, malgré son courage, en éprouvait un frisson, troublée devant cet inconnu, cette confession involontaire qui revenait à la surface, dans le travail même de la mort. Et ce n'était plus d'un souffle, c'était de ce bavardage terrifiant que la maison maintenant s'emplissait. Lazare, lorsqu'il passait devant la porte, en emportait des phrases. Il les retournait, ne leur trouvait pas de sens, s'en effarait comme d'une histoire ignorée, que sa mère contait déjà, de l'autre côté de la vie, au milieu de gens invisibles.

Lorsque le docteur Cazenove arriva, il trouva Chanteau et l'abbé Horteur dans la salle à manger, en train de jouer aux dames. On aurait pu croire qu'ils n'avaient pas bougé de là, et qu'ils continuaient la partie de la veille. Assise près d'eux sur son derrière, la Minouche paraissait absorbée dans l'étude du damier. Le curé était venu de grand matin reprendre son poste de consolateur. Pauline, à présent, ne voyait plus d'inconvénient à ce qu'il montât, et lorsque le médecin fit sa visite, il quitta son jeu, il l'accompagna près de la malade, se présenta à elle en ami, simplement désireux d'avoir de ses nouvelles. Madame Chanteau les reconnut encore, elle voulut qu'on la relevât contre ses oreillers, elle les accueillit en belle femme de Caen qui recevait dans un délire lucide et souriant. Ce brave docteur devait être satisfait d'elle, n'est-ce pas ? elle se lèverait bientôt ; et elle questionna l'abbé poliment sur sa propre santé. Celui-ci, monté dans l'intention de remplir son devoir de prêtre, n'osa ouvrir la bouche, saisi de cette agonie bavarde. Du reste, Pauline était là, qui l'aurait empêché d'aborder certains sujets. Elle-même avait la force de feindre une gaieté confiante. Quand les deux hommes se retirèrent, elle les reconduisit sur le palier, où le médecin lui donna à voix basse des instructions pour les derniers moments. Les mots de décomposition rapide, de phénol, revenaient, pendant que, de la chambre, sortait encore le bourdonnement confus, le flux de paroles intarissables de la mourante.

— Alors, vous pensez qu'elle passera la journée ? demanda la jeune fille.

— Oui, elle ira sans doute jusqu'à demain, répondit Cazenove. Mais ne la levez plus, elle pourrait vous rester entre les bras... D'ailleurs, je reviendrai ce soir.

Il fut convenu que l'abbé Horteur demeurerait avec Chanteau et qu'il le préparerait à la catastrophe. Véronique, sur le seuil de la chambre, écoutait prendre ces dispositions d'un air effaré. Depuis qu'elle croyait à la possibilité de la mort de Madame, elle ne desserrait plus les lèvres, s'empressait autour d'elle avec son dévouement de bête de somme. Mais tous se turent, Lazare montait, errant par la maison, sans trouver la force d'assister aux visites du docteur et de connaître au juste le danger. Ce brusque silence qui l'accueillait, le renseigna malgré lui. Il devint très pâle.

— Mon cher enfant, dit le médecin, vous devriez m'accompagner. Vous déjeuneriez avec moi, et je vous ramènerais ce soir.

Le jeune homme avait pâli encore.

— Non, merci, murmura-t-il, je ne veux pas m'éloigner.

Dès lors, Lazare attendit, dans un affreux serrement de poitrine. Une ceinture de fer semblait lui boucler les côtes. La journée s'éternisait, et elle passait pourtant, sans qu'il sût de quelle façon coulaient les heures. Il ne se rappela jamais ce qu'il avait fait, montant, descendant, regardant au loin la mer, dont le bercement immense achevait de l'étourdir. La marche invincible des minutes, par instants, se matérialisait, devenait en lui la poussée d'une barre de granit qui balayait tout à l'abîme. Puis, il s'exaspérait, il aurait voulu que tout fût terminé, pour se reposer enfin de cette abominable attente. Vers quatre heures, comme il montait une fois de plus à sa chambre, il entra brusquement chez sa mère : il voulait voir, il avait le besoin de l'embrasser encore. Mais, quand il se pencha, elle continua de dévider l'écheveau embrouillé de ses phrases, elle ne tendit même pas la joue, du mouvement fatigué dont elle l'accueillait depuis sa maladie. Peut-être ne le vit-elle point. Ce n'était plus sa mère, ce visage plombé, aux lèvres noires déjà.

— Va-t'en, lui dit Pauline avec douceur, sors un peu... Je t'assure que l'heure n'est pas venue.

Et, au lieu de monter chez lui, Lazare se sauva. Il sortit, en emportant la vision de ce visage douloureux, qu'il ne reconnaissait plus. Sa cousine lui mentait, l'heure allait venir ; seulement, il étouffait, il lui fallait de l'espace, il marchait comme un fou. Ce baiser était le dernier. L'idée de ne revoir jamais sa mère, jamais, le secouait furieusement.

Mais il crut que quelqu'un courait après lui, il se tourna ; et, quand il reconnut Mathieu, qui tâchait de le rejoindre avec ses pattes lourdes, il entra dans une rage, sans raison aucune, il prit des pierres qu'il lança au chien, en bégayant des injures, pour le renvoyer à la maison. Mathieu, stupéfait de cet accueil, s'éloignait, puis se retournait et le regardait d'un œil doux, où semblaient luire des larmes. Il fut impossible à Lazare de chasser cette bête, qui l'accompagna de loin, comme pour veiller sur son désespoir. La mer immense l'irritait elle aussi, il s'était jeté dans les champs, il cherchait les coins perdus, afin de s'y sentir seul et caché. Jusqu'à la nuit, il vagabonda, traversa des terres labourées, sauta des haies vives. Enfin, il rentrait exténué, lorsqu'un spectacle, devant lui, le frappa d'une épouvante superstitieuse : c'était au bord d'un chemin désert, un grand peuplier isolé et noir, que la lune à son lever surmontait d'une flamme jaune ; et l'on aurait dit un grand cierge brûlant dans le crépuscule, au chevet de quelque grande morte, couchée en travers de la campagne.

— Allons, Mathieu ! cria-t-il d'une voix étranglée. Dépêchons-nous.

Il rentra en courant, comme il était parti. Le chien avait osé se rapprocher, et il lui léchait les mains.

Malgré la nuit tombée, il n'y avait pas de lumière dans la cuisine. La pièce était vide et sombre, rougie au plafond par le reflet d'un fourneau de braise. Ces ténèbres saisirent Lazare, qui ne trouva pas le courage d'aller plus loin. Éperdu, debout au milieu du désordre des pots et des torchons, il écouta les bruits dont la maison frissonnait. À côté, il entendait une petite toux de son père, auquel l'abbé Horteur parlait, d'une voix sourde et continue. Mais ce qui l'effrayait surtout, c'étaient, dans l'escalier, des pas rapides, des chuchotements, puis, à l'étage supérieur, un bourdonnement qu'il ne s'expliquait pas, comme le tumulte étouffé d'une besogne vivement faite. Il n'osait comprendre, était-ce donc fini ? Et il demeurait immobile, sans avoir la force de monter chercher une certitude, lorsqu'il vit descendre Véronique : elle courait, elle alluma une bougie et l'emporta, si pressée, qu'elle ne lui jeta ni une parole ni même un regard. La cuisine, éclairée un moment, était retombée dans le noir. En haut, les piétinements s'apaisaient. Il y eut encore une apparition de la bonne, qui, cette fois, descendait prendre une terrine ; et toujours la même hâte effarée et muette. Lazare ne douta plus, c'était fini. Alors, défaillant, il s'assit au bord de la table, il attendit au fond de cette ombre, sans savoir ce qu'il attendait, les oreilles sonnantes du grand silence qui venait de se faire.

Dans la chambre, l'agonie suprême durait depuis deux heures, une agonie atroce qui épouvantait Pauline et Véronique. La peur du poison avait reparu aux derniers hoquets, madame Chanteau se soulevait, causant toujours de sa voix rapide, mais peu à peu agitée d'un délire furieux. Elle voulait sauter de son lit, s'enfuir de la maison où quelqu'un allait l'assassiner. La jeune fille et la bonne devaient mettre toutes leurs forces à la retenir.

— Laissez-moi, vous me ferez tuer… Il faut que je parte, tout de suite, tout de suite…

Véronique tâchait de la calmer.

— Madame, regardez-nous… Vous ne nous pensez pas capables de vous faire du mal.

La mourante, épuisée, soufflait un instant. Elle semblait chercher dans la pièce, de ses yeux troubles, qui ne voyaient sans doute plus. Puis, elle reprenait :

— Fermez le secrétaire. C'est dans le tiroir… La voilà qui monte. Oh ! j'ai peur, je vous dis que je l'entends ! Ne lui donnez pas la clef, laissez-moi partir, tout de suite, tout de suite…

Et elle se débattait sur ses oreillers, tandis que Pauline la maintenait.

— Ma tante, il n'y a personne, il n'y a que nous.

— Non, non, écoutez, la voilà… Mon Dieu ! je vais mourir, la coquine m'a tout fait boire… Je vais mourir ! je vais mourir !

Ses dents claquaient, elle se réfugiait entre les bras de sa nièce, qu'elle ne reconnaissait pas. Celle-ci la serrait douloureusement sur son cœur, cessant de combattre l'abominable soupçon, se résignant à le lui laisser emporter dans la terre.

Heureusement, Véronique veillait. Elle avança les mains, en murmurant :

— Mademoiselle, prenez garde !

C'était la crise finale. Madame Chanteau, d'un violent effort, avait réussi à jeter ses jambes enflées hors du lit ; et, sans l'aide de la bonne, elle serait tombée par terre. Une folie l'agitait, elle ne poussait plus que des cris inarticulés, les poings serrés comme pour une lutte corps à corps, ayant l'air de se défendre contre une vision qui la tenait à la gorge. Dans cette minute dernière, elle dut se voir mourir, elle rouvrit des yeux intelligents, dilatés par l'horreur. Une souffrance affreuse lui fit un instant porter les mains à sa poitrine. Puis, elle retomba sur les oreillers et devint noire. Elle était morte.

Il y eut un grand silence. Pauline, épuisée, voulut encore lui fermer les yeux : c'était le terme qu'elle avait fixé à ses forces. Quand elle quitta la chambre, laissant comme garde, avec Véronique, la femme Prouane qu'elle avait envoyé chercher après la visite du docteur, elle se sentit défaillir dans l'escalier ; et elle dut s'asseoir un moment sur une marche, car elle ne trouvait plus le courage de descendre pour annoncer la mort à Lazare et à Chanteau. Les murs, autour d'elle, tournaient. Quelques minutes se passèrent, elle reprit la rampe, entendit dans la salle à manger la voix de l'abbé Horteur, et préféra entrer dans la cuisine. Mais, là, elle aperçut Lazare, dont la silhouette sombre se détachait sur le reflet rouge du fourneau. Sans parler, elle s'avança, les bras ouverts. Il avait compris, il s'abandonna contre l'épaule de la jeune fille, tandis qu'elle le serrait d'une longue étreinte. Puis, ils se baisèrent au visage. Elle pleurait silencieusement, et lui ne pouvait verser une larme, si étranglé, qu'il ne respirait plus. Enfin, elle desserra les bras, elle dit la première phrase qui lui venait aux lèvres :

— Pourquoi es-tu sans lumière ?

Il fit un geste, comme pour répondre qu'il n'avait pas besoin de lumière dans son chagrin.

— Il faut allumer une bougie, reprit-elle.

Lazare était tombé sur une chaise, incapable de se tenir debout.

Mathieu, très inquiet, faisait le tour de la cour, flairant l'air humide de la nuit. Il rentra, les regarda fixement l'un après l'autre, alla poser sa grosse tête sur un genou de son maître ; et il resta immobile à l'interroger de tout près, les yeux dans les yeux. Alors, Lazare se mit à trembler devant ce regard de chien. Brusquement, les larmes jaillirent, il éclata en sanglots, les mains nouées autour de cette vieille bête domestique, que sa mère aimait depuis quatorze ans. Il bégayait des mots entrecoupés.

— Ah ! mon pauvre gros, mon pauvre gros... Nous ne la verrons plus.

Pauline, malgré son trouble, avait fini par trouver et par allumer une bougie. Elle ne tenta pas de le consoler, heureuse de ses larmes. Une tâche pénible lui restait, celle d'avertir son oncle. Mais, comme elle se décidait à passer dans la salle à manger, où Véronique avait porté une lampe dès le crépuscule, l'abbé Horteur venait, par de longues phrases ecclésiastiques, d'amener Chanteau à cette idée que sa femme était perdue et qu'il y avait seulement là une question d'heures. Aussi, quand le vieillard vit entrer sa nièce, bouleversée, les yeux rouges, devina-t-il la catastrophe. Son premier cri fut :

— Mon Dieu ! je n'aurais demandé qu'une chose, la revoir vivante une fois encore... Ah ! ces saletés de jambes ! ces saletés de jambes !

Il ne sortit guère de là. Il pleurait des petites larmes vite séchées, poussait de faibles soupirs de malade ; et il revenait vite à ses jambes, les injuriait, en arrivait à se plaindre lui-même. Un instant, on discuta la possibilité de le monter au premier étage, pour qu'il pût embrasser la morte ; puis, outre la difficulté d'une telle besogne, on jugea dangereux de lui donner l'émotion de cet adieu suprême, qu'il n'exigeait plus d'ailleurs. Et il demeura dans la salle à manger, devant le damier en désordre, ne sachant à quoi occuper ses pauvres mains d'infirme, n'ayant pas même assez de tête, disait-il, pour lire et comprendre son journal. Quand on le coucha, des souvenirs lointains durent s'éveiller, car il pleura beaucoup.

Alors, deux longues nuits et un jour sans fin s'écoulèrent, ces heures terribles où la mort habite le foyer. Cazenove n'avait reparu que pour constater le décès, surpris une fois de plus d'une fin si rapide. Lazare, qui ne se coucha pas la première nuit, écrivit jusqu'au jour des lettres à des parents éloignés. On devait transporter le corps au cimetière de Caen, dans le caveau de la famille. Le docteur s'était obligeamment chargé de toutes les formalités ; et il n'y en eut qu'une de pénible, à Bonneville, la déclaration que

Chanteau était chargé de recevoir en qualité de maire. Pauline, n'ayant pas de robe noire convenable, se hâta de s'en arranger une, à l'aide d'une ancienne jupe et d'un châle de mérinos, dans lequel elle se tailla un corsage. La première nuit, puis la journée passèrent encore, au milieu de la fièvre de ces occupations ; mais ce fut la seconde nuit qui s'éternisa, rendue interminable par la douloureuse attente du lendemain. Personne ne put dormir, les portes restaient ouvertes, des bougies allumées traînaient sur les marches et sur les meubles ; tandis qu'une odeur de phénol avait envahi jusqu'aux pièces écartées. Tous en étaient à cette courbature de la douleur, la bouche empâtée, les yeux troubles ; et ils n'avaient plus que le sourd besoin de ressaisir la vie.

Enfin, le lendemain, à dix heures, la cloche de la petite église se mit à sonner, de l'autre côté de la route. Par égard pour l'abbé Horteur, qui s'était conduit en brave homme dans ces tristes circonstances, on avait résolu de faire célébrer la cérémonie religieuse à Bonneville, avant le départ du corps pour le cimetière de Caen. Dès qu'il entendit la cloche, Chanteau se remua dans son fauteuil.

— Je veux la voir partir au moins, répétait-il. Ah ! les saletés de jambes ! quelle misère que d'avoir des saletés de jambes pareilles !

Vainement, on essaya de lui éviter l'affreux spectacle. La cloche sonnait plus vite, il se fâchait, il criait :

— Roulez-moi dans le corridor. J'entends bien qu'on la descend… Tout de suite, tout de suite. Je veux la voir partir.

Et il fallut que Pauline et Lazare, en grand deuil, déjà gantés, lui obéissent. L'un à droite, l'autre à gauche, poussèrent le fauteuil au pied de l'escalier. En effet, quatre hommes descendaient le corps, dont le poids leur cassait les membres. Quand le cercueil parut, avec son bois neuf, ses poignées luisantes, sa plaque de cuivre gravée fraîchement, Chanteau eut un effort instinctif pour se lever ; mais ses jambes de plomb le clouaient, il dut rester dans son fauteuil, agité d'un tremblement tel, que ses mâchoires faisaient un petit bruit, comme s'il eût parlé tout seul. L'escalier étroit rendait la descente difficile, il regardait la grande caisse jaune venir avec lenteur ; et lorsqu'elle lui effleura les pieds, il se pencha pour voir ce qu'on avait écrit sur la plaque. Maintenant, le corridor était plus large, les hommes se dirigeaient vivement vers le brancard, déposé devant le perron. Lui, regardait toujours, regardait s'en aller quarante années de sa vie, les choses d'autrefois, les bonnes et les mauvaises, qu'il regrettait éperdument comme on regrette la jeunesse. Derrière le fauteuil, Pauline et Lazare pleuraient.

— Non, non, laissez-moi, leur dit-il, quand ils s'apprêtèrent à le rouler de nouveau à sa place, dans la salle à manger. Allez-vous-en. Je veux voir.

On avait déposé le cercueil sur le brancard, d'autres hommes le soulevaient. Le cortège s'organisait dans la cour, pleine de gens du pays. Mathieu, enfermé depuis le matin, gémissait sous la porte de la remise, au milieu du grand silence ; tandis que la Minouche, assise sur la fenêtre de la cuisine, examinait d'un air surpris tout ce monde et cette boîte qu'on emportait. Comme on ne partait pas assez vite, la chatte, ennuyée, se lécha le ventre.

— Tu n'y vas donc pas ? demanda Chanteau à Véronique, qu'il venait d'apercevoir près de lui.

— Non, monsieur, répondit-elle d'une voix étranglée. Mademoiselle m'a dit de rester avec vous.

La cloche de l'église sonnait toujours, le corps quittait enfin la cour, suivi de Lazare et de Pauline, en noir au grand soleil. Et, de son fauteuil d'infirme, dans l'encadrement de la porte du vestibule laissée ouverte, Chanteau le regardait partir.

VII

La complication des cérémonies et certaines affaires à régler retinrent Lazare et Pauline deux jours à Caen. Quand ils revinrent, après une dernière visite au cimetière, le temps avait changé, une bourrasque soufflait sur les côtes. Ils partirent d'Arromanches par une pluie battante, le vent soufflait si fort, que la capote du cabriolet menaçait d'être emportée. Pauline se rappelait son premier voyage, lorsque madame Chanteau l'avait amenée de Paris : c'était par une tempête pareille, la pauvre tante lui défendait de se pencher hors de la voiture, et lui rattachait à toute minute un foulard autour du cou. Dans son coin, Lazare songeait aussi, revoyait sa mère sur cette route, impatiente de l'embrasser, à chacun de ses retours : une fois, en décembre, elle avait fait deux lieues à pied, il l'avait trouvée assise sur cette borne. La pluie tombait sans relâche, la jeune fille et son cousin n'échangèrent pas une parole d'Arromanches à Bonneville.

Cependant, comme on arrivait, la pluie cessa ; mais le vent redoublait de violence, il fallut que le cocher descendît, pour prendre le cheval par la bride. Enfin, la voiture s'arrêtait devant la porte, lorsque le pêcheur Houtelard passa en courant.

— Ah ! monsieur Lazare, cria-t-il, c'est fichu, cette fois !... Elle vous casse vos machines.

On ne pouvait voir la mer, de cet angle de la route. Le jeune homme, qui avait levé la tête, venait d'apercevoir Véronique debout sur la terrasse, les yeux vers la plage. De l'autre côté, abrité contre le mur de son jardin, dans la crainte que le vent ne fendît sa soutane, l'abbé Horteur regardait aussi. Il se pencha pour crier à son tour :

— Ce sont vos épis qu'elle nettoie !

Alors, Lazare descendit la côte, et Pauline le suivit, malgré le temps affreux. Quand ils débouchèrent au bas de la falaise, ils restèrent saisis du spectacle qui les attendait. La marée, une des grandes marées de septembre, montait avec un fracas épouvantable ; elle n'était pourtant pas annoncée comme devant être dangereuse ; mais la bourrasque qui soufflait du nord depuis la veille, la gonflait si démesurément, que des montagnes d'eau s'élevaient de l'horizon, et roulaient, et s'écroulaient sur les roches. Au loin, la mer était noire, sous l'ombre des nuages, galopant dans le ciel livide.

— Remonte, dit le jeune homme à sa cousine. Moi, je vais donner un coup d'œil, et je reviens tout de suite.

Elle ne répondit pas, elle continua de le suivre jusqu'à la plage. Là, les épis et une grande estacade, qu'on avait construite dernièrement, soutenaient un effroyable assaut. Les vagues, de plus en plus grosses, tapaient comme des béliers, l'une après l'autre ; et l'armée en était innombrable, toujours des masses nouvelles se ruaient. De grands dos verdâtres, aux crinières d'écume, moutonnaient à l'infini, se rapprochaient sous une poussée géante ; puis, dans la rage du choc, ces monstres volaient eux-mêmes en poussière d'eau, tombaient en une bouillie blanche, que le flot paraissait boire et remporter. Sous chacun de ces écroulements, les charpentes des épis craquaient. Un déjà avait eu ses jambes de force cassées, et la longue poutre centrale, retenue par un bout, branlait désespérément, ainsi qu'un tronc mort dont la mitraille aurait coupé les membres. Deux autres résistaient mieux ; mais on les sentait trembler dans leurs scellements, se fatiguer et comme s'amincir, au milieu de l'étreinte mouvante qui semblait vouloir les user pour les rompre.

— Je disais bien, répétait Prouane, très ivre, adossé à la coque trouée d'une vieille barque, fallait voir ça quand le vent soufflerait d'en haut… Elle s'en moque un peu, de ses allumettes, à ce jeune homme !

Des ricanements accueillaient ces paroles. Tout Bonneville était là, les hommes, les femmes, les enfants, très amusés par les claques énormes que recevaient les épis. La mer pouvait écraser leurs masures, ils l'aimaient d'une admiration peureuse, ils en auraient pris pour eux l'affront, si le premier monsieur venu l'avait domptée, avec quatre poutres et deux douzaines de chevilles. Et cela les excitait, les gonflait comme d'un triomphe personnel, de la voir enfin se réveiller et se démuseler, en un coup de gueule.

— Attention ! criait Houtelard, regardez-moi quel atout… Hein ? elle lui a enlevé deux pattes !

Ils s'appelaient. Cuche comptait les vagues.

— Il en faut trois, vous allez voir… Une, ça le décolle ! deux, c'est balayé ! Ah ! la gueuse, deux lui ont suffi !… Quelle gueuse, tout de même !

Et ce mot était une caresse. Des jurons attendris s'élevaient. La marmaille dansait, quand un paquet d'eau plus effrayant s'abattait et brisait du coup les reins d'un épi. Encore un ! encore un ! tous y resteraient, craqueraient, comme des puces de mer sous le sabot d'un enfant. Mais la marée montait toujours, et la grande estacade restait debout. C'était le spectacle attendu, la bataille décisive. Enfin, les premières vagues s'engouffrèrent dans les charpentes. On allait rire.

— Dommage qu'il ne soit pas là, le jeune homme ! dit la voix goguenarde de ce gueux de Tourmal. Il pourrait s'accoter contre, pour les renforcer.

Un sifflement le fit taire, des pêcheurs venaient d'apercevoir Lazare et Pauline. Ceux-ci, très pâles, avaient entendu, et ils continuaient à regarder le désastre en silence. Ce n'était rien, ces poutres brisées ; mais la marée devait monter encore pendant deux heures, le village souffrirait certainement, si l'estacade ne résistait pas. Lazare avait pris sa cousine contre lui, en la tenant à la taille, pour la protéger des rafales, dont les souffles passaient comme des coups de faux. Une ombre lugubre tombait du ciel noir, les vagues hurlaient, tous deux demeuraient immobiles, en grand deuil, dans la poussière d'eau volante, dans la clameur qui s'enflait, toujours plus haute. Autour d'eux, maintenant, les pêcheurs attendaient, la bouche tordue par un dernier ricanement, travaillés sourdement d'une inquiétude croissante.

— Ça ne va pas être long, murmura Houtelard.

L'estacade pourtant résistait. À chaque lame qui la couvrait d'écume, les charpentes noires, enduites de goudron, reparaissaient sous l'eau blanche. Mais, dès qu'une pièce de bois fut rompue, les pièces voisines commencèrent à s'en aller, morceau à morceau. Depuis cinquante ans, les anciens n'avaient pas vu une mer aussi forte. Bientôt, il fallut s'éloigner, les poutres arrachées battaient les autres, achevaient de démolir l'estacade, dont les épaves étaient violemment jetées à terre. Il n'en restait qu'une toute droite pareille à une de ces balises qu'on plante sur les écueils. Bonneville cessait de rire, des femmes emportaient des enfants en larmes. La gueuse les reprenait, c'était une stupeur résignée, la ruine attendue et subie, dans ce voisinage si étroit de la grande mer qui les nourrissait et les tuait. Il y eut une débandade, un galop de gros souliers : tous se réfugiaient derrière les murs de galets, dont la ligne seule protégeait encore les maisons. Des pieux cédaient déjà, les planches étaient enfoncées, les vagues énormes passaient par-dessus les murs trop bas. Rien ne résista plus, un paquet d'eau alla briser les vitres, chez Houtelard, et inonder sa cuisine. Alors, ce fut une déroute, il ne restait que la mer victorieuse, balayant la plage.

— Ne rentre pas ! criait-on à Houtelard. Le toit va crever.

Lentement, Lazare et Pauline avaient reculé devant le flot. Aucun secours n'était possible, ils remontaient chez eux, lorsque la jeune fille, à mi-côte, jeta un dernier coup d'œil sur le village menacé.

— Pauvres gens ! murmura-t-elle.

Mais Lazare ne leur pardonnait pas leurs rires imbéciles. Blessé au cœur par cette débâcle qui était pour lui une défaite, il eut un geste de colère, il desserra enfin les dents.

— Qu'elle couche dans leur lit, puisqu'ils l'aiment ! Ce n'est fichtre pas moi qui l'en empêcherai !

Véronique descendait à leur rencontre avec un parapluie, car les averses recommençaient. L'abbé Horteur, toujours abrité derrière son mur, leur cria des phrases qu'ils ne purent entendre. Ce temps abominables, les épis détruits, la misère de ce village qu'ils laissaient en danger, attristaient encore leur retour. Quand ils rentrèrent dans la maison, elle leur sembla nue et glacée ; seul, le vent en traversait les pièces mornes, d'un hurlement continu. Chanteau, assoupi devant le feu de coke, se mit à pleurer, dès qu'ils parurent. Ni l'un ni l'autre ne monta changer de vêtements, pour éviter les souvenirs affreux de l'escalier. La table était prête, la lampe allumée, on dîna tout de suite. Ce fut une soirée sinistre, les secousses profondes de la mer, dont les murs tremblaient, coupaient les paroles rares. Lorsqu'elle servit le thé, Véronique annonça que la maison des Houtelard et cinq autres étaient déjà par terre ; cette fois, la moitié du village y resterait. Chanteau, désespéré de n'avoir pu encore retrouver son équilibre dans ses souffrances, lui ferma la bouche, en disant qu'il avait bien assez de son malheur et qu'il ne voulait pas entendre parler de celui des autres. Après l'avoir mis au lit, tous se couchèrent, brisés de fatigue. Jusqu'au jour, Lazare garda de la lumière ; et, à plus de dix reprises, Pauline, inquiète, ouvrit doucement sa porte pour écouter ; mais il ne montait, du premier étage, vide maintenant, qu'un silence de mort.

Dès le lendemain, commencèrent pour le jeune homme les heures lentes et poignantes qui suivent les grands deuils. Il s'éveillait comme d'un évanouissement, après une chute, dont ses membres auraient gardé la courbature ; et il avait à présent toute sa tête, le souvenir très net, dégagé du cauchemar qu'il venait de traverser, avec la vision trouble de la fièvre. Chaque détail renaissait, il revivait ses douleurs. Le fait de la mort qu'il n'avait pas encore touché, était là, chez lui, dans la pauvre mère emportée brutalement, en quelques jours. Cette horreur de n'être plus devenait tangible : on était quatre, et un trou se creusait, on restait trois à grelotter de misère, à se serrer éperdument, pour retrouver un peu de la chaleur perdue. C'était donc cela, mourir ? c'était ce plus jamais, ces bras tremblants refermés sur une ombre, qui ne laissait d'elle qu'un regret épouvanté.

Sa pauvre mère, il la perdait de nouveau, à chaque heure, toutes les fois que la morte se dressait en lui. D'abord, il n'avait pas tant souffert, ni quand sa cousine était descendue se jeter dans ses bras, ni pendant la longue cruauté de l'enterrement. Il ne sentait l'affreuse perte que depuis son retour dans la maison vide ; et son chagrin s'exaspérait du remords de n'avoir pas pleuré davantage, sous le coup de l'agonie, lorsque quelque chose de la disparue était encore là. La crainte de n'avoir pas aimé sa mère le torturait, l'étranglait parfois d'une crise de sanglots. Il l'évoquait sans cesse, il était hanté par son image. S'il montait l'escalier, il s'attendait à la voir sortir de sa chambre, du petit pas rapide dont elle traversait le corridor. Souvent, il se retournait, croyant l'entendre, si rempli d'elle, qu'il finissait par avoir l'hallucination d'un bout de robe coulant derrière une porte. Elle n'était pas fâchée, elle ne le regardait même pas ; ce n'était qu'une apparition familière, une ombre de la vie d'autrefois. La nuit, il n'osait éteindre sa lampe, des bruits furtifs s'approchaient du lit, une haleine l'effleurait au front, dans l'obscurité. Et la plaie, au lieu de se fermer, allait en s'élargissant toujours, c'était au moindre souvenir une secousse nerveuse, une apparition réelle et rapide, qui s'évanouissait aussitôt, en lui laissant l'angoisse du jamais plus.

Tout, dans la maison, lui rappelait sa mère. La chambre était restée intacte, on n'avait pas changé un meuble de place, un dé à coudre traînait au bord d'une petite table, à côté d'un ouvrage de broderie. Sur la cheminée, l'aiguille de la pendule arrêtée marquait sept heures trente-sept minutes, l'heure dernière. Il évitait d'entrer là. Puis, quand il montait vivement l'escalier, une résolution soudaine l'y poussait parfois. Et, le cœur battant à grands coups, il lui semblait que les vieux meubles amis, le secrétaire, le guéridon, le lit surtout, avaient pris une majesté qui les faisait autres. Par les volets toujours clos, glissait une lueur pâle, dont le vague augmentait son trouble, tandis qu'il allait baiser l'oreiller, où s'était glacée la tête de la morte. Un matin, comme il entrait, il demeura saisi : les volets, grands ouverts, laissaient pénétrer à flots le plein jour ; une nappe gaie de soleil était couchée en travers du lit, jusque sur l'oreiller ; et les meubles se trouvaient garnis de fleurs, dans tous les pots qu'on avait pu réunir. Alors, il se rappela, c'était un anniversaire, la naissance de celle qui n'était plus, date fêtée tous les ans, et dont sa cousine avait gardé la mémoire. Il n'y avait là que les pauvres fleurs de l'automne, les asters, les marguerites, les dernières roses touchées déjà par la gelée ; mais elles sentaient bon la vie, elles encadraient de leurs couleurs joyeuses le cadran mort, où le temps semblait s'être arrêté. Cette pieuse attention de femme le bouleversa. Il pleura longtemps.

Et la salle à manger, la cuisine, la terrasse même, étaient ainsi pleines de sa mère. Il la retrouvait dans de menus objets qu'il ramassait, dans des habitudes qui lui manquaient tout d'un coup. Cela tournait à l'obsession, et il n'en parlait point, il mettait une sorte de pudeur inquiète à cacher ce tourment de toutes les heures, ce continuel entretien avec la mort. Comme il allait jusqu'à éviter de prononcer le nom de celle dont il était hanté, on aurait pu croire que l'oubli venait déjà, que jamais il ne songeait à elle, lorsqu'il ne passait pas un instant sans avoir au cœur l'élancement douloureux d'un souvenir. Seul, le regard de sa cousine le pénétrait. Alors, il risquait des mensonges, jurait avoir éteint sa lampe à minuit, se disait absorbé par un travail imaginaire, prêt à s'emporter, si on le questionnait davantage. Sa chambre était son refuge, il remontait s'y abandonner, plus tranquille dans ce coin où il avait grandi, n'ayant pas la peur d'y livrer aux autres le secret de son mal.

Dès les premiers jours, il avait bien essayé de sortir, de reprendre ses longues promenades. Du moins, il aurait échappé au silence maussade de la bonne et au spectacle pénible de son père, abattu dans un fauteuil, ne sachant à quelle distraction occuper ses dix doigts. Mais une répugnance invincible de la marche lui était venue. Il s'ennuyait dehors, d'un ennui qui allait jusqu'au malaise. Cette mer, avec son éternel balancement, son flot obstiné dont la houle battait la côte deux fois par jour, l'irritait comme une force stupide, étrangère à sa douleur, usant là les mêmes pierres depuis des siècles, sans avoir jamais pleuré sur une mort humaine. C'était trop grand, trop froid, et il se hâtait de rentrer, de s'enfermer, pour se sentir moins petit, moins écrasé entre l'infini de l'eau et l'infini du ciel. Un seul endroit l'attirait, le cimetière qui entourait l'église : sa mère n'y était point, il y songeait à elle avec une grande douceur, il s'y calmait singulièrement, malgré sa terreur du néant. Les tombes dormaient dans l'herbe, des ifs avaient poussé à l'abri de la nef, on n'entendait que le sifflement des courlis, bercés au vent du large. Et il s'oubliait là des heures, sans pouvoir même lire sur les dalles les noms des vieux morts, effacés par les pluies battantes de l'ouest.

Encore si Lazare avait eu la foi en l'autre monde, s'il avait pu croire qu'on retrouvait un jour les siens, derrière le mur noir. Mais cette consolation lui manquait, il était trop convaincu de la fin individuelle de l'être, mourant et se perdant dans l'éternité de la vie. Il y avait là une révolte déguisée de son moi, qui ne voulait pas finir. Quelle joie de recommencer ailleurs, parmi les étoiles, une nouvelle existence avec les parents et les amis ! comme cela aurait rendu l'agonie douce, d'aller rejoindre les affections perdues, et quels baisers à la rencontre, et quelle sérénité de revivre ensemble immortels ! Il agonisait devant ce mensonge charitable des religions, dont la pitié cache aux faibles la vérité terrible. Non, tout finissait à la mort, rien ne renaissait de nos affections, l'adieu était dit à jamais. Oh ! jamais ! jamais ! c'était ce mot redoutable qui emportait son esprit dans le vertige du vide.

Un matin, comme Lazare s'était arrêté à l'ombre des ifs, il aperçut l'abbé Horteur au fond de son potager, qu'un mur bas séparait seulement du cimetière. En vieille blouse grise, chaussé de sabots, le prêtre bêchait lui-même un carré de choux ; et le visage tanné par l'air âpre de la mer, la nuque brûlée de soleil, il ressemblait à un vieux paysan, courbé sur la terre dure. Payé à peine, sans casuel dans cette petite paroisse perdue, il serait mort de faim, s'il n'avait fait pousser quelques légumes. Son peu d'argent allait à des aumônes, il vivait seul, servi par une gamine, obligé souvent de mettre sa soupe au feu. Pour comble de malheur, la terre ne valait rien sur ce roc, le vent lui brûlait ses salades, ce n'était vraiment pas une chance d'avoir à se battre contre les cailloux, et d'obtenir des oignons si maigres. Cependant, il se cachait encore, quand il passait sa blouse, de crainte qu'on n'en plaisantât la religion. Aussi Lazare allait-il se retirer lorsqu'il le vit sortir de sa poche une pipe, la bourrer à coups de pouce et l'allumer, avec de gros bruits de lèvres. Mais comme il jouissait béatement des premières bouffées, l'abbé à son tour aperçut le jeune homme. Il eut un geste effaré pour cacher sa pipe, puis il se mit à rire, et il cria :

— Vous prenez l'air… Entrez donc, vous verrez mon jardin.

Quand Lazare fut près de lui, il ajouta joyeusement :

— Hein ? vous me trouvez en débauche… Je n'ai que ça, mon ami, et ce n'est pas Dieu qui s'en offense.

Dès lors, fumant bruyamment, il ne quitta plus sa pipe que pour lâcher de courtes phrases. Ainsi, le curé de Verchemont le préoccupait : un homme heureux qui avait un jardin magnifique, du vrai terreau où tout poussait ; et voyez comme les choses s'arrangeaient mal, ce curé ne donnait seulement pas un coup de râteau. Ensuite, il se plaignit de ses pommes de terre, car elles coulaient depuis deux ans, bien que le sol dût leur convenir.

— Que je ne vous dérange pas, lui dit Lazare. Continuez votre travail.

L'abbé reprit tout de suite sa bêche.

— Ma foi, je veux bien… Ces galopins vont arriver pour le catéchisme, et je tiens à finir ce carré auparavant.

Lazare s'était assis sur un banc de granit, quelque ancienne pierre tombale, adossée contre le petit mur du cimetière. Il regardait l'abbé Horteur se battre avec les cailloux, il l'écoutait causer de sa voix aiguë de vieil enfant ; et une envie lui venait d'être ainsi pauvre et simple, la tête vide, la chair tranquille. Pour que l'évêché eût laissé le bonhomme vieillir dans cette cure misérable, il fallait vraiment qu'on le jugeât d'une grande innocence d'esprit. Du reste, il était de ceux qui ne se plaignent pas, et dont l'ambition est satisfaite lorsqu'ils ont du pain à manger et de l'eau à boire.

— Ce n'est pas gai, de vivre parmi ces croix, pensa tout haut le jeune homme.

Le prêtre, surpris, s'était arrêté de bêcher.

— Comment, pas gai ?

— Oui, on a toujours la mort devant les yeux, on doit en rêver la nuit.

Il ôta sa pipe, cracha longuement.

— Ma foi, je n'y songe jamais… Nous sommes tous dans la main de Dieu.

Et il reprit la bêche, il l'enfonça d'un coup de talon. Sa croyance le gardait de la peur, il n'allait pas au-delà du catéchisme : on mourait et on montait au ciel, rien n'était moins compliqué ni plus rassurant. Il souriait d'un air entêté, l'idée fixe du salut avait suffi pour remplir son crâne étroit.

À partir de ce jour, Lazare entra presque chaque matin dans le potager du curé. Il s'asseyait sur la vieille pierre, il s'oubliait à le voir cultiver ses légumes, calmé un instant par cette innocence aveugle qui vivait de la mort, sans en avoir le frisson. Pourquoi donc ne redeviendrait-il pas enfant, comme ce vieillard ? Et il y avait, au fond de lui, l'espoir secret de réveiller la foi disparue, dans ces conversations avec un simple d'esprit, dont la tranquille ignorance le ravissait. Lui-même apportait une pipe, tous deux fumaient, en causant des loches qui mangeaient des salades ou du fumier qui coûtait trop cher ; car le prêtre parlait rarement de Dieu, l'ayant réservé pour son salut personnel, dans sa tolérance et son expérience de vieux confesseur. Les autres faisaient leurs affaires, lui faisait la sienne. Après trente années d'avertissements inutiles, il s'en tenait à l'exercice strict de son ministère, avec la charité bien ordonnée du paysan qui commence par lui-même. Ce garçon était très aimable, d'entrer ainsi chaque jour ; et, ne voulant pas le tracasser ni lutter contre les idées de Paris, il préférait l'entretenir de son jardin, interminablement ; tandis que le jeune homme, la tête bourdonnante de paroles inutiles, se croyait parfois près de rentrer dans l'heureux âge d'ignorance, où l'on n'a plus peur.

Mais les matinées se suivaient, Lazare se retrouvait le soir dans sa chambre avec le souvenir de sa mère, sans avoir le courage d'éteindre sa lampe. La foi était morte. Un jour, comme il fumait avec l'abbé Horteur, assis tous les deux sur le banc, ce dernier fit disparaître sa pipe, en entendant un bruit de pas derrière les poiriers. C'était Pauline qui venait chercher son cousin.

— Le docteur est à la maison, expliqua-t-elle, et je l'ai invité à déjeuner… Rentre tout de suite, n'est-ce pas ?

Elle souriait, car elle avait aperçu la pipe, sous la blouse de l'abbé. Celui-ci la reprit aussitôt, avec le bon rire qu'il avait, chaque fois qu'on le voyait fumer.

— C'est trop bête, dit-il, on croirait que je commets un crime… Tenez ! je veux en rallumer une devant vous.

— Vous ne savez pas ? monsieur le curé, reprit gaiement Pauline, venez déjeuner chez nous avec le docteur, et celle-là, vous la fumerez au dessert.

Du coup, le prêtre, enchanté, cria :

— Eh bien ! j'accepte… Partez devant, je vais passer ma soutane. Et j'emporte ma pipe, parole d'honneur !

Ce fut le premier déjeuner où, de nouveau, des rires sonnèrent dans la salle à manger. L'abbé Horteur fuma au dessert, ce qui égaya les convives ; mais il mettait à ce régal une telle bonhomie, que cela parut naturel tout de suite. Chanteau avait mangé beaucoup, et il se détendait, soulagé par ce souffle de vie qui rentrait dans la maison. Le docteur Cazenove racontait des histoires de sauvages, tandis que Pauline rayonnait, heureuse de ce bruit dont la distraction allait peut-être tirer Lazare de ses humeurs sombres.

Dès lors, la jeune fille voulut reprendre les dîners du samedi, interrompus par la mort de sa tante. Le curé et le médecin revinrent régulièrement, l'existence de jadis recommença. On plaisantait, le veuf tapait sur ses jambes, en disant que sans cette maudite goutte, il danserait, tellement son caractère était gai encore. Seul, le fils restait détraqué, avec une verve mauvaise quand il causait, tout d'un coup frissonnant au milieu de ses éclats de paroles.

Un samedi soir, on était au rôti, lorsque l'abbé Horteur fut appelé près d'un agonisant. Il ne vida pas son verre, il s'en alla sans écouter le docteur qui avait vu le malade avant de venir dîner, et qui lui criait qu'il trouverait son homme mort. Ce soir-là, le prêtre s'était montré d'un si pauvre esprit, que Chanteau lui-même déclara derrière son dos :

— Il y a des jours où il n'est pas fort.

— Je voudrais être à sa place, dit brutalement Lazare. Il est plus heureux que nous.

Le docteur se mit à rire.

— Peut-être. Mais Mathieu et la Minouche sont aussi plus heureux que nous... Ah ! je reconnais là nos jeunes gens d'aujourd'hui, qui ont mordu aux sciences, et qui en sont malades, parce qu'ils n'ont pu y satisfaire les vieilles idées d'absolu, sucées avec le lait de leurs nourrices. Vous voudriez trouver dans les sciences, d'un coup et en bloc, toutes les vérités, lorsque nous les déchiffrons à peine, lorsqu'elles ne seront sans doute jamais qu'une éternelle enquête. Alors, vous les niez, vous vous rejetez dans la foi qui ne veut plus de vous, et vous tombez au pessimisme... Oui, c'est la maladie de la fin du siècle, vous êtes des Werther retournés.

Il s'animait, c'était sa thèse favorite. Dans leurs discussions, Lazare, de son côté, exagérait sa négation de toute certitude, sa croyance au mal final et universel.

— Comment vivre, demanda-t-il, lorsque à chaque heure les choses craquent sous les pieds ?

Le vieillard eut un élan de passion juvénile.

— Mais vivez, est-ce que vivre ne suffit pas ? La joie est dans l'action.

Et, brusquement, il s'adressa à Pauline, qui écoutait en souriant.

— Voyons, vous, dites-lui donc comment vous faites pour être toujours contente.

— Oh ! moi, répondit-elle d'un ton de plaisanterie, je tâche de m'oublier, de peur de devenir triste, et je pense aux autres, ce qui m'occupe et me fait prendre le mal en patience.

Cette réponse parut irriter Lazare, qui soutint, par un besoin de contradiction méchante, que les femmes devaient avoir de la religion. Il affectait de ne pas comprendre pourquoi elle avait cessé de pratiquer depuis longtemps. Et elle donna ses raisons, de son air paisible.

— C'est bien simple, la confession m'a blessée, je pense que beaucoup de femmes sont comme moi… Puis, il m'est impossible de croire des choses qui me semblent déraisonnables. Dès lors, à quoi bon mentir, en feignant de les accepter ?… D'ailleurs, l'inconnu ne m'inquiète pas, il ne peut être que logique, le mieux est d'attendre le plus sagement possible.

— Taisez-vous, voici l'abbé, interrompit Chanteau, que cette conversation ennuyait.

L'homme était mort, l'abbé acheva tranquillement de dîner, et l'on but un petit verre de chartreuse.

Maintenant, Pauline avait pris la direction de la maison, avec la maturité riante d'une bonne ménagère. Les achats, les moindres détails, lui passaient sous les yeux, et le trousseau des clefs battait à sa ceinture. Cela s'était fait naturellement, sans que Véronique parût s'en fâcher. La bonne, cependant, restait revêche et comme hébétée, depuis la mort de madame Chanteau. Il semblait se produire en elle un nouveau travail, un retour d'affection vers la morte, tandis qu'elle redevenait d'une maussaderie méfiante devant Pauline. Celle-ci avait beau lui parler doucement, elle s'offensait d'un mot, on l'entendait se plaindre toute seule dans sa cuisine. Et, lorsqu'elle pensait ainsi à voix haute, après de longs silences obstinés, toujours reparaissait en elle la stupeur de la catastrophe. Est-ce qu'elle savait que Madame allait mourir ? Bien sûr, elle n'aurait jamais dit ce qu'elle avait dit. La justice avant tout, on ne devait pas tuer les gens, même quand les gens avaient des défauts. Du reste, elle s'en lavait les mains, tant pis pour la personne qui était la vraie cause du malheur ! Mais cette assurance ne la calmait pas, elle continuait à grogner, en se débattant contre sa faute imaginaire.

— Qu'as-tu donc à te tracasser la cervelle ainsi ? lui demanda Pauline un jour. Nous avons fait notre possible, on ne peut rien contre la mort.

Véronique hochait la tête.

— Laissez, on ne meurt pas comme ça… Madame était ce qu'elle était, mais elle m'avait prise toute petite, et je me couperais la langue, si je pensais être pour quelque chose dans son affaire… N'en causons point, ça tournerait mal.

Le mot de mariage n'avait plus été prononcé entre Pauline et Lazare. Chanteau, près duquel la jeune fille venait coudre, afin de le désennuyer, s'était risqué une fois à faire une allusion, désireux d'en finir, maintenant que l'obstacle avait disparu. C'était surtout chez lui un besoin de la garder, une terreur de retomber aux mains de la bonne, s'il la perdait jamais. Pauline avait donné à entendre qu'on ne pouvait rien décider avant la fin du grand deuil. Les convenances ne lui dictaient pas seules cette parole sage, elle comptait demander au temps la réponse à une question, qu'elle n'osait s'adresser elle-même. Une mort si brusque, ce coup terrible dont elle et son cousin restaient ébranlés, avait fait comme une trêve dans leurs tendresses saignantes. Ils s'en éveillaient peu à peu pour souffrir encore, en retrouvant, sous la perte irréparable, leur drame à eux : Louise surprise et chassée, leurs amours détruites, leur existence changée peut-être. Que résoudre maintenant ? S'aimaient-ils toujours, le mariage demeurait-il possible et raisonnable ? Cela flottait dans l'étourdissement où la catastrophe les laissait, sans que ni l'un ni l'autre parût impatient de brusquer une solution.

Cependant, chez Pauline, le souvenir de l'injure s'était adouci. Elle avait pardonné depuis longtemps, prête à mettre ses deux mains dans celles de Lazare, le jour où il se repentirait. Et ce n'était pas chez elle le triomphe jaloux de le voir s'humilier, elle songeait à lui seulement, au point de vouloir lui rendre sa parole, s'il ne l'aimait plus. Toute son angoisse était dans ce doute : pensait-il encore à Louise ? l'avait-il oubliée au contraire, pour revenir aux vieilles affections d'enfance ? Quand elle rêvait ainsi de renoncer à

Lazare, plutôt que de le rendre malheureux, son être succombait de douleur, elle comptait bien avoir ce courage, mais elle espérait en mourir ensuite.

Dès la mort de sa tante, une idée généreuse lui était venue, elle avait projeté de se réconcilier avec Louise. Chanteau pouvait lui écrire, elle-même ajouterait un mot d'oubli sur la lettre. On était si seul, si triste, que la présence de cette grande enfant serait une distraction pour tout le monde. Puis, après une si rude secousse, le passé de la veille semblait très ancien ; et elle avait aussi le remords de s'être montrée violente. Mais, chaque fois qu'elle voulait en parler à son oncle, une répugnance l'en empêchait. N'était-ce point risquer l'avenir, tenter Lazare et le perdre ? Peut-être aurait-elle trouvé pourtant la bravoure et la fierté de le soumettre à cette épreuve, s'il n'y avait pas eu, en elle, une révolte de l'idée de justice. La trahison seule était impardonnable. Et, d'ailleurs, ne devait-elle pas suffire à refaire la joie de la maison ? Pourquoi appeler une étrangère, lorsqu'elle se sentait débordante de tendresse et de dévouement ? À son insu, il restait de l'orgueil dans son abnégation, elle avait la charité jalouse. Son cœur s'embrasait à l'espoir d'être l'unique bonheur des siens.

Ce fut, dès lors, le grand travail de Pauline. Elle s'appliqua, elle s'ingénia, pour rendre autour d'elle la maison heureuse. Jamais encore elle n'avait montré une telle vaillance dans la belle humeur et la bonté. C'était, chaque matin, un réveil souriant, un souci de cacher ses propres misères, afin de ne pas en augmenter celles des autres. Elle défiait les catastrophes par sa douceur à vivre, elle avait une égalité de caractère qui désarmait les mauvais vouloirs. Maintenant, elle se portait bien, forte et saine comme un jeune arbre, et la joie qu'elle répandait autour d'elle, était le rayonnement même de sa santé. Le recommencement de chaque journée l'enchantait, elle mettait son plaisir à refaire le jour ce qu'elle avait fait la veille, n'attendant rien de plus, espérant le lendemain sans fièvre. Véronique avait beau grogner devant son fourneau, devenue fantasque, travaillée de caprices inexplicables, une vie nouvelle chassait le deuil de la maison, les rires d'autrefois réveillaient les chambres, montaient allègrement l'escalier sonore. Mais l'oncle surtout paraissait ravi, car la tristesse lui avait toujours été lourde, il chantait volontiers la gaudriole, depuis qu'il ne quittait plus son fauteuil. Pour lui, l'existence devenait abominable, et il s'y cramponnait avec l'étreinte éperdue d'un infirme qui veut durer, même dans la douleur. Chaque jour vécu était une victoire, sa nièce lui semblait chauffer la maison d'un coup de bon soleil, aux rayons duquel il ne pouvait mourir.

Pauline avait un chagrin pourtant : Lazare échappait à ses consolations. Elle s'inquiétait de le voir retomber dans ses humeurs sombres. Au fond du regret de sa mère, il y avait chez lui une recrudescence de l'épouvante de la mort. Depuis que le temps effaçait le premier chagrin, cette épouvante revenait, grossie de la crainte du mal héréditaire. Lui aussi mourrait par le cœur, il promenait la certitude d'une fin tragique et prochaine. Et, à toute minute, il s'écoutait vivre, dans une telle excitation nerveuse, qu'il entendait marcher les rouages de la machine : c'étaient les contractions pénibles de l'estomac, les sécrétions rouges des reins, les sourdes chaleurs du foie ; mais, au-dessus du bruit des autres organes, il était surtout assourdi par son cœur, qui sonnait des volées de cloches dans chacun de ses membres, jusqu'au bout de ses doigts. S'il posait le coude sur une table, son cœur battait dans son coude ; s'il appuyait sa nuque à un dossier de fauteuil, son cœur battait dans sa nuque ; s'il s'asseyait, s'il se couchait, son cœur battait dans ses cuisses, dans ses flancs, dans son ventre ; et toujours, et toujours, ce bourdon ronflait, lui mesurait la vie avec le grincement d'une horloge qui se déroule. Alors, sous l'obsession de l'étude qu'il faisait sans cesse de son corps, il croyait à chaque instant que tout allait craquer, que les organes s'usaient et volaient en pièces, que le cœur, devenu monstrueux, cassait lui-même la machine, à grands coups de marteau. Ce n'était plus vivre que de s'entendre vivre ainsi, tremblant devant la fragilité du mécanisme, attendant le grain de sable qui devait le détruire.

Aussi les angoisses de Lazare avaient-elles grandi. Depuis des années, à son coucher, l'idée de la mort lui passait sur la face et lui glaçait la chair. Maintenant, il n'osait s'endormir, travaillé de la crainte de ne plus s'éveiller. Il haïssait le sommeil, il avait horreur de sentir son être défaillir, lorsqu'il tombait de la veille au vertige du néant. Puis, ses réveils brusques le secouaient davantage, le tiraient du noir, comme si un poing géant l'avait saisi aux cheveux et rejeté à la vie, avec la terreur bégayante de l'inconnu dont il sortait. Mon Dieu ! mon Dieu ! il fallait mourir ! et jamais encore ses mains ne s'étaient jointes dans un élan si désespéré. Chaque soir, son tourment devenait tel, qu'il préférait ne pas se mettre au lit. Il avait remarqué que, le jour, s'il s'allongeait sur un divan, il s'endormait sans secousse, dans une paix d'enfance. C'étaient alors des repos réparateurs, des sommeils de plomb, qui achevaient malheureusement de gâter ses nuits. Peu à peu, il en arrivait à des insomnies réglées, préférant ses longues siestes de l'après-midi, ne s'assoupissant plus que le matin, lorsque l'aube chassait la peur des ténèbres.

Pourtant, des rémittences se produisaient. Lazare restait parfois des deux ou trois soirs, sans être visité par la mort. Un jour, Pauline trouva chez lui un almanach criblé de traits au crayon rouge. Surprise, elle le questionna.

— Tiens ! que marques-tu donc ainsi ?… En voilà des dates pointées !

Il balbutiait :

— Moi, je ne marque rien… Je ne sais pas…

Gaiement elle reprit :

— Je croyais que les filles seules confiaient aux calendriers les choses qu'on ne dit à personne… Si c'est à nous que tu penses tous ces jours-là, tu es joliment aimable… Ah ! tu as des secrets !

Mais, comme il se troublait de plus en plus, elle eut la charité de se taire. Sur le front blêmi du jeune homme, elle voyait passer une ombre qu'elle connaissait, le mal caché dont elle ne pouvait le guérir.

Depuis quelque temps, il l'étonnait également par une nouvelle manie. Dans la certitude de sa fin prochaine, il ne sortait pas d'une pièce, ne fermait pas un livre, ne se servait pas d'un objet, sans croire que c'était son dernier acte, qu'il ne reverrait ni l'objet, ni le livre, ni la pièce ; et il avait alors contracté l'habitude d'un continuel adieu aux choses, un besoin maladif de reprendre les choses, de les voir encore. Cela se mêlait à des idées de symétrie : trois pas à gauche et trois pas à droite ; les meubles, aux deux côtés d'une cheminée ou d'une porte touchés chacun un nombre égal de fois ; sans compter qu'il y avait, au fond, l'idée superstitieuse qu'un certain nombre d'attouchements, cinq et sept par exemple, distribués d'une façon particulière, empêchaient l'adieu d'être définitif. Malgré sa vive intelligence, sa négation du surnaturel, il pratiquait avec une docilité de brute cette religion imbécile, qu'il dissimulait comme une maladie honteuse. C'était la revanche du détraquement nerveux, chez le pessimiste et le positiviste, qui déclarait croire uniquement au fait, à l'expérience. Il en devenait agaçant :

— Qu'as-tu donc à piétiner ? criait Pauline. Voilà trois fois que tu retournes à cette armoire pour en toucher la clef… Va, elle ne s'envolera pas.

Le soir, il n'en finissait plus de quitter la salle à manger, rangeait les chaises dans un ordre voulu, faisait battre la porte un nombre réglé de fois, rentrait encore poser les mains, la droite après la gauche, sur le chef-d'œuvre du grand-père. Elle l'attendait au pied de l'escalier, elle finissait par rire.

— Quel maniaque tu feras à quatre-vingts ans !... Je te demande un peu s'il est raisonnable de tourmenter ainsi les choses ?

À la longue, elle cessa de plaisanter, inquiète de son malaise. Un matin, elle le surprit comme il baisait sept fois le bois du lit où sa mère était morte ; et elle fut alarmée, elle devinait les tortures dont il empoisonnait son existence. Lorsqu'il pâlissait en trouvant dans un journal une date future du vingtième siècle, elle le regardait de son air de compassion, qui lui faisait détourner la tête. Il se sentait compris, il courait se cacher dans sa chambre, avec une pudeur confuse de femme dont on surprend la nudité. Que de fois il s'était traité de lâche ! que de fois il avait juré de lutter contre son mal ! Il se raisonnait, il arrivait à regarder la mort en face ; puis, pour la braver, au lieu de veiller dans un fauteuil, il s'allongeait tout de suite sur son lit. La mort pouvait venir, il l'attendait comme une délivrance. Mais, aussitôt, les battements de son cœur emportaient ses serments, et le souffle froid glaçait sa chair, et il tendait les mains en poussant son cri : « Mon Dieu ! mon Dieu ! » C'étaient des rechutes affreuses, qui l'emplissaient de honte et de désespoir. Alors, la pitié tendre de sa cousine achevait de l'accabler. Les journées devenaient si lourdes, qu'il les commençait sans jamais espérer les finir. À cet émiettement de son être, il avait d'abord perdu sa gaieté, et sa force elle-même à présent l'abandonnait.

Pauline, cependant, voulait vaincre, dans l'orgueil de son abnégation. Elle connaissait le mal, elle tâchait de donner à Lazare de son courage, en lui faisant aimer la vie. Mais il y avait là un échec continuel à sa bonté. D'abord, elle avait imaginé de l'attaquer en face, elle recommençait ses anciennes plaisanteries sur « cette vilaine bête de pessimisme ». Quoi donc ? c'était elle, maintenant, qui disait la messe au grand saint Schopenhauer ; tandis que lui, comme tous ces farceurs de pessimistes, consentait bien à faire sauter le monde avec un pétard, mais refusait absolument de se trouver dans la danse ! Ces railleries le secouaient d'un rire contraint et il paraissait en souffrir tellement, qu'elle ne recommença plus. Ensuite, elle essaya des consolations dont on berce les bobos des enfants, elle s'efforça de lui faire un milieu aimable, d'une paix riante. Toujours, il la voyait heureuse, fraîche, sentant bon l'existence. La maison était pleine de soleil. Il n'aurait eu qu'à se laisser vivre, et il ne le pouvait, ce bonheur exaspérait davantage son effroi de l'au-delà. Enfin, elle rusait, elle rêvait de le lancer dans quelque grosse besogne, qui l'aurait étourdi. Malade d'oisiveté, n'ayant de goût à rien, il trouvait trop rude même de lire, et passait les jours à se dévorer.

Un instant, Pauline espéra. Ils étaient allés faire une courte promenade sur la plage, lorsque Lazare, devant les ruines des épis et de l'estacade, dont il restait quelques poutres, se mit à lui expliquer un nouveau système de défense, d'une résistance certaine, assurait-il. Le mal provenait de la faiblesse des jambes de force ; il fallait en doubler l'épaisseur et donner à la poutre centrale une inclinaison plus prononcée. Comme il avait sa voix vibrante, ses yeux allumés d'autrefois, elle le pressa de se remettre à l'œuvre. Le village souffrait, chaque grande marée en emportait un morceau ; certainement, s'il allait voir le préfet, il obtiendrait la subvention ; d'ailleurs, elle offrait de nouveau les avances, il y avait là une charité qu'elle se disait glorieuse de faire. Son désir était surtout de le rejeter dans l'action, quitte à y laisser le reste de son argent. Mais, déjà, il haussait les épaules. À quoi bon ? Et il avait pâli, car l'idée lui était venue que, s'il commençait ce travail, il mourrait avant de l'avoir terminé. Aussi, pour cacher son trouble, invoqua-t-il sa rancune contre les pêcheurs de Bonneville.

— Des gaillards qui se sont fichus de moi, quand cette diablesse de mer a fait son ravage !… Non, non, qu'elle les achève ! ils ne riront plus de mes allumettes, comme ils disent.

Doucement, Pauline cherchait à le calmer. Ces gens étaient si malheureux ! Depuis la marée qui avait emporté la maison des Houtelard, la plus solide de toutes, et trois autres, des masures de pauvres, la misère augmentait encore. Houtelard, autrefois le riche du pays, s'était bien installé dans une vieille grange, vingt mètres en arrière ; mais les autres pêcheurs, ne sachant où s'abriter, campaient maintenant sous des sortes de huttes, construites avec des carcasses de vieux bateaux. C'était un dénuement pitoyable, une promiscuité de sauvages, où femmes et enfants grouillaient dans la vermine et le vice. Les aumônes de la contrée s'en allaient en eau-de-vie. Ces misérables vendaient les dons en nature, les vêtements, les ustensiles de cuisine, les meubles, afin d'acheter des litres du terrible calvados, qui les assommait, comme morts, en travers des portes. Seule, Pauline plaidait toujours pour eux ; le curé les abandonnait, Chanteau parlait de donner sa démission, ne voulant plus être le maire d'une bande de pourceaux. Et Lazare, quand sa cousine tâchait de l'apitoyer sur ce petit peuple de soûlards, battu par les gros temps, répétait l'éternel argument de son père.

— Qui les force à rester ? Ils n'ont qu'à bâtir ailleurs… On n'est vraiment pas si bête, de se coller ainsi sous les vagues !

Tout le monde faisait la même réflexion. On se fâchait, on les traitait de sacrés entêtés. Alors, ils prenaient des airs de brutes méfiantes. Puisqu'ils étaient nés là, pourquoi donc en seraient-ils partis ? Ça durait depuis des cent ans et des cent ans, ils n'avaient rien à faire autre part. Ainsi que le disait Prouane, lorsqu'il était très ivre : « Fallait bien toujours être mangé par quelque chose. »

Pauline souriait, approuvait de la tête, car le bonheur, selon elle, ne dépendait ni des gens ni des choses, mais de la façon raisonnable dont on s'accommodait aux choses et aux gens. Elle redoublait de bons soins, elle distribuait des secours plus larges. Enfin, elle avait eu la joie d'associer Lazare à ses charités, espérant le distraire, l'amener par la pitié à un oubli de lui-même. Chaque samedi, il restait avec elle, tous deux recevaient, de quatre heures à six heures, les petits amis du village, la queue des enfants en loques que les parents envoyaient mendier chez la demoiselle. C'était une débâcle de galopins mal mouchés et de gamines pouilleuses.

Un samedi, il pleuvait, Pauline ne put faire sa distribution sur la terrasse, ainsi qu'elle en avait l'habitude. Lazare dut aller chercher un banc, qu'il installa dans la cuisine.

— Comment ! monsieur, s'écria Véronique, est-ce que Mademoiselle songe à introduire toute cette pouillerie ici ?... C'est une riche idée, si vous voulez trouver des bêtes dans votre soupe.

La jeune fille entrait avec son sac de monnaie blanche et sa boîte de remèdes. Elle répondit en riant :

— Bah ! tu donneras un coup de balai... Et puis, l'eau tombe si fort, que la pluie les aura débarbouillés, ces pauvres petits.

En effet, les premiers qui entrèrent avaient le visage rose, lavé par l'averse. Mais ils étaient si trempés, que des mares coulaient de leurs guenilles sur les dalles ; et la mauvaise humeur de la bonne augmenta, surtout lorsque Mademoiselle lui commanda d'allumer un fagot, pour les sécher un peu. On porta le banc devant la cheminée. Bientôt, il y eut là, alignée, serrée frileusement, une marmaille effrontée et sournoise, dévorant des yeux ce qui traînait, des litres entamés, un reste de viande, une botte de carottes jetée sur un billot.

— S'il est permis ! continuait à grogner Véronique, des enfants qui grandissent et qui devraient tous gagner leur vie !... Allez, ils se feront traiter en marmots jusqu'à vingt-cinq ans, si vous le voulez bien !

Il fallut que Mademoiselle la priât de se taire.

— Est-ce fini ?... Ça ne leur donne pas à manger, de grandir.

Pauline s'était assise devant la table, ayant sous la main l'argent et les dons en nature, et elle s'apprêtait à commencer l'appel, lorsque Lazare, resté debout, se récria, en apercevant le fils Houtelard, dans le tas.

— Je t'avais défendu de revenir, grand vaurien !... Tes parents ne sont pas honteux, de t'envoyer mendier ici, eux qui ont encore de quoi manger, quand il y en a tant d'autres qui crèvent de faim !

Le fils Houtelard, un maigre garçon de quinze ans poussé trop vite, à la mine triste et peureuse, s'était mis à pleurer.

— Ils me battent, quand je ne viens pas... La femme a pris la corde et papa m'a poussé dehors.

Et il retroussait sa manche, pour montrer sa meurtrissure violette d'un coup de corde à nœuds. La femme était l'ancienne servante épousée par son père, et qui le tuait de coups. Depuis leur ruine, la dureté et l'ordure de leur avarice avaient augmenté. Maintenant, ils vivaient dans un cloaque, en se vengeant sur le petit.

— Mets-lui au coude une compresse d'arnica, dit doucement Pauline à Lazare.

Puis, elle tendit à l'enfant une pièce de cent sous.

— Tiens ! tu leur donneras ceci pour qu'ils ne te battent pas. Et s'ils te battent, si tu as samedi prochain des coups sur le corps, avertis-les que tu n'auras plus un liard.

Le long du banc, les autres galopins, égayés par la flambée qui leur chauffait le dos, ricanaient en s'enfonçant les coudes dans les côtes. Leurs vêtements fumaient, de grosses gouttes tombaient de leurs pieds nus. Un d'eux, un tout petit, avait volé une carotte, qu'il croquait furtivement.

— Cuche, lève-toi, reprit Pauline. As-tu dit à ta mère que je compte obtenir bientôt son admission aux Incurables de Bayeux ?

La femme Cuche, cette misérable abandonnée qui se prostituait à tous les hommes, dans les trous de la côte, pour trois sous ou pour un reste de lard, s'était cassé une jambe en juillet ; et elle en demeurait contrefaite, boitant affreusement, sans que sa laideur repoussante, aggravée par cette infirmité, lui fît rien perdre de sa clientèle ordinaire.

— Oui, je lui ai dit, répondit le garçon d'une voix enrouée. Elle ne veut pas.

Lui, devenu robuste, allait avoir dix-sept ans. Debout et les mains ballantes, il se dandinait d'un air gauche.

— Comment ! elle ne veut pas ! s'écria Lazare. Et toi non plus, tu ne veux pas, car je t'avais dit de venir cette semaine donner un coup de main pour le potager, et je t'attends encore.

Il se dandinait toujours.

— Je n'ai pas eu le temps.

Alors, voyant que son cousin allait s'emporter, Pauline intervint.

— Rassieds-toi, nous causerons tout à l'heure. Tâche de réfléchir, ou je me fâcherai aussi.

C'était le tour de la petite Gonin. Elle avait treize ans, et elle gardait son joli visage rose, sous la tignasse de ses cheveux blonds. Sans être interrogée, lâchant les détails crus au milieu d'un flot de paroles bavardes, elle raconta que la paralysie de son père lui montait dans les bras et dans la langue, car il ne poussait plus que des grognements, comme une bête. Le cousin Cuche, l'ancien matelot qui avait lâché sa femme, pour s'installer à leur table et dans leur lit, s'était jeté sur le vieux, le matin même, avec l'idée de l'achever.

— Maman aussi tape dessus. La nuit, elle se lève en chemise avec le cousin, elle vide des pots d'eau froide sur papa, parce qu'il geint si fort, que ça les dérange... Si vous voyiez dans quel état ils l'ont mis ! Il est tout nu, mademoiselle, il lui faudrait du linge, car il s'écorche...

— C'est bien, tais-toi ! dit Lazare en l'interrompant, tandis que Pauline, apitoyée, envoyait Véronique chercher une paire de draps.

Il la trouvait beaucoup trop délurée pour son âge. Selon lui, bien qu'elle empoignât parfois des gifles égarées, elle s'était mise également à bousculer son père ; sans compter que tout ce qu'on lui donnait, l'argent, la viande, le linge, au lieu d'aller à l'infirme, servait aux noces de la femme et du cousin. Il la questionna brusquement :

— Que faisais-tu donc, avant-hier, dans le bateau de Houtelard, avec un homme qui s'est sauvé ?

Elle eut un sourire sournois.

— Ce n'était pas un homme, c'était lui, répondit-elle en désignant du menton le fils Cuche. Il m'avait poussée par-derrière…

De nouveau, il l'interrompit.

— Oui, oui, j'ai bien vu, tu avais tes guenilles par-dessus la tête. Ah ! tu commences de bonne heure, à treize ans !

Pauline lui posa la main sur le bras, car tous les autres enfants, même les plus jeunes, ouvraient des yeux rieurs, où flambaient les vices précoces. Comment arrêter cette pourriture, dans le tas où les mâles, les femelles et leurs portées se gâtaient ? Quand Pauline eut remis à la petite la paire de draps et un litre de vin, elle lui parla bas un instant, en tâchant de lui faire peur sur les suites de ces vilaines choses, qui la rendraient malade et l'enlaidiraient avant qu'elle fût une vraie femme. C'était la seule façon de la contenir.

Lazare, pour hâter cette distribution qui le répugnait et l'irritait à la longue, avait appelé la fille Prouane.

— Ton père et ta mère se sont encore grisés, hier soir… On m'a dit que tu étais plus soûle qu'eux.

— Oh ! non, monsieur, j'avais mal à la tête.

Il plaça devant elle une assiette où étaient rangées des boulettes de viande crue.

— Mange ça.

De nouveau, elle était dévorée de scrofules, des désordres nerveux avaient reparu, à l'heure critique de la puberté. L'ivrognerie redoublait son mal, car elle s'était mise à boire avec ses parents. Après avoir avalé trois boulettes, elle rechigna, en faisant une grimace de dégoût.

— J'en ai assez, je ne peux plus.

Pauline avait pris une bouteille.

— C'est bien, dit-elle. Si tu ne manges pas ta viande, tu n'auras pas ton petit verre de quinquina.

Alors, les yeux luisants, fixés sur le verre plein, l'enfant surmonta sa répugnance ; puis, elle le vida, elle le jeta dans son gosier, avec le coup de poignet déjà savant de l'ivrogne. Mais elle ne s'en allait point, elle finit par supplier Mademoiselle de lui laisser emporter la bouteille, disant que ça la dérangeait trop, de venir chaque jour ; et elle promettait de coucher avec, de la cacher si bien dans ses jupes, que son père et sa mère ne pourraient la lui boire. Mademoiselle refusa nettement.

— Pour que tu la vides d'un coup, avant d'avoir descendu la côte, dit Lazare. C'est de toi qu'on se méfie maintenant, petit sac à vin !

Le banc se dégarnissait, les enfants le quittaient un à un, pour prendre de l'argent, du pain, de la viande. Quelques-uns, après avoir reçu leur part, voulaient s'attarder devant le bon feu ; mais Véronique, qui venait de s'apercevoir qu'on lui avait mangé la moitié de sa botte de carottes, les renvoyait, les rejetait impitoyablement sous la pluie : avait-on jamais vu ! des carottes encore pleines de terre ! Bientôt, il ne resta que le fils Cuche, morne et alourdi dans l'attente du sermon de Mademoiselle. Elle l'appela, lui parla longuement à demi-voix, finit par lui remettre quand même le pain et les cent sous de tous les samedis ; et il s'en alla, avec son dandinement de bête mauvaise et têtue, ayant promis de travailler, mais bien décidé à n'en rien faire.

Enfin, la bonne poussait un soupir de soulagement, lorsque tout d'un coup elle cria :

— Ils ne sont donc pas tous partis ? En voici encore une dans ce coin !

C'était la petite Tourmal, l'avorton des grandes routes, qui, malgré ses dix ans, restait d'une taille de naine. Son effronterie seule grandissait, plus geignarde, plus acharnée, dressée à l'aumône dès le maillot, pareille aux enfants phénomènes qu'on désosse pour les culbutes des cirques. Elle se trouvait accroupie, entre le buffet et la cheminée, comme si, craignant d'être surprise en train de mal faire, elle s'était laissée glisser dans ce recoin. Cela ne parut pas naturel.

— Que fais-tu là ? demanda Pauline.

— Je me chauffe.

Véronique jetait un coup d'œil inquiet autour de sa cuisine. Déjà, les autres samedis, même lorsque les enfants s'asseyaient sur la terrasse, de menus objets avaient disparu. Mais tout semblait en ordre, et la gamine, qui s'était mise vivement debout, commençait à les étourdir de sa voix aiguë.

— Papa est à l'hôpital, grand-père s'est blessé en travaillant, maman n'a pas de robe pour sortir… Ayez pitié de nous, ma bonne demoiselle…

— Veux-tu bien ne pas nous casser la tête, menteuse ! cria Lazare exaspéré. Ton père est en prison pour contrebande, et le jour où ton grand-père s'est tourné le poignet, c'était en ravageant les parcs d'huîtres, à Roqueboise ; sans compter que, si ta mère n'a pas de robe, elle doit aller en chemise à la maraude, car on est encore venu l'accuser d'avoir étranglé cinq poules, chez l'aubergiste de Verchemont… Est-ce que tu te fiches de nous, de nous mentir sur des choses que nous savons mieux que toi ? Va conter tes histoires aux passants des routes.

L'enfant ne parut même pas avoir entendu. Elle recommença, avec son aplomb impudent.

— Ayez pitié, ma bonne demoiselle, les hommes sont malades et la mère n'ose plus sortir… Le bon Dieu vous le rendra…

— Tiens ! sauve-toi et ne mens plus, lui dit Pauline, en lui remettant une pièce de monnaie, pour en finir.

Elle ne se fit pas répéter la phrase. D'un bond, elle sortit de la cuisine, et elle traversa la cour, de toute la vitesse de ses courtes jambes. Mais, au même instant, la bonne poussait un cri.

— Ah ! mon Dieu, la timbale qui était sur le buffet !… C'est la timbale de mademoiselle qu'elle emporte !

Aussitôt, elle s'était lancée dehors, à la poursuite de la voleuse. Deux minutes plus tard, elle la ramenait par le bras, d'un air terrible de gendarme. On eut toutes les peines du monde à la fouiller, car elle se débattait, mordait, égratignait, en poussant des hurlements, comme si on l'avait massacrée. La timbale n'était pas dans ses poches, on la trouva dans le haillon qui lui servait de chemise, contre sa peau même. Et, s'arrêtant de pleurer, elle soutint alors effrontément qu'elle ne savait pas, que ça devait être tombé sur elle, pendant qu'elle était assise par terre.

— Monsieur le curé disait bien qu'elle vous volerait, répétait Véronique. C'est moi qui enverrais chercher la police !

Lazare aussi parlait de prison, irrité de l'air provocant de la petite, qui se redressait comme une jeune couleuvre dont on a écrasé la queue. C'était à la gifler.

— Rends ce qu'on t'a donné, criait-il. Où est la pièce ?

Déjà, elle portait cette pièce à ses lèvres, pour l'avaler, lorsque Pauline la délivra, en disant :

— Garde-la tout de même, et avertis chez toi que c'est la dernière. J'irai désormais voir ce dont vous aurez besoin… Va-t'en !

On entendit les pieds nus de la gamine sauter dans les flaques, puis un silence tomba. Véronique bousculait le banc, se baissait avec une éponge, pour essuyer les mares qui avaient coulé des guenilles. Vraiment ! sa cuisine était propre, empoisonnée de cette misère, à tel point qu'elle ouvrit toutes les portes et la fenêtre. Mademoiselle, sérieuse, sans prononcer une parole, ramassait son sac et ses remèdes ; tandis que monsieur, l'air révolté, bâillant de dégoût et d'ennui, était allé se laver les mains à la fontaine.

C'était le chagrin de Pauline : elle voyait que Lazare ne s'intéressait guère à ses petits amis du village. S'il voulait bien encore l'aider le samedi, il y avait là une simple complaisance pour elle, car son cœur n'était pas de la besogne. Lorsque rien ne la rebutait, ni la pauvreté, ni le vice, lui se fâchait et s'attristait de ces laides choses. Elle restait calme et gaie, dans son amour des autres, pendant qu'il ne pouvait sortir de lui, sans trouver au-dehors des causes nouvelles d'humeurs noires. Peu à peu, il en venait ainsi à souffrir réellement de la marmaille malpropre où fermentaient déjà tous les péchés des hommes. Cette semence de misérables achevait de lui gâter la vie, il les quittait courbaturé, désespéré, avec la haine et le mépris du troupeau humain. Les deux heures de bonnes œuvres finissaient par le rendre mauvais, niant l'aumône, raillant la charité. Et il criait qu'il serait sage d'écraser à coups de talon ce nid d'insectes nuisibles, au lieu de l'aider à grandir. Pauline l'écoutait, surprise de sa violence, très peinée de voir qu'ils ne sentaient pas de la même façon.

Ce samedi-là, quand ils furent seuls, le jeune homme laissa échapper toute sa souffrance dans une phrase.

— Il me semble que je sors d'un égout.

Puis, il ajouta :

— Comment peux-tu aimer ces monstres ?

— C'est que je les aime pour eux et non pour moi, répondit la jeune fille. Tu ramasserais bien un chien galeux sur une route.

Il eut un geste de protestation.

— Un chien n'est pas un homme.

— Soulager pour soulager, n'est-ce donc rien ? reprit-elle. Il est fâcheux qu'ils ne se corrigent pas, car leur misère diminuerait peut-être. Mais, quand ils ont mangé et qu'ils ont chaud, eh bien ! cela me suffit, je suis contente : c'est toujours de la douleur de moins... Pourquoi veux-tu qu'ils nous récompensent de ce que nous faisons pour eux ?

Et elle conclut tristement :

— Mon pauvre ami, je vois que ça ne t'amuse guère, il vaut mieux que tu ne m'aides plus... Je n'ai pas envie de te brouiller le cœur et de te rendre plus méchant que tu n'es.

Lazare lui échappait, elle en fut navrée, convaincue de son impuissance à le tirer de sa crise d'épouvante et d'ennui. Lorsqu'elle le voyait si nerveux, elle ne pouvait croire aux seuls ravages du mal inavoué, elle imaginait d'autres motifs de tristesse, l'idée de Louise se réveillait en elle. Décidément, il pensait toujours à cette fille, il traînait la souffrance de ne plus la voir. Alors, elle restait glacée, et elle tâchait de retrouver l'orgueil de son abnégation, en jurant encore de faire assez de joie autour d'elle, pour suffire au bonheur de tous les siens.

Un soir, Lazare eut une parole cruelle.

— Comme on est seul ici ! dit-il en bâillant.

Elle le regarda. Était-ce donc une allusion ? Mais elle n'eut pas le courage de l'interroger d'une façon nette. Sa bonté se débattait, sa vie redevenait une torture.

Une dernière secousse attendait Lazare, son vieux Mathieu n'allait pas bien. La pauvre bête, qui avait eu quatorze ans en mars, était de plus en plus prise par les pattes de derrière. Quand des crises l'engourdissaient, il pouvait à peine marcher, il demeurait dans la cour, étendu au soleil, guettant le monde sortir, de ses yeux mélancoliques. C'étaient surtout ces yeux de vieux chien qui remuaient Lazare, des yeux devenus troubles, obscurcis d'un nuage bleuâtre, vagues comme des yeux d'aveugle. Pourtant, il voyait encore, il se traînait pour venir appuyer sa grosse tête sur le genou de son maître, puis le regardait fixement, avec l'air triste de tout comprendre. Et il n'était plus beau : sa robe blanche et frisée avait jauni ; son nez, autrefois si noir, blanchissait ; une saleté et une sorte de honte le rendaient lamentable, car on n'osait le laver à cause de son grand âge. Tous ses jeux avaient cessé, il ne se roulait plus sur le dos, ne tournait plus après sa queue, n'était même plus allumé d'accès de tendresse pour les petits de la Minouche, quand la bonne les portait à la mer. Maintenant, il passait les journées dans une somnolence de vieil homme, et il éprouvait tant de peine à se remettre debout, il tirait tellement sur ses pattes molles, que souvent quelqu'un de la maison, pris de pitié, l'aidait, le soutenait une minute, afin qu'il pût marcher ensuite.

Des pertes de sang l'épuisaient davantage chaque jour. On avait fait venir un vétérinaire, qui s'était mis à rire en le voyant. Comment ! on le dérangeait pour ce chien ? Le mieux était de l'abattre. Il faut bien tâcher de prolonger un homme, mais à quoi bon laisser souffrir une bête condamnée ! On avait jeté le vétérinaire à la porte, en lui donnant les six francs de sa consultation.

Un samedi, Mathieu perdait tant de sang, qu'il avait fallu l'enfermer dans la remise. Il semait, derrière lui, une pluie de larges gouttes rouges. Comme le docteur Cazenove était venu de bonne heure, il offrit à Lazare de voir le chien, qu'on traitait en personne de la famille. Ils le trouvèrent couché, la tête haute, très affaibli, mais l'œil vivant encore. Le docteur l'examina longuement, de l'air réfléchi qu'il prenait au chevet d'un malade. Il dit enfin :

— Des hématuries si abondantes doivent provenir d'une dégénérescence cancéreuse des reins… Il est perdu. Mais il peut aller quelques jours, à moins qu'il ne soit emporté dans une hémorragie brusque.

L'état désespéré de Mathieu attrista le repas. On rappela combien madame Chanteau l'avait aimé, et les chiens qu'il étranglait, et ses tours de jeunesse, des côtelettes volées sur le gril, des œufs gobés tout chauds. Pourtant, au dessert, lorsque l'abbé Horteur sortit sa pipe, la gaieté reparut, on l'écouta donner des nouvelles de ses poires, qui, cette année-là, promettaient d'être superbes. Chanteau, malgré les picotements sourds d'une prochaine attaque, finit par chantonner une chanson gaillarde de ses vingt ans. La soirée fut charmante. Lazare lui-même s'égayait.

Tout d'un coup, vers neuf heures, comme on venait de servir le thé, Pauline s'écria :

— Mais le voilà, ce pauvre Mathieu !

En effet, Mathieu, chancelant sur ses pattes, sanglant et amaigri, se glissait dans la salle à manger. Aussitôt, on entendit Véronique qui le poursuivait avec un torchon. Elle entra, en disant :

— J'ai eu besoin dans la remise, il s'est échappé. Jusqu'à la fin, il faudra qu'il soit où vous êtes ; pas moyen de faire une enjambée, sans l'avoir dans ses jupes… Allons, viens, tu ne peux rester là.

Le chien baissait sa vieille tête branlante, d'un air doux et, humble.

— Oh ! laisse-le, supplia Pauline.

Mais la bonne se fâchait.

— Pour ça, non, par exemple !… J'en ai assez, d'essuyer le sang derrière lui. Voilà deux jours que ma cuisine en est pleine. C'est dégoûtant… La salle va être propre, s'il se trimballe partout… Allons, houp ! veux-tu te dépêcher !

— Laisse-le, répéta Lazare. Va-t'en.

Alors, pendant que Véronique refermait furieusement la porte, Mathieu, comme s'il avait compris, vint appuyer sa tête sur le genou de son maître. Tous voulurent lui faire fête, on cassa du sucre, on tâcha de l'exciter. Autrefois, le petit jeu de chaque soir était de poser un morceau de sucre, loin de lui, de l'autre côté de la table ; vite, il faisait le tour, mais on avait déjà retiré le morceau, pour le placer à l'autre bout ; et sans cesse il faisait le tour, et sans cesse le sucre sautait, jusqu'à ce que, étourdi, stupéfié de ce continuel escamotage, il se mît à jeter des abois féroces. Ce fut ce jeu que Lazare essaya de recommencer, dans la pensée fraternelle de donner encore une récréation à l'agonie de la triste bête. Le chien battit un instant de la queue, tourna une fois, puis buta contre la chaise de Pauline. Il ne voyait pas le sucre, son corps décharné s'en allait de côté, le sang pleuvait en gouttes rouges autour de la table. Chanteau ne fredonnait plus, une pitié serrait le cœur de tout le monde, au spectacle du pauvre Mathieu mourant, qui tâtonnait en se rappelant les parties du Mathieu glouton de jadis.

— Ne le fatiguez pas, dit doucement le docteur. Vous le tuez.

Le curé, en train de fumer en silence, fit cette remarque pour s'expliquer sans doute son émotion :

— Ces grands chiens, on dirait des hommes.

À dix heures, lorsque le prêtre et le médecin furent partis, Lazare, avant de monter à sa chambre, alla lui-même renfermer Mathieu dans la remise. Il l'allongea sur de la paille fraîche, s'assura qu'il avait sa terrine d'eau, l'embrassa, puis voulut le laisser seul. Mais le chien, d'un effort pénible, s'était déjà mis debout et le suivait. Il fallut le recoucher trois fois. Enfin, il se soumit, il resta la tête droite, regardant son maître s'éloigner, d'un regard si triste, que celui-ci, désespéré, retourna l'embrasser encore.

En haut, Lazare tâcha de lire jusqu'à minuit. Puis, il finit par se coucher. Mais il ne put dormir, l'idée de Mathieu ne le quittait pas. Il le revoyait toujours sur la paille, avec le regard vacillant, tourné vers la porte. Demain, son chien serait mort. Et, malgré lui, à chaque minute, il se soulevait, il écoutait, croyant l'avoir entendu aboyer dans la cour. Son oreille aux aguets saisissait toutes sortes de bruits imaginaires. Vers deux heures, ce furent des gémissements, qui le firent sauter du lit. Où donc pleurait-on ? Il sortit sur le palier, la maison était noire et silencieuse, pas un souffle ne venait de la chambre de Pauline. Alors, il ne put résister davantage au besoin qu'il avait de redescendre. L'espérance de revoir son chien l'emplit brusquement de hâte. Il se donna à peine le temps de passer un pantalon, et descendit d'un pas rapide, avec sa bougie.

Dans la remise, Mathieu n'était point resté sur la paille. Il avait préféré se traîner à quelque distance sur la terre battue. Lorsqu'il vit entrer son maître, il ne trouva même plus la force de lever la tête. Celui-ci, après avoir posé le bougeoir au milieu de vieilles planches, s'était accroupi, étonné de la couleur noire de la terre ; et, le cœur crevé, il tomba à genoux, quand il se fut aperçu que le chien agonisait dans du sang, toute une mare de sang. C'était sa vie qui s'en allait, il battit faiblement de la queue, pendant que ses yeux profonds avaient une lueur.

— Ah ! mon pauvre vieux chien ! murmura Lazare, mon pauvre vieux chien !

Il parlait tout haut, il lui disait :

— Attends, je vais te changer de place… Non ! ça te fait du mal… Mais tu es si mouillé ! Et je n'ai pas même une éponge !… Si tu voulais boire ?

Mathieu le regardait toujours fixement. Peu à peu, un râle agitait ses côtes. Sans bruit, comme sortie d'une source cachée, la mare de sang s'élargissait. Des échelles et des tonneaux défoncés jetaient de grandes ombres, la bougie éclairait fort mal. Il y eut un froissement de paille : c'était la chatte, la Minouche, couchée sur le lit préparé pour Mathieu, et que la lumière dérangeait.

— Veux-tu boire, mon pauvre vieux chien ? répétait Lazare.

Il avait trouvé un torchon, il le trempait dans la terrine d'eau et le pressait sur la gueule de la bête mourante. Cela paraissait la soulager, son nez excorié par la fièvre se refroidissait un peu. Une demi-heure se passa, il ne cessait de rafraîchir le torchon, s'emplissant les yeux du lamentable spectacle, la poitrine serrée d'une tristesse immense. Comme au lit d'un malade, des espérances folles le prenaient : peut-être allait-il rappeler la vie, avec ce simple lavage.

— Quoi donc ? quoi donc ? dit-il tout d'un coup. Tu veux te mettre sur tes pattes ?

Secoué d'un frisson, Mathieu faisait des efforts pour se soulever. Il raidissait ses membres, tandis que des hoquets, des houles venues de ses flancs, lui enflaient le cou. Mais c'était la fin, il s'abattit en travers des genoux de son maître, qu'il ne quittait pas des yeux, tâchant de le voir encore, sous ses paupières lourdes. Bouleversé par ce regard intelligent de moribond, Lazare le gardait sur lui ; et ce grand corps, long et lourd comme celui d'un homme, avait une agonie humaine, entre ses bras éperdus. Cela dura quelques minutes. Puis, il vit de vraies larmes, de grosses larmes rouler des yeux troubles, pendant que la langue sortait de la gueule convulsée, pour une dernière caresse.

— Mon pauvre vieux toutou ! cria-t-il, en éclatant lui-même en sanglots.

Mathieu était mort. Un peu d'écume sanglante coulait des mâchoires. Quand il fut allongé par terre, il sembla dormir.

Alors, Lazare sentit que tout finissait une fois encore. Son chien mourait maintenant, et c'était une douleur disproportionnée, une désespérance où sa vie entière sombrait. Cette mort réveillait les autres morts, le déchirement n'avait pas été plus cruel, lorsqu'il avait traversé la cour, derrière le cercueil de sa mère. Quelque chose d'elle s'en allait de nouveau, il achevait de la perdre. Les mois de douleur cachée renaissaient, ses nuits troublées de cauchemars, ses promenades au petit cimetière, son épouvante devant l'éternité du jamais plus.

Il y eut un bruit, Lazare se tourna et vit la Minouche qui faisait tranquillement sa toilette sur la paille. Mais la porte avait craqué, Pauline entrait, poussée par la même préoccupation que son cousin. Quand il l'aperçut, ses pleurs redoublèrent, il cria, lui qui cachait le regret de sa mère avec une sorte de sauvagerie pudique :

— Mon Dieu ! mon Dieu ! elle l'aimait tant !… Tu te souviens ? elle l'avait eu si petit, et c'était elle qui lui donnait à manger, et il la suivait partout dans la maison !

Puis, il ajouta :

— Il n'y a plus personne, nous sommes trop seuls !

Des larmes montaient aux yeux de Pauline. Elle s'était penchée pour voir le pauvre Mathieu, sous la lueur vague de la bougie. Sans chercher à consoler Lazare, elle eut un geste découragé, car elle se sentait inutile et impuissante.

VIII

L'ennui était au fond des tristesses de Lazare, un ennui lourd, continu, qui sortait de tout comme l'eau trouble d'une source empoisonnée. Il s'ennuyait du repos, du travail, de lui-même plus que des autres encore. Cependant, il s'en prenait à son oisiveté, il finissait par en rougir. N'était-ce pas honteux qu'un homme de son âge perdît ses années de force dans ce trou de Bonneville ? Jusque-là, il avait bien eu des prétextes ; mais rien ne le retenait maintenant, et il se méprisait de rester inutile, à la charge des siens, lorsqu'eux-mêmes avaient à peine de quoi vivre. Il aurait dû leur gagner une fortune, c'était une banqueroute de sa part, car il se l'était juré, autrefois. Certes, les projets d'avenir, les grandes entreprises, la richesse conquise en un coup de génie, ne lui manquaient toujours pas. Seulement, quand il sortait du rêve, il ne trouvait plus le courage de se mettre à l'action.

— Ça ne peut pas durer, disait-il souvent à Pauline, il faut que je travaille… J'ai envie de fonder un journal à Caen.

Chaque fois, elle lui répondait :

— Attends la fin de ton deuil, rien ne presse… Réfléchis bien, avant de lancer une pareille affaire.

La vérité était qu'elle tremblait, à l'idée de ce journal, malgré son désir de le voir occupé. Un nouvel échec l'aurait achevé peut-être ; et elle se rappelait ses continuels avortements, la musique, la médecine, l'usine, tout ce qu'il entreprenait. Du reste, deux heures plus tard, il refusait même d'écrire une lettre, comme écrasé de fatigue.

Des semaines coulèrent encore, une grande marée emporta trois maisons de Bonneville. À présent, quand les pêcheurs rencontraient Lazare, ils lui demandaient si c'était qu'il en avait assez. Bien sûr qu'on n'y pouvait rien, mais ça faisait tout de même rager, de voir tant de bon bois perdu. Et, dans leurs doléances, dans la façon dont ils le suppliaient de ne pas laisser le pays sous les vagues, il y avait une goguenardise féroce de matelots, fiers de leur mer aux gifles mortelles. Lui, peu à peu, s'irritait, au point qu'il évitait de traverser le village. La vue, au loin, des ruines de l'estacade et des épis lui devenait insupportable.

Prouane l'arrêta, un jour qu'il entrait chez le curé.

— Monsieur Lazare, lui dit-il humblement, avec un rire de malice aux coins des yeux, vous savez, les morceaux de bois qui pourrissent là-bas, sur la plage ?

— Oui, après ?

— Si vous n'en faites plus rien, vous devriez nous les donner… Au moins, nous nous chaufferions avec.

Une colère contenue emporta le jeune homme. Il répondit vivement, sans même y avoir pensé :

— Impossible, je remets les charpentiers au travail la semaine prochaine.

Dès lors, tout le pays clabauda. On allait revoir la danse, puisque le fils Chanteau s'entêtait. Quinze jours se passèrent, les pêcheurs ne l'apercevaient plus sans lui demander si c'était qu'il ne trouvait point d'ouvriers. Et il finit par s'occuper réellement des épis, cédant aussi à sa cousine, qui préférait lui trouver une occupation près d'elle. Mais il s'y remettait sans coup de passion, sa rancune seule contre la mer le soutenait, car il se disait certain de la dompter : elle viendrait lécher les galets de Bonneville comme une bête obéissante.

Une fois encore, Lazare dessina des plans. Il avait calculé de nouveaux angles de résistance, et il doublait les jambes de force. Pourtant, la dépense ne devait pas être très élevée, on utiliserait la plus grande partie des anciens bois. Le charpentier présenta un devis, qui montait à quatre mille francs. Et, devant la faible importance de cette somme, Lazare consentit à ce que Pauline en fît l'avance, persuadé, disait-il, qu'il allait enlever sans peine la subvention du conseil général ; c'était même l'unique façon de rentrer dans les premiers déboursés, car le conseil n'accorderait certainement pas un sou, tant que les épis resteraient en ruine. Ce point de vue de la question l'échauffa un peu, les travaux furent menés bon train. D'ailleurs, il était très occupé, il se rendait à Caen chaque semaine, pour voir le préfet et les conseillers influents. On achevait de poser les charpentes, lorsqu'il obtint enfin qu'un ingénieur serait délégué et ferait un rapport, sur lequel le conseil voterait ensuite la subvention. L'ingénieur demeura tout un jour à Bonneville, un homme charmant qui voulut bien déjeuner chez les Chanteau, après sa promenade à la plage ; ceux-ci évitèrent de lui demander son avis, par discrétion, ne voulant pas l'influencer ; mais, à table, il se montra si galant pour Pauline, qu'elle-même crut dès lors au succès de l'affaire. Aussi, quinze jours plus tard, lorsque Lazare revint d'un voyage à Caen, la maison fut-elle stupéfaite et consternée des nouvelles qu'il rapportait. Il étranglait de colère : est-ce que ce bellâtre d'ingénieur n'avait pas fait un rapport abominable ! Oh ! il était resté poli, mais il avait plaisanté chaque pièce de bois, avec une abondance extraordinaire de mots techniques. Du reste, on aurait dû s'y attendre, ces messieurs n'admettaient pas qu'on pût bâtir une cabane à lapins officielle en dehors d'eux. Et le pis était que, sur la lecture du rapport, le conseil général avait repoussé la demande de subvention.

Ce fut, pour le jeune homme, une nouvelle crise de découragement. Les épis étaient terminés, il jurait bien qu'ils résisteraient aux plus fortes marées, et tous les ponts-et-chaussées réunis en crèveraient de rage jalouse, mais cela ne ferait pas rentrer l'argent entre les mains de sa cousine, il se désolait amèrement de l'avoir entraînée dans ce désastre. Elle, pourtant, victorieuse de ses instincts économes, réclamait la responsabilité entière, rappelait qu'elle l'avait forcé à accepter ses avances ; c'était une charité, elle ne regrettait rien, elle aurait donné encore, pour sauver ce malheureux village. Cependant, quand le charpentier envoya son mémoire, elle ne put réprimer un geste de surprise douloureuse : les quatre mille francs du devis montaient à près de huit mille. En tout, elle avait jeté plus de vingt mille francs dans ces quelques poutres, que la première tempête pouvait emporter.

À cette époque la fortune de Pauline se trouva réduite à une quarantaine de mille francs. C'étaient deux mille francs de rente, bien juste de quoi vivre, si elle se trouvait un jour seule sur le pavé des rues. L'argent s'en était allé peu à peu dans la maison, où elle continuait à payer, les mains ouvertes. Aussi veilla-t-elle dès lors aux dépenses, avec une vigueur de ménagère prudente. Les Chanteau n'avaient même plus leurs trois cents francs par mois ; car, à la mort de la mère, on s'était aperçu de la vente d'un certain nombre de titres, sans pouvoir découvrir où avaient passé les sommes touchées. En joignant ses propres rentes aux leurs, elle ne disposait guère que de quatre cents francs, et la maison était lourde, il lui fallait faire des miracles d'économie, pour sauver l'argent de ses aumônes. Depuis le dernier hiver, la curatelle du docteur Cazenove avait pris fin, Pauline était majeure, disposait absolument de ses biens et de sa personne ; sans doute, le docteur ne la gênait guère, car il refusait d'être consulté, et sa mission avait cessé légalement depuis des semaines, lorsque l'un et l'autre s'en étaient avisés, mais elle se sentait plus mûre et plus libre pourtant, comme devenue tout à fait femme, en se voyant maîtresse de maison, sans comptes à rendre, suppliée par son oncle de tout régler et de ne jamais lui parler de rien. Lazare avait aussi l'horreur des questions d'intérêt. Elle tenait donc la bourse commune, elle remplaçait sa tante, avec un bon sens pratique qui stupéfiait parfois les deux hommes. Seule, Véronique trouvait que mademoiselle était joliment « chienne » : est-ce qu'il ne fallait pas, maintenant, se contenter d'une livre de beurre, chaque samedi !

Les jours se succédaient avec une régularité monotone. Cet ordre, ces habitudes sans cesse recommençantes, qui étaient le bonheur aux yeux de Pauline, exaspéraient davantage l'ennui de Lazare. Jamais il n'avait promené dans la maison autant d'inquiétude, que depuis la paix souriante dont elle endormait chaque pièce. L'achèvement des travaux sur la plage venait d'être pour lui un véritable soulagement, car toute préoccupation l'obsédait ; et il n'était pas plus tôt retombé dans l'oisiveté, qu'il s'y dévorait de honte et de malaise. Chaque matin, il changeait de nouveau ses projets d'avenir : l'idée d'un journal était abandonnée comme indigne ; il s'emportait contre la pauvreté qui ne lui permettait pas de se livrer tranquillement à une grande œuvre littéraire et historique ; puis, il avait fini par caresser un plan, se faire professeur, passer des examens, s'il le fallait, pour s'assurer le gagne-pain nécessaire à son travail d'homme de lettres. Entre Pauline et lui, il ne semblait rester que leur camaraderie d'autrefois, comme une habitude d'affection qui les faisait frère et sœur. Lui, dans cette familiarité étroite, ne parlait jamais de leur mariage, soit oubli complet, soit chose trop répétée et qui allait sans dire. Elle, aussi, évitait d'en parler, certaine qu'il consentirait au premier mot. Et, cependant, un peu du désir de Lazare s'était retiré d'elle chaque jour : elle le sentait, sans comprendre que son impuissance à le sauver de l'ennui n'avait pas d'autre cause.

Un soir, au crépuscule, elle montait l'avertir que le dîner était servi, lorsqu'elle le surprit cachant en hâte un objet qu'elle ne put reconnaître.

— Qu'est-ce donc ? demanda-t-elle en riant. Des vers pour ma fête ?

— Mais non, dit-il très ému, la voix balbutiante. Rien du tout.

C'était un vieux gant oublié par Louise, et qu'il venait de retrouver derrière une pile de livres. Le gant, en peau de Saxe, avait gardé une odeur forte, cette odeur de fauve particulière, que le parfum préféré de la jeune fille, l'héliotrope, adoucissait d'une pointe vanillée ; et, très impressionnable aux senteurs, violemment troublé par ce mélange de fleur et de chair, il était resté éperdu, le gant sur la bouche, buvant la volupté de ses souvenirs.

Dès ce jour, par-dessus le vide béant que la mort de sa mère creusait en lui, il se remit à désirer Louise. Il ne l'avait jamais oubliée sans doute ; mais elle sommeillait dans sa douleur ; et il fallait cette chose d'elle, pour l'éveiller vivante, avec la chaleur même de son haleine. Quand il était seul, il reprenait le gant, le respirait, le baisait, croyait encore qu'il la tenait à pleins bras, la bouche enfoncée dans sa nuque. Le malaise nerveux où il vivait, l'excitation de ses longues paresses, rendaient plus vive cette griserie charnelle. C'étaient de véritables débauches où il s'épuisait. Et s'il en sortait mécontent de lui, il y retombait quand même, emporté par une passion dont il n'était pas le maître. Cela augmenta son humeur sombre, il en arrivait à se montrer brusque avec sa cousine, comme s'il lui gardait rancune de ses propres abandons. Elle ne disait rien à sa chair, et il se sauvait parfois d'une causerie gaie et tranquille qu'ils avaient ensemble, pour courir à son vice, s'enfermer, se vautrer dans le souvenir brûlant de l'autre. Ensuite, il redescendait, avec le dégoût de la vie.

En un mois, il changea tellement, que Pauline, désespérée, passait des nuits affreuses. Le jour encore, elle demeurait vaillante, toujours debout dans cette maison qu'elle dirigeait, de son air de douce autorité. Mais, le soir, lorsqu'elle avait fermé sa porte, il lui était permis d'avoir ses chagrins, et tout son courage s'en allait, et elle pleurait comme une enfant débile. Il ne lui restait aucune espérance, l'échec à sa bonté s'aggravait sans cesse. C'était donc possible ? la charité ne suffisait pas, on pouvait aimer les gens et faire leur malheur ; car elle voyait son cousin malheureux, peut-être par sa faute. Puis, au fond de son doute, grandissait la crainte d'une influence rivale. Si elle s'était longtemps rassurée, en expliquant cette humeur noire par leur deuil récent, l'idée de Louise maintenant revenait, cette idée qui s'était dressée en elle, le lendemain même de la mort de madame Chanteau, qu'elle avait chassée avec une confiance orgueilleuse en sa tendresse et qui renaissait chaque soir, dans la défaite de son cœur.

Alors, Pauline fut hantée. Dès qu'elle avait posé son bougeoir, elle tombait assise sur le bord de son lit, sans trouver le courage d'ôter sa robe. Sa gaieté depuis le matin, son ordre et sa patience, l'écrasaient, ainsi qu'un vêtement trop lourd. La journée, comme celles qui avaient précédé, comme celles qui suivraient, venait de s'écouler au milieu de cet ennui de Lazare, dont la maison prenait la désespérance. À quoi bon son effort de joie, puisqu'elle ne savait plus chauffer de soleil ce coin aimé ? L'ancienne parole cruelle retentissait, on vivait trop seul, la faute en était à sa jalousie, qui avait écarté le monde. Elle ne nommait pas Louise, elle voulait ne pas songer à elle, et quand même elle la voyait passer avec son air joli, amusant Lazare de ses langueurs coquettes, l'égayant du vol de ses jupes. Les minutes s'écoulaient, elle ne pouvait chasser leur image. C'était cette fille sans doute qu'il attendait, rien ne serait si facile que de le guérir, en allant la chercher. Et, chaque soir, Pauline, lorsqu'elle montait chez elle, ne s'abandonnait plus de lassitude au bord de son lit, sans retomber dans la même vision, torturée par la croyance que le bonheur des siens était peut-être aux mains de l'autre.

Des révoltes, pourtant, continuaient à la soulever. Elle quittait son lit, allait ouvrir la fenêtre, prise de suffocations. Puis, devant l'immensité noire, au-dessus de la mer, dont elle entendait la plainte, elle demeurait accoudée des heures, sans pouvoir dormir, la gorge brûlante aux souffles du large. Non ! jamais elle ne serait assez misérable pour tolérer le retour de cette fille. Ne les avait-elle pas surpris au bras l'un de l'autre ? N'était-ce pas la trahison la plus basse, près d'elle, dans une chambre voisine, dans cette demeure qu'elle regardait comme sienne ? Cette vilenie restait sans pardon, ce serait être complice que de les remettre l'un en face de l'autre. Sa rancune jalouse s'enfiévrait aux spectacles qu'elle évoquait ainsi, elle étouffait des sanglots en cachant sa face contre ses bras nus, les lèvres collées à sa chair. La nuit s'avançait, les vents passaient sur son cou, emportaient ses cheveux, sans calmer le sang de colère dont battaient ses veines. Mais, sourdement, invinciblement, la lutte se poursuivait entre sa bonté et sa passion, même dans l'excès de ses révoltes. Une voix de douceur, qui lui était alors comme étrangère, s'entêtait à parler très bas en elle des joies de l'aumône, du bonheur de se donner aux autres. Elle voulait la faire taire : c'était imbécile, cette abnégation de soi poussée jusqu'à la lâcheté ; et, tout de même, elle l'écoutait, car il lui devenait bientôt impossible de s'en défendre. Peu à peu, elle reconnaissait sa propre voix, elle se raisonnait : qu'importait sa souffrance, pourvu que les êtres aimés fussent heureux ! Elle sanglotait plus bas, en écoutant le flot monter du fond des ténèbres, épuisée et malade, sans être vaincue encore.

Une nuit, elle s'était couchée, après avoir pleuré longtemps à la fenêtre. Dès qu'elle eut soufflé sa bougie et qu'elle se trouva dans le noir, les yeux grands ouverts, elle prit brusquement une décision : le lendemain, avant toutes choses, elle ferait écrire par son oncle à Louise, pour prier celle-ci de venir passer un mois à Bonneville. Rien ne lui semblait plus naturel ni plus aisé. Aussitôt, elle s'endormit d'un bon sommeil, il y avait des semaines qu'elle ne s'était reposée si profondément. Mais, le lendemain, quand elle fut descendue pour le déjeuner, et qu'elle se revit entre son oncle et son cousin, à cette table de la famille où les places des trois bols de lait étaient marquées, elle étouffa tout d'un coup, elle sentit son courage s'en aller.

— Tu ne manges pas, dit Chanteau. Qu'as-tu donc ?

— Je n'ai rien, répondit-elle. Au contraire, j'ai dormi comme une bienheureuse.

La seule vue de Lazare la rendait à son combat. Il mangeait silencieusement, las déjà de cette nouvelle journée qui commençait ; et elle ne trouvait plus la force de le donner à une autre. L'idée qu'une autre le prendrait, le baiserait pour le consoler, lui était insupportable. Quand il fut sorti, elle voulut cependant faire ce qu'elle avait décidé.

— Est-ce que tes mains vont plus mal, aujourd'hui ? demanda-t-elle à son oncle.

Il regarda ses mains que les tophus envahissaient, en fit jouer péniblement les articulations.

— Non, répondit-il. La droite a même l'air plus souple… Si le curé vient, nous ferons une partie.

Puis, après un silence :

— Pourquoi me demandes-tu ça ?

Sans doute elle avait espéré qu'il ne pourrait pas écrire. Elle rougit, elle remit lâchement la lettre au lendemain en balbutiant :

— Mon Dieu ! pour savoir.

À partir de ce jour, elle perdit tout repos. Dans sa chambre, après des crises de larmes, elle arrivait à se vaincre, elle jurait de dicter au réveil la lettre à son oncle.

Et, dès qu'elle rentrait dans la vie quotidienne du ménage, entre ceux qu'elle aimait, elle devenait sans force. C'étaient des petits faits insignifiants qui lui brisaient le cœur, le pain qu'elle coupait pour son cousin, les souliers du jeune homme qu'elle recommandait à la bonne, tout le train vulgaire et coutumier de la famille. On aurait pu être si heureux pourtant, dans ces vieilles habitudes du foyer ! À quoi bon appeler une étrangère ? pourquoi déranger des choses si douces, dont ils vivaient depuis tant d'années ? Et, à la pensée que ce ne serait plus elle, un jour, qui couperait ainsi le pain, qui veillerait aux vêtements, un désespoir l'étranglait, elle sentait crouler le bonheur prévu de son existence. Ce tourment, mêlé aux moindres soins qu'elle donnait à la maison, empoisonnait ses journées de ménagère active.

— Qu'y a-t-il donc ? disait-elle parfois tout haut, nous nous aimons, et nous ne sommes pas heureux… Notre affection ne fait que du malheur autour de nous.

Sans cesse, elle tâchait de comprendre. Cela venait peut-être de ce que son caractère et celui de son cousin ne s'accordaient pas. Cependant, elle aurait voulu plier, abdiquer toute volonté personnelle ; et elle n'y réussissait guère, car la raison l'emportait quand même, elle était tentée d'imposer les choses qu'elle croyait raisonnables. Souvent sa patience échouait, il y avait des bouderies. Elle aurait voulu rire, noyer ces misères dans sa gaieté ; mais elle ne le pouvait plus, elle s'énervait à son tour.

— C'est joli ! répétait Véronique du matin au soir. Vous n'êtes que trois, et vous finirez par vous dévorer… Madame avait des jours bien désagréables, mais au moins, de son vivant, on n'en était pas encore à se jeter les casseroles à la tête.

Chanteau, lui aussi, éprouvait les effets de cette désaffection lente, que rien n'expliquait. Quand il avait une crise, il gueulait plus fort, comme disait la bonne. Puis, c'étaient des caprices et des violences de malade, un besoin de tourmenter continuellement le monde. La maison redevenait un enfer.

Alors, la jeune fille, dans les dernières secousses de sa jalousie, se demanda si elle avait le droit d'imposer à Lazare son bonheur à elle. Certes, elle le voulait heureux avant tout, même au prix de ses larmes. Pourquoi donc l'enfermer ainsi, le forcer à une solitude dont il paraissait souffrir ? Sans doute, il l'aimait encore, il lui reviendrait, quand il la jugerait mieux, en la comparant à l'autre. En tout cas, elle devait lui permettre de choisir : c'était juste, et l'idée de justice restait en elle debout, souveraine.

Chaque trimestre, Pauline se rendait à Caen, pour leurs rentes. Elle partait le matin, rentrait le soir, après avoir épuisé toute une liste de menus achats et de courses, qu'elle dressait pendant les trois mois. Cette année-là, au trimestre de juin, on l'attendit vainement jusqu'à neuf heures pour dîner. Chanteau, très inquiet, avait envoyé Lazare sur la route, dans la crainte d'un accident ; tandis que Véronique, d'un air tranquille, disait qu'on avait tort de se tourmenter :

Mademoiselle, bien sûr, en se voyant en retard, s'était décidée à coucher, désireuse de faire toutes ses commissions. On dormit fort mal, à Bonneville ; et, le lendemain, dès le déjeuner, les terreurs recommencèrent. Vers midi, comme son père ne tenait plus en place, Lazare se décidait à partir pour Arromanches, lorsque la bonne, qui était en faction sur la route, reparut en criant :

— La voilà, mademoiselle !

Il fallut qu'on roulât le fauteuil de Chanteau sur la terrasse. Le père et le fils attendaient, pendant que Véronique donnait des détails.

— C'est la berline de Malivoire… J'ai reconnu de loin mademoiselle à ses rubans de crêpe. Seulement, ça m'a semblé drôle, on dirait qu'il y a du monde avec elle… Qu'est-ce qu'il fiche donc, cette rosse de cheval !

Enfin, la voiture s'arrêta devant la porte. Lazare s'était avancé, et il ouvrait la bouche pour interroger Pauline, qui avait légèrement sauté à terre, lorsqu'il resta saisi : derrière elle, une autre jeune fille, vêtue d'une soie lilas à mille raies, sautait également. Toutes deux riaient en bonnes amies. Sa surprise fut si forte, qu'il revint vers son père, en disant :

— Elle amène Louise.

— Louise ! ah ! c'est une bonne idée ! s'écria Chanteau.

Et, lorsqu'elles furent côte à côte devant lui, l'une encore en grand deuil, l'autre dans sa gaie toilette d'été, il continua, ravi de cette distraction qui lui arrivait :

— Quoi donc ? vous avez fait la paix… Vous savez que je n'ai jamais compris. Hein ? était-ce bête ? Et comme tu avais tort, ma pauvre Louisette, de nous garder rancune, dans tout le chagrin que nous avons eu !… Enfin, c'est fini, n'est-ce pas ?

Un embarras tenait les jeunes filles immobiles. Elles avaient rougi, et leurs regards s'évitaient. Louise embrassa Chanteau pour cacher son malaise. Mais il voulait des explications.

— Vous vous êtes donc rencontrées ?

Alors, elle se tourna vers son amie, les yeux humides d'attendrissement.

— C'est Pauline qui montait chez mon père. Justement, je rentrais. Et il ne faut pas la gronder d'être restée, car j'ai tout fait pour la retenir… Comme le télégraphe s'arrête à Arromanches, nous avons pensé que nous serions ici en même temps qu'une dépêche… Me pardonnez-vous ?

Elle embrassa encore Chanteau, avec sa câlinerie d'autrefois. Lui, n'en demanda pas davantage : quand les choses allaient pour son plaisir, il les trouvait bonnes.

— Et Lazare, reprit-il, tu ne lui dis rien ?

Le jeune homme était demeuré en arrière, souriant avec contrainte. La remarque de son père acheva de le troubler, d'autant plus que Louise rougissait de nouveau, sans faire un pas vers lui. Pourquoi se trouvait-elle là ? pourquoi sa cousine ramenait-elle cette rivale, qu'elle avait si rudement chassée ? C'était une stupeur où il ne se retrouvait plus.

— Embrasse-la, Lazare, puisqu'elle n'ose pas, dit doucement Pauline.

Elle était toute blanche dans son deuil, mais la face apaisée et les yeux clairs. De son air maternel, de cet air grave qu'elle prenait aux heures importantes du ménage, elle les regardait l'un et l'autre ; et elle se contenta de sourire, quand il se décida à effleurer de ses lèvres les joues tendues de la jeune fille.

Du coup, Véronique, qui voyait ça, les mains ballantes, s'en retourna au fond de sa cuisine, absolument suffoquée. Elle non plus ne comprenait pas. Après ce qui s'était passé, il fallait avoir bien peu de cœur. Mademoiselle devenait impossible, quand elle se mettait à vouloir être bonne. Ce n'était donc pas assez de toutes les petites pouilleuses, traînées jusque dans la vaisselle : elle amenait maintenant des maîtresses à monsieur Lazare ! La maison allait être propre. Quand la bonne se fut soulagée en bougonnant au-dessus de son fourneau, elle revint crier :

— Vous savez que le déjeuner attend depuis une heure… Les pommes de terre sont en charbon.

On déjeuna de grand appétit, mais Chanteau seul riait franchement, trop égayé pour remarquer le malaise persistant des trois autres. Ils étaient ensemble d'une prévenance affectueuse ; et ils semblaient garder pourtant un fond de tristesse inquiète, comme après ces querelles où l'on s'est pardonné, sans pouvoir oublier les injures irréparables. Ensuite, on employa l'après-midi à l'installation de la nouvelle venue. Elle reprit sa chambre du premier étage. Le soir, si madame Chanteau était descendue se mettre à table, de son petit pas rapide, on aurait cru que le passé tout entier renaissait.

Pendant près d'une semaine encore, la gêne continua. Lazare, qui n'osait interroger Pauline, ne s'expliquait toujours pas ce qu'il considérait comme un singulier coup de tête ; car la pensée d'un sacrifice possible, d'un choix offert simplement et grandement, ne lui venait point. Lui-même, dans les désirs qui ravageaient son oisiveté, n'avait jamais songé à épouser Louise. Aussi, depuis qu'ils se retrouvaient ensemble tous les trois, en résultait-il une situation fausse, dont ils souffraient. Ils avaient des silences embarrassés, certaines phrases restaient à moitié sur leurs lèvres, par crainte d'une allusion involontaire. Pauline, surprise de ce résultat imprévu, était obligée d'exagérer ses rires, pour retourner à la belle insouciance d'autrefois. Mais elle eut d'abord une joie profonde, elle crut sentir que Lazare lui revenait. La présence de Louise l'avait calmé, il la fuyait presque, évitait de se trouver seul avec elle, révolté à la pensée qu'il pourrait tromper encore la confiance de sa cousine ; et il se rejetait vers celle-ci, tourmenté d'une tendresse fiévreuse, la proclamant d'un air attendri la meilleure de toutes les femmes, une vraie sainte dont il se déclarait indigne. Elle, bien heureuse, jouissait divinement de sa victoire, quand elle le voyait si peu aimable pour l'autre. Au bout de la semaine, elle lui adressa même des reproches.

— Pourquoi te sauves-tu, dès que je suis avec elle ?... Cela me chagrine. Elle n'est pas chez nous pour que nous lui fassions mauvais visage.

Lazare, évitant de répondre, eut un geste vague. Alors elle se permit cette allusion, la seule qui lui échappa jamais :

— Si je l'ai amenée, c'est pour que tu saches bien que depuis longtemps vous avez mon pardon. J'ai voulu effacer ce vilain rêve, il n'en reste rien... Et, tu vois je n'ai plus peur, j'ai confiance en vous.

Il la saisit entre ses bras, et la serra très fort. Puis, il promit d'être aimable pour l'autre.

À partir de ce moment, les journées coulèrent dans une intimité charmante. Lazare ne paraissait plus s'ennuyer. Au lieu de remonter chez lui, de s'y enfermer en sauvage, malade de solitude, il inventait des jeux, il proposait des promenades, dont on rentrait grisé de grand air. Et ce fut alors, insensiblement, que Louise le reprit tout entier. Il s'accoutumait, osait lui donner le bras, se laissait pénétrer de nouveau par cette odeur troublante, que le moindre bout de ses dentelles exhalait. D'abord, il lutta, il voulut s'éloigner, dès qu'il sentit monter l'ivresse. Mais sa cousine elle-même lui criait d'aider la jeune fille, le long des falaises, lorsqu'ils avaient un ruisseau à sauter ; et elle sautait gaillardement, en garçon, tandis que l'autre, avec un léger cri d'alouette blessée, s'abandonnait entre les bras du jeune homme. Puis, au retour, il la soutenait, leurs rires étouffés, leurs chuchotements à l'oreille recommençaient.

Rien encore n'inquiétait Pauline, elle gardait son allure brave, sans comprendre qu'elle jouait son bonheur, à n'être pas lasse et à n'avoir pas besoin d'être secourue. L'odeur saine de ses bras de ménagère ne troublait personne. C'était avec une sorte de témérité souriante qu'elle les forçait à marcher devant elle, au bras l'un de l'autre, comme pour leur montrer sa confiance.

D'ailleurs, ni l'un ni l'autre ne l'aurait trompée. Si Lazare se laissait reprendre à cette griserie, il se débattait toujours, il faisait effort ensuite et se montrait plus affectueux pour elle. Il y avait là une surprise de sa chair, à laquelle il cédait délicieusement, tout en jurant bien que, cette fois, le jeu s'arrêterait aux rires permis. Pourquoi se serait-il refusé cette joie, puisqu'il était résolu à rester dans son devoir d'honnête homme ? Et Louise avait plus de scrupules encore ; non qu'elle s'accusât de coquetterie, car elle était naturellement caressante, elle se donnait sans le savoir, dans un geste, dans une haleine ; mais elle n'aurait ni fait un pas ni prononcé un mot, si elle avait cru être désagréable à Pauline. Le pardon du passé la touchait aux larmes, elle voulait lui prouver qu'elle en était digne, elle lui avait voué une de ces adorations exubérantes de femme, qui se traduisent par des serments, des baisers, toutes sortes de cajoleries passionnées. Aussi la surveillait-elle sans cesse, pour accourir, si elle pensait lui voir un nuage au front. Brusquement, elle quittait le bras de Lazare, venait prendre le sien, fâchée de s'être abandonnée un instant ; et elle tâchait de la distraire, ne la quittait plus, affectait même de bouder le jeune homme. Jamais elle n'avait paru si charmante que dans cet émoi continuel, dans ce besoin de plaire qui l'emportait et qui la désolait ensuite, emplissant la maison du tourbillon de ses jupes et de ses langueurs câlines de jeune chatte.

Peu à peu, Pauline retomba à ses tortures. Son espoir, son triomphe d'un moment en augmentait la cruauté. Ce n'étaient pas les secousses violentes d'autrefois, les crises jalouses qui l'affolaient pour une heure ; c'était un écrasement lent, comme une masse tombée sur elle, et dont le poids la broyait davantage à chaque minute. Désormais, il n'y avait plus de répit possible, plus de salut : son malheur était quand même au bout. Certes, elle n'avait aucun reproche à leur faire, tous deux la comblaient de prévenances, luttaient contre l'entraînement qui les poussait l'un vers l'autre ; et, précisément, elle souffrait de ces prévenances, elle recommençait à voir clair, depuis qu'ils semblaient s'entendre, pour lui épargner la douleur de leurs amours. La pitié de ces deux amants lui devenait insupportable. N'étaient-ce pas des aveux, ces chuchotements rapides lorsqu'elle les laissait ensemble, puis ces brusques silences dès qu'elle reparaissait, et ces baisers violents de Louise, et ces humilités affectueuses de Lazare ? Elle les aurait préférés coupables, la trahissant dans les coins ; tandis que ces précautions d'honnêteté, ces compensations de caresses, qui lui disaient tout, la laissaient désarmée, ne trouvant ni la volonté ni l'énergie de reconquérir son bien. Le jour où elle avait ramené sa rivale, sa pensée était de lutter contre elle, s'il le fallait ; seulement, que faire contre des enfants qui se désolaient ainsi de s'aimer ? Elle-même avait voulu cela, elle n'aurait eu qu'à épouser Lazare, sans s'inquiéter si elle lui forçait la main. Mais, aujourd'hui encore, malgré son tourment, l'idée de disposer ainsi de lui, d'exiger l'accomplissement d'une promesse qu'il regrettait sans doute, la révoltait. Elle en serait morte, qu'elle l'aurait refusé s'il en aimait une autre.

Cependant, Pauline restait la mère de son petit monde, soignait Chanteau qui allait mal, était obligée de suppléer Véronique dont la propreté se gâtait, sans compter Lazare et Louise qu'elle feignait de traiter en gamins turbulents pour pouvoir sourire de leurs escapades. Elle arrivait à rire plus haut qu'eux, de ce beau rire sonore qui sonnait la santé et le courage de la vie, avec des notes limpides de clairon. La maison entière s'égayait. Elle, du matin au soir, exagérait son activité, refusait d'accompagner les enfants à la promenade, sous le prétexte d'un grand nettoyage, d'une lessive ou de conserves à conduire. Mais c'était surtout Lazare qui devenait bruyant : il sifflait dans l'escalier, tapait les portes, trouvait les journées trop courtes et trop calmes. Bien qu'il ne fît rien, la nouvelle passion dont il était envahi, semblait l'occuper au-delà de son temps et de ses forces. Une fois encore, il conquérait le monde, c'étaient chaque jour au dîner d'autres projets d'avenir extraordinaires. Déjà la littérature le dégoûtait, il avouait avoir abandonné la préparation des examens, qu'il voulait subir afin d'entrer dans le professorat ; longtemps, il s'était enfermé chez lui sous cette excuse, si découragé, qu'il n'ouvrait pas même un livre ; et il raillait aujourd'hui sa stupidité, n'était-ce pas idiot de se mettre un fil à la patte, pour écrire plus tard des romans et des drames ? Non ! il n'y avait que la politique, son plan désormais était bien arrêté : il connaissait un peu le député de Caen, il le suivrait à Paris comme secrétaire, et là, en quelques mois, il ferait son chemin. L'Empire avait grand besoin de garçons intelligents. Lorsque Pauline, inquiète de ce galop d'idées, tâchait de calmer sa fièvre en lui conseillant un petit emploi solide, il se récriait sur sa prudence, l'appelait « grand-mère », en façon de plaisanterie. Et le tapage recommençait, la maison retentissait d'une joie trop grosse, où l'on sentait l'angoisse d'une misère cachée.

Un jour, comme Lazare et Louise étaient allés seuls à Verchemont, Pauline, ayant besoin d'une recette pour rafraîchir du velours, monta fouiller la grande armoire de son cousin, où elle croyait l'avoir vue, sur un bout de papier, entre les deux feuillets d'un livre. Et là, parmi des brochures, elle découvrit le vieux gant de son amie, ce gant oublié dont il s'était grisé si souvent, jusqu'à une sorte d'hallucination charnelle. Ce fut pour elle un trait de lumière, elle reconnut l'objet qu'il avait caché avec un si grand trouble, le soir où elle était montée brusquement lui dire qu'on se mettait à table. Elle tomba sur une chaise, comme achevée par cette révélation. Mon Dieu ! il voulait déjà cette fille avant qu'elle revînt, il vivait avec elle, il avait usé ce chiffon de ses lèvres, parce qu'il gardait un peu de son odeur ! De gros sanglots la secouèrent, tandis que ses yeux noyés restaient fixés sur le gant, qu'elle tenait toujours dans ses mains tremblantes.

— Eh bien ! mademoiselle, l'avez-vous trouvée ? demanda du palier la voix forte de Véronique, qui montait à son tour. Je vous dis que le meilleur moyen est de le frotter avec une couenne de lard.

Elle entra, et ne comprit pas d'abord, en la voyant en larmes, les doigts crispés sur ce vieux gant. Mais elle flaira la chambre, elle finit par deviner la cause de ce désespoir.

— Dame ! reprit-elle de l'air brutal qu'elle prenait de plus en plus, vous deviez bien vous attendre à ce qui arrive… Je vous avais prévenue autrefois. Vous les remettez ensemble, ils s'amusent… et puis, peut-être que Madame avait raison, cette minette-là l'émoustille plus que vous.

Elle hocha la tête, elle ajouta, en se parlant à elle-même, d'une voix sombre :

— Ah ! Madame voyait clair, malgré ses défauts… Moi, je ne peux toujours pas avaler ça, qu'elle soit morte.

Le soir, dans sa chambre, lorsque Pauline eut fermé sa porte et posé sa bougie sur la commode, elle s'abandonna au bord de son lit, en se disant qu'elle devait marier Lazare et Louise. Toute la journée, un grand bourdonnement qui lui ébranlait le crâne, l'avait empêchée de formuler une pensée nette ; et c'était seulement à cette heure de nuit, lorsqu'elle pouvait souffrir sans témoins, qu'elle trouvait enfin cette conséquence inévitable. Il fallait les marier, cela retentissait en elle comme un ordre, comme une voix de raison et de justice qu'elle ne pouvait faire taire. Un moment, elle si courageuse, se retourna épouvantée, en croyant entendre la voix de sa tante qui criait d'obéir. Alors, toute vêtue, elle se renversa, elle enfonça la tête dans l'oreiller, pour étouffer ses cris. Oh ! le donner à une autre, le savoir entre les bras d'une autre, à jamais, sans espoir de le reprendre ! Non, elle n'aurait pas ce courage, elle aimait mieux continuer à vivre de sa vie misérable ; personne ne l'aurait, ni elle, ni cette fille, et lui-même sécherait dans l'attente ! Longtemps elle se débattit, secouée d'une fureur jalouse, qui levait devant elle des images charnelles abominables. Toujours, le sang l'emportait d'abord, une violence que ni les années ni la sagesse n'apaisaient. Puis, elle tomba à un grand épuisement, sa chair était anéantie.

Dès lors, allongée sur le dos, sans trouver la force de se déshabiller, Pauline raisonna longuement. Elle arrivait à se prouver que Louise ferait plus qu'elle pour le bonheur de Lazare. Cette enfant si faible, aux caresses d'amante, ne l'avait-elle pas déjà tiré de son ennui ? Sans doute il la lui fallait ainsi, pendue continuellement à son cou, chassant de ses baisers les idées noires, les terreurs de la mort. Et Pauline se rabaissait, se trouvait trop froide, sans grâce amoureuse de femme, n'ayant que de la bonté, ce qui ne suffit point aux jeunes hommes. Une autre considération acheva de la convaincre. Elle était ruinée, et les projets d'avenir de son cousin, ces projets qui l'inquiétaient, allaient demander beaucoup d'argent. Devait-elle lui imposer la gêne où vivait la famille, la médiocrité dont elle le voyait souffrir ? Ce serait une existence terrible, de continuels regrets, l'amertume querelleuse des ambitions manquées. Elle lui apporterait toutes les rancunes de la misère, tandis que Louise, qui était riche, lui ouvrirait les grandes situations dont il rêvait. On assurait que le père de la jeune fille gardait pour son gendre une place toute prête ; sans doute il s'agissait d'une situation dans la banque, et bien que Lazare affectât le dédain des gens de finance, les choses s'arrangeraient certainement. Elle ne pouvait hésiter davantage, maintenant il lui semblait qu'elle commettrait une vilaine action, si elle ne les mariait pas. Ce mariage, dans son insomnie, devenait un dénouement naturel et nécessaire, qu'elle devait hâter, sous peine de perdre sa propre estime.

La nuit entière se passa au milieu de cette lutte. Quand le jour parut, Pauline se déshabilla enfin. Elle était très calme, elle goûta dans le lit un profond repos, sans pouvoir dormir encore. Jamais elle ne s'était sentie si légère, si haute, si détachée. Tout finissait, elle venait de couper les liens de son égoïsme, elle n'espérait plus en rien ni en personne ; et il y avait, au fond d'elle, la volupté subtile du sacrifice. Même elle ne retrouvait pas son ancienne volonté de suffire au bonheur des siens, ce besoin autoritaire qui lui apparaissait à cette heure comme le dernier retranchement de sa jalousie. L'orgueil de son abnégation s'en était allé, elle acceptait que les siens fussent heureux en dehors d'elle, C'était le degré suprême dans l'amour des autres :

disparaître, donner tout sans croire qu'on donne assez, aimer au point d'être joyeux d'une félicité qu'on n'a pas faite et qu'on ne partagera pas. Le soleil se levait, lorsqu'elle s'endormit d'un grand sommeil.

Ce jour-là, Pauline descendit très tard. En s'éveillant, elle avait eu la joie de sentir en elle, nettes et solides, ses résolutions de la veille. Puis, elle s'aperçut qu'elle s'était oubliée et qu'elle devait pourtant songer au lendemain, dans la nouvelle situation qui allait lui être faite. Si elle avait le courage de marier Lazare et Louise, jamais elle n'aurait celui de rester près d'eux, à partager l'intimité de leur bonheur : le dévouement a des limites, elle redoutait le retour de ses violences, quelque scène affreuse dont elle serait morte. Du reste, ne faisait-elle point assez déjà ? qui aurait eu la cruauté de lui imposer cette torture inutile ? Sa décision fut donc prise sur-le-champ, irrévocable : elle partirait, elle quitterait cette maison, pleine d'inquiétants souvenirs. C'était toute sa vie changée, et elle ne reculait pas.

Au déjeuner, elle montra cette gaieté tranquille, qui ne la quittait plus. La vue de Lazare et de Louise, côte à côte, chuchotant et riant, la laissa vaillante, sans autre faiblesse qu'un grand froid au cœur. Puis, comme on était au samedi, elle imagina de les pousser tous deux à une grande promenade, afin de se trouver seule, lorsque le docteur Cazenove viendrait. Ils partirent, et elle prit encore la précaution d'aller attendre ce dernier sur la route. Dès qu'il l'aperçut, il voulut la faire monter dans son cabriolet, pour la ramener. Mais elle le pria de descendre, ils revinrent à petits pas, tandis que Martin, à cent mètres devant eux, conduisait la voiture vide.

Et Pauline, en quelques paroles simples, vida son cœur. Elle dit tout, son projet de donner Lazare à Louise, sa volonté de quitter la maison. Cette confession lui semblait nécessaire, elle n'avait pas voulu agir dans un coup de tête, et le vieux médecin était le seul homme qui pût l'entendre.

Brusquement, Cazenove s'arrêta au milieu de la route et la saisit entre ses longs bras maigres. Il tremblait d'émotion, il lui mit un gros baiser sur les cheveux, en la tutoyant.

— Tu as raison, ma fille… Et, vois-tu, je suis enchanté, car ça pouvait finir plus mal encore. Il y a des mois que ça me tourmente, j'étais malade d'aller chez vous, tellement je te sentais malheureuse… Ah ! ils t'ont joliment dévalisée, les bonnes gens : ton argent d'abord, ton cœur ensuite…

La jeune fille tâcha de l'interrompre.

— Mon ami, je vous en supplie… Vous les jugez mal.

— Possible, ça ne m'empêche pas de me réjouir pour toi. Va, va, donne ton Lazare, ce n'est pas un beau cadeau que tu fais à l'autre… Oh ! sans doute, il est charmant, plein des meilleures intentions ; mais je préfère que l'autre soit malheureuse avec lui. Ces gaillards qui s'ennuient de tout, sont trop lourds à porter, même pour des épaules solides comme les tiennes. Je te souhaiterais plutôt un garçon boucher, oui, un garçon boucher qui rirait nuit et jour à se fendre les mâchoires.

Puis, voyant des larmes lui monter aux yeux :

— Bon ! tu l'aimes, n'en parlons plus. Et embrasse-moi encore, puisque tu es une fille assez brave pour avoir tant de raison… L'imbécile qui ne comprend pas !

Il lui avait pris le bras, il la serrait contre lui. Alors, ils causèrent sagement, en se remettant à marcher. Certes, elle ferait bien de quitter Bonneville ; et il se chargeait de lui trouver une situation. Justement, il avait à Saint-Lô une vieille parente riche, qui cherchait une demoiselle de compagnie. La jeune fille serait parfaitement là, d'autant plus que cette dame, n'ayant pas d'enfant, pourrait s'attacher à elle, peut-être l'adopter plus tard. Tout fut réglé, il lui promit une réponse définitive avant trois jours, et ils convinrent de ne parler à personne de ce projet formel de départ. Elle craignait qu'on n'y vît une menace, elle voulait faire le mariage, puis s'en aller le lendemain sans bruit, en personne désormais inutile.

Le troisième jour, Pauline reçut une lettre du docteur : on l'attendait à Saint-Lô, dès qu'elle serait libre. Et ce fut ce jour même, pendant une absence de Lazare, qu'elle emmena Louise au fond du potager, sur un vieux banc abrité par une touffe de tamaris. En face, au-dessus du petit mur, on ne voyait que la mer et le ciel, une immensité bleue, coupée à l'horizon d'une grande ligne simple.

— Ma chérie, dit Pauline de son air maternel, nous allons causer comme deux sœurs, veux-tu ?… Tu m'aimes un peu…

Louise l'interrompit, en la prenant à la taille.

— Oh ! oui.

— Eh bien, si tu m'aimes, tu as tort de ne pas tout me dire... Pourquoi gardes-tu tes secrets ?

— Je n'ai pas de secrets.

— Si, tu cherches mal... Voyons, ouvre-moi ton cœur.

Toutes deux, un instant, se regardèrent de si près, qu'elles sentaient la tiédeur de leurs haleines. Cependant, les yeux de l'une se troublaient peu à peu, sous le regard limpide de l'autre. Le silence devenait pénible.

— Dis-moi tout. Les choses dont on cause sont bien près d'être arrangées, et c'est en les dissimulant qu'on finit par en faire de vilaines choses... N'est-ce pas ? ce ne serait guère beau de nous fâcher, d'en arriver encore à ce que nous avons tant regretté.

Alors, violemment, Louise éclata en sanglots. Elle la serrait à la taille de ses mains convulsives, elle avait laissé tomber sa tête et la cachait contre l'épaule de son amie, en bégayant au milieu de ses larmes :

— Oh ! c'est mal de revenir sur cela. On ne devait jamais en reparler, jamais !... Renvoie-moi tout de suite plutôt que de me faire cette peine.

Vainement, Pauline tâchait de la calmer.

— Non, je comprends bien... Tu me soupçonnes encore. Pourquoi me parles-tu d'un secret ? Je n'ai pas de secret, je fais tout au monde pour que tu n'aies aucun reproche à m'adresser. Ce n'est pas ma faute, s'il y a des choses qui t'inquiètent : moi, je surveille jusqu'à ma façon de rire, sans que ça paraisse… Et, si tu ne me crois pas, eh bien ! je vais m'en aller, m'en aller tout de suite.

Elles étaient seules, dans le vaste espace. Le potager, brûlé par le vent d'ouest, s'étendait à leurs pieds comme un terrain inculte, tandis que, au-delà, la mer immobile déroulait son infini.

— Mais écoute ! cria Pauline, je ne t'adresse aucun reproche, je désire au contraire te rassurer.

Et, la prenant aux épaules, la forçant à lever les yeux, elle lui dit doucement, en mère qui questionne sa fille :

— Tu aimes Lazare ?… Et il t'aime aussi, je le sais.

Un flot de sang était monté au visage de Louise. Elle tremblait plus fort, elle voulait se dégager et s'enfuir.

— Mon Dieu ! je suis donc bien maladroite, que tu ne me comprennes pas ! Est-ce que j'aborderais un pareil sujet pour te tourmenter ?… Vous vous aimez, n'est-ce pas ? eh bien ! je veux vous marier ensemble, c'est très simple.

Louise, éperdue, cessa de se débattre. Une stupeur arrêta ses larmes, l'immobilisa, les mains tombées et inertes.

— Comment ? et toi ?

— Moi, ma chérie, je me suis interrogée sérieusement depuis quelques semaines, la nuit surtout, dans ces heures de veille où l'on voit plus clair… Et j'ai reconnu que j'avais uniquement pour Lazare une bonne amitié. Ne le remarques-tu pas toi-même ? nous sommes camarades, on dirait deux garçons, il n'y a pas entre nous cet emportement des amoureux...

Elle cherchait ses phrases, afin de rendre vraisemblable son mensonge. Mais sa rivale la regardait toujours de ses yeux fixes, comme si elle avait pénétré le sens caché des mots.

— Pourquoi mens-tu ? murmura-t-elle enfin. Est-ce que tu es capable de ne plus aimer, quand tu aimes ?

Pauline se troubla.

— Enfin, qu'importe ! vous vous aimez, il est tout naturel qu'il t'épouse... Moi, j'ai été élevée avec lui, je resterai sa sœur. Les idées passent, quand on s'est attendu si longtemps... Et puis, il y a encore beaucoup de raisons...

Elle eut conscience qu'elle perdait pied, qu'elle s'égarait, et elle reprit, emportée par sa franchise :

— Oh ! ma chérie, laisse-moi faire ! Si je l'aime encore assez pour désirer qu'il soit ton mari, c'est que je te crois maintenant nécessaire à son bonheur. Est-ce que cela te déplaît ? est-ce que tu n'agirais pas comme moi ?... Voyons, causons gentiment. Veux-tu être du complot ? veux-tu que nous nous entendions ensemble pour le forcer à être heureux ? Même s'il se fâchait, s'il croyait me devoir quelque chose, il faudrait m'aider à le persuader, car c'est toi qu'il aime, c'est toi dont il a besoin... Je t'en prie, sois ma complice, convenons bien de tout, pendant que nous sommes seules.

Mais Louise la sentait si frissonnante, si déchirée dans ses supplications, qu'elle eut une dernière révolte.

— Non, non, je n'accepte pas !... Ce serait abominable, ce que nous ferions là. Tu l'aimes toujours, je le sens bien, et tu ne sais qu'inventer pour te torturer davantage... Au lieu de t'aider, je vais tout lui dire. Oui, dès qu'il rentrera...

Pauline, de ses deux bras charitables, l'étreignit de nouveau, l'empêcha de continuer, en lui serrant la tête contre sa poitrine.

— Tais-toi, méchante enfant !... Il le faut, songeons à lui.

Le silence retomba, elles restèrent dans cette étreinte. Déjà épuisée, Louise cédait, s'abandonnait avec sa langueur caressante ; et un flot de larmes était remonté à ses yeux, mais des larmes douces, qui coulaient lentement. Sans parler, elle pressait par moments son amie, comme si elle n'eût rien trouvé de plus discret ni de plus profond pour la remercier. Elle la sentait au-dessus d'elle, si saignante et si haute, qu'elle n'osait même lever les yeux, de peur de rencontrer son regard. Cependant, au bout de quelques minutes, elle se hasarda, renversa la tête dans une confusion souriante, puis haussa les lèvres et lui donna un baiser muet. La mer, au loin, sous le ciel sans tache, n'avait pas une vague qui rompît son bleu immense. C'était une pureté, une simplicité où longtemps encore elles égarèrent les paroles qu'elles ne disaient plus.

Lorsque Lazare fut rentré, Pauline le rejoignit dans sa chambre, cette vaste pièce aimée où ils avaient grandi tous deux. Elle voulait, le jour même, aller au bout de son ouvrage. Avec lui, elle ne chercha point de transition, elle parla résolument. La pièce était pleine des souvenirs d'autrefois : des algues sèches traînaient, le modèle des épis encombrait le piano, la table débordait de livres de science et de morceaux de musique.

— Lazare, demanda-t-elle, veux-tu causer ? J'ai des choses sérieuses à te dire.

Il parut surpris, vint se planter devant elle.

— Quoi donc ?... Est-ce que papa est menacé ?

— Non, écoute... Il faut enfin aborder ce sujet, car cela n'avance à rien de nous taire. Tu te rappelles que ma tante avait fait le projet de nous marier ; nous en avons parlé beaucoup, et il n'en est plus question depuis des mois. Eh bien, je pense qu'il serait sage à cette heure d'abandonner ce projet.

Le jeune homme était devenu pâle ; mais il ne la laissa pas finir, il cria violemment :

— Quoi ? que chantes-tu là ?... Est-ce que tu n'es pas ma femme ? Demain, si tu veux, nous irons dire à l'abbé d'en finir... Et c'est ça que tu appelles des choses sérieuses !

Elle répondit de sa voix tranquille :

— C'est très sérieux, puisque tu te fâches... Je te répète qu'il faut en causer. Certes, nous sommes de vieux camarades, mais je crains fort qu'il n'y ait pas en nous l'étoffe de deux amoureux. À quoi bon nous entêter dans une idée, qui ne ferait peut-être le bonheur ni de l'un ni de l'autre ?

Alors, Lazare se jeta dans un flot de paroles entrecoupées. Était-ce une querelle qu'elle lui cherchait ? Il ne pouvait pourtant pas être tout le temps à son cou. Si l'on avait remis de mois en mois le mariage, elle savait qu'il n'en était point la cause. Et c'était injuste de lui dire qu'il ne l'aimait plus. Il l'avait tant aimée, dans cette chambre précisément, qu'il n'osait l'effleurer de ses doigts, par terreur d'être emporté et de se mal conduire. À ce souvenir du passé, une rougeur monta aux joues de Pauline : il avait raison, elle se rappelait ce court désir, cette haleine ardente dont il l'enveloppait. Mais combien ces heures de frissons délicieux étaient loin, et quelle froide amitié de frère il lui témoignait maintenant ! Aussi répondit-elle d'un air triste :

— Mon pauvre ami, si tu m'aimais réellement, au lieu de plaider comme tu le fais, tu serais déjà dans mes bras, et tu sangloterais, et tu trouverais d'autres choses pour me persuader.

Il pâlit davantage, il eut un geste vague de protestation, en se laissant tomber sur une chaise.

— Non, continua-t-elle, c'est clair, tu ne m'aimes plus… Que veux-tu ? nous ne sommes sans doute pas faits l'un pour l'autre. Quand nous étions enfermés ici, tu étais bien forcé de songer à moi. Et, plus tard, l'idée t'en a passé, ça n'a pas duré, parce que je n'avais rien pour te retenir.

Une dernière secousse d'exaspération l'emporta. Il s'agita sur la chaise, en bégayant :

— Enfin, où veux-tu en venir ? Qu'est-ce que tout cela signifie, je te le demande ? Je rentre bien tranquille, je monte pour mettre mes pantoufles, et tu me tombes sur le dos, et sans crier gare tu entames une histoire extravagante... Je ne t'aime plus, nous ne sommes pas faits l'un pour l'autre, il faut rompre notre mariage... Encore une fois, qu'est-ce que cela signifie ?

Pauline, qui s'était approchée de lui, dit lentement :

— Cela signifie que tu en aimes une autre, et que je te conseille de l'épouser.

Un instant, Lazare resta muet. Puis, il prit le parti de ricaner. Bon ! les scènes recommençaient, encore sa jalousie qui allait mettre tout en l'air ! Elle ne pouvait le voir gai un seul jour, il fallait qu'elle fît le vide autour de lui. Pauline l'écoutait d'un air de douleur profonde ; et, brusquement, elle lui posa sur les épaules ses mains tremblantes, elle laissa éclater son cœur dans ce cri involontaire :

— Ô mon ami, peux-tu croire que je cherche à te torturer !... Tu ne comprends donc pas que je veux uniquement ta joie, que j'accepterais tout pour t'assurer un plaisir d'une heure ! N'est-ce pas ? tu aimes Louise, eh bien ! je te dis de l'épouser... Entends cela, je ne compte plus, je te la donne.

Il la regardait, effaré. Dans cette nature nerveuse et sans équilibre, les sentiments sautaient aux extrêmes, à la moindre secousse. Ses paupières battirent, il sanglota.

— Tais-toi, je suis un misérable ! Oui, je me méprise pour tout ce qui se passe dans cette maison depuis des années… Je suis ton créancier, ne dis pas non ! Nous t'avons pris ton argent, je l'ai gaspillé comme un imbécile, et voilà maintenant que je roule assez bas, pour que tu me fasses l'aumône de ma parole, pour que tu me la rendes par pitié, comme à un homme sans courage et sans honneur.

— Lazare ! Lazare ! murmura-t-elle épouvantée.

D'un mouvement furieux, il s'était mis debout, et il marchait, il se battait la poitrine de ses poings.

— Laisse-moi ! Je me tuerais tout de suite, si je me faisais justice… N'est-ce pas toi que je devrais aimer ? N'est-ce pas abominable de désirer cette autre, parce que sans doute elle n'était pas pour moi, parce qu'elle est moins bonne et moins bien portante, est-ce que je sais ? Quand un homme tombe à ces choses, c'est qu'il y a de la boue au fond… Tu vois que je ne cache rien, que je ne cherche guère à m'excuser… Écoute, plutôt que d'accepter ton sacrifice, je mettrais moi-même Louise à la porte, et je m'en irais en Amérique, et je ne vous reverrais jamais, ni l'une ni l'autre.

Longuement, elle s'efforça de le calmer et de le raisonner. Ne pouvait-il donc une fois prendre la vie comme elle était, sans exagération ? Ne voyait-il pas qu'elle lui parlait avec sagesse, après avoir beaucoup réfléchi ? Ce mariage serait excellent pour tout le monde. Si elle en causait d'une voix si paisible, c'était que loin d'en souffrir maintenant, elle le souhaitait. Mais, emportée par son désir de le convaincre, elle eut la maladresse de faire une allusion à la fortune de Louise et de laisser entendre que Thibaudier, le lendemain du mariage, trouverait pour son gendre une situation.

— C'est cela, cria-t-il, repris de violence, vends-moi à présent ! Dis tout de suite que je ne dois plus vouloir de toi, parce que je t'ai ruinée, et qu'il me reste à commettre la vilenie d'aller ailleurs épouser une fille riche... Ah ! non, tiens ! tout cela est trop sale. Jamais entends-tu ? jamais !

Pauline, à bout de force, cessa de le supplier. Il y eut un silence. Lazare était retombé sur la chaise, les jambes brisées, tandis qu'elle, à son tour, marchait dans la vaste pièce, mais avec lenteur, en s'attardant devant chaque meuble ; et, de ces vieilles choses amies, de la table qu'elle avait usée de ses coudes, de l'armoire où les jouets de son enfance étaient enfouis encore, de tous les souvenirs qui traînaient là, lui remontait au cœur un espoir qu'elle ne voulait pas entendre, et dont la douceur pourtant la gagnait peu à peu tout entière. S'il l'aimait réellement assez pour refuser d'être à une autre ! Mais elle connaissait les lendemains d'abandon, cachés sous la fougue première de ces beaux sentiments. Puis, c'était lâche d'espérer, elle craignait de céder à une ruse de sa faiblesse.

— Tu réfléchiras, finit-elle par conclure, en s'arrêtant devant lui. Je ne veux pas nous tourmenter davantage… Demain, je suis certaine que tu seras plus raisonnable.

Le lendemain pourtant se passa dans une grande gêne. Une tristesse sourde, une sorte d'aigreur assombrissait de nouveau la maison. Louise avait les yeux rouges, Lazare la fuyait et passait les heures enfermé dans sa chambre. Puis, les jours suivants, cette gêne se dissipa peu à peu, et les rires recommencèrent, les chuchotements, les frôlements tendres. Pauline attendait, secouée d'espérances folles, malgré sa raison. Avant cette incertitude affreuse, il lui semblait ne pas avoir connu la souffrance. Un soir enfin, au crépuscule, comme elle descendait à la cuisine prendre une bougie, elle trouva Lazare et Louise qui s'embrassaient dans le corridor. La jeune fille s'enfuit en riant, et lui, encouragé par l'ombre, saisit Pauline à son tour, lui planta sur les joues deux gros baisers de frère.

— J'ai réfléchi, murmura-t-il. Tu es la meilleure et la plus sage… Mais je t'aime toujours, je t'aime comme j'ai aimé maman.

Elle eut la force de répondre :

— C'est une affaire arrangée, je suis bien contente.

De crainte de s'évanouir, elle n'osa entrer dans la cuisine, tellement elle se sentait pâle, au froid de son visage. Sans lumière, elle remonta chez elle, en disant qu'elle avait oublié quelque chose. Et là, dans les ténèbres, elle crut qu'elle expirait, étouffant, ne trouvant pas même des larmes. Que lui avait-elle fait, mon Dieu ! pour qu'il eût ainsi poussé la cruauté jusqu'à élargir la blessure ? Ne pouvait-il accepter immédiatement, le jour où elle avait toute sa force, sans l'amollir d'une espérance vaine ? Maintenant le sacrifice devenait double, elle le perdait une seconde fois, et d'autant plus douloureusement, qu'elle s'était imaginé le reprendre. Mon Dieu ! elle avait du courage, mais c'était mal de lui rendre sa tâche si affreuse.

Tout fut rapidement réglé. Véronique, béante, ne comprenait plus, trouvait que les choses marchaient à l'envers depuis la mort de Madame. Mais ce fut surtout Chanteau que ce dénouement bouleversa. Lui, qui d'ordinaire ne s'occupait de rien et qui hochait la tête d'approbation à chaque volonté des autres, comme retiré dans l'égoïsme des minutes de calme qu'il volait à la douleur, se mit à pleurer, quand Pauline elle-même lui annonça le nouvel arrangement. Il la regardait, il balbutiait, des aveux lui échappaient en paroles étranglées : ce n'était pas sa faute, il aurait voulu agir autrement jadis, et pour l'argent, et pour le mariage ; mais elle savait bien qu'il se portait trop mal. Alors, elle l'embrassa, en lui jurant que c'était elle qui forçait Lazare à épouser Louise, par raison. Au premier moment, il n'osa la croire il clignait les yeux avec un reste de tristesse, en répétant :

— Bien vrai ? bien vrai ?

Puis, comme il la voyait rire, il se consola vite et devint même tout à fait joyeux. Enfin, il était soulagé, car cette vieille affaire lui barrait le cœur, sans qu'il osât en parler. Il baisa Louisette sur les joues, il retrouva, le soir, au dessert, une chanson gaillarde. Pourtant, en allant se coucher, il eut une dernière inquiétude.

— Tu restes avec nous, n'est-ce pas ? demanda-t-il à Pauline.

Elle hésita une seconde ; et, rougissant de son mensonge :

— Mais sans doute.

Il fallut un grand mois, pour les formalités. Thibaudier, le père de Louise, avait agréé tout de suite la demande de Lazare, qui était son filleul. Il n'y eut entre eux une discussion que deux jours avant les noces, lorsque le jeune homme refusa nettement de diriger à Paris une compagnie d'assurances, dont le banquier était le plus fort actionnaire. Lui, entendait passer encore un an ou deux à Bonneville, où il écrirait un roman, un chef-d'œuvre, avant d'aller conquérir Paris. D'ailleurs, Thibaudier se contenta de hausser les épaules, en le traitant amicalement de grande bête.

Le mariage devait avoir lieu à Caen. Pendant les quinze derniers jours, ce furent des allées et venues continuelles, une fièvre extraordinaire de voyages. Pauline s'étourdissait, accompagnait Louise, rentrait brisée. Comme Chanteau ne pouvait quitter Bonneville, elle avait dû promettre d'assister à la cérémonie, où elle serait seule à représenter la famille de son cousin. L'approche de cette journée la terrifiait. La veille, elle s'arrangea pour ne pas coucher à Caen, car il lui semblait qu'elle souffrirait moins, si elle revenait dormir dans sa chambre, au bercement aimé de la grande mer. Elle prétendit que la santé de son oncle lui donnait des craintes, qu'elle ne voulait pas s'éloigner de lui si longtemps. Vainement, lui-même la pressait de passer quelques jours là-bas : est-ce qu'il était malade ? au contraire, très surexcité par l'idée de ces noces, de ce repas dont il ne serait point, il méditait sournoisement d'exiger de Véronique un plat défendu, un perdreau truffé par exemple, ce qu'il ne mangeait jamais sans être certain d'une crise. Malgré tout, la jeune fille déclara qu'elle rentrerait le soir ; et elle comptait aussi être de la sorte plus libre, pour faire sa malle le lendemain, et disparaître.

Une pluie fine tombait, minuit venait de sonner, lorsque la vieille berline de Malivoire ramena Pauline le soir du mariage. Vêtue d'une robe de soie bleue, mal garantie par un petit châle, elle était frissonnante, très pâle, les mains chaudes pourtant. Dans la cuisine, elle trouva Véronique qui l'attendait, endormie sur un coin de la table ; et la chandelle qui brûlait très haute, fit battre ses yeux, d'un noir profond, comme emplis des ténèbres de la route, où ils étaient restés grands ouverts, depuis Arromanches. Elle ne put tirer que des mots sans suite de la cuisinière ensommeillée : monsieur n'avait pas été sage, maintenant il dormait, personne n'était venu. Alors, elle prit une bougie et elle monta, glacée par la maison vide, désespérée jusqu'à la mort de l'ombre et du silence qui lui écrasaient les épaules.

Au deuxième étage, elle avait hâte de se réfugier chez elle, lorsqu'un mouvement irrésistible, dont elle s'étonna, lui fit ouvrir la porte de Lazare. Elle haussa la bougie pour voir, comme si la chambre lui semblait emplie de fumée. Rien n'était changé, chaque meuble était à sa place ; et, cependant, elle avait une sensation de désastre et d'anéantissement, une peur sourde, ainsi que dans la chambre d'un mort. À pas ralentis, elle s'avança jusqu'à la table, regarda l'encrier, la plume, une page commencée qui traînait encore. Puis, elle s'en alla. C'était fini, la porte se ferma sur le vide sonore de la pièce.

Chez elle, la même sensation d'inconnu l'attendait. Était-ce donc sa chambre, avec les roses bleues du papier peint, le lit de fer étroit, drapé de rideaux de mousseline ? Elle vivait là pourtant depuis tant d'années ! Sans poser la bougie, elle si courageuse d'habitude, fit une visite, écarta les rideaux, regarda sous le lit, derrière les meubles. C'était en elle un ébranlement, une stupeur, qui la tenait debout devant les choses. Jamais elle n'aurait cru qu'une pareille angoisse pût tomber de ce plafond, dont elle connaissait chaque tache ; et elle regrettait, à cette heure, de n'être pas restée à Caen, elle sentait cette maison plus effrayante, si peuplée de souvenirs et si vide, aux ténèbres si froides par cette nuit de tempête. L'idée de se coucher lui était insupportable. Elle s'assit, sans même ôter son chapeau, resta quelques minutes immobile, les yeux grands ouverts sur la bougie qui l'aveuglait. Brusquement, elle s'étonna, que faisait-elle à cette place, la tête pleine d'un tumulte, dont le bourdonnement l'empêchait de penser ? Il était une heure, elle serait mieux dans son lit. Et elle se mit à se déshabiller, de ses mains chaudes et lentes.

    Un besoin d'ordre persistait, dans cette débâcle de sa vie. Elle serra soigneusement son chapeau, s'inquiéta d'un coup d'œil si ses bottines n'avaient pas souffert. Sa robe était déjà pliée au dossier d'une chaise, elle n'avait plus qu'un jupon et sa chemise, lorsque son regard tomba sur sa gorge de vierge. Peu à peu, une flamme empourpra ses joues. Du trouble de son cerveau, des images se précisaient et se dressaient, les deux autres dans leur chambre, là-bas, une chambre qu'elle connaissait, où elle-même, le matin, avait porté des fleurs. La mariée était couchée, lui entrait, s'approchait avec un rire tendre. D'un geste violent, elle fit glisser son jupon, enleva sa chemise ; et, nue maintenant, elle se contemplait encore. Ce n'était donc pas pour elle cette moisson de l'amour ? Jamais sans doute les noces ne viendraient. Son regard descendait de sa gorge, d'une dureté de bouton éclatant de sève, à ses hanches larges, à son ventre où dormait une maternité puissante. Elle était mûre pourtant, elle voyait la vie gonfler ses membres, fleurir aux plis secrets de sa chair en toison noire, elle respirait son odeur de femme, comme un bouquet épanoui dans l'attente de la fécondation. Et ce n'était pas elle, c'était l'autre, au fond de cette chambre, là-bas, qu'elle évoquait nettement, pâmée entre les bras du mari dont elle-même attendait la venue depuis des années ?

Mais elle se pencha davantage. La coulée rouge d'une goutte de sang, le long de sa cuisse, l'étonnait. Soudain elle comprit : sa chemise, glissée à terre, semblait avoir reçu l'éclaboussement d'un coup de couteau. C'était donc pour cela qu'elle éprouvait, depuis son départ de Caen, une telle défaillance de tout son corps ? Elle ne l'attendait point si tôt, cette blessure, que la perte de son amour venait d'ouvrir, aux sources mêmes de la vie. Et la vue de cette vie qui s'en allait inutile, combla son désespoir. La première fois, elle se souvenait d'avoir crié d'épouvante, lorsqu'elle s'était trouvée un matin ensanglantée. Plus tard, n'avait-elle pas eu l'enfantillage, le soir, avant d'éteindre sa bougie, d'étudier d'un regard furtif l'éclosion complète de sa chair et de son sexe ? Elle était fière comme une sotte, elle goûtait le bonheur d'être une femme. Ah ! misère ! la pluie rouge de la puberté tombait là, aujourd'hui, pareille aux larmes vaines que sa virginité pleurait en elle. Désormais, chaque mois ramènerait ce jaillissement de grappe mûre, écrasée aux vendanges, et jamais elle ne serait femme, et elle vieillirait dans la stérilité !

Alors, la jalousie la reprit aux entrailles, devant les tableaux que son excitation déroulait toujours. Elle voulait vivre, et vivre complètement, faire de la vie, elle qui aimait la vie ! À quoi bon être, si l'on ne donne pas son être ? Elle voyait les deux autres, une tentation de balafrer sa nudité lui faisait chercher ses ciseaux du regard. Pourquoi ne pas couper cette gorge, briser ces cuisses, achever d'ouvrir ce ventre et faire couler ce sang jusqu'à la dernière goutte ?

Elle était plus belle que cette maigre fille blonde, elle était plus forte, et lui ne l'avait pas choisie cependant. Jamais elle ne le connaîtrait, rien en elle ne devait plus l'attendre, ni les bras, ni les hanches, ni les lèvres. Tout pouvait être jeté à la borne, comme un haillon vide. Était-ce possible qu'ils fussent ensemble, lorsqu'elle restait seule à grelotter de fièvre, dans cette maison froide !

Brusquement, elle s'abattit sur le lit, à plat ventre. Elle avait saisi l'oreiller dans ses bras convulsifs, elle le mordait pour étouffer ses sanglots ; et elle tâchait de tuer sa chair révoltée, en l'écrasant sur le matelas. De longues secousses la soulevaient, de la nuque aux talons. Vainement, ses paupières se serraient pour ne plus voir, elle voyait quand même, des monstruosités se levaient dans l'obscurité. Que faire ? Se crever les yeux, et voir encore, voir toujours peut-être !

Les minutes passaient, elle n'avait plus conscience que de l'éternité de sa torture. Un effroi la remit debout. Quelqu'un était là, car elle avait entendu rire. Mais elle ne trouva que sa bougie presque achevée, qui venait de faire éclater la bobèche. Si quelqu'un pourtant l'avait vue ? Ce rire imaginaire courait encore sur sa peau comme une caresse brutale. Était-ce vraiment elle, qui restait nue ainsi ? Une pudeur la prenait, elle avait croisé les bras devant sa gorge, dans une attitude éperdue, pour ne plus s'apercevoir elle-même. Enfin, vivement, elle passa une chemise de nuit, elle retourna s'enfouir sous les couvertures, qu'elle monta jusqu'à son menton. Son corps grelottant se faisait tout petit. Quand la bougie fut éteinte, elle ne bougea plus, anéantie par la honte de cette crise.

Pauline fit sa malle dans la matinée, sans trouver la force d'annoncer son départ à Chanteau. Cependant, le soir, il fallut tout lui dire, car le docteur Cazenove devait venir la chercher le lendemain et la mener lui-même chez sa parente. Lorsqu'il eut compris, l'oncle, bouleversé, leva ses pauvres mains infirmes, dans un geste fou, comme pour la retenir ; et il bégayait, il la suppliait. Elle ne ferait jamais ça, elle ne le quitterait pas, car ce serait un meurtre, il en mourrait à coup sûr. Puis, quand il la vit s'entêter doucement et qu'il devina ses raisons, il se décida à confesser le tort qu'il avait eu de manger du perdreau la veille. Des pointes légères le brûlaient déjà aux jointures. C'était toujours la même histoire, il succombait dans la lutte : mangerait-il ? souffrirait-il ? et il mangeait, certain de souffrir, à la fois contenté et terrifié. Mais elle n'aurait pas le courage peut-être de l'abandonner, au beau milieu d'un accès.

En effet, vers six heures du matin, Véronique monta prévenir mademoiselle qu'elle entendait monsieur gueuler dans sa chambre. Elle était d'une humeur exécrable, elle grondait par toute la maison que, si mademoiselle s'en allait, elle filerait également, parce qu'elle en avait assez de soigner un vieux si peu raisonnable. Pauline, une fois encore, dut s'installer au chevet de son oncle. Quand le docteur se présenta pour l'emmener, elle lui montra le malade, qui triomphait, hurlant plus fort, lui criant de partir, si elle en avait le cœur. Tout fut retardé.

Chaque jour, la jeune fille tremblait de voir revenir Lazare et Louise, que leur nouvelle chambre, l'ancienne chambre d'ami, arrangée à leur intention, attendait depuis le lendemain du mariage. Ils s'oubliaient à Caen, Lazare écrivait qu'il prenait des notes sur le monde de la finance, avant de s'enfermer à Bonneville, pour commencer un grand roman, où il voulait dire la vérité sur les bâcleurs d'affaires. Puis, un matin, il débarqua sans sa femme, il annonça tranquillement qu'il allait s'installer avec elle à Paris : son beau-père l'avait convaincu, il acceptait la place dans la compagnie d'assurances, sous le prétexte qu'il prendrait ainsi ses notes sur le vif ; et plus tard il verrait, il reviendrait à la littérature.

Quand Lazare eut rempli deux caisses des objets qu'il emportait, et que la berline de Malivoire fut venue le chercher avec ses bagages, Pauline rentra étourdie, ne retrouvant plus en elle ses volontés anciennes. Chanteau, encore très souffrant, lui demanda :

— Tu restes, j'espère ? Attends donc de m'avoir enterré !

Elle ne voulut pas répondre immédiatement. En haut, sa malle était toujours faite. Elle la regardait pendant des heures. Puisque les autres allaient à Paris, c'était mal d'abandonner son oncle. Certes, elle se défiait des résolutions de son cousin ; mais, si le ménage revenait, elle serait libre alors de s'éloigner. Et Cazenove, furieux, lui ayant dit qu'elle perdait une position superbe, pour gâcher son existence chez des gens qui vivaient d'elle depuis sa jeunesse, elle se décida tout d'un coup.

— Va-t'en, lui répétait maintenant Chanteau. Si tu dois gagner des écus et être si heureuse, je ne peux pas t'obliger à traîner la savate avec un éclopé comme moi... Va-t'en.

Un matin, elle répondit :

— Non, mon oncle, je reste.

Le docteur, qui était là, partit en levant les bras au ciel.

— Elle est impossible, cette petite ! Et quel guêpier, là-dedans ! Jamais elle n'en sortira.

IX

Et les jours s'étaient remis à couler, dans la maison de Bonneville. Après un hiver très froid, il y avait eu un printemps pluvieux, la mer battue par les averses ressemblait à un lac de boue ; puis, l'été tardif s'était prolongé jusqu'au milieu de l'automne, avec de lourds soleils qui endormaient l'immensité bleue sous des chaleurs accablantes ; puis, l'hiver avait reparu, et un printemps, et un été encore, s'en allant minute à minute, du même pas, dans la marche cadencée des heures.

Pauline, comme si son cœur se fût réglé sur ce mouvement d'horloge, retrouvait son grand calme. Ses souffrances s'engourdissaient, bercées par les jours réguliers, promenées dans des occupations qui revenaient toujours les mêmes. Elle descendait le matin, embrassait son oncle, avait avec la bonne la conversation de la veille, s'asseyait deux fois à table, cousait l'après-midi, se couchait tôt le soir ; et, le lendemain, la journée recommençait, sans que jamais un événement inattendu en vînt rompre la monotonie. Chanteau, de plus en plus noué par la goutte, les jambes gonflées, les mains difformes, restait muet quand il ne hurlait pas, enfoncé dans la béatitude de ne pas souffrir. Véronique, qui semblait avoir perdu sa langue, tombait à une maussaderie sombre. Seuls, les dîners du samedi dérangeaient cette paix, Cazenove et l'abbé Horteur dînaient exactement, on entendait des voix jusqu'à dix heures, puis les sabots du prêtre s'en allaient sur le pavé de la cour, tandis que le cabriolet du médecin partait, avec le trot pesant du vieux cheval. La gaieté même de Pauline s'était faite tranquille, cette gaieté vaillante qu'elle avait gardée au milieu de ses tourments. Son rire sonore n'emplissait plus l'escalier et les pièces ; mais elle demeurait l'activité et la bonté de la maison, elle y apportait chaque matin un nouveau courage à vivre. Au bout d'une année, son cœur dormait, elle pouvait croire que les heures, maintenant, couleraient de la sorte, uniformes et douces, sans que rien réveillât en elle la douleur assoupie.

Dans les premiers temps, après le départ de Lazare, chaque lettre de lui avait troublé Pauline. Elle ne vivait que par ces lettres, les attendait avec impatience, les relisait, allait au-delà des mots écrits, jusqu'aux choses qu'ils ne disaient pas. Pendant trois mois, elles furent régulières, elles arrivaient tous les quinze jours, très longues, pleines de détails, débordantes d'espoir. Lazare se passionnait une fois encore, se jetait dans les affaires, rêvant tout de suite une fortune colossale. À l'entendre, la compagnie d'assurances rendrait des bénéfices énormes ; et il ne se bornerait pas là, il entassait les entreprises, il se montrait enchanté du monde financier et industriel, des gens de relations charmantes, qu'il s'accusait d'avoir si sottement jugés en poète. Toute idée littéraire semblait oubliée. Puis, il ne tarissait pas sur les joies de son ménage, il racontait des enfantillages d'amoureux sur sa femme, des baisers pris, des niches faites, étalant son bonheur pour remercier celle qu'il appelait « ma sœur chérie ». C'étaient ces détails, ces passages familiers qui donnaient aux doigts de Pauline une légère fièvre. Elle restait comme étourdie par l'odeur d'amour qui montait du papier, une odeur d'héliotrope, le parfum préféré de Louise. Ce papier avait dormi près de leur linge : elle fermait les yeux, voyait les lignes flamboyer, continuer les phrases, la mettre dans l'intimité étroite de leur lune de miel. Mais, peu à peu, les lettres se firent plus rares et plus courtes, son cousin cessa de parler de ses affaires et se contenta de lui envoyer les amitiés de sa femme. D'ailleurs, il ne donnait aucune explication, il cessait simplement de tout dire. Était-il mécontent de sa situation et la finance le répugnait-elle déjà ? le bonheur du ménage se trouvait-il compromis par des malentendus ? La jeune fille en était réduite aux suppositions, elle s'inquiétait de l'ennui, de la désespérance, qu'elle sentait au fond des quelques mots, envoyés comme à regret. Vers la fin d'avril, après six semaines de silence, elle reçut un billet de quatre lignes, où elle lut que Louise était enceinte de trois mois. Et le silence recommença, elle n'eut plus de nouvelles.

Mai et juin se passèrent encore. Une marée brisa un des épis. Ce fut un incident considérable dont on causa longtemps : tout Bonneville ricanait, des pêcheurs volèrent les charpentes rompues. Il y eut une autre aventure, la petite Gonin, à peine âgée de treize ans et demi, accoucha d'une fille ; et l'on n'était pas sûr que ce fût du fils Cuche, car on l'avait vue avec un vieil homme. Puis, le calme retomba, le village vivait au pied de la falaise, comme une des végétations entêtées de la mer. En juillet, il fallut réparer le mur de la terrasse et tout un pignon de la maison. Quand les maçons eurent donné un premier coup de pioche, le reste menaça de crouler. Ils restèrent le mois entier, les mémoires montèrent à près de dix mille francs.

C'était toujours Pauline qui payait. Un nouveau trou se creusa dans sa commode, sa fortune se trouva réduite à une quarantaine de mille francs. D'ailleurs, elle faisait aller largement la maison avec leurs trois cents francs de rente par mois ; mais elle avait dû vendre encore de ses titres, afin de ne pas déplacer l'argent de son oncle. Comme autrefois sa femme, il lui disait que l'on compterait un jour. Elle aurait tout donné, son avarice s'était usée dans ce lent émiettement de son héritage ; et elle ne se débattait plus que pour sauver les sous de ses aumônes. La crainte d'avoir à interrompre ses distributions du samedi la désolait, car elle y goûtait sa meilleure joie de la semaine. Depuis le dernier hiver, elle s'était mise à tricoter des bas, tous les galopins du pays avaient maintenant les pieds chauds.

Un matin, vers la fin de juillet, comme Véronique balayait les plâtres laissés par les maçons, Pauline reçut une lettre qui la bouleversa. Cette lettre était datée de Caen et ne contenait que quelques mots. Lazare, sans aucune explication, l'avertissait qu'il arriverait le lendemain soir à Bonneville. Elle courut annoncer la nouvelle à son oncle. Tous deux se regardèrent. Chanteau avait dans les yeux la terreur qu'elle ne le quittât, si le ménage venait s'installer pour longtemps. Il n'osa la questionner, il lisait sur son visage la ferme résolution où elle était de partir. L'après-midi, elle monta même visiter son linge. Cependant, elle ne voulait pas avoir l'air de prendre la fuite.

Ce fut vers cinq heures, par un temps superbe, que Lazare descendit de voiture devant la porte de la cour. Pauline s'était avancée à sa rencontre. Mais, avant même de l'embrasser, elle s'étonna.

— Comment ! tu es seul ?

— Oui, répondit-il simplement.

Et, le premier, il lui mit deux gros baisers sur les joues.

— Louise, où est-elle ?

— À Clermont, chez sa belle-sœur. Le médecin lui a recommandé un pays de montagnes... Sa grossesse la fatigue beaucoup.

En parlant, il se dirigeait vers le perron, il jetait dans la cour des coups d'œil prolongés. Il regarda aussi sa cousine ; et une émotion, qu'il contenait, faisait trembler ses lèvres. Comme un chien sortait de la cuisine pour lui aboyer aux jambes, il parut surpris à son tour.

— Qu'est-ce que c'est que ça ? demanda-t-il.

— C'est Loulou, répondit Pauline. Il ne te connaît pas… Loulou, veux-tu bien ne pas mordre le maître !

Le chien continuait de gronder.

— Il est affreux, ma chère. Où as-tu pêché cette horreur ?

En effet, c'était une pauvre bête bâtarde, mal venue, au poil mangé de gale. Il avait, en outre, une humeur exécrable, toujours grognon, d'une mélancolie de chien déshérité, à faire pleurer les gens.

— Que veux-tu ? en me le donnant, on m'avait juré qu'il deviendrait énorme et superbe ; et, tu vois, il est resté comme ça… C'est le cinquième que nous essayons d'élever : tous les autres sont morts, lui seul s'entête à vivre.

D'un air maussade, Loulou s'était décidé à se coucher au soleil, en tournant le dos au monde. Des mouches volaient sur lui. Alors, Lazare songea aux années écoulées, à ce qui n'était plus et à ce qui entrait dans sa vie de nouveau et de laid. Il donna encore un regard à la cour.

— Mon pauvre Mathieu ! murmura-t-il très bas.

Sur le perron, Véronique l'accueillit d'un branlement de tête, sans cesser d'éplucher une carotte. Mais il alla droit à la salle à manger, où son père attendait, remué par le bruit des voix. Pauline cria dès la porte :

— Tu sais qu'il est seul, Louise est à Clermont.

Chanteau, dont les regards inquiets s'éclairaient, questionna son fils, avant même de l'embrasser.

— Tu l'attends ici ? quand viendra-t-elle te rejoindre ?

— Non, non, répondit Lazare, c'est moi qui irai la reprendre chez sa belle-sœur, avant de rentrer à Paris… Je passe quinze jours avec vous, puis je file.

Les regards de Chanteau exprimèrent une grande joie muette ; et, comme Lazare l'embrassait enfin, il lui rendit deux vigoureux baisers. Pourtant, il sentit la nécessité d'exprimer des regrets.

— Est-ce ennuyeux que ta femme n'ait pu venir, nous aurions été si heureux de l'avoir !… Ce sera pour une autre fois, il faut absolument que tu nous l'amènes.

Pauline se taisait, cachant sous le rire tendre de son accueil la secousse intérieure qu'elle avait reçue. Tout changeait donc une fois encore, elle ne partirait pas, et elle n'aurait su dire si elle en était heureuse ou fâchée, tellement elle devenait la chose des autres. Du reste, dans sa gaieté, il y avait une tristesse, celle de retrouver Lazare vieilli, l'œil éteint, la bouche amère. Elle connaissait bien ces plis qui lui coupaient le front et les joues ; mais les rides s'étaient creusées, elle y devinait un redoublement d'ennui et d'épouvante. Lui, la regardait également. Sans doute, elle lui semblait s'être développée, avoir gagné en beauté et en force, car il murmura, souriant à son tour :

— Diable ! vous n'avez pas souffert pendant mon absence. Vous êtes tous gras… Papa rajeunit, Pauline est superbe… Et, c'est drôle, la maison me paraît plus grande.

Il faisait, d'un coup d'œil, le tour de la salle à manger, comme il avait examiné la cour, surpris et ému. Son regard finit par s'arrêter sur la Minouche, couchée sur la table, les pattes en manchon, si enfoncée dans sa béatitude de chatte, qu'elle n'avait pas bougé.

— Jusqu'à Minouche qui ne vieillit pas, reprit-il. Dis donc, ingrate, tu pourrais bien me reconnaître !

Il la caressait, elle se mit à ronronner, sans bouger davantage.

— Oh ! Minouche ne connaît qu'elle, dit Pauline gaiement. Avant-hier, on lui a encore jeté cinq petits. Tu vois, ça ne la trouble guère.

On avança le dîner, parce que Lazare avait déjeuné de bonne heure. Malgré les efforts de la jeune fille, la soirée fut triste. Des choses qu'on ne disait pas embarrassaient la causerie ; et des silences se faisaient. Ils évitèrent de le questionner, voyant qu'il répondait avec gêne ; ils ne tâchèrent de savoir ni où en étaient ses affaires à Paris, ni pourquoi il les avait prévenus de Caen seulement. D'un geste vague, il écartait les interrogations trop directes, comme pour renvoyer les réponses à plus tard. Lorsque le thé fut servi, il laissa simplement échapper un gros soupir de satisfaction. Que l'on était bien là, et quelle besogne on aurait abattue, dans ce grand calme ! Il dit un mot d'un drame en vers, auquel il travaillait depuis six mois. Sa cousine resta stupéfaite, lorsqu'il ajouta qu'il comptait le terminer à Bonneville. Une douzaine de jours devaient suffire.

À dix heures, Véronique vint dire que la chambre de monsieur Lazare était prête. Mais, au premier, lorsqu'elle voulut l'installer dans l'ancienne chambre d'amis qu'on avait arrangée pour le ménage, il se fâcha.

— Si tu crois que je vais coucher là-dedans !… Je couche là-haut, dans mon petit lit de fer.

La bonne grognait. Pourquoi ce caprice ? puisque le lit était fait, il n'allait peut-être pas lui donner la peine d'en faire un autre ?

— C'est bon, reprit-il, je dormirai dans un fauteuil.

Et, pendant que Véronique arrachait furieusement les draps et les montait au second, Pauline éprouvait une joie inconsciente, une gaieté brusque, qui la jetait au cou de son cousin pour lui souhaiter le bonsoir, dans un élan de leur vieille camaraderie d'enfance. Il habitait donc une fois encore sa grande chambre, si près d'elle, qu'elle l'entendit marcher longtemps, comme enfiévré par les souvenirs qui la tenaient elle-même éveillée.

Ce fut le lendemain seulement que Lazare commença à prendre Pauline pour confidente ; et il ne se confessa pas d'un trait, elle sut d'abord les choses par de courtes phrases, jetées au travers de la conversation. Puis, enhardie, elle le questionna bientôt, pleine d'une affection inquiète. Comment vivait-il avec Louise ? leur bonheur était-il toujours aussi complet ? Il répondait oui, mais il se plaignait de petits ennuis intérieurs, il racontait des faits insignifiants, qui avaient provoqué des querelles. Le ménage, sans en être à une rupture, souffrait des mille froissements de deux tempéraments nerveux, incapables d'équilibre dans la joie et dans la douleur. C'était, entre eux, une sorte de rancune secrète, comme s'ils avaient eu la surprise et la colère de s'être mépris, de trouver si vite le fond de leur cœur, après le grand amour des premiers temps. Pauline crut comprendre un moment que des pertes pécuniaires les avaient aigris ; mais elle se trompait, leurs dix mille francs de rente restaient à peu près intacts. Lazare s'était seulement dégoûté des affaires, de même qu'il s'était dégoûté de la musique, de la médecine, de l'industrie ; et, sur ce sujet, il éclata en paroles brutales, jamais il n'avait vu un monde plus bête ni plus gâté que celui de la finance, il préférait tout, l'ennui de la province, la médiocrité d'une petite fortune, à ce continuel souci de l'argent, à ce ramollissement cérébral sous la danse affolée des chiffres. D'ailleurs, il venait de quitter la compagnie d'assurances, il était résolu à tenter le théâtre, dès l'hiver suivant, lorsqu'il serait rentré à Paris. Sa pièce devait le venger, il y montrerait le chancre de l'argent dévorant la société moderne.

Pauline ne se tourmenta pas trop de ce nouvel avortement, qu'elle avait deviné derrière l'embarras des dernières lettres de Lazare. Ce qui l'émotionnait surtout, c'était cette mésintelligence grandie peu à peu entre lui et sa femme. Elle cherchait la cause : comment en arrivaient-ils si rapidement à ce malaise, eux jeunes, pouvant vivre à l'aise, n'ayant d'autre souci que celui de leur bonheur ? Vingt fois, elle revint sur ce sujet, et elle ne cessa d'interroger son cousin que devant la gêne où elle le mettait chaque fois : il balbutiait, pâlissait, détournait les regards. Elle avait bien reconnu cet air de honte et de peur, l'angoisse de la mort dont il cachait le frisson jadis, ainsi qu'on dissimule un vice secret ; mais était-il possible que le froid du jamais plus se fût couché entre eux, dans le lit encore brûlant de leurs noces ? Plusieurs jours, elle douta ; puis, sans qu'il se fût confessé davantage, elle lut dans ses yeux la vérité, un soir où il descendit de sa chambre, sans lumière, bouleversé, comme s'il fuyait devant des spectres.

À Paris, au milieu de sa fièvre d'amour, Lazare avait oublié la mort. Il se réfugiait éperdument dans les bras de Louise, si brisé ensuite de lassitude, qu'il s'endormait d'un sommeil d'enfant. Elle aussi l'aimait en amante, avec ses grâces voluptueuses de chatte, faite uniquement pour ce culte de l'homme, tout de suite malheureuse et perdue, s'il cessait une heure de s'occuper d'elle. Et la satisfaction emportée de leurs anciens désirs, l'oubli du reste au cou l'un de l'autre, s'étaient prolongés, tant qu'ils avaient cru ne jamais toucher le fond de ces joies sensuelles. Mais la satiété venait, lui s'étonnait de ne pouvoir aller au-delà de l'ivresse des premiers jours ; tandis qu'elle, dans son besoin unique de caresses, ne demandant et ne rendant rien de plus, ne lui apportait aucun des soutiens ni des courages de la vie. Était-ce donc si court, cette joie de la chair ? ne pouvait-on y descendre sans cesse, y découvrir sans cesse des sensations nouvelles, dont l'inconnu fût assez puissant pour suffire à l'illusion du bonheur ? Une nuit, Lazare fut réveillé en sursaut par le souffle glacé, dont l'effleurement lui hérissait les poils de la nuque ; et il grelotta, et il bégaya son cri d'angoisse : « Mon Dieu ! mon Dieu ! il faut mourir ! » Louise dormait à côté de lui. C'était la mort qu'il retrouvait au bout de leurs baisers.

Alors, d'autres nuits vinrent, il retomba dans son tourment. Cela le frappait au hasard de ses insomnies, sans règle, sans qu'il pût rien prévoir, ni rien empêcher. Brusquement, au milieu des heures calmes, le frisson le prenait ; tandis que, souvent, dans la colère et la courbature d'un mauvais jour, il n'était pas visité par la peur. Et ce n'était plus le simple sursaut d'autrefois, la lésion nerveuse augmentait, le retentissement de chaque secousse nouvelle ébranlait tout son être. Il ne pouvait dormir sans veilleuse, les ténèbres exaspéraient son anxiété, malgré la continuelle crainte que sa femme ne découvrît son mal. Même il y avait là un redoublement de malaise qui aggravait les crises, car jadis, quand il couchait seul, il lui était permis d'être lâche. Cette créature vivante, dont il sentait la tiédeur à son côté, l'inquiétait. Dès que la peur le soulevait de l'oreiller, aveuglé de sommeil, son regard se portait vers elle, avec la pensée éperdue de la voir les yeux ouverts, fixés tout grands sur les siens. Mais jamais elle ne bougeait, il distinguait à la lueur de la veilleuse son visage immobile, aux lèvres épaissies et aux minces paupières bleues. Aussi commençait-il à se tranquilliser, lorsque, une nuit, il la trouva, comme il l'avait redouté si longtemps, les yeux grands ouverts. Elle ne disait rien, elle le regardait grelotter et blêmir. Sans doute, elle aussi venait de sentir passer la mort, car elle parut comprendre, elle se jeta contre lui, dans un abandon de femme qui demande du secours. Puis, voulant encore se tromper l'un l'autre, ils feignirent d'avoir entendu un bruit de pas, ils se levèrent pour faire une visite sous les meubles et derrière les rideaux.

Désormais, ils furent hantés tous les deux. Aucun aveu ne leur échappait, c'était un secret de honte dont il ne fallait point parler ; seulement, au fond de l'alcôve, lorsqu'ils restaient sur le dos, les yeux élargis, ils s'entendaient clairement penser. Elle était aussi nerveuse que lui, ils devaient se donner mutuellement ce mal, comme il arrive que deux amants sont emportés par la même fièvre. Lui, s'il s'éveillait, et qu'elle se fût endormie, s'effrayait de ce sommeil : est-ce qu'elle respirait encore ? il n'entendait même plus son haleine, peut-être venait-elle subitement de mourir. Un instant, il lui étudiait le visage, il lui touchait les mains. Puis, rassuré, il ne se rendormait pourtant pas. L'idée qu'elle mourrait un jour le jetait dans une songerie lugubre. Lequel s'en irait le premier, lui ou elle ? Il poursuivait les deux hypothèses, des tableaux de mort se déroulaient en images précises, avec l'affreux déchirement des agonies, l'abomination des derniers apprêts, la séparation brutale, éternelle. C'était là que tout son être se soulevait de révolte : ne plus se revoir, jamais, jamais ! lorsqu'on avait vécu ainsi, chair contre chair ; et il se sentait devenir fou, cette horreur refusait de lui entrer dans le crâne. Sa peur se faisait brave, il souhaitait de partir le premier. Alors, il s'attendrissait sur elle, il se l'imaginait en veuve, continuant leurs habitudes communes, faisant ceci, et ceci encore, qu'il ne ferait plus. Parfois, pour chasser cette obsession, il la prenait doucement, sans l'éveiller ; mais il lui était impossible de la garder longtemps, la sensation de cette vie, qu'il tenait à pleins bras, le terrifiait davantage. S'il posait la tête sur la poitrine, et qu'il écoutât battre le cœur, il ne pouvait en suivre les mouvements sans malaise, croyant toujours à un détraquement subit. Les jambes qu'il avait liées aux siennes, la taille qui mollissait sous son étreinte, ce corps entier, si souple, si adoré, lui était bientôt d'un toucher insupportable, l'emplissait peu à peu d'une attente anxieuse, dans son cauchemar du néant. Et même, lorsqu'elle s'éveillait, lorsqu'un désir les nouait plus étroitement, les lèvres contre les lèvres, se jetant au spasme d'amour avec l'idée d'y oublier leur misère, ils en sortaient aussi tremblants, ils demeuraient allongés sur le dos, sans retrouver le sommeil, dégoûtés de la joie d'aimer. Dans l'ombre de l'alcôve, leurs grands yeux fixes se rouvraient sur la mort.

Vers ce temps, Lazare se lassa des affaires. Sa paresse revenait, il traînait des journées oisives, en donnant pour excuse son mépris des manieurs d'argent. La vérité était que cette préoccupation constante de la mort lui enlevait chaque jour davantage le goût et la force de vivre. Il retombait dans son ancien « à quoi bon ? » Puisque le saut final était là, demain, aujourd'hui, dans une heure peut-être, à quoi bon se remuer, se passionner, tenir à cette chose plutôt qu'à cette autre ? Tout avortait. Son existence n'était qu'une mort lente, quotidienne, dont il écoutait comme autrefois le mouvement d'horloge, qui lui semblait aller en se ralentissant. Le cœur ne battait plus si vite, les autres organes devenaient également paresseux, bientôt tout s'arrêterait sans doute ; et il suivait avec des frissons cette diminution de la vie, que l'âge fatalement amenait. C'étaient des pertes de lui-même, la destruction continue de son corps : ses cheveux tombaient, il lui manquait plusieurs dents, il sentait ses muscles se vider, comme s'ils retournaient à la terre. L'approche de la quarantaine l'entretenait dans une mélancolie noire, maintenant la vieillesse serait vite là, qui achèverait de l'emporter. Déjà, il se croyait malade de partout, quelque chose allait casser certainement, ses journées se passaient dans l'attente fiévreuse d'une catastrophe. Puis, il voyait mourir autour de lui, et chaque fois qu'il apprenait le décès d'un camarade, il recevait un coup. Était-ce possible, celui-ci venait de partir ? mais il avait trois ans de moins, il était bâti pour durer cent ans ! et celui-là encore, comment avait-il pu faire son compte ? un homme si prudent, qui pesait jusqu'à sa nourriture ! Pendant deux jours, il ne pensait pas à autre chose, stupéfait de la catastrophe, se tâtant lui-même, interrogeant ses maladies, finissant par chercher querelle aux pauvres morts. Il éprouvait le besoin de se rassurer, il les accusait d'être morts par leur faute : le premier avait commis une imprudence impardonnable ; quant au second, il avait succombé à un cas extrêmement rare, dont les médecins ignoraient même le nom. Mais il tâchait vainement d'écarter le spectre importun, il entendait toujours en lui grincer les rouages de la machine près de se détraquer, il glissait sans arrêt possible sur cette pente des années, au bout de laquelle la pensée du grand trou noir le mouillait d'une sueur froide et dressait ses cheveux d'horreur.

Quand Lazare n'alla plus à son bureau, des querelles éclatèrent dans le ménage. Il promenait une irritabilité, qui s'avivait au moindre obstacle. Le mal grandissant qu'il cachait avec tant de soin, se manifestait au-dehors par des brusqueries, des humeurs sombres, des actes de maniaque. Un moment, la peur du feu le ravagea, au point qu'il déménagea d'un troisième étage pour descendre habiter un premier, de façon à pouvoir se sauver plus facilement, lorsque la maison brûlerait. Le souci continuel du lendemain lui gâtait l'heure présente. Il vivait dans l'attente du malheur, sursautant à chaque porte ouverte trop fort, pris d'un battement de cœur violent à la réception d'une lettre. Puis, c'était une méfiance de tous, son argent caché par petites sommes en plusieurs endroits différents, ses projets les plus simples tenus secrets ; et il y avait encore en lui une amertume contre le monde, l'idée qu'il était méconnu, que ses échecs successifs provenaient d'une sorte de vaste conspiration des hommes et des choses. Mais, dominant tout, noyant tout, son ennui devenait immense, un ennui d'homme déséquilibré, que l'idée toujours présente de la mort prochaine dégoûtait de l'action et faisait se traîner inutile, sous le prétexte du néant de la vie. Pourquoi s'agiter ? La science était bornée, on n'empêchait rien et on ne déterminait rien. Il avait l'ennui sceptique de toute sa génération, non plus cet ennui romantique des Werther et des René, pleurant le regret des anciennes croyances, mais l'ennui des nouveaux héros du doute, des jeunes chimistes qui se fâchent et déclarent le monde impossible, parce qu'ils n'ont pas d'un coup trouvé la vie au fond de leurs cornues.

Et, chez Lazare, par une contradiction logique, l'épouvante inavouée du jamais plus allait avec une fanfaronnade sans cesse étalée du néant. C'était son frisson lui-même, le déséquilibrement de sa nature d'hypocondre, qui le jetait aux idées pessimistes, à la haine furieuse de l'existence. Il la regardait comme une duperie, du moment où elle ne durait pas éternellement. Ne passait-on pas la première moitié de ses jours à rêver le bonheur, et la seconde à regretter et à trembler ? Aussi renchérissait-il encore sur les théories du « vieux », comme il nommait Schopenhauer, dont il récitait de mémoire les passages violents. Il parlait de tuer la volonté de vivre, pour faire cesser cette parade barbare et imbécile de la vie, que la force maîtresse du monde se donne en spectacle, dans un but d'égoïsme inconnu. Il voulait supprimer la vie afin de supprimer la peur. Toujours il aboutissait à cette délivrance : ne rien souhaiter dans la crainte du pire, éviter le mouvement qui est douleur, puis tomber à la mort tout entier. Le moyen pratique d'un suicide général le préoccupait, d'une disparition totale et soudaine, consentie par l'universalité des êtres. Cela revenait à chaque heure, au milieu de sa conversation courante, en sorties familières et brutales. Au moindre tracas, il regrettait de n'être pas crevé encore. Un simple mal de tête le faisait se plaindre rageusement de sa carcasse. Avec un ami, sa conversation tombait tout de suite sur les embêtements de l'existence, sur la rude chance de ceux qui engraissaient les pissenlits, au cimetière. Les sujets lugubres l'obsédaient, il se frappa de l'article d'un astronome fantaisiste annonçant la venue d'une comète, dont la queue devait balayer la terre comme un grain de sable : ne fallait-il pas y voir la catastrophe cosmique attendue, la cartouche colossale qui allait faire sauter le monde, ainsi qu'un vieux bateau pourri ? Et ce souhait de mort, ces théories caressées de l'anéantissement, n'étaient que le débat désespéré de ses terreurs, le tapage vain de paroles sous lequel il cachait l'attente abominable de sa fin.

La grossesse de sa femme, à ce moment, lui causa une nouvelle secousse. Il éprouva une sensation indéfinissable, à la fois une grande joie et un redoublement de malaise.

Contrairement aux idées du « vieux », l'idée d'être père, d'avoir fait de la vie, l'emplissait d'orgueil. Tout en affectant de dire que les imbéciles abusaient du droit d'en faire autant, il en ressentait une surprise vaniteuse, comme si un tel événement était réservé à lui seul. Puis, cette joie fut gâtée, il se tourmenta du pressentiment que les couches tourneraient mal : déjà, pour lui, la mère était perdue, l'enfant ne naîtrait même pas. Justement, dès les premiers mois, la grossesse amena des accidents douloureux, et la maison en l'air, les habitudes dérangées, les querelles fréquentes, achevèrent de le rendre tout à fait misérable. Cet enfant, qui aurait dû rapprocher les époux, augmentait les malentendus entre eux, les froissements de la vie côte à côte. Lui, était surtout exaspéré des souffrances vagues dont elle se plaignait du matin au soir. Aussi, lorsque le médecin parla d'un séjour dans un pays de montagnes, fut-il soulagé de la conduire chez sa belle-sœur et de s'échapper pour quinze jours, sous le prétexte d'aller voir son père à Bonneville. Au fond, il avait honte de cette fuite. Mais il discutait avec sa conscience, une courte séparation leur calmerait les nerfs à tous deux, et il suffisait en somme qu'il fût là pour les couches.

Le soir où Pauline connut enfin l'histoire entière des dix-huit mois écoulés, elle resta un instant sans voix, étourdie par ce désastre. C'était dans la salle à manger, elle avait couché Chanteau, et Lazare venait d'achever sa confession, en face de la théière refroidie, sous la lampe qui charbonnait.

Après un silence, elle finit par dire :

— Mais vous ne vous aimez plus, grand Dieu.

Il s'était levé pour monter à sa chambre. Et il protesta, avec son rire inquiet.

— Nous nous aimons autant qu'on peut s'aimer, ma chère enfant… Tu ne sais donc rien, dans ton trou ? Pourquoi l'amour irait-il mieux que le reste ?

Dès qu'elle fut enfermée chez elle, Pauline retomba à une de ces crises de désespoir qui l'avaient si souvent tenue là, sur la même chaise, éveillée et torturée, pendant que la maison dormait. Est-ce que le malheur allait recommencer ? Quand elle croyait tout fini pour les autres et pour elle, quand elle s'était arraché le cœur jusqu'à donner Lazare à Louise, brusquement elle apprenait l'inutilité de son sacrifice : ils ne s'aimaient déjà plus, elle avait en vain pleuré les larmes et saigné le sang de son martyre. C'était à ce misérable résultat qu'elle aboutissait, à de nouvelles douleurs, des luttes prochaines, dont le pressentiment augmentait son angoisse. On ne cessait donc jamais de souffrir !

Et, tandis que les bras abandonnés, elle regardait fixement brûler sa bougie, la pensée qu'elle seule était coupable, en cette aventure, lui montait de la conscience et l'oppressait. Inutilement, elle se débattait contre les faits : elle seule avait conclu ce mariage, sans comprendre que Louise n'était pas la femme qu'il fallait à son cousin ; car elle la voyait nettement à cette heure, trop nerveuse pour l'équilibrer, près de s'affoler elle-même au moindre souffle, ayant son unique charme d'amante dont il s'était lassé. Pourquoi toutes ces choses ne la frappaient-elles qu'aujourd'hui ? N'étaient-ce pas les mêmes raisons qui l'avaient déterminée à laisser Louise prendre sa place ? Autrefois, elle la trouvait plus aimante, il lui semblait que cette femme, avec ses baisers, aurait le pouvoir de sauver Lazare de ses humeurs sombres. Quelle misère ! faire le mal en voulant faire le bien, être ignorante de l'existence au point de perdre les gens dont on veut le salut ! Certes, elle avait cru être bonne, rendre solide son œuvre de charité, le jour où elle avait payé leur joie de tant de larmes. Et un grand mépris lui venait de sa bonté, puisque la bonté ne faisait pas toujours le bonheur.

La maison dormait, elle n'entendait, dans le silence de la chambre, que le bruit de son sang, dont le flot battait à ses tempes. C'était une révolte qui, peu à peu, s'enflait et éclatait. Pourquoi n'avait-elle pas épousé Lazare ? Il lui appartenait, elle pouvait ne pas le donner. Peut-être se serait-il désespéré d'abord, mais elle aurait bien su lui souffler son courage ensuite, le défendre contre les cauchemars imbéciles. Toujours elle avait eu la sottise de douter d'elle, l'unique cause de leur malheur était là. Et la conscience de sa force, toute sa santé, toutes ses tendresses, grondaient, s'affirmaient enfin. Est-ce qu'elle ne valait pas mieux que l'autre ? Quelle était donc sa stupidité, de s'être effacée ainsi ? Maintenant, elle lui niait même sa passion, malgré ses abandons d'amante sensuelle, car elle trouvait dans son propre cœur une passion plus large, celle qui se sacrifie à l'être aimé. Elle aimait assez son cousin pour disparaître, si l'autre l'avait rendu heureux ; mais, puisque l'autre ne savait comment garder le grand bonheur de l'avoir, n'allait-elle pas agir, rompre cette union mauvaise ? Et sa colère montait toujours, et elle se sentait plus belle, plus vaillante, elle regardait sa gorge et son ventre de vierge, dans le brusque orgueil de la femme qu'elle aurait pu être. Une certitude se faisait, foudroyante : c'était elle qui aurait dû épouser Lazare.

Alors, un regret immense l'accabla. Les heures de la nuit passaient, tombaient une à une, sans qu'elle eût l'idée de se traîner jusqu'à son lit. Un rêve venait de l'envahir, les yeux grands ouverts, aveuglés par la flamme haute de la bougie, qu'elle regardait toujours, sans la voir. Elle n'était plus dans sa chambre, elle s'imaginait qu'elle avait épousé Lazare ; et leur existence commune se déroulait devant elle, en tableaux d'amour et de félicité. C'était à Bonneville, au bord de la mer bleue, ou bien à Paris, dans une rue bruyante ; le calme de la petite pièce restait le même, des livres traînaient, des roses fleurissaient sur la table, la lampe avait une clarté blonde, le soir, tandis que des ombres dormaient au plafond. Toutes les minutes, leurs mains se cherchaient, il avait retrouvé la gaieté insouciante de sa jeunesse, elle l'aimait tant qu'il finissait par croire à l'éternité de l'existence. À cette heure-ci, ils se mettaient à table ; à cette heure-là, ils sortaient ensemble ; demain, elle reverrait avec lui les comptes de la semaine. Et elle s'attendrissait à ces détails familiers du ménage, elle y mettait la solidité de leur bonheur, qui était enfin là, visible, réel, depuis la toilette rieuse de leur lever, jusqu'à leur dernier baiser du soir. En été, ils voyageaient. Puis, un matin, elle s'apercevait qu'elle était enceinte. Mais un grand frisson secoua son rêve, elle n'alla pas plus loin, elle se retrouva dans sa chambre, en face de sa bougie presque achevée. Enceinte, mon Dieu ! l'autre était enceinte, et jamais ces choses n'arriveraient, et jamais elle ne connaîtrait ces joies ! Ce fut une chute si rude, que des larmes jaillirent de ses yeux et qu'elle pleura sans fin, avec des hoquets qui lui brisaient la poitrine. La bougie s'éteignait, elle dut se coucher dans l'obscurité.

Pauline garda, de cette nuit de fièvre, une émotion profonde, une pitié charitable pour le ménage désuni et pour elle-même. Son chagrin se fondait dans une sorte d'espérance tendre. Elle n'aurait pu dire sur quoi elle comptait, elle n'osait s'analyser, au milieu des sentiments confus qui agitaient son cœur. Pourquoi se tourmenter ainsi ? n'avait-elle pas encore dix jours au moins devant elle ? Il serait temps d'aviser ensuite. Ce qui importait, c'était de calmer Lazare, de faire que ce repos à Bonneville fût pour lui profitable. Et elle retrouva sa gaieté, ils se lancèrent tous les deux dans leur belle vie d'autrefois.

D'abord, ce fut la camaraderie de leur enfance.

— Laisse donc là ton drame, grande bête ! Il sera sifflé, ton drame... Tiens ! aide-moi plutôt à regarder si la Minouche n'a pas porté ma pelote de fil sur l'armoire.

Il tenait la chaise, pendant que, haussée sur la pointe des pieds, elle regardait. La pluie tombait depuis deux jours, ils ne pouvaient quitter la grande chambre. Leurs rires éclataient, à chaque trouvaille des vieilles années.

— Oh ! voici la poupée que tu avais faite avec deux de mes vieux faux cols... Et ça, tu te souviens ? c'est un portrait de toi que j'ai dessiné, le jour où tu étais si laide en pleurant de rage, parce que je refusais de te prêter mon rasoir.

Elle pariait de sauter encore d'un bond sur la table. Lui aussi, sautait, heureux d'être dérangé. Son drame dormait déjà dans un tiroir. Un matin qu'ils découvrirent la grande symphonie de la Douleur, elle lui en joua les morceaux, en accentuant comiquement le rythme ; et il se moquait de son œuvre, il chantait les notes, pour soutenir le piano, dont les sons éteints ne s'entendaient plus. Pourtant, un morceau, la fameuse marche de la Mort, les rendit sérieux : vraiment, ce n'était pas mal, on devait garder ça. Tout les amusait, les attendrissait : une collection de Floridées, collée jadis par elle, retrouvée sous des livres ; un bocal oublié qui contenait un échantillon de bromure, obtenu à l'usine ; le modèle minuscule d'un épi, à moitié cassé, comme broyé sous la tempête d'un verre d'eau. Puis, ils battaient la maison, en se poursuivant avec des jeux de gamins échappés ; sans cesse, ils descendaient et montaient les étages, traversaient les pièces, dont les portes battaient bruyamment. N'étaient-ce pas les heures d'autrefois ? elle avait dix ans et lui dix-neuf, elle se reprenait pour lui d'une amitié passionnée de petite fille. Rien n'était changé, la salle à manger avait toujours son buffet de noyer clair, sa suspension de cuivre verni, la Vue du Vésuve et les quatre lithographies des Saisons, qui les égayaient encore. Sous sa boîte vitrée, le chef-d'œuvre du grand-père dormait à la même place, ayant fini par faire tellement corps avec la cheminée, que la bonne posait dessus les verres et les assiettes. Il n'y avait qu'une pièce où ils pénétraient muets d'émotion, l'ancienne chambre de madame Chanteau, laissée intacte depuis la mort. Personne n'ouvrait plus le secrétaire, la tenture de cretonne jaune à ramages verdâtres déteignait seule, au grand soleil qu'on laissait entrer parfois. Justement, un anniversaire de fête se présenta, ils emplirent la chambre de gros bouquets.

Mais, bientôt, comme un coup de vent avait emporté la pluie, ils se lancèrent au-dehors, sur la terrasse, dans le potager, le long des falaises, et leur jeunesse recommença.

— Viens-tu pêcher des crevettes ? lui criait-elle le matin, au saut du lit, à travers les cloisons. Voici la mer qui descend.

Ils partaient en costume de bain, ils retrouvaient les vieilles roches, à peine entamées par le flot, depuis tant de semaines et de mois. On aurait pu croire qu'ils avaient fouillé la veille ce coin de la côte. Lui, se souvenait.

— Méfie-toi ! il y a un trou là-bas, et le fond est semé de grosses pierres.

Mais elle le rassurait vite.

— Je sais bien, n'aie pas peur… Oh ! vois donc ce crabe énorme que je viens de prendre !

Une houle fraîche montait jusqu'à leurs reins, ils se grisaient du grand air salé qui soufflait du large. Et c'étaient encore les escapades de jadis, les promenades lointaines, des repos sur le sable, un abri cherché au fond d'une grotte pour laisser passer une averse brusque, un retour à la nuit tombée, par des sentiers noirs. Rien non plus ne semblait changé sous le ciel, la mer était toujours là, infinie, répétant sans cesse les mêmes horizons, dans sa continuelle inconstance. N'était-ce pas hier qu'ils l'avaient vue, de ce bleu de turquoise, avec ces grandes moires pâles, où s'élargissait le frisson des courants ? et cette eau plombée sous le ciel livide, ce coup de pluie, vers la gauche, qui arrivait avec la marée haute, ne les verraient-ils pas demain encore, en confondant les jours ? Des petits faits oubliés leur revenaient, avec la sensation vive de la réalité immédiate. Lui, alors, avait vingt-six ans, et elle seize. Quand il s'oubliait à la bousculer en camarade, elle restait oppressée, étouffant d'une gêne délicieuse. Elle ne l'évitait pas cependant, car elle ne songeait point au mal. Une vie nouvelle les envahissait, des mots chuchotés, des rires sans cause, de longs silences d'où ils sortaient tremblants. Les choses les plus habituelles prenaient des sens extraordinaires, du pain demandé, un mot sur le temps, le bonsoir qu'ils se souhaitaient à leur porte. C'était tout le passé dont le flot remontait en eux, avec la douceur des vieilles tendresses endormies qui s'éveillent. Pourquoi se seraient-ils inquiétés ? ils ne résistaient même pas, la mer semblait les bercer et les alanguir de l'éternelle monotonie de sa voix.

Et les jours passaient ainsi, sans secousse. Déjà la troisième semaine du séjour de Lazare commençait. Il ne partait pas, il avait reçu plusieurs lettres de Louise, qui s'ennuyait beaucoup, mais que sa belle-sœur voulait retenir davantage. Dans ses réponses, il l'engageait à rester, il lui envoyait les conseils du docteur Cazenove, qu'il consultait en effet. Le train paisible et régulier de la maison le reprenait peu à peu, les heures anciennes des repas, du lever et du coucher qu'il avait changées à Paris, les mauvaises humeurs grondeuses de Véronique, les douleurs incessantes de son père, qui restait immuable, la face contractée par la même souffrance, lorsque tout, dans la vie d'alentour, se précipitait et changeait. Il retrouvait encore les dîners du samedi, les vieilles figures connues du médecin et de l'abbé, avec les éternelles conversations roulant sur les derniers gros temps ou sur les baigneurs d'Arromanches. La Minouche, au dessert, sautait toujours sur la table avec une légèreté de plume, venait lui donner un grand coup de tête dans le menton, pour se caresser ; et le léger égratignement de ses dents froides le reportait à bien des années en arrière. Il n'y avait de nouveau, dans ces choses d'autrefois, que Loulou, triste et affreux, couché en boule sous une table, grognant dès qu'on l'approchait. Vainement, Lazare lui donnait du sucre : la bête, après l'avoir croqué, montrait les dents, avec un redoublement de maussaderie. On avait dû l'abandonner, il vivait seul, en étranger dans la maison, ainsi qu'un être insociable qui demande seulement aux hommes et aux dieux de le laisser s'ennuyer en paix.

Parfois pourtant, lorsque Pauline et Lazare faisaient une de leurs longues promenades, il leur arrivait des aventures. C'est ainsi qu'un jour, comme ils avaient quitté le sentier de la falaise, pour ne point passer devant l'usine de la baie du Trésor, ils tombèrent justement sur Boutigny, au détour d'un chemin creux. Boutigny était maintenant un gros monsieur, enrichi par sa fabrication de la soude de commerce ; il avait épousé la créature qui s'était dévouée jusqu'à le suivre au fond de ce pays de loups ; et elle venait d'accoucher de son troisième enfant. Toute la famille, accompagnée d'un domestique et d'une nourrice, occupait un break superbe, attelé d'une paire de grands chevaux blancs. Les deux promeneurs durent se ranger, collés contre le talus, pour n'être pas accrochés par les roues. Boutigny, qui conduisait, avait mis les chevaux au pas. Il y eut un instant de gêne : on ne se parlait plus depuis tant d'années, la présence de la femme et des enfants rendait l'embarras plus pénible. Enfin, les yeux s'étant rencontrés, on se salua de part et d'autre, lentement, sans une parole.

Quand la voiture eut disparu, Lazare, qui était devenu pâle, dit avec effort :

— Il mène donc un train de prince, maintenant ?

Pauline, que la vue des enfants avait seule remuée, répondit avec douceur :

— Oui, il paraît qu'il a fait, dans ces derniers temps, des gains énormes... Tu sais qu'il a recommencé tes anciennes expériences.

C'était bien là ce qui serait le cœur de Lazare. Les pêcheurs de Bonneville, avec le besoin goguenard de lui être désagréables, l'avaient mis au courant. Depuis quelques mois, Boutigny, aidé d'un jeune chimiste à ses gages, traitait de nouveau la cendre des algues par la méthode du froid ; et, grâce à son obstination prudente d'homme pratique, il obtenait des résultats merveilleux.

— Parbleu ! murmura Lazare d'une voix sourde, chaque fois que la science avance d'un pas, c'est qu'un imbécile la pousse, sans le faire exprès.

Leur promenade fut gâtée, ils marchèrent en silence, les yeux au loin, regardant monter de la mer des vapeurs grises qui pâlissaient le ciel. Quand ils rentrèrent à la nuit, ils étaient frissonnants. La clarté gaie de la suspension sur la nappe blanche les réchauffa.

Un autre jour, du côté de Verchemont, comme ils suivaient un sentier, à travers des champs de betteraves, ils s'arrêtèrent, surpris de voir fumer un toit de chaume. C'était un incendie, le soleil tombant d'aplomb empêchait d'apercevoir les flammes ; et la maison brûlait seule, portes et fenêtres closes, pendant que les paysans devaient travailler aux environs. Aussitôt, ils quittèrent le sentier, ils coururent et crièrent ; mais ils firent seulement envoler des pies, qui jacassaient dans des pommiers. Enfin, d'une pièce lointaine de carottes, une femme coiffée d'un mouchoir sortit, regarda un instant, puis galopa dans les terres labourées, d'un galop furieux, à se casser les jambes. Elle gesticulait, elle hurlait un mot, qu'on ne pouvait distinguer, tellement il s'étranglait dans sa gorge. Elle tomba, se releva, tomba encore, repartit, les mains saignantes. Son mouchoir s'était envolé, ses cheveux nus se dénouaient au soleil.

— Mais que dit-elle ? répétait Pauline, prise d'effroi.

La femme arrivait, ils entendirent le cri rauque, pareil à un hurlement de bête.

— L'enfant !… l'enfant !… l'enfant !

Depuis le matin, le père et le fils travaillaient à près d'une lieue, dans une pièce d'avoine qu'ils avaient eue par héritage. Elle, venait à peine de s'absenter, pour aller prendre un panier de carottes ; et elle était partie en laissant l'enfant endormi et en fermant tout, ce qu'elle ne faisait jamais. Sans doute le feu couvait depuis longtemps, car c'était une stupeur, elle jurait d'avoir éteint jusqu'au dernier morceau de braise. Maintenant, le toit de chaume n'était plus qu'un brasier, les flammes montaient et remuaient d'un frisson rouge la grande clarté jaune du soleil.

— Vous avez donc fermé à clef ? cria Lazare.

La femme ne l'entendait pas. Elle était folle, elle avait fait le tour de la maison, sans cause, peut-être pour chercher quelque chose d'ouvert, un trou qu'elle savait bien ne pas exister. Puis, elle était encore tombée, ses jambes ne la portaient plus, sa vieille face grise, à présent découverte, agonisait de désespoir et d'épouvante, tandis qu'elle hurlait toujours :

— L'enfant !… l'enfant !

De grosses larmes montaient aux yeux de Pauline. Mais Lazare surtout s'énervait de ce cri, qui le secouait chaque fois d'un malaise. Cela devenait intolérable, il dit tout d'un coup :

— Je vais aller le lui chercher, son enfant.

Sa cousine le regarda, éperdue. Elle tâcha de lui saisir les mains, elle le retenait.

— Toi ! je ne veux pas… Le toit va crouler.

— Nous verrons bien, dit-il simplement.

Et il criait à son tour dans le visage de la femme :

— Votre clef ? vous avez bien votre clef ?

La femme demeurait béante. Lazare la bouscula et lui arracha enfin la clef. Puis, pendant qu'elle restait à hurler par terre, il marcha d'un pas tranquille vers la maison. Pauline le suivait des yeux, sans chercher davantage à l'arrêter, clouée de peur et d'étonnement, tant il semblait accomplir une chose naturelle. Une pluie de flammèches tombait, il dut se coller contre le bois de la porte pour l'ouvrir, car des poignées de paille enflammées roulaient du toit, ainsi qu'un ruissellement d'eau par un orage ; et, là, il trouva un obstacle, la clef rouillée refusait de tourner dans la serrure. Mais il ne jura même pas, il prit son temps, parvint à ouvrir, resta un moment encore sur le seuil, afin de laisser s'échapper le premier flot de fumée, qui lui battait le visage. Jamais il ne s'était connu un pareil sang-froid, il agissait comme dans un rêve, avec une certitude de mouvements, une adresse et une prudence que le danger faisait naître. Il baissa la tête, il disparut.

— Mon Dieu ! mon Dieu ! bégaya Pauline, qui étranglait d'angoisse.

D'un geste involontaire, elle avait joint les mains, et elle les serrait à se les briser, elle les élevait d'un balancement continu, comme font les malades dans les grandes douleurs. Le toit craquait, s'effondrait déjà par place, jamais son cousin n'aurait le temps de ressortir. Elle avait une sensation d'éternité, il lui semblait qu'il était là-dedans depuis des temps infinis. À terre, la femme ne soufflait plus, l'air hébété d'avoir vu un monsieur entrer dans le feu.

Mais un grand cri s'éleva. C'était Pauline qui l'avait jeté, du fond de ses entrailles, sans le vouloir, au moment où le chaume croulait entre les murs fumants.

— Lazare !

Il était sur la porte, les cheveux à peine roussis, les mains légèrement brûlées ; et quand il eut mis entre les bras de la femme le petit qui se débattait en pleurant, il se fâcha presque contre sa cousine.

— Quoi ? qu'as-tu à te faire ainsi du mal ?

Elle se pendit à son cou, elle sanglotait, dans une telle détente nerveuse, que, par crainte d'un évanouissement, il dut l'asseoir sur une vieille pierre moussue, adossée au puits de la maison. Lui-même, à présent, défaillait. Il y avait là une auge pleine d'eau, où il trempa ses mains avec délices. Ce froid le faisait revenir à lui, et il éprouvait à son tour une grande surprise de son action. Eh quoi ! il était entré au milieu de ces flammes ? C'était comme un dédoublement de son être, il se revoyait nettement dans la fumée, d'une agilité et d'une présence d'esprit incroyables, assistant à cela ainsi qu'à un prodige accompli par un étranger. Un reste d'exaltation intérieure le soulevait d'une joie subtile qu'il ne connaissait pas.

Pauline s'était un peu remise, et elle lui examinait les mains, en disant :

— Non, ce ne sera rien, les brûlures ne sont pas profondes. Mais il faut rentrer, je te panserai... Mon Dieu ! que tu m'as fait peur !

Elle avait trempé son mouchoir dans l'eau, pour lui en envelopper la main droite, la plus atteinte des deux. Ils se levèrent, tâchèrent de consoler la femme, qui, après avoir baisé furieusement l'enfant, l'avait posé près d'elle, sans le regarder davantage ; et, à cette heure, elle se lamentait sur la maison, hurlant aussi fort, demandant ce qu'allaient dire ses hommes, quand ils trouveraient tout par terre. Les murs tenaient pourtant, une fumée noire sortait du brasier intérieur, avec de grands vols crépitants d'étincelles, qu'on ne voyait point.

— Allons, du courage, ma pauvre femme, répétait Pauline. Venez causer demain avec moi.

Des voisins, attirés par la fumée, accouraient. Elle put emmener Lazare. Le retour fut très doux. Il souffrait peu, mais elle voulait quand même lui donner le bras, pour le soutenir. Les paroles leur manquaient encore, dans l'ébranlement de leur émotion, et ils se regardaient en souriant. Elle, surtout, éprouvait une sorte de fierté heureuse. Il était donc brave, lui qui blêmissait devant la peur de la mort ? Le sentier se déroulait sous leurs pas, elle s'absorbait dans l'étonnement de ces contradictions du seul homme qu'elle connût bien ; car elle l'avait vu passer des nuits au travail, puis rester oisif durant des mois, être d'une franchise déconcertante après avoir menti impudemment, lui baiser le front en camarade, tandis qu'elle sentait ses mains d'homme, fiévreuses de désir, la brûler aux poignets ; et voilà qu'aujourd'hui il devenait un héros ! Elle avait raison de ne pas désespérer de la vie, en jugeant le monde tout bon ou tout mauvais. Quand ils arrivèrent à Bonneville, leur silence ému creva en un flot de paroles bruyantes. Les plus petits détails renaissaient, ils racontaient vingt fois l'aventure, en évoquant toujours des faits oubliés, dont ils se souvenaient l'un et l'autre, comme à la lueur vive d'un éclair. On en parla longtemps, des secours furent remis aux paysans incendiés.

Depuis bientôt un mois, Lazare était à Bonneville. Une lettre de Louise arriva, désespérée d'ennui. Il répondit qu'il irait la reprendre au commencement de la semaine suivante. Des averses terribles tombaient de nouveau, ces averses dont la violence balayait si souvent la côte, ainsi qu'une barre d'écluse qui aurait emporté la terre, la mer et le ciel, dans une vapeur grise. Lazare avait parlé de terminer sérieusement son drame, et Pauline, qu'il voulait avoir près de lui, pour l'encourager, montait son tricot, les petits bas qu'elle distribuait aux gamines du village. Mais il ne travaillait guère, dès qu'elle s'asseyait devant la table. C'étaient maintenant des causeries à voix presque basse, toujours les mêmes choses répétées sans fatigue, les yeux dans les yeux. Ils ne jouaient plus, évitaient les jeux de mains, avec la prudence instinctive des enfants grondés, qui sentent le danger des frôlements d'épaules, des effleurements d'haleine, dont ils riaient la veille encore. Rien d'ailleurs ne leur semblait plus délicieux que cette paix lasse, cette somnolence où ils glissaient, sous le roulement de la pluie, battant sans relâche les ardoises de la toiture. Un silence les faisait rougir, ils mettaient une caresse dans chaque mot, involontairement, par cette poussée qui avait peu à peu fait renaître en eux et s'épanouir les jours anciens, qu'ils croyaient morts à jamais.

Un soir, Pauline avait veillé jusqu'à minuit dans la chambre de Lazare, tricotant, pendant que, la plume tombée de ses doigts, il lui expliquait en paroles lentes ses œuvres futures, des drames peuplés de figures colossales. Toute la maison dormait, Véronique elle-même était allée se coucher de bonne heure ; et cette grande paix frissonnante de la nuit, où montait seulement la plainte accoutumée de la marée haute, les avait peu à peu pénétrés d'une sorte d'attendrissement sensuel. Lui, vidant son cœur, confessait qu'il avait manqué sa vie : si la littérature, cette fois, craquait sous ses pieds, il était décidé à se retirer dans un coin, pour vivre en ermite.

— Tu ne sais pas ? reprit-il en souriant, je songe souvent que nous aurions dû nous expatrier, après la mort de ma mère.

— Comment, nous expatrier ?

— Oui, nous enfuir bien loin, en Océanie par exemple, dans une de ces îles où la vie est si douce.

— Et ton père, nous l'aurions emmené ?

— Oh ! ce n'est qu'un rêve, je te le dis… Il n'est point défendu d'imaginer des choses agréables, quand la réalité n'est pas gaie.

Il avait quitté la table, il était venu s'asseoir sur l'un des bras du fauteuil qu'elle occupait. Elle laissa tomber son tricot, pour rire à l'aise du galop continuel de cette imagination de grand enfant détraqué ; et elle levait la tête vers lui, renversée contre le dossier, tandis qu'il se trouvait si près d'elle, qu'il sentait à la hanche la chaleur vivante de son épaule.

— Es-tu fou, mon pauvre ami ! Qu'aurions-nous fait là-bas ?

— Nous aurions vécu donc !… Tu te souviens de ce livre de voyages que nous lisions ensemble, il y a douze ans ? On vit là-bas comme dans un paradis. Jamais d'hiver, un ciel éternellement bleu, une existence au soleil et aux étoiles…

Nous aurions eu une cabane, nous aurions mangé des fruits délicieux, et rien à faire, et pas un chagrin !

— Alors, deux sauvages tout de suite, avec des anneaux dans le nez et des plumes sur la tête ?

— Tiens ! pourquoi pas ?... Nous nous serions aimés d'un bout de l'année à l'autre, sans compter les jours, ce qui n'aurait pas été si bête.

Elle le regardait, ses paupières battirent, un léger frisson pâlit son visage. Cette pensée d'amour descendait à son cœur, l'emplissait d'une langueur délicieuse. Il lui avait pris la main, sans calcul, par un besoin de s'approcher davantage, de tenir quelque chose d'elle ; et il jouait avec cette main tiède, dont il pliait les doigts minces, en riant toujours d'un rire qui s'embarrassait. Elle ne s'inquiétait point, il y avait là simplement un jeu de leur jeunesse ; puis, ses forces s'en allaient, elle lui appartenait déjà, dans son trouble grandissant. Sa voix elle-même défaillait.

— Mais, pour manger, toujours des fruits, c'est maigre. Il aurait fallu chasser, pêcher, cultiver un champ... Si ce sont les femmes qui travaillent là-bas, comme on le raconte, tu m'aurais donc mise à bêcher la terre ?

— Toi ! avec ces petites menottes ! Et les singes, est-ce qu'on n'en fait pas aujourd'hui d'excellents domestiques ?

Elle eut un rire mourant à cette plaisanterie, tandis qu'il ajoutait :

— D'ailleurs, elles n'existeraient plus, tes menottes... Oui, je les aurais dévorées, tiens ! comme ça.

Il lui baisait les mains, il finissait par les mordiller, le sang à la face, dans un coup de désir qui l'aveuglait. Et ils ne parlèrent plus, ce fut une folie commune, un vertige où ils tombèrent ensemble, la tête perdue, pris du même étourdissement. Elle s'abandonnait, glissée au fond du fauteuil, la face rouge et gonflée, les yeux fermés, comme pour ne plus voir. D'une main brutale, il avait déjà déboutonné son corsage, il cassait les agrafes des jupons, lorsque ses lèvres rencontrèrent les siennes. Il lui donna un baiser, qu'elle lui rendit furieusement, en le serrant au cou de toute la force de ses deux bras. Mais, dans cette secousse de son corps vierge, elle avait ouvert les yeux, elle se vit roulant sur le carreau, elle reconnut la lampe, l'armoire, le plafond, dont les moindres taches lui étaient familières ; et elle sembla s'éveiller, avec la surprise d'une personne qui se retrouve chez elle, au sortir d'un rêve terrible. Violemment, elle se débattit, se mit debout. Ses jupons glissaient, son corsage ouvert avait laissé jaillir sa gorge nue. Un cri lui échappa, dans le silence haletant de la pièce.

— Lâche-moi, c'est abominable !

Il n'entendait plus, fou de désir. Il la reprit, acheva d'arracher ses vêtements. Au hasard des lèvres, il cherchait le nu de sa peau, la brûlait de baisers, dont, chaque fois, elle frissonnait tout entière. À deux reprises, elle faillit tomber encore, cédant au besoin invincible de se donner, souffrant affreusement de cette lutte contre elle-même. Ils avaient fait le tour de la table, le souffle court, les membres mêlés, quand il réussit à la pousser sur un vieux divan, dont les ressorts crièrent. De ses bras raidis, elle le tenait à distance, en répétant d'une voix qui s'enrouait :

— Oh ! je t'en prie, oh ! laisse-moi… C'est abominable, ce que tu veux !

Lui, les dents serrées, n'avait pas prononcé un mot. Il croyait la posséder enfin, lorsqu'elle se dégagea une dernière fois, d'un effort si rude, qu'il chancela jusqu'à la table. Alors, libre une seconde, elle put sortir, traverser d'un bond le corridor, se jeter chez elle. Déjà il l'avait rejointe, elle n'eut pas le temps de rabattre sa porte. Comme il poussait, elle dut, pour faire glisser le pêne et tourner la clef, appuyer sur le bois de toute la pesanteur de son corps ; et, en lui disputant cet entrebâillement étroit, elle se sentait perdue, s'il introduisait seulement le bout de sa pantoufle. La clef grinça très haut, un grand silence tomba, dans lequel on entendit de nouveau la mer ébranler le mur de la terrasse.

Cependant, Pauline, sans bougie, les yeux ouverts dans les ténèbres, était restée adossée contre la porte. De l'autre côté du bois, elle comprenait bien que Lazare non plus n'avait pas bougé. Elle entendait son souffle, elle croyait toujours en recevoir la flamme sur la nuque. Si elle s'écartait, peut-être allait-il briser un panneau d'un coup d'épaule. Cela la rassurait, d'être là ; et, machinalement, elle continuait à peser de toute sa force, comme s'il avait poussé encore. Deux minutes s'écoulèrent, interminables, dans cette sensation mutuelle qu'ils s'entêtaient l'un et l'autre, à peine séparés par le bois mince, ardents, secoués de cet ébranlement du désir qu'ils ne pouvaient apaiser. Puis, la voix de Lazare souffla très bas, étouffée d'émotion :

— Pauline, ouvre-moi… Tu es là, je le sais.

Un frisson courut sur sa chair, cette voix l'avait chauffée du crâne aux talons. Mais elle ne répondit point. La tête penchée, elle retenait d'une main ses jupes tombantes, tandis que l'autre main, crispée sur le corsage défait, étreignait sa gorge, pour en cacher la nudité.

— Tu souffres autant que moi, Pauline… Ouvre, je t'en supplie. Pourquoi nous refuser ce bonheur ?

Il avait peur maintenant de réveiller Véronique, dont la chambre était voisine. Ses supplications se faisaient douces, pareilles à une plainte de malade.

— Ouvre donc… Ouvre, et nous mourrons après, si tu veux… Ne nous aimons-nous pas depuis l'enfance ? Tu devrais être ma femme, n'est-ce pas fatal que tu la sois un jour ?… Je t'aime, je t'aime, Pauline…

Elle tremblait plus fort, chaque mot la serrait au cœur. Les baisers dont il lui avait couvert les épaules, s'avivaient sur sa peau, ainsi que des gouttes de feu. Et elle se raidissait davantage, avec la peur d'ouvrir, de se livrer, dans l'élan irrésistible de son corps demi-nu. Il avait raison, elle l'adorait, pourquoi se refuser cette joie, qu'ils cacheraient tous deux au monde entier ? La maison dormait, la nuit était noire. Oh ! dormir dans l'ombre au cou l'un de l'autre, le tenir à elle, ne fût-ce qu'une heure. Oh ! vivre, vivre enfin !

— Mon Dieu ! que tu es cruelle, Pauline !... Tu ne veux même pas répondre, et je suis là si misérable... Ouvre, je te prendrai, je te garderai, nous oublierons tout... Ouvre, ouvre-moi, je t'en prie...

Il sanglotait, et elle se mit à pleurer. Elle se taisait toujours, malgré les révoltes de son sang. Pendant une heure, il continua, la suppliant, se fâchant, arrivant aux mots abominables, pour retomber dans des mots de caresse brûlante. Deux fois, elle le crut parti, et deux fois il revint de sa chambre, avec un redoublement d'exaspération amoureuse. Puis, quand elle l'entendit s'enfermer rageusement chez lui, elle éprouva une tristesse immense. C'était fini cette fois, elle avait vaincu ; mais un désespoir, une honte montaient de sa victoire, si violents, qu'elle se déshabilla et se coucha, sans allumer de bougie. L'idée de se voir nue, dans ses vêtements arrachés, l'emplissait d'une confusion affreuse. Pourtant, la fraîcheur des draps calma un peu la brûlure des baisers qui lui marbraient les épaules ; et elle resta longtemps sans remuer, comme écrasée sous le poids du dégoût et du chagrin.

Une insomnie tint Pauline éveillée jusqu'au jour. Cette abomination l'obsédait. Toute cette soirée était un crime qui lui faisait horreur. Maintenant, elle ne pouvait plus s'excuser elle-même, il fallait bien qu'elle avouât la duplicité de ses tendresses. Son affection maternelle pour Lazare, ses accusations sourdes contre Louise, étaient simplement les réveils hypocrites de sa passion ancienne. Elle avait glissé à ces mensonges, elle descendait plus avant dans les sentiments inavoués de son cœur, où elle découvrait une joie de la désunion du ménage, une espérance d'en profiter peut-être. N'était-ce pas elle qui venait de faire recommencer à son cousin les jours d'autrefois ? N'aurait-elle pas dû prévoir que la chute se trouverait au bout ? À cette heure, la situation terrible se dressait, barrant leur vie à tous : elle l'avait donné à une autre, et elle l'adorait, et il la voulait. Cela tournait dans son crâne, battait ses tempes comme une volée de cloches. D'abord, elle résolut de s'enfuir le lendemain. Puis, elle trouva cette fuite lâche. Puisqu'il partait lui-même, pourquoi ne pas attendre ? Et, d'ailleurs, un orgueil lui revenait, elle entendait se vaincre, pour ne pas emporter la honte d'avoir mal fait. Désormais, elle sentait qu'elle ne vivrait plus la tête haute, si elle gardait le remords de cette soirée.

Le lendemain, Pauline descendit à son heure habituelle. Seule, la meurtrissure de ses paupières aurait pu révéler les tourments de la nuit. Elle était pâle et très calme. Lorsque Lazare parut à son tour, il expliqua simplement son air de lassitude, en disant à son père qu'il avait travaillé tard. La journée s'écoula dans les occupations accoutumées. Ni l'un ni l'autre ne fit une allusion à ce qui s'était passé entre eux, même quand ils se retrouvèrent ensemble, loin des yeux et des oreilles. Ils ne se fuyaient pas, ils semblaient certains de leur courage. Mais, le soir, comme ils se souhaitaient une bonne nuit dans le corridor, devant leurs portes, ils tombèrent follement aux bras l'un de l'autre, ils se donnèrent un baiser à pleine bouche. Et Pauline s'enferma, épouvantée, tandis que Lazare s'enfuyait aussi et allait se jeter sur son lit en pleurant.

Alors, ce fut leur existence. Lentement, les jours se suivaient, et ils restaient côte à côte, dans l'attente anxieuse d'une faute possible. Sans jamais ouvrir la bouche de ces choses, sans qu'ils eussent jamais reparlé de la nuit terrible, ils y pensaient continuellement, ils craignaient de s'abattre ensemble, n'importe où, comme frappés de la foudre. Serait-ce le matin, à leur lever, ou le soir, quand ils échangeaient une dernière parole ? serait-ce chez lui ou chez elle, dans un coin écarté de la maison ? cela demeurait obscur. Et leur raison se gardait entière, chaque abandon brusque, chaque folie d'un instant, les étreintes désespérées derrière une porte, les baisers cuisants volés dans l'ombre, les soulevaient ensuite d'une colère douloureuse. Le sol tremblait sous leurs pieds, ils se cramponnaient aux résolutions des heures calmes, pour ne pas s'abîmer dans ce vertige. Mais ni l'un ni l'autre n'avait la force de l'unique salut, d'une séparation immédiate. Elle, sous un prétexte de vaillance, s'obstinait en face du danger. Lui, pris tout entier, cédant au premier emportement d'une aventure nouvelle, ne répondait même plus aux lettres pressantes que sa femme lui écrivait. Depuis six semaines, il était à Bonneville, et il leur semblait que cette existence de secousses cruelles et délicieuses devait maintenant durer toujours.

Un dimanche, au dîner, Chanteau s'égaya, après s'être permis un verre de bourgogne, débauche qu'il payait durement chaque fois. Ce jour-là, Pauline et Lazare avaient passé des heures charmantes, le long de la mer, par un grand ciel bleu ; et ils échangeaient des regards attendris, où vacillait le trouble de cette peur d'eux-mêmes, qui rendait à présent leur camaraderie si passionnée.

Tous les trois riaient, lorsque Véronique, au moment d'apporter le dessert, parut à la porte de la cuisine, en criant :

— Voici madame !

— Quelle madame ? demanda Pauline stupéfaite.

— Madame Louise donc !

Il y eut des exclamations étouffées. Chanteau, effaré, regardait Pauline et Lazare qui pâlissaient. Mais ce dernier se leva violemment, la voix bégayante de colère.

— Comment ! Louise ? mais elle ne m'a pas écrit ! Je lui aurais défendu de venir… Est-ce qu'elle est folle ?

Le crépuscule tombait, très clair et très doux. Après avoir jeté sa serviette, Lazare était sorti, et Pauline le suivait, s'efforçant de retrouver sa sérénité souriante. C'était Louise, en effet, qui descendait péniblement de la berline du père Malivoire.

— Es-tu folle ? cria son mari du milieu de la cour. On ne fait pas de ces folies-là sans écrire !

Alors, elle éclata en larmes. Là-bas, elle était très malade, et elle s'ennuyait tant ! Comme ses deux dernières lettres restaient sans réponse, l'envie irrésistible de partir l'avait prise, une envie où se mêlait le grand désir de revoir Bonneville. Si elle ne l'avait pas prévenu, c'était de peur qu'il ne l'empêchât de se contenter.

— Moi qui me faisais une si bonne fête de vous surprendre tous !

— C'est ridicule ! tu repartiras demain !

Louise, suffoquée par cet accueil, tomba dans les bras de Pauline. Celle-ci, en la voyant maladroite de ses mouvements, la taille épaisse sous la robe, avait pâli encore. Maintenant, elle sentait contre elle ce ventre de femme grosse, elle en avait horreur et pitié. Enfin, elle parvint à vaincre la révolte de sa jalousie, elle fit taire Lazare.

— Pourquoi lui parles-tu si durement ? Embrasse-la... Ma chère, tu as eu raison de venir, si tu penses que tu seras mieux à Bonneville. Tu sais que nous t'aimons tous, n'est-ce pas ?

Loulou hurlait, furieux de ces voix qui troublaient la paix ordinaire de la cour. Minouche, après avoir allongé son nez sur le perron, s'était retirée, en secouant les pattes, comme si elle avait failli se compromettre dans une aventure désagréable. Tout le monde rentra, il fallut que Véronique mît un couvert et recommençât à servir le dîner.

— Comment ! c'est toi, Louisette ! répétait Chanteau, avec des rires inquiets. Tu as voulu surprendre ton monde ?... Moi, j'ai failli en avaler mon vin de travers.

Pourtant, la soirée s'acheva bien. Tous avaient repris leur sang-froid. On évita de rien régler pour les jours suivants. Au moment de monter, l'embarras revint, lorsque la bonne demanda si Monsieur coucherait dans la chambre de Madame.

— Oh ! non, Louise se reposera mieux, murmura Lazare qui avait rencontré instinctivement un regard de Pauline.

— C'est cela, couche là-haut, dit la jeune femme. Je suis horriblement lasse, j'aurai tout le lit pour moi.

Trois jours se passèrent. Pauline prit enfin une résolution. Elle quitterait la maison le lundi. Déjà, le ménage parlait de rester jusqu'au moment des couches, que l'on n'attendait pas avant un grand mois ; mais elle devinait bien que son cousin avait assez de Paris et qu'il finirait par manger ses rentes à Bonneville, en homme aigri de ses avortements perpétuels. Le mieux était de leur céder tout de suite la place, car elle n'arrivait pas à se vaincre, elle trouvait moins encore qu'autrefois le courage de vivre avec eux, dans leur intimité de mari et de femme. N'était-ce point aussi le moyen d'échapper aux périls de la passion renaissante dont Lazare et elle venaient de tant souffrir ? Louise seule s'étonna, lorsqu'elle connut la décision de sa cousine. On mettait en avant des raisons sans réplique, le docteur Cazenove racontait que la dame de Saint-Lô faisait à Pauline des offres exceptionnelles ; et celle-ci ne pouvait refuser davantage, ses parents devaient la forcer à accepter une position qui allait assurer son avenir. Chanteau, les larmes aux yeux, consentait lui-même.

Il y eut, le samedi, un dernier dîner avec le curé et le docteur. Louise, très souffrante, put à peine se traîner à la table. Cela acheva d'assombrir le repas, malgré les efforts de Pauline, qui souriait à chacun, avec le remords de laisser triste cette maison où elle avait mis, depuis des années, tant de gaieté sonore. Son cœur débordait de chagrin. Véronique servait d'un air tragique. Au rôti, Chanteau refusa un doigt de bourgogne, rendu tout d'un coup d'une prudence exagérée, tremblant à la pensée qu'il n'aurait bientôt plus la garde-malade, qui, de la voix seule, endormait les douleurs. Lazare, fiévreux, se querella tout le temps avec le médecin, sur une nouvelle découverte scientifique.

À onze heures, la maison était retombée dans son grand silence. Louise et Chanteau dormaient déjà, pendant que la bonne rangeait sa cuisine. Alors, en haut, devant son ancienne chambre de garçon, qu'il habitait toujours, Lazare arrêta un instant Pauline, comme chaque soir.

— Adieu, murmura-t-il.

— Mais non, pas adieu, dit-elle en s'efforçant de rire. Au revoir, puisque je ne pars que lundi.

Ils se regardaient, leurs yeux se troublèrent, et ils tombèrent aux bras l'un de l'autre, leurs lèvres s'unirent violemment dans un dernier baiser.

X

Le lendemain, au premier déjeuner, comme tous s'attablaient devant les bols de café au lait, ils s'étonnèrent de ne pas voir descendre Louise. La bonne allait monter frapper à la porte de la chambre, lorsqu'elle parut enfin. Elle était très pâle et marchait difficilement.

— Qu'as-tu donc ? demanda Lazare inquiet.

— Je souffre depuis le petit jour, répondit-elle. J'avais à peine fermé l'œil, je crois bien que j'ai entendu sonner toutes les heures de la nuit.

Pauline se récria.

— Mais il fallait appeler, nous t'aurions soignée au moins.

Louise, arrivée devant la table, s'était assise avec un soupir de soulagement.

— Oh ! reprit-elle, vous n'y pouvez rien. Je sais ce que c'est, voici huit mois que ces douleurs ne me quittent presque pas.

Sa grossesse, très pénible, l'avait en effet accoutumée à de continuelles nausées, à des maux d'entrailles, dont la violence parfois la tenait pliée en deux, pendant des journées entières. Ce matin-là, les nausées avaient disparu, mais elle était comme bouclée d'une ceinture qui lui aurait meurtri le ventre.

— On s'habitue au mal, dit Chanteau d'un air sentencieux.

— Oui, il faut que je promène ça, conclut la jeune femme. C'est pourquoi je suis descendue… Là-haut, il m'est impossible de rester en place.

Elle avala seulement quelques gorgées de café au lait. Toute la matinée, elle se traîna dans la maison, quittant une chaise pour aller s'asseoir sur une autre. Personne n'osait lui adresser la parole, car elle s'emportait et semblait souffrir davantage, dès qu'on s'occupait d'elle. Les douleurs ne la quittaient pas. Un peu avant midi pourtant, la crise parut se calmer, elle put s'asseoir encore à table et prendre un potage. Mais, entre deux et trois heures, des tranchées affreuses commencèrent ; et elle ne s'arrêta plus, passant de la salle à manger dans la cuisine, montant pesamment à sa chambre pour en redescendre aussitôt.

Pauline, en haut, faisait sa malle. Elle partait le lendemain, elle avait juste le temps de fouiller ses meubles et de ranger tout. À chaque minute cependant, elle allait se pencher sur la rampe, tourmentée de ces pas, lourds de souffrance, qui ébranlaient les planchers. Vers quatre heures, comme elle entendait Louise s'agiter davantage, elle se décida à frapper chez Lazare, qui s'était enfermé, dans l'exaspération nerveuse des malheurs dont il accusait le sort de l'accabler.

— Nous ne pouvons la laisser ainsi, expliqua-t-elle. Il faut lui parler. Viens avec moi.

Justement, ils la trouvèrent au milieu du premier étage, pliée contre la rampe, n'ayant plus la force de descendre ni de monter.

— Ma chère enfant, dit Pauline avec douceur, tu nous inquiètes… Nous allons envoyer chercher la sage-femme.

Alors, Louise se fâcha.

— Mon Dieu ! est-il possible de me torturer ainsi, lorsque je demande uniquement qu'on me laisse tranquille !… À huit mois, que voulez-vous que la sage-femme puisse y faire ?

— Il serait toujours plus raisonnable de la voir.

— Non, je ne veux pas, je sais ce que c'est… Par pitié, ne me parlez plus, ne me torturez pas !

Et Louise s'obstina, avec une telle exagération de colère, que Lazare s'emporta à son tour. Il fallut que Pauline promît formellement de ne pas envoyer chercher la sage-femme. Cette sage-femme était une dame Bouland, de Verchemont, qui avait dans la contrée une réputation extraordinaire d'habileté et d'énergie. On jurait qu'on n'aurait pas trouvé la pareille à Bayeux, ni même à Caen. C'est pourquoi Louise, très douillette, frappée du pressentiment qu'elle mourrait en couches, s'était décidée à se mettre entre ses mains. Mais elle n'en avait pas moins une grande peur de madame Bouland, la peur irraisonnée du dentiste, qui doit guérir et qu'on se décide à voir le plus tard possible.

À six heures, un calme brusque se produisit de nouveau. La jeune femme triompha : elle le disait bien, c'étaient ses douleurs habituelles, plus fortes seulement ; on serait joliment avancé à cette heure, d'avoir dérangé le monde pour rien ! Cependant, comme elle était morte de fatigue, elle préféra se coucher, après avoir mangé une côtelette. Tout serait fini, assurait-elle, si elle pouvait dormir. Et elle s'entêtait à écarter les soins, elle voulut rester seule, pendant que la famille dînait, elle défendit même qu'on montât la voir, de peur d'être réveillée en sursaut.

Il y avait, ce soir-là, le pot-au-feu et un morceau de veau rôti. Le commencement du repas fut silencieux, cette crise de Louise s'ajoutait à la tristesse du départ de Pauline. On évitait le bruit des cuillers et des fourchettes, comme s'il avait pu parvenir au premier étage et exaspérer encore la malade. Chanteau pourtant se lançait, racontait des histoires de grossesses extraordinaires, lorsque Véronique, qui apportait le veau découpé, dit brusquement :

— Je ne sais pas, il me semble qu'elle geint, là-haut.

Lazare se leva pour ouvrir la porte du corridor. Tous, cessant de manger, prêtaient l'oreille. On n'entendit rien d'abord ; puis, des plaintes longues, étouffées, arrivèrent.

— La voilà reprise, murmura Pauline. Je monte.

Elle jeta sa serviette, elle ne toucha même pas à la tranche de veau que la bonne lui servait. La clef heureusement se trouvait à la serrure, elle put entrer. Assise au bord de son lit, la jeune femme, les pieds nus, enveloppée dans un peignoir, se balançait d'un mouvement d'horloge, sous la fixité intolérable d'une souffrance qui lui arrachait de grands soupirs réguliers.

— Ça va plus mal ? demanda Pauline.

Elle ne répondit pas.

— Veux-tu, maintenant, qu'on aille chercher madame Bouland ?

Alors, elle bégaya, d'un air de résignation obsédée :

— Oui, ça m'est égal. J'aurai peut-être la paix ensuite… Je ne peux plus, je ne peux plus…

Lazare, qui était monté derrière Pauline et qui écoutait à la porte, osa entrer en disant qu'il serait prudent aussi de courir à Arromanches, pour ramener le docteur Cazenove, dans le cas où des complications se présenteraient. Mais Louise se mit à pleurer. Ils n'avaient donc pas la moindre pitié de son état ? Pourquoi la martyriser de la sorte ? On le savait bien, toujours l'idée qu'un homme l'accoucherait l'avait révoltée. C'était en elle une pudeur maladive de femme coquette, un malaise de se montrer dans l'abandon affreux de la souffrance, qui, même devant son mari et sa cousine, lui faisait serrer le peignoir autour de ses pauvres reins tordus.

— Si tu vas chercher le docteur, bégayait-elle, je me couche, je me tourne contre le mur, et je ne réponds plus à personne.

— Ramène toujours la sage-femme, dit Pauline à Lazare. Je ne puis croire non plus que le moment soit arrivé. Il s'agit de la calmer seulement.

Tous deux redescendirent. L'abbé Horteur venait d'entrer souhaiter un petit bonsoir, et il restait muet devant Chanteau effaré. On voulut que Lazare mangeât au moins un morceau de veau, avant de se mettre en route ; mais, la tête perdue, il déclara qu'une seule bouchée l'étranglerait, il partit en courant pour Verchemont.

— Elle m'a appelée, je crois ? reprit Pauline, qui s'élança vers l'escalier. Si j'avais besoin de Véronique, je taperais... Achève de dîner sans moi, n'est-ce pas ? mon oncle.

Le prêtre, gêné d'être tombé au milieu d'un accouchement, ne trouvait pas ses paroles habituelles de consolation. Il finit par se retirer, après avoir promis de revenir, lorsqu'il aurait rendu visite aux Gonin, où le vieil infirme était très malade. Et Chanteau demeura seul, devant la table encombrée de la débandade du couvert. Les verres étaient à moitié pleins, le veau se figeait au fond des assiettes, les fourchettes grasses et les morceaux de pain mordus déjà, traînaient, restaient jetés dans le coup d'inquiétude qui venait de passer sur la nappe. Tout en mettant une bouilloire d'eau au feu, par précaution, la bonne grognait de ne pas savoir s'il fallait desservir ou laisser ainsi tout en l'air. En haut, Pauline avait trouvé Louise debout, appuyée au dossier d'une chaise.

— Je souffre trop assise, aide-moi à marcher.

Depuis le matin, elle se plaignait de pinçures à la peau, comme si des mouches l'avaient fortement piquée. À présent, c'étaient des contractions intérieures, une sensation d'étau qui lui aurait serré le ventre, dans un écrasement de plus en plus étroit. Dès qu'elle s'asseyait ou se couchait, il lui semblait qu'une masse de plomb lui broyait les entrailles ; et elle éprouvait le besoin de piétiner, elle avait pris le bras de sa cousine, qui la promenait du lit à la fenêtre.

— Tu as un peu de fièvre, dit la jeune fille. Si tu voulais boire ?

Louise ne put répondre. Une contraction violente l'avait courbée, et elle se pendait aux épaules de Pauline, dans un tel frisson, que toutes les deux en tremblaient. Il lui échappait des cris, où il y avait à la fois de l'impatience et de la terreur.

— Je meurs de soif, murmura-t-elle, quand elle parla enfin. Ma langue est sèche, et tu vois comme je suis rouge... Mais, non, non ! ne me lâche pas, je tomberais. Marchons, marchons encore, je boirai tout à l'heure.

Et elle continua sa promenade, traînant les jambes, se dandinant, pesant plus lourd au bras qui la soutenait. Pendant deux heures, elle marcha sans relâche. Il était neuf heures. Pourquoi cette sage-femme n'arrivait-elle pas ?

Maintenant, elle la souhaitait ardemment, elle disait qu'on voulait donc la voir mourir, pour la laisser si longtemps sans secours. Verchemont était à vingt-cinq minutes, une heure aurait dû suffire. Lazare s'amusait, ou bien un accident était survenu, c'était fini, personne ne reviendrait. Des nausées la secouèrent, elle eut des vomissements.

— Va-t'en, je ne veux pas que tu restes !... Est-ce possible, mon Dieu ! d'en tomber là, d'être ainsi à répugner tout le monde !

Elle gardait, dans l'abominable torture, cette unique préoccupation de sa pudeur et de sa grâce de femme. D'une grande résistance nerveuse, malgré ses membres délicats, elle mettait à ne pas s'abandonner le reste de ses forces, tracassée de n'avoir pu enfiler ses bas, inquiète des coins de nudité qu'elle montrait. Mais une gêne plus grande la saisit, des besoins imaginaires la tourmentaient sans cesse, et elle voulait que sa cousine se tournât, et elle s'enveloppait dans un coin de rideau, pour essayer de les satisfaire. Comme la bonne était montée offrir ses services, elle balbutia d'une voix éperdue, à la première pesanteur qu'elle crut éprouver :

— Oh ! pas devant cette fille… Je t'en prie, emmène-la un instant dans le corridor.

Pauline commençait à perdre la tête. Dix heures sonnèrent, elle ne savait comment expliquer l'absence prolongée de Lazare. Sans doute il n'avait pas trouvé madame Bouland ; mais qu'allait-elle devenir, ignorante de ce qu'il fallait faire, avec cette pauvre femme dont la situation semblait empirer ? Ses anciennes lectures lui revenaient bien, elle aurait volontiers examiné Louise, dans l'espoir de se rassurer et de la rassurer elle-même. Seulement, elle la sentait si honteuse, qu'elle hésitait à le lui proposer.

— Écoute, ma chère, dit-elle enfin, si tu me laissais voir ?

— Toi ! oh ! non, oh ! non… Tu n'es pas mariée.

Pauline ne put s'empêcher de rire.

— Ça ne fait rien, va !… Je serais si heureuse de te soulager.

— Non ! je mourrais de honte, je n'oserais jamais plus te regarder en face.

Onze heures sonnèrent, l'attente devenait intolérable. Véronique partit pour Verchemont, emportant une lanterne, avec l'ordre de visiter tous les fossés. Deux fois, Louise avait tâché de se mettre au lit, les jambes brisées de fatigue ; mais elle s'était relevée aussitôt, et elle se tenait debout maintenant, les bras accoudés à la commode, s'agitant sur place, dans un perpétuel mouvement des reins. Les douleurs, qui se produisaient par crises, se rapprochaient, se confondaient en une douleur unique, dont la violence lui coupait la respiration. À toute minute, ses mains tâtonnantes quittaient un instant la commode, glissaient le long de ses flancs, allaient empoigner et soutenir ses fesses, comme pour alléger le poids qui les écrasait. Et Pauline, debout derrière elle, ne pouvait rien, devait la regarder souffrir, détournant la tête, feignant de s'occuper, lorsqu'elle la voyait ramener son peignoir d'un geste d'embarras, avec la préoccupation persistante de ses beaux cheveux blonds défaits et de son fin visage décomposé.

Il était près de minuit, lorsqu'un bruit de roues fit descendre vivement la jeune fille.

— Et Véronique ? cria-t-elle du perron, en reconnaissant Lazare et la sage-femme, vous ne l'avez donc pas rencontrée ?

Lazare lui raconta qu'ils arrivaient par la route de Port-en-Bessin : tous les malheurs, madame Bouland à trois lieues de là, auprès d'une femme en couches, ni voiture ni cheval pour aller la chercher, les trois lieues faites à pied, au pas de course, et là-bas des ennuis à n'en plus finir ! Heureusement que madame Bouland avait une carriole.

— Mais la femme ? demanda Pauline, c'était donc fini, Madame a pu la quitter ?

La voix de Lazare trembla, il dit sourdement :

— La femme, elle est morte.

On entrait dans le vestibule qu'une bougie, posée sur une marche, éclairait. Il y eut un silence, pendant que madame Bouland accrochait son manteau. C'était une petite femme brune, maigre, jaune comme un citron, avec un grand nez dominateur. Elle parlait fort, avait des allures despotiques, qui la faisaient vénérer des paysans.

— Si Madame veut bien me suivre, dit Pauline. Je ne savais plus que faire, elle n'a pas cessé de se plaindre depuis la nuit.

Dans la chambre, Louise piétinait toujours devant la commode. Elle se remit à pleurer, quand elle aperçut la sage-femme. Celle-ci lui posa quelques questions brèves, sur les dates, le lieu et le caractère des douleurs. Puis elle conclut sèchement :

— Nous allons voir... Je ne peux rien dire tant que je n'aurai pas déterminé la présentation.

— C'est donc pour maintenant ? murmura la jeune femme en larmes. Oh ! mon Dieu ! à huit mois ! Moi qui croyais avoir un mois encore !

Sans répondre, madame Bouland tapait les oreillers, les empilait l'un sur l'autre, au milieu du lit. Lazare, qui était monté, avait l'attitude gauche de l'homme tombé dans ce drame des couches. Il s'était approché pourtant, il avait mis un baiser sur le front en sueur de sa femme, qui ne parut même pas avoir conscience de cette caresse encourageante.

— Allons, allons, dit la sage-femme.

Louise, effarée, tourna vers Pauline un regard dont celle-ci comprit la supplication muette. Elle emmena Lazare, tous deux restèrent sur le palier, sans pouvoir s'éloigner davantage. La bougie, laissée en bas, éclairait la cage de l'escalier d'une lueur de veilleuse, coupée d'ombres bizarres ; et ils se tenaient là, l'un adossé au mur, l'autre à la rampe, face à face, immobiles et silencieux. Leurs oreilles se tendaient vers la chambre. Des plaintes vagues en sortaient toujours, il y eut deux cris déchirants. Puis, il leur sembla qu'une éternité s'écoulait, jusqu'au moment où la sage-femme ouvrit enfin. Ils allaient rentrer, lorsqu'elle les repoussa, pour sortir elle-même et refermer la porte.

— Quoi donc ? murmura Pauline.

D'un signe, elle leur dit de descendre ; et ce fut en bas seulement, dans le corridor, qu'elle parla.

— Le cas menace d'être grave. Mon devoir est de prévenir la famille.

Lazare pâlissait. Un souffle froid lui avait glacé la face. Il balbutia :

— Qu'y a-t-il ?

— L'enfant se présente par l'épaule gauche, autant que j'ai pu m'en assurer, et je crains même que le bras ne se dégage le premier.

— Eh bien ? demanda Pauline.

— Dans un cas pareil, la présence d'un médecin est absolument nécessaire… Je ne puis prendre la responsabilité de l'accouchement, surtout à huit mois. Il y eut un silence. Puis, Lazare, désespéré, se révolta. Où voulait-on qu'il trouvât un médecin, à cette heure de nuit ? Sa femme aurait le temps de succomber vingt fois, avant qu'il eût ramené le docteur d'Arromanches.

— Je ne crois pas à un danger immédiat, répétait la sage-femme. Partez tout de suite… Moi, je ne puis rien faire.

Et, comme Pauline à son tour la suppliait d'agir, au nom de l'humanité, pour soulager du moins la malheureuse, dont les grands soupirs continuaient à emplir la maison, elle déclara de sa voix nette :

— Non, cela m'est défendu… L'autre, là-bas, est morte. Je ne veux pas que celle-ci me reste encore dans les mains.

À ce moment, on entendit s'élever, dans la salle à manger, un appel larmoyant de Chanteau.

— Vous êtes là ? entrez !… On ne me dit rien. Il y a un siècle que j'attends des nouvelles.

Ils entrèrent. Depuis le dîner interrompu, on avait oublié Chanteau. Il était resté devant la table servie, tournant ses pouces, patientant, avec sa résignation somnolente d'infirme, accoutumé aux longues immobilités solitaires. Cette nouvelle catastrophe, qui révolutionnait la maison, l'attristait ; et il n'avait pas même eu le cœur de finir de manger, les yeux sur son assiette encore pleine.

— Ça ne va donc pas bien ? murmura-t-il.

Lazare haussa rageusement les épaules. Madame Bouland, qui gardait tout son calme, lui conseillait de ne pas perdre le temps davantage.

— Prenez la carriole. Le cheval ne marche guère. Mais, en deux heures, deux heures et demie, vous pouvez aller et revenir… D'ici là, je veillerai.

Alors, dans une détermination brusque, il s'élança dehors, avec la certitude qu'il retrouverait sa femme morte. On l'entendit jurer, taper sur le cheval, qui emporta la carriole, au milieu d'un grand bruit de ferrailles.

— Que se passe-t-il ? demanda de nouveau Chanteau, auquel personne ne répondait.

La sage-femme remontait déjà, et Pauline la suivit, après avoir simplement dit à son oncle que cette pauvre Louise aurait beaucoup de mal. Comme elle offrait de le coucher, il refusa, s'obstinant à rester pour savoir. Si le sommeil le prenait, il dormirait très bien dans son fauteuil, ainsi qu'il y dormait des après-midi entières. À peine se retrouvait-il seul, que Véronique rentra, avec sa lanterne éteinte. Elle était furieuse. Depuis deux ans, elle n'avait pas lâché tant de paroles à la fois.

— Fallait le dire, qu'ils viendraient par l'autre route ! Moi qui regardais dans tous les fossés et qui suis allée jusqu'à Verchemont comme une bête !... Là-bas encore, j'ai attendu une grande demi-heure, plantée au milieu du chemin.

Chanteau la regardait de ses gros yeux.

— Dame ! ma fille, vous ne pouviez guère vous rencontrer.

— Puis, en revenant, voilà que j'aperçois monsieur Lazare galopant comme un fou, dans une méchante voiture... Je lui crie qu'on l'attend, et il tape plus fort, et il manque de m'écraser !... Non, j'en ai assez, de ces commissions où je ne comprends rien ! Sans compter que ma lanterne s'est éteinte.

Et elle bouscula son maître, elle voulut le forcer à finir de manger, pour qu'elle pût au moins desservir la table. Il n'avait pas faim, il allait pourtant prendre un peu de veau froid, histoire plutôt de se distraire. Ce qui le tracassait maintenant, c'était le manque de parole de l'abbé. Pourquoi promettre de tenir compagnie aux gens, si l'on est décidé à rester chez soi ? Les prêtres, à la vérité, faisaient une si drôle de figure, quand les femmes accouchaient ! Cette idée l'amusa, il se disposa gaiement à souper tout seul.

— Voyons, monsieur, dépêchez-vous, répétait Véronique. Il est bientôt une heure, ma vaisselle ne peut pas traîner comme ça jusqu'à demain… En voilà une sacrée maison où l'on a toujours des secousses !

Elle commençait à enlever les assiettes, lorsque Pauline l'appela de l'escalier, d'une voix pressante. Et Chanteau se retrouva en face de la table, oublié encore, sans que personne descendît lui apporter des nouvelles.

Madame Bouland venait de prendre possession de la chambre avec autorité, fouillant les meubles, donnant des ordres. Elle fit d'abord allumer du feu, car la pièce lui paraissait humide. Ensuite, elle déclara le lit incommode, trop bas, trop mou ; et, comme Pauline lui disait avoir au grenier un vieux lit de sangle, elle l'envoya chercher par Véronique, l'installa devant la cheminée, en plaçant au fond une planche et en le garnissant d'un simple matelas. Puis, il lui fallut une quantité de linge, un drap qu'elle plia en quatre pour garantir le matelas, d'autres draps, et des serviettes, et des torchons, qu'elle mit chauffer sur des chaises, devant le feu. Bientôt, la chambre, encombrée de ces linges, barrée par le lit, prit l'air d'une ambulance, installée à la hâte, dans l'attente d'une bataille.

Du reste, elle ne cessait de causer maintenant, elle exhortait Louise d'une voix militaire, comme si elle eût commandé à la douleur. Pauline l'avait priée à voix basse de ne pas parler du médecin.

— Ce ne sera rien, ma petite dame. Je préférerais vous voir couchée ; mais, puisque ça vous agace, marchez sans crainte, appuyez-vous sur moi… J'en ai accouché à huit mois, dont les enfants étaient plus gros que les autres…

Non, non, ça ne vous fait pas tant de mal que vous croyez. Nous allons vous débarrasser tout à l'heure, en deux temps et trois mouvements.

Louise ne se calmait pas. Ses cris prenaient un caractère de détresse affreuse. Elle se cramponnait aux meubles ; par moments, des paroles incohérentes annonçaient même un peu de délire. La sage-femme, afin de rassurer Pauline, lui expliquait à demi-voix que les douleurs de la dilatation du col étaient parfois plus intolérables que les grandes douleurs de l'expulsion. Elle avait vu ce travail préparatoire durer deux jours, au premier enfant. Ce qu'elle redoutait, c'était la rupture des eaux, avant l'arrivée du médecin ; car la manœuvre qu'il allait être obligé de faire, serait alors dangereuse.

— Ce n'est plus possible, répétait Louise en haletant, ce n'est plus possible... Je vais mourir...

Madame Bouland s'était décidée à lui donner vingt gouttes de laudanum dans un demi-verre d'eau. Ensuite, elle avait essayé des frictions sur les lombes. La pauvre femme, qui perdait de ses forces, s'abandonnait davantage : elle n'exigeait plus que sa cousine et la bonne sortissent, elle cachait seulement sa nudité sous son peignoir rabattu, dont elle tenait les pans dans ses mains crispées. Mais le court répit amené par les frictions ne dura pas ; et des contractions terribles se déclarèrent.

— Attendons, dit stoïquement madame Bouland. Je ne puis absolument rien. Il faut laisser faire la nature.

Et même elle entama une discussion sur le chloroforme, contre lequel elle avait les répugnances de la vieille école. À l'entendre, les accouchées mouraient comme des mouches, entre les mains des médecins qui employaient cette drogue. La douleur était nécessaire, jamais une femme endormie n'était capable d'un aussi bon travail qu'une femme éveillée.

Pauline avait lu le contraire. Elle ne répondait pas, le cœur noyé de compassion devant le ravage du mal, qui anéantissait peu à peu Louise et faisait de sa grâce, de son charme de blonde délicate, un épouvantable objet de pitié. Et il y avait en elle une colère contre la douleur, un besoin de la supprimer, qui la lui aurait fait combattre comme une ennemie, si elle en avait connu les moyens.

La nuit pourtant s'écoulait, il était près de deux heures. Plusieurs fois, Louise avait parlé de Lazare. On mentait, on lui disait qu'il restait en bas, tellement secoué lui-même, qu'il craignait de la décourager. Du reste, elle n'avait plus conscience du temps : les heures passaient, et les minutes lui semblaient éternelles. Le seul sentiment qui persistait dans son agitation, était que ça ne finirait jamais, que tout le monde, autour d'elle, y mettait de la mauvaise volonté. C'étaient les autres qui ne voulaient pas la débarrasser, elle s'emportait contre la sage-femme, contre Pauline, contre Véronique, en les accusant de ne rien savoir de ce qu'il aurait fallu faire.

Madame Bouland se taisait. Elle jetait sur la pendule des regards furtifs, bien qu'elle n'attendît pas le médecin avant une heure encore, car elle connaissait la lenteur fourbue du cheval. La dilatation allait être complète, la rupture des eaux devenait imminente ; et elle décida la jeune femme à se coucher. Puis, elle la prévint.

— Ne vous effrayez pas, si vous vous sentiez mouillée… Et ne bougez plus, de grâce ! J'aimerais mieux ne rien hâter maintenant.

Louise resta immobile pendant quelques secondes. Il lui fallait un effort de volonté excessif, pour résister aux soulèvements désordonnés de la souffrance ; son mal s'en irritait, bientôt elle ne put lutter davantage, elle sauta du lit de sangle, dans un élan exaspéré de tous ses membres. À l'instant même, comme ses pieds touchaient le tapis, il y eut un bruit sourd d'outre qui se crève et ses jambes furent trempées, deux larges taches parurent sur son peignoir.

— Ça y est ! dit la sage-femme, qui jura entre ses dents.

Bien que prévenue, Louise était demeurée à la même place, tremblante, regardant ce ruissellement qui sortait d'elle, avec la terreur de voir le peignoir et le tapis inondés de son sang. Les taches restaient pâles, le flot s'était brusquement arrêté, elle se rassura. Vivement, on l'avait recouchée. Et elle éprouvait un calme soudain, un tel bien-être inattendu, qu'elle se mit à dire, d'un air de gaieté triomphante :

— C'était ça qui me gênait. À présent, je ne souffre plus du tout, c'est fini… Je savais bien que je ne pouvais pas accoucher au huitième mois. Ce sera pour le mois prochain… Vous n'y avez rien entendu, ni les unes ni les autres.

Madame Bouland hochait la tête, sans vouloir lui gâter ce moment de répit en répondant que les grandes douleurs d'expulsion allaient venir. Elle avertit seulement Pauline à voix basse, elle la pria de se mettre de l'autre côté du lit de sangle, pour empêcher une chute possible, dans le cas où l'accouchée se débattrait. Mais, quand les douleurs reparurent, Louise ne tenta point de se lever : elle n'en trouvait désormais ni la volonté ni la force. Au premier réveil du mal, son teint s'était plombé, sa face avait pris une expression de désespoir. Elle cessait de parler, elle s'enfermait dans cette torture sans fin, où elle ne comptait désormais sur le secours de personne, si abandonnée, si misérable à la longue, qu'elle souhaitait de mourir tout de suite. D'ailleurs, ce n'étaient plus les contractions involontaires, qui, depuis vingt heures, lui arrachaient les entrailles ; c'étaient à présent des efforts atroces de tout son être, des efforts qu'elle ne pouvait retenir, qu'elle exagérait elle-même, par un besoin irrésistible de se délivrer. La poussée partait du bas des côtes, descendait dans les reins, aboutissait aux aines en une sorte de déchirure, sans cesse élargie. Chaque muscle du ventre travaillait, se bandait sur les hanches, avec des raccourcissements et des allongements de ressort ; même ceux des fesses et des cuisses agissaient, semblaient par moments la soulever du matelas. Un tremblement ne la quittait plus, elle était, de la taille aux genoux, secouée ainsi de larges ondes douloureuses, que l'on voyait, une à une, descendre sous sa peau, dans le raidissement de plus en plus violent de la chair.

— Ça ne finira donc pas, mon Dieu ! ça ne finira donc pas ? murmurait Pauline.

Ce spectacle emportait son calme et son courage habituels. Et elle poussait elle-même, dans un effort imaginaire, à chacun des gémissements de travailleuse essoufflée dont l'accouchée accompagnait sa besogne. Les cris, d'abord sourds, montaient peu à peu, s'enflaient en plaintes de fatigue et d'impuissance. C'était l'enragement, le han ! éperdu du fendeur de bois, qui abat sa cognée depuis des heures sur le même nœud, sans avoir seulement pu entamer l'écorce.

Entre chaque crise, dans les courts instants de repos, Louise se plaignait d'une soif ardente. Sa gorge sans salive avait des mouvements pénibles d'étranglement.

— Je meurs, donnez-moi à boire !

Elle buvait une gorgée de tilleul très léger, que Véronique tenait devant le feu. Mais souvent, au moment où elle portait la tasse à ses lèvres, Pauline devait la reprendre, car une autre crise arrivait, les mains se remettaient à trembler ; tandis que la face renversée s'empourprait et que le cou se couvrait de sueur, dans la poussée nouvelle qui tendait les muscles.

Il survint aussi des crampes. À toutes minutes, elle parlait de se lever pour satisfaire des besoins, dont elle prétendait souffrir. La sage-femme s'y opposait énergiquement.

— Restez donc tranquille. C'est un effet du travail… Quand vous serez descendue pour ne rien faire, vous serez bien avancée, n'est-ce pas ?

À trois heures, madame Bouland ne cacha plus son inquiétude à Pauline. Des symptômes alarmants se manifestaient, surtout une lente déperdition des forces. On aurait pu croire que l'accouchée souffrait moins, car ses cris et ses efforts diminuaient d'énergie ; mais la vérité était que le travail menaçait de s'arrêter, dans la fatigue trop grande. Elle succombait à ces douleurs sans fin, chaque minute de retard devenait un danger. Le délire reparut, elle eut même un évanouissement. Madame Bouland en profita pour la toucher encore et mieux reconnaître la position.

— C'est bien ce que je craignais, murmura-t-elle. Est-ce que le cheval s'est cassé les jambes, qu'ils ne reviennent pas ?

Et, comme Pauline lui disait qu'elle ne pouvait laisser mourir ainsi cette malheureuse, elle s'emporta.

— Croyez-vous que je sois à la noce !… Si je tente la manœuvre et que ça tourne mal, j'aurai toutes sortes d'ennuis sur le dos… Avec ça qu'on est tendre pour nous !

Quand Louise recouvra sa connaissance, elle se plaignit d'une gêne.

— C'est le petit bras qui passe, continua madame Bouland tout bas. Il est entièrement dégagé… Mais l'épaule est là, qui ne sortira jamais.

Pourtant, à trois heures et demie, devant la situation de plus en plus critique, elle allait peut-être se décider à agir, lorsque Véronique, qui remontait de la cuisine, appela Mademoiselle dans le corridor, où elle lui dit que le médecin arrivait. On la laissa un instant seule près de l'accouchée, la jeune fille et la sage-femme descendirent. Au milieu de la cour, Lazare bégayait des injures contre le cheval ; mais, quand il sut que sa femme vivait encore, la réaction fut si forte, qu'il se calma tout d'un coup. Déjà le docteur Cazenove montait le perron, en posant à madame Bouland des questions rapides.

— Votre présence brusque l'effrayerait, dit Pauline dans l'escalier. Maintenant que vous êtes là, il est nécessaire qu'on la prévienne.

— Faites vite, répondit-il simplement, d'une voix brève.

Pauline seule entra, les autres se tinrent à la porte.

— Ma chérie, expliqua-t-elle, imagine-toi que le docteur, après t'avoir vue hier, s'est douté de quelque chose ; et il vient d'arriver… Tu devrais consentir à le voir, puisque ça n'en finit point.

Louise ne paraissait pas entendre. Elle roulait désespérément la tête sur l'oreiller. Enfin, elle balbutia :

— Comme vous voudrez, mon Dieu !… Est-ce que je sais, maintenant ? Je n'existe plus.

Le docteur s'était avancé. Alors, la sage-femme engagea Pauline et Lazare à descendre : elle irait leur donner des nouvelles, elle les appellerait, si l'on avait besoin d'aide. Ils se retirèrent en silence. En bas, dans la salle à manger, Chanteau venait de s'endormir, devant la table toujours servie. Le sommeil devait l'avoir pris au milieu de son petit souper, prolongé avec la lenteur d'une distraction, car la fourchette était encore au bord de l'assiette, où se trouvait un reste de veau. Pauline, en entrant, dut remonter la lampe, qui charbonnait et s'éteignait.

— Ne l'éveillons pas, murmura-t-elle. Il est inutile qu'il sache.

Doucement, elle s'assit sur une chaise, tandis que Lazare demeurait debout, immobile. Une attente effroyable commença, ni l'un ni l'autre ne disait un mot, ils ne pouvaient même soutenir l'angoisse de leurs regards, détournant la tête, dès que leurs yeux se rencontraient. Et aucun bruit n'arrivait d'en haut, les plaintes affaiblies ne s'entendaient plus, ils prêtaient vainement l'oreille, sans saisir autre chose que le bourdonnement de leur propre fièvre. C'était ce grand silence frissonnant, ce silence de mort, qui, à la longue, les épouvantait surtout. Que se passait-il donc ? pourquoi les avait-on renvoyés ? Ils auraient préféré les cris, une lutte, quelque chose de vivant se débattant encore sur leurs têtes. Les minutes s'écoulaient, et la maison s'enfonçait davantage dans ce néant. Enfin, la porte s'ouvrit, le docteur Cazenove entra.

— Eh bien ? demanda Lazare, qui avait fini par s'asseoir en face de Pauline.

Le docteur ne répondit pas tout de suite. La clarté fumeuse de la lampe, cette clarté louche des longues veilles, éclairait mal son vieux visage tanné où les fortes émotions ne pâlissaient que les rides. Mais, quand il parla, le son brisé de ses paroles laissa voir la lutte qui se livrait en lui.

— Eh bien ! je n'ai encore rien fait, répondit-il. Je ne veux rien faire sans vous consulter.

Et, d'un geste machinal, il passa les doigts sur son front, comme pour en chasser un obstacle, un nœud qu'il ne pouvait défaire.

— Mais ce n'est pas à nous de décider, docteur, dit Pauline. Nous la remettons entre vos mains.

Il hocha la tête. Un souvenir importun ne le quittait pas, il se souvenait des quelques négresses qu'il avait accouchées, aux colonies, une entre autres, une grande fille dont l'enfant se présentait ainsi par l'épaule et qui avait succombé, pendant qu'il la délivrait d'un paquet de chair et d'os. C'étaient, pour les chirurgiens de marine, les seules expériences possibles, des femmes éventrées à l'occasion, quand ils faisaient là-bas un service d'hôpital. Depuis sa retraite à Arromanches, il avait bien pratiqué et acquis l'adresse de l'habitude ; mais le cas si difficile qu'il rencontrait dans cette maison amie venait de le rendre à toute son hésitation d'autrefois. Il tremblait comme un débutant, inquiet aussi de ses vieilles mains, qui n'avaient plus l'énergie de la jeunesse.

— Il faut bien que je vous dise tout, reprit-il. La mère et l'enfant me semblent perdus… Peut-être serait-il temps encore de sauver l'un ou l'autre…

Lazare et Pauline s'étaient levés, glacés du même frisson. Chanteau, réveillé par le bruit des voix, avait ouvert des yeux troubles, et il écoutait avec effarement les choses qu'on disait devant lui.

— Qui dois-je essayer de sauver ? répétait le médecin, aussi tremblant que les pauvres gens auxquels il posait cette question. L'enfant ou la mère ?

— Qui ? mon Dieu ! s'écria Lazare... Est-ce que je sais ? est-ce que je puis ?

Des larmes l'étranglaient de nouveau, pendant que sa cousine, très pâle, restait muette, devant cette alternative redoutable.

— Si je tente la version, continua le docteur qui discutait ses incertitudes tout haut, l'enfant sortira sans doute en bouillie. Et je crains de fatiguer la mère, elle souffre déjà depuis trop longtemps... D'autre part, l'opération césarienne assurerait la vie du petit ; mais l'état de la pauvre femme n'est pas désespéré au point que je me sente le droit de la sacrifier ainsi... C'est une question de conscience, je vous supplie de prononcer vous-mêmes.

Les sanglots empêchaient Lazare de répondre. Il avait pris son mouchoir, il le tordait convulsivement, dans l'effort qu'il faisait pour retrouver un peu de raison. Chanteau regardait toujours, stupéfié. Et ce fut Pauline qui put dire :

— Pourquoi êtes-vous descendu ?... C'est mal de nous torturer, lorsque vous êtes seul à savoir et à pouvoir agir.

Justement, madame Bouland venait annoncer que la situation s'aggravait.

— Est-on décidé ?... Elle s'affaiblit.

Alors, dans un de ces brusques élans qui déconcertaient, le docteur embrassa Lazare, en le tutoyant.

— Écoute, je vais tâcher de les sauver tous les deux. Et s'ils succombent, eh bien ! j'aurai plus de chagrin que toi, parce que je croirai que c'est de ma faute.

Rapidement, avec la vivacité d'un homme résolu, il discuta l'emploi du chloroforme. Il avait apporté le nécessaire, mais certains symptômes lui donnaient la crainte d'une hémorragie, ce qui était une contre-indication formelle. Les syncopes et la petitesse du pouls le préoccupaient. Aussi résista-t-il aux supplications de la famille, qui demandait le chloroforme, malade de ces souffrances, qu'elle partageait depuis bientôt vingt-quatre heures ; et il était encouragé dans son refus par l'attitude de la sage-femme, dont les épaules se haussaient de répugnance et de mépris.

— J'accouche bien deux cents femmes par an, murmurait-elle. Est-ce qu'elles ont besoin de ça pour se tirer d'affaire ?... Elles souffrent, tout le monde souffre !

— Montez, mes enfants, reprit le docteur. J'aurai besoin de vous... Et puis, j'aime mieux vous sentir avec moi.

Tous quittaient la salle à manger, lorsque Chanteau parla enfin. Il appelait son fils.

— Viens m'embrasser… Ah ! cette pauvre Louisette ! Est-ce terrible, des affaires pareilles, au moment où l'on ne s'y attend pas ? S'il faisait jour au moins !… Préviens-moi, quand ce sera fini.

De nouveau, il resta seul dans la pièce. La lampe charbonnait, il fermait les paupières, aveuglé par la clarté louche, repris de sommeil. Pourtant, il lutta quelques minutes, promenant ses regards sur la vaisselle de la table et la débandade des chaises, où les serviettes pendaient encore. Mais l'air était trop lourd, le silence trop écrasant. Il succomba, ses paupières se refermèrent, ses lèvres eurent un petit souffle régulier, au milieu du désordre tragique de ce dîner interrompu depuis la veille.

En haut, le docteur Cazenove conseilla de faire un grand feu dans la chambre voisine, l'ancienne chambre de madame Chanteau : on pourrait en avoir besoin, après la délivrance. Véronique, qui avait gardé Louise pendant l'absence de la sage-femme, alla aussitôt l'allumer. Puis toutes les dispositions furent prises, on remit des linges fins devant la cheminée, on apporta une seconde cuvette, on monta une bouilloire d'eau chaude, un litre d'eau-de-vie, du saindoux sur une assiette. Le docteur crut avoir le devoir de prévenir l'accouchée.

— Ma chère enfant, dit-il, ne vous inquiétez pas, mais il faut absolument que j'intervienne… Votre vie nous est chère à tous, et si le pauvre petit est menacé, nous ne pouvons vous laisser ainsi davantage… Vous me permettez d'agir, n'est-ce pas ?

Louise ne semblait plus entendre. Raidie par les efforts qui continuaient malgré elle, la tête roulée à gauche sur l'oreiller, la bouche ouverte, elle avait une plainte basse, continue, qui ressemblait à un râle. Lorsque ses paupières se soulevaient, elle regardait le plafond avec égarement, comme si elle se fût éveillée dans un lieu inconnu.

— Vous permettez ? répétait le docteur.

Alors, elle balbutia :

— Tuez-moi, tuez-moi tout de suite.

— Faites vite, je vous en supplie, murmura Pauline au médecin. Nous sommes là pour prendre la responsabilité de tout.

Pourtant, il insistait, en disant à Lazare :

— Je réponds d'elle, si une hémorragie ne survient pas. Mais l'enfant me semble condamné. On en tue neuf sur dix, dans ces conditions, car il y a toujours des lésions, des fractures, parfois un écrasement complet.

— Allez, allez, docteur, répondit le père, avec un geste éperdu.

Le lit de sangle ne fut pas jugé assez solide. On transporta la jeune femme sur le grand lit, après avoir mis une planche entre les matelas. La tête vers le mur, adossée contre un entassement d'oreillers, elle avait les reins appuyés au bord même ; et on écarta les cuisses, on posa les pieds sur les dossiers de deux petits fauteuils.

— C'est parfait, disait le médecin en considérant ces préparatifs. Nous serons bien, ça va être très commode… Seulement, il serait prudent de la tenir, dans le cas où elle se débattrait.

Louise n'était plus. Elle venait de s'abandonner comme une chose. Sa pudeur de femme, sa répugnance à se laisser voir dans son mal et dans sa nudité, avaient sombré enfin, emportées par la souffrance. Sans force pour soulever un doigt, elle n'avait conscience ni de sa peau nue, ni de ces gens qui la touchaient. Et, découverte jusqu'à la gorge, le ventre à l'air, les jambes élargies, elle restait là, sans même un frisson, étalant sa maternité ensanglantée et béante.

— Madame Bouland tiendra l'une des cuisses, continuait le docteur, et vous, Pauline, il faut que vous nous rendiez le service de tenir l'autre. N'ayez pas peur, serrez ferme, empêchez tout mouvement… Maintenant, Lazare serait bien gentil s'il m'éclairait.

On lui obéissait, cette nudité avait aussi disparu pour eux. Ils n'en voyaient que la misère pitoyable, ce drame d'une naissance disputée, qui tuait l'idée de l'amour. À la grande clarté brutale, le mystère troublant s'en était allé de la peau si délicate aux endroits secrets, de la toison frisant en petites mèches blondes ; et il ne restait que l'humanité douloureuse, l'enfantement dans le sang et dans l'ordure, faisant craquer le ventre des mères, élargissant jusqu'à l'horreur la fente rouge, pareille au coup de hache qui ouvre le tronc et laisse couler la vie des grands arbres.

Le médecin causait toujours à demi-voix, en ôtant sa redingote et en retroussant la manche gauche de sa chemise, au-dessus du coude.

— On a trop attendu, l'introduction de la main sera difficile. Vous voyez, l'épaule s'est déjà engagée dans le col.

Au milieu des muscles engorgés et tendus, entre les bourrelets rosâtres, l'enfant apparaissait. Mais il était arrêté là, par l'étranglement de l'organe, qu'il ne pouvait franchir. Cependant, les efforts du ventre et des reins tâchaient encore de le chasser ; même évanouie, la mère poussait violemment, s'épuisait à ce labeur, dans le besoin mécanique de la délivrance ; et les ondes douloureuses continuaient à descendre, accompagnées chacune du cri de son obstination, luttant contre l'impossible. Hors de la vulve, la main de l'enfant pendait. C'était une petite main noire, dont les doigts s'ouvraient et se fermaient par moments, comme si elle se fût cramponnée à la vie.

— Repliez un peu la cuisse, dit madame Bouland à Pauline. Il est inutile de la fatiguer.

Le docteur Cazenove s'était placé entre les deux genoux, maintenus par les deux femmes. Il se retourna, étonné des lueurs dansantes qui l'éclairaient. Derrière lui, Lazare tremblait si fort, que la bougie s'agitait à son poing, comme effarée au souffle d'un grand vent.

— Mon cher garçon, dit-il, posez le bougeoir sur la table de nuit. J'y verrai plus clair.

Incapable de regarder davantage, le mari alla tomber sur une chaise, à l'autre bout de la pièce. Mais il avait beau ne plus regarder, il apercevait toujours la pauvre main du petit être, cette main qui voulait vivre, qui semblait chercher à tâtons un secours dans ce monde, où elle arrivait la première.

Alors, le docteur s'agenouilla. Il avait enduit de saindoux sa main gauche, qu'il se mit à introduire lentement, pendant qu'il posait la droite sur le ventre. Il fallut refouler le petit bras, le rentrer tout à fait, pour que les doigts de l'opérateur pussent passer ; et ce fut la partie dangereuse de la manœuvre. Les doigts, allongés en forme de coin, pénétrèrent ensuite peu à peu, avec un léger mouvement tournant, qui facilita l'introduction de la main jusqu'au poignet. Elle s'enfonça encore, avança toujours, alla chercher les genoux, puis les pieds de l'enfant ; tandis que l'autre main appuyait davantage sur le bas-ventre, en aidant la besogne intérieure. Mais on ne voyait rien de cette besogne, il n'y avait plus que ce bras disparu dans ce corps.

— Madame est très docile, fit remarquer madame Bouland. Des fois, il faut des hommes pour les tenir.

Pauline serrait maternellement contre elle la cuisse misérable, qu'elle sentait grelotter d'angoisse.

— Ma chérie, aie du courage, murmura-t-elle à son tour.

Un silence régna. Louise n'aurait pu dire ce qu'on lui faisait, elle éprouvait seulement une anxiété croissante, une sensation d'arrachement. Et Pauline ne reconnaissait plus la mince fille aux traits fins, au charme tendre, dans la créature tordue en travers du lit, le visage décomposé de souffrance. Des glaires, échappées entre les doigts de l'opérateur, avaient sali le duvet doré qui ombrait la peau blanche. Quelques gouttes d'un sang noir coulaient dans un pli de chair, tombaient une à une sur le linge, dont on avait garni le matelas.

Il y eut une nouvelle syncope, Louise sembla morte, et le travail de ses muscles s'arrêta presque entièrement.

— J'aime mieux ça, dit le médecin que madame Bouland avertissait. Elle me broyait la main, j'allais être obligé de la retirer, tellement la douleur devenait insupportable… Ah ! je ne suis plus jeune ! ce serait fini déjà.

Depuis un instant, sa main gauche tenait les pieds, les amenait doucement, pour opérer le mouvement de version. Un arrêt se produisit, il dut comprimer le bas-ventre, avec sa main droite. L'autre ressortait sans secousses, le poignet, puis les doigts. Et les pieds de l'enfant parurent enfin. Tous éprouvèrent un soulagement, Cazenove poussa un soupir, le front en sueur, la respiration coupée, comme après un violent exercice.

— Nous y sommes, je crois qu'il n'y a pas de mal, le petit cœur bat toujours… Mais nous ne l'avons pas encore, ce gaillard-là !

Il s'était relevé, il affectait de rire. Vivement, il demandait à Véronique des linges chauds. Puis, pendant qu'il lavait sa main, souillée et sanglante comme la main d'un boucher, il voulut relever le courage du mari, affaissé sur la chaise.

— Ça va être fini, mon cher. Un peu d'espoir, que diable !

Lazare ne bougea pas. Madame Bouland qui venait de tirer Louise de son évanouissement, en lui donnant à respirer un flacon d'éther, s'inquiétait surtout de voir que le travail ne se faisait plus. Elle en causait à voix basse avec le docteur, qui reprit tout haut :

— Je m'y attendais. Il faut que je l'aide.

Et, s'adressant à l'accouchée :

— Ne vous retenez pas, faites valoir vos douleurs. Si vous me secondez un peu, vous verrez comme tout marchera bien.

Mais elle eut un geste, pour dire qu'elle était sans force. On l'entendit à peine balbutier :

— Je ne sens plus une seule partie de mon corps.

— Pauvre chérie, dit Pauline en l'embrassant. Tu es au bout de tes peines, va !

Déjà, le docteur s'était remis à genoux. Les deux femmes, de nouveau, maintenaient les cuisses, tandis que Véronique lui passait des linges tièdes. Il avait enveloppé les petits pieds, il tirait lentement, dans une traction douce et continue ; et ses doigts remontaient à mesure que l'enfant descendait, il le prenait aux chevilles, aux mollets, aux genoux, saisissant à la sortie chaque partie nouvelle. Quand les hanches apparurent, il évita toute pression sur le ventre, il contourna les reins, agit des deux mains sur les aines. Le petit coulait toujours, élargissant le bourrelet des chairs rosâtres, dans une tension croissante. Mais la mère, jusque-là docile, se débattit brusquement, sous les douleurs dont elle se trouvait reprise. Ce n'étaient plus seulement des efforts, tout son corps s'ébranlait, il lui semblait qu'on la fendait à l'aide d'un couperet très lourd, comme elle avait vu séparer les bœufs, dans les boucheries. Sa rébellion éclata si violente, qu'elle échappa à sa cousine, et que l'enfant glissa des mains du docteur.

— Attention ! cria-t-il. Empêchez-la donc de bouger !… Si le cordon n'a pas été comprimé, nous aurons de la chance.

Il avait rattrapé le petit corps, il se hâtait de dégager les épaules, il amenait les bras l'un après l'autre, pour que le volume de la tête n'en fût pas augmenté. Mais les soubresauts convulsifs de l'accouchée le gênaient, il s'arrêtait chaque fois, par crainte d'une fracture. Les deux femmes avaient beau la maintenir de toutes leurs forces sur le lit de misère : elle les secouait, elle se soulevait, dans un raidissement irrésistible de la nuque. En se débattant, elle venait de saisir le bois du lit, qu'on ne pouvait lui faire lâcher ; et elle s'y appuyait, elle détendait violemment les jambes, avec l'idée fixe de se débarrasser de ces gens qui la torturaient. C'était une crise de rage véritable, des cris horribles, dans cette sensation qu'on l'assassinait, en l'écartelant des reins jusqu'au ventre.

— Il n'y a plus que la tête, dit le docteur dont la voix tremblait. Je n'ose y toucher, au milieu de ces bonds continuels… Puisque les douleurs sont revenues, elle va se délivrer sans doute elle-même. Attendons un peu.

Il dut s'asseoir. Madame Bouland, sans lâcher la mère, veillait sur l'enfant, qui reposait au milieu des cuisses sanglantes, encore retenu au cou et comme étranglé. Ses petits membres s'agitaient faiblement, puis les mouvements cessèrent. On fut repris de crainte, le médecin eut l'idée d'exciter les contractions, pour précipiter les choses. Il se leva, exerça des pressions brusques sur le ventre de l'accouchée. Et il y eut quelques minutes effroyables, la malheureuse hurlait plus fort, à mesure que la tête sortait et repoussait les chairs, qui s'arrondissaient en un large anneau blanchâtre. Au-dessous, entre les deux cavités distendues et béantes, la peau délicate bombait affreusement, si amincie, qu'on redoutait une rupture. Des excréments jaillirent, l'enfant tomba dans un dernier effort, sous une pluie de sang et d'eaux sales.

— Enfin, dit Cazenove. Celui-là pourra se vanter de n'être pas venu au monde gaiement.

L'émotion était si grande, que personne ne s'était inquiété du sexe.

— C'est un garçon, monsieur, annonça madame Bouland au mari.

Lazare, la tête tournée contre le mur, éclata en sanglots. Il y avait en lui un immense désespoir, l'idée qu'il aurait mieux valu mourir tous, que de vivre encore, après de telles souffrances. Cet être qui naissait, le rendait triste jusqu'à la mort.

Pauline s'était penchée vers Louise, pour lui poser un nouveau baiser sur le front.

— Viens l'embrasser, dit-elle à son cousin.

Il approcha, se pencha à son tour. Mais il fut repris d'un frisson, au contact de ce visage couvert d'une sueur froide. Sa femme était sans un souffle, les yeux fermés. Et il se remit à étouffer des sanglots, au pied du lit, la tête appuyée contre le mur.

— Je le crois mort, murmurait le docteur. Liez vite le cordon.

L'enfant, à sa naissance, n'avait pas eu ces miaulements aigres, accompagnés du gargouillement sourd qui annonce l'entrée de l'air dans les poumons. Il était d'un bleu noir, livide sur places, petit pour ses huit mois, avec une tête d'une grosseur exagérée.

Madame Bouland, d'une main rapide, coupa et lia le cordon, après avoir laissé échapper une légère quantité de sang. Il ne respirait toujours pas, les battements du cœur restaient insensibles.

— C'est fini, déclara Cazenove. Peut-être pourrait-on essayer des frictions et des insufflations ; mais je crois qu'on perdrait son temps… Et puis, la mère est là qui a grand besoin que je songe à elle.

Pauline écoutait.

— Donnez-le-moi, dit-elle. Je vais voir… S'il ne respire pas, c'est que je n'aurais plus de souffle.

Et elle l'emporta dans la pièce voisine, après avoir pris la bouteille d'eau-de-vie et des linges.

De nouvelles tranchées, beaucoup plus faibles, sortaient Louise de son accablement. C'étaient les dernières douleurs de la délivrance. Quand le docteur eut aidé à l'expulsion du délivre, en tirant sur le cordon, la sage-femme la souleva pour ôter les serviettes, qu'un flot épais de sang venait de rougir. Ensuite, tous deux l'allongèrent, les cuisses lavées et séparées l'une de l'autre par une nappe, le ventre bandé d'une large toile. La crainte d'une hémorragie tourmentait encore le docteur, bien qu'il se fût assuré qu'il ne restait pas de sang à l'intérieur, et que la quantité perdue était à peu près normale. D'autre part, le délivre lui paraissait complet ; mais la faiblesse de l'accouchée, et surtout la sueur froide dont elle était couverte, demeuraient très alarmantes. Elle ne bougeait plus, d'une pâleur de cire, le drap au menton, écrasée sous les couvertures qui ne la réchauffaient point.

— Restez, dit à la sage-femme le médecin, qui ne lâchait pas le pouls de Louise. Moi-même, je ne la quitterai que lorsque je serai rassuré tout à fait.

De l'autre côté du corridor, dans l'ancienne chambre de madame Chanteau, Pauline luttait contre l'asphyxie croissante du petit être misérable, qu'elle y avait apporté. Elle s'était hâtée de le mettre sur un fauteuil, devant le grand feu ; et, à genoux, trempant un linge dans une soucoupe pleine d'alcool, elle le frictionnait sans relâche, avec une foi entêtée, sans même sentir la crampe qui peu à peu raidissait son bras. Il était de chair si pauvre, d'une fragilité si pitoyable, que sa grande peur était d'achever de le tuer, en frottant trop fort. Aussi son mouvement de va-et-vient avait-il une douceur de caresse, l'effleurement continu d'une aile d'oiseau. Elle le retournait avec précaution, essayait de rappeler la vie dans chacun de ses petits membres. Mais il ne remuait toujours pas. Si les frictions le réchauffaient un peu, sa poitrine restait creuse, aucun souffle ne la soulevait encore. Au contraire, il semblait bleuir davantage.

Alors, sans répugnance pour cette face molle, à peine lavée, elle colla sa bouche contre la petite bouche inerte. Lentement, longuement, elle soufflait, mesurant son haleine à la force des étroits poumons, où l'air n'avait pu entrer. Quand elle étouffait elle-même, elle devait s'arrêter quelques secondes ; puis, elle recommençait. Le sang lui montait à la tête, ses oreilles s'emplissaient de bourdonnements, elle eut un peu de vertige. Et elle ne lâchait pas, elle donna ainsi son souffle pendant plus d'une demi-heure, sans être encouragée par le moindre résultat. Quand elle aspirait, il ne lui venait au goût qu'une fadeur de mort. Très doucement, elle avait en vain essayé de faire jouer les côtes, en les pressant du bout des doigts. Rien ne réussissait, une autre aurait abandonné cette résurrection impossible. Mais elle y apportait un désespoir obstiné de mère, qui achève de mettre au jour l'enfant mal venu de ses entrailles. Elle voulait qu'il vécût, et elle sentit enfin s'animer le pauvre corps, la petite bouche avait eu un frisson léger sous la sienne.

Depuis près d'une heure, l'angoisse de cette lutte la tenait éperdue, seule dans cette pièce, oublieuse de tout. Le faible signe d'existence, cette sensation si courte à ses lèvres, lui rendit courage. Elle recommença les frictions, elle continua de minute en minute à donner son souffle, alternant, se dépensant, avec sa charité débordante. C'était un besoin grandissant de vaincre, de faire de la vie. Un instant, elle craignit de s'être trompée, car ses lèvres ne pressaient toujours que des lèvres immobiles. Puis, elle eut de nouveau conscience d'une rapide contraction. Peu à peu, l'air entrait, lui était pris et lui était rendu. Sous sa gorge, il lui semblait entendre se régler les battements du cœur. Et sa bouche ne quitta plus la petite bouche, elle partageait, elle vivait avec le petit être, ils n'avaient plus à eux deux qu'une haleine, dans ce miracle de résurrection, une haleine lente, prolongée, qui allait de l'un à l'autre comme une âme commune. Des glaires, des mucosités lui souillaient les lèvres, mais sa joie de l'avoir sauvé emportait son dégoût : elle aspirait maintenant une âpreté chaude de vie, qui la grisait. Quand il cria enfin, d'un faible cri plaintif, elle tomba assise devant le fauteuil, remuée jusqu'au ventre.

Le grand feu brûlait très haut, emplissant la chambre d'une clarté vive. Pauline restait par terre devant l'enfant, qu'elle n'avait pas encore regardé. Comme il était chétif ! quel pauvre être à peine formé ! Et une dernière révolte montait en elle, sa santé protestait contre ce fils misérable que Louise donnait à Lazare. Elle baissait un regard désespéré vers ses hanches, vers son ventre de vierge qui venait de tressaillir. Dans la largeur de son flanc, aurait tenu un fils solide et fort. C'était un regret immense de son existence manquée, de son sexe de femme qui dormirait stérile. La crise dont elle avait agonisé pendant la nuit des noces recommençait, en face de cette naissance. Justement, le matin, elle s'était éveillée ensanglantée du flux perdu de sa fécondité ; et, à ce moment même, après les émotions de cette terrible nuit, elle le sentait couler sous elle, ainsi qu'une eau inutile. Jamais elle ne serait mère, elle aurait voulu que tout le sang de son corps s'épuisât, s'en allât de la sorte, puisqu'elle n'en pouvait faire de la vie. À quoi bon sa puberté vigoureuse, ses organes et ses muscles engorgés de sève, l'odeur puissante qui montait de ses chairs, dont la force poussait en floraisons brunes ? Elle resterait comme un champ inculte, qui se dessèche à l'écart. Au lieu de l'avorton pitoyable, pareil à un insecte nu sur le fauteuil, elle voyait le gros garçon qui serait né de son mariage, et elle ne pouvait se consoler, et elle pleurait l'enfant qu'elle n'aurait pas.

Mais le pauvre être vagissait toujours. Il se débattit, elle eut peur qu'il ne tombât. Alors, sa charité s'éveilla devant tant de laideur et tant de faiblesse. Elle le soulagerait au moins, elle l'aiderait à vivre, comme elle avait eu la joie de l'aider à naître. Et, dans l'oubli d'elle-même, elle acheva de lui donner les premiers soins, elle le prit sur ses genoux, pleurant encore des larmes, où se mêlaient le regret de sa maternité et sa pitié pour la misère de tous les vivants.

Madame Bouland, avertie, vint l'aider à laver le nouveau-né. Elles l'enveloppèrent d'abord dans un drap tiède, puis elles l'habillèrent et le couchèrent sur le lit de la chambre, en attendant qu'on préparât le berceau. La sage-femme, stupéfaite de le trouver en vie, l'avait examiné avec soin ; et elle disait qu'il paraissait d'une bonne conformation, mais qu'on aurait tout de même beaucoup de peine à l'élever, tant il était chétif. D'ailleurs, elle se hâta de retourner près de Louise, qui restait en grand péril.

Comme Pauline s'installait à côté de l'enfant, Lazare entra à son tour, prévenu du miracle.

— Viens le voir, dit-elle, très émue.

Il s'approcha, mais il tremblait, ne put retenir cette parole :

— Mon Dieu ! tu l'as couché dans ce lit !

Dès la porte, il avait eu un frisson. Cette chambre abandonnée, encore assombrie de deuil, où l'on entrait si rarement, il la retrouvait chaude et lumineuse, égayée par le pétillement du feu. Les meubles pourtant étaient demeurés à leur place, la pendule marquait toujours sept heures trente-sept minutes, personne n'avait vécu là, depuis que sa mère y était morte. Et c'était dans le lit même où elle avait expiré, dans ce lit sacré et redoutable, qu'il voyait son enfant renaître, tout petit au milieu de la largeur des draps.

— Cela te contrarie ? demanda Pauline surprise.

Il répondit non de la tête, il ne pouvait parler, tant l'émotion l'étranglait. Puis, il bégaya enfin :

— C'est de songer à maman… Elle est partie, et en voici un autre qui partira comme elle. Pourquoi est-il venu ?

Les sanglots lui coupèrent la voix. Sa peur et son dégoût de la vie éclataient, malgré l'effort qu'il faisait pour se taire, depuis l'affreuse délivrance de Louise. Quand il eut posé la bouche sur le front ridé de l'enfant, il se recula, car il avait cru sentir le crâne s'enfoncer sous ses lèvres. Devant cette créature qu'il jetait si grêle dans l'existence, un remords le désespérait.

— Sois tranquille, reprit Pauline pour le rassurer. On en fera un gaillard… Ça ne signifie rien, qu'il soit si petit.

Il la regarda, et dans son bouleversement, une confession entière lui échappa du cœur.

— C'est encore à toi que nous devons sa vie… Il me faudra donc toujours être ton obligé ?

— Moi ! répondit-elle, j'ai fait simplement ce que la sage-femme aurait fait, si elle s'était trouvée seule.

D'un geste, il lui imposa silence.

— Est-ce que tu me crois assez mauvais pour ne pas comprendre que je te dois tout ?… Depuis ton entrée dans cette maison, tu n'as cessé de te sacrifier. Je ne reparle plus de ton argent, mais tu m'aimais encore, lorsque tu m'as donné à Louise, je le sais à cette heure… Si tu te doutais combien j'ai honte, quand je te regarde, quand je me souviens ! Tu aurais ouvert tes veines, tu étais toujours bonne et gaie, même les jours où je t'écrasais le cœur. Ah ! tu avais raison, il n'y a que la gaieté et la bonté, le reste est un simple cauchemar.

Elle essaya de l'interrompre, mais il continuait plus haut :

— Était-ce imbécile, ces négations, ces fanfaronnades, tout ce noir que je broyais par crainte et par vanité ! C'est moi qui ai fait notre vie mauvaise, et la tienne, et la mienne, et celle de la famille... Oui, toi seule étais sage. L'existence devient si facile, lorsque la maison est en belle humeur et qu'on y vit les uns pour les autres !... Si le monde crève de misère, qu'il crève au moins gaiement, en se prenant lui-même en pitié !

La violence de ces phrases la fit sourire, elle lui saisit les mains.

— Voyons, calme-toi... Puisque tu reconnais que j'ai raison, te voilà corrigé, tout marchera bien.

— Ah ! oui, corrigé ! Je dis ça en ce moment, parce qu'il y a des heures où la vérité sort quand même. Mais, demain, je retomberai dans mon tourment. Est-ce qu'on change !... Non, ça ne marchera pas mieux, ça marchera de plus en plus mal au contraire. Tu le sais aussi bien que moi... C'est ma bêtise qui m'enrage !

Alors, elle l'attira doucement, elle lui dit de son air grave :

— Tu n'es ni bête ni mauvais, tu es malheureux... Embrasse-moi, Lazare.

Ils échangèrent un baiser, devant le pauvre petit être qui semblait assoupi ; et c'était un baiser de frère et de sœur, où il n'y avait plus rien du coup de désir dont ils brûlaient encore la veille.

L'aube se levait, une aube grise d'une grande douceur. Cazenove vint voir l'enfant, qu'il s'émerveilla de trouver en si bon état. Il fut d'avis de le reporter dans la chambre, car il croyait maintenant pouvoir répondre de Louise. Lorsqu'on présenta le petit à sa mère, elle eut un pâle sourire. Puis, elle ferma les yeux, elle fut prise d'un de ces grands sommeils réparateurs, qui sont la convalescence des accouchées. On avait ouvert légèrement la fenêtre, pour chasser l'odeur du sang ; et une fraîcheur délicieuse, un souffle de vie montait avec la marée haute. Tous restaient immobiles, las et heureux, devant le lit où elle dormait. Enfin, ils se retirèrent à pas étouffés, en ne laissant près d'elle que madame Bouland.

Le médecin, pourtant, ne partit que vers huit heures. Il avait très faim, Lazare et Pauline eux-mêmes tombaient d'inanition ; et il fallut que Véronique leur fît du café au lait et une omelette. En bas, ils venaient de retrouver Chanteau, oublié de tous, dormant profondément dans son fauteuil. Rien n'avait bougé, la salle était seulement empoisonnée par la fumée âcre de la lampe, qui filait encore. Pauline fit remarquer en riant que la table, où les couverts étaient restés, allait être toute prête. Elle balaya les miettes, elle remit un peu d'ordre. Puis, comme le café au lait se faisait attendre, ils attaquèrent le veau froid, avec des plaisanteries sur le repas interrompu par ces couches terribles. Maintenant que le danger était passé, ils montraient une gaieté de gamins.

— Vous me croirez si vous voulez, répétait Chanteau ravi, mais je dormais sans dormir… J'étais furieux qu'on ne descendît pas me donner des nouvelles, et je n'avais cependant aucune inquiétude, car je rêvais que tout marchait très bien.

Sa joie redoubla, lorsqu'il vit paraître l'abbé Horteur, qui accourait après sa messe. Il le plaisanta violemment.

— Eh bien ! quoi donc ? c'est comme ça que vous me lâchez ?… Les enfants vous font peur ?

Le prêtre, pour se tirer d'embarras, raconta qu'il avait un soir accouché une femme sur une route, et baptisé l'enfant. Ensuite, il accepta un petit verre de curaçao.

Un clair soleil jaunissait la cour, lorsque le docteur Cazenove prit enfin congé. Comme Lazare et Pauline l'accompagnaient, il demanda tout bas à cette dernière :

— Vous ne partez pas aujourd'hui ?

Elle resta un instant silencieuse. Ses grands yeux songeurs se levaient, semblaient regarder au loin, dans l'avenir.

— Non, répondit-elle. Je dois attendre.

XI

Après un mois de mai abominable, les premiers jours de juin furent très chauds. Le vent d'ouest soufflait depuis trois semaines, des tempêtes avaient ravagé les côtes, éventré des falaises, englouti des barques, tué du monde ; et ce grand ciel bleu, cette mer de satin, ces journées tièdes et claires qui luisaient maintenant, prenaient une douceur infinie.

Par cette après-midi superbe, Pauline s'était décidée à rouler sur la terrasse le fauteuil de Chanteau, et à coucher près de lui, au milieu d'une couverture de laine rouge, le petit Paul, âgé déjà de dix-huit mois. Elle était sa marraine, elle gâtait l'enfant autant que le vieillard.

— Le soleil ne va pas te gêner, mon oncle ?

— Non, par exemple ! Il y a si longtemps que je ne l'ai vu !... Et Paul, tu le laisses s'endormir là ?

— Oui, oui, l'air lui fera du bien.

Elle s'était agenouillée sur un coin de la couverture, elle le regardait, vêtu d'une robe blanche, avec ses jambes et ses bras nus qui passaient. Les yeux fermés, il tournait vers le ciel sa petite face rose et immobile.

— C'est vrai, qu'il s'est endormi tout de suite, murmura-t-elle. Il était las de se rouler... Veille à ce que les bêtes ne le tourmentent pas.

Et elle menaça du doigt la Minouche, assise sur la fenêtre de la salle à manger, où elle faisait une grande toilette.

Dans le sable, à l'écart, Loulou, étendu tout de son long, ouvrait de temps à autre un œil méfiant, sans cesse prêt à grogner et à mordre.

Comme Pauline se relevait, Chanteau poussa une plainte sourde.

— Ça te reprend ?

— Oh ! ça me reprend ! c'est-à-dire que ça ne me quitte plus… Je me suis plaint, n'est-ce pas ? Est-ce drôle. J'en arrive à ne pas même m'en apercevoir !

Il était devenu un objet d'effroyable pitié. Peu à peu, la goutte chronique avait accumulé la craie à toutes ses jointures, des tophus énormes s'étaient formés, perçant la peau de végétations blanchâtres. Les pieds, qu'on ne voyait pas, enfouis dans des chaussons, se rétractaient sur eux-mêmes, pareils à des pattes d'oiseau infirme. Mais les mains étalaient l'horreur de leur difformité, gonflées à chaque phalange de nœuds rouges et luisants, les doigts déjetés par les grosseurs qui les écartaient, toutes les deux comme retournées de bas en haut, la gauche surtout qu'une concrétion de la force d'un petit œuf rendait hideuse. Au coude, du même côté, un dépôt plus volumineux avait déterminé un ulcère. Et c'était à présent l'ankylose complète, ni les pieds ni les mains ne pouvaient servir, les quelques jointures qui jouaient encore à demi, craquaient comme si on avait secoué un sac de billes. À la longue, son corps lui-même semblait s'être pétrifié dans la position qu'il avait adoptée pour mieux endurer le mal, penché en avant, avec une forte déviation à droite ; si bien qu'il avait pris la forme du fauteuil, et qu'il restait ainsi plié et tordu, lorsqu'on le couchait. La douleur ne le quittait plus, l'inflammation reparaissait à la moindre variation du temps, pour un doigt de vin ou pour une bouchée de viande, pris en dehors de son régime sévère.

— Si tu voulais une tasse de lait, lui demanda Pauline, cela te rafraîchirait peut-être ?

— Ah ! oui, du lait ! répondit-il entre deux gémissements. Encore une jolie invention que leur cure de lait ! Je crois qu'ils m'ont achevé avec ça... Non, non, rien, c'est ce qui me réussit le mieux.

Il lui demanda pourtant de changer sa jambe gauche de place, car il ne pouvait la remuer à lui seul.

— La gredine brûle aujourd'hui. Mets-la plus loin, pousse-la donc ! Bien, merci... Quelle belle journée ! ah ! mon Dieu ! ah ! mon Dieu !

Les yeux sur le vaste horizon, il continua de gémir sans en avoir conscience. Son cri de misère était à présent comme son haleine même. Vêtu d'un gros molleton bleu, dont l'ampleur noyait ses membres pareils à des racines, il abandonnait sur ses genoux ses mains contrefaites, lamentables au grand soleil. Et la mer l'intéressait, cet infini bleu où passaient des voiles blanches, cette route sans borne, ouverte devant lui qui n'était plus capable de mettre un pied devant l'autre.

Pauline, que les jambes nues du petit Paul inquiétaient, s'était agenouillée de nouveau, pour rabattre un coin de la couverture. Pendant trois mois, elle avait dû, chaque semaine, partir le lundi suivant. Mais les mains faibles de l'enfant la retenaient avec une puissance invincible. Le premier mois, on avait redouté tous les matins de ne pas le voir vivre jusqu'au soir. Elle seule recommençait le miracle de le sauver à chaque seconde, car la mère était encore au lit, et la nourrice qu'il avait fallu prendre, donnait son lait simplement, avec la stupidité docile d'une génisse. C'étaient des soins continus, la température surveillée sans cesse, l'existence ménagée heure par heure, une véritable obstination de poule couveuse, pour remplacer le mois de gestation qui lui manquait. Après ce premier mois, il avait heureusement pris la force d'un enfant né à terme, et il s'était peu à peu développé. Mais il restait toujours bien chétif, elle ne le quittait pas une minute, depuis son sevrage surtout, dont il avait souffert.

— Comme ça, dit-elle, il n'aura pas froid… Vois donc, mon oncle, est-il joli, dans ce rouge ! Ça le rend tout rose.

Chanteau, péniblement, tourna la tête, la seule partie de son corps qu'il pût remuer. Il murmurait :

— Si tu l'embrasses, tu vas le réveiller. Laisse-le donc, ce chérubin… As-tu vu ce vapeur, là-bas ? ça vient du Havre. Hein ? file-t-il !

Pauline dut regarder le vapeur, pour lui faire plaisir. C'était un point noir sur l'immensité des eaux. Un mince trait de fumée tachait l'horizon. Elle demeura un moment immobile, en face de cette mer si calme, sous le grand ciel si limpide, heureuse de ce beau jour.

— Avec tout ça, mon ragoût brûle, dit-elle en se dirigeant vers la cuisine.

Mais, comme elle allait rentrer dans la maison, une voix cria, du premier étage :

— Pauline !

C'était Louise qui s'accoudait à la fenêtre de l'ancienne chambre de madame Chanteau, occupée maintenant par le ménage. À moitié peignée, vêtue d'une camisole, elle continua d'une voix aigre :

— Si c'est Lazare qui est là, dis-lui de monter.

— Non, il n'est pas de retour.

Alors, elle s'emporta tout à fait.

— Je savais bien qu'on le verrait seulement ce soir, encore s'il daigne revenir ! Il a déjà découché cette nuit, malgré sa promesse formelle… Ah ! il est gentil ! Lorsqu'il va à Caen, on ne peut plus l'en arracher.

— Il a si peu de distractions ! répondit doucement Pauline. Et puis, cette affaire des engrais lui aura pris du temps… Sans doute, il profitera du cabriolet du docteur pour rentrer.

Depuis qu'ils habitaient Bonneville, Lazare et Louise vivaient dans de continuelles tracasseries. Ce n'étaient point des querelles franches, mais des mauvaises humeurs sans cesse renaissantes, la vie misérablement gâtée de deux êtres qui ne s'entendaient pas. Elle, après des suites de couches longues et pénibles, traînait une existence vide, ayant l'horreur des soins du ménage, tuant les jours à lire, à faire durer sa toilette jusqu'au dîner. Lui, repris d'un ennui immense, n'ouvrait même pas un livre, passait les heures hébété en face de la mer, ne tentait que de loin en loin une fuite à Caen, d'où il revenait plus las encore. Et Pauline, qui avait dû garder la conduite de la maison, leur était devenue indispensable, car elle les réconciliait trois fois par jour.

— Tu devrais finir de t'habiller, reprit-elle. Le curé ne tardera pas sans doute, tu resterais avec lui et mon oncle. Moi, je suis si occupée !

Mais Louise ne lâchait point sa rancune.

— S'il est possible ! s'absenter si longtemps ! Mon père me l'écrivait hier, le reste de notre argent y passera.

En effet, Lazare s'était déjà laissé voler dans deux affaires malheureuses, au point que Pauline, inquiète pour l'enfant, lui avait, comme marraine, fait le cadeau des deux tiers de ce qu'elle possédait encore, en prenant sur sa tête une assurance qui devait lui donner cent mille francs, le jour de sa majorité. Elle n'avait plus que cinq cents francs de rente, son seul chagrin était de restreindre ses aumônes accoutumées.

— Une jolie spéculation que ces engrais ! poursuivait Louise. Mon père l'en aura dissuadé, et s'il ne rentre pas, c'est qu'il s'amuse… Oh ! ça, je m'en moque, il peut bien courir !

— Alors, pourquoi te fâches-tu ? répliqua Pauline. Va, le pauvre garçon ne songe guère au mal… Descends, n'est-ce pas ? A-t-on idée de cette Véronique qui disparaît un samedi et qui me laisse toute sa cuisine sur les bras !

C'était une aventure inexplicable, qui occupait la maison depuis deux heures. La bonne avait épluché ses légumes pour le ragoût, plumé et troussé un canard, préparé jusqu'à sa viande dans une assiette ; puis, brusquement, elle était comme rentrée sous terre, on ne l'avait plus revue. Pauline s'était enfin décidée à mettre elle-même le ragoût au feu, stupéfiée de cette disparition.

— Elle n'a donc pas reparu ? demanda Louise, distraite de sa colère.

— Mais non ! répondit la jeune fille. Tu ne sais pas ce que je suppose, maintenant ? Elle a payé son canard quarante sous à une femme qui passait, et je me souviens de lui avoir dit que j'en avais vu de plus beaux pour trente sous, à Verchemont. Tout de suite sa figure s'est retournée, elle m'a jeté un de ses mauvais regards... Eh bien ! je parie qu'elle est allée à Verchemont voir si je n'avais pas menti.

Elle riait, et il y avait de la tristesse dans son rire, car elle souffrait des violences dont Véronique était reprise contre elle, sans cause raisonnable. Le travail en retour qui se faisait chez cette fille depuis la mort de madame Chanteau, l'avait peu à peu ramenée à sa haine d'autrefois.

— Voilà plus d'une semaine qu'on ne peut en tirer un mot, dit Louise. Toutes les bêtises sont possibles, avec un pareil caractère.

Pauline eut un geste de tolérance.

— Bah ! laissons-la satisfaire ses lubies. Elle reviendra toujours, et nous ne mourrons pas encore de faim cette fois.

Mais l'enfant, sur la couverture, remuait. Elle courut se pencher.

— Quoi donc ? mon chéri.

La mère, toujours à la fenêtre, regarda un instant, puis disparut dans la chambre. Chanteau, absorbé, tourna seulement la tête, lorsque Loulou se mit à grogner ; et ce fut lui qui prévint sa nièce.

— Pauline, voici ton monde.

Deux galopins déguenillés arrivaient, les premiers de la bande dont elle recevait la visite chaque samedi. Comme le petit Paul s'était rendormi aussitôt, elle se releva en disant :

— Ah ! ils tombent bien ! Je n'ai pas une minute… Restez tout de même, asseyez-vous sur le banc. Et toi, mon oncle, s'il en arrive d'autres, tu les feras asseoir à côté de ceux-ci… Il faut absolument que je donne un coup d'œil à mon ragoût.

Lorsqu'elle revint, au bout d'un quart d'heure, il y avait déjà sur le banc deux garçons et deux filles, ses anciens petits pauvres, mais grandis, gardant leurs habitudes de mendicité.

D'ailleurs, jamais tant de misère ne s'était abattu sur Bonneville. Pendant les tempêtes de mai, les trois dernières maisons venaient d'être écrasées contre la falaise. C'était fini, les grandes marées avaient achevé de balayer le village, après des siècles d'assaut, dans l'envahissement continu de la mer, qui chaque année mangeait un coin du pays. Il n'y avait plus, sur les galets, que les vagues conquérantes, effaçant jusqu'aux traces des décombres. Les pêcheurs, chassés du trou où des générations s'étaient obstinées sous l'éternelle menace, avaient bien été forcés de monter plus haut, dans le ravin, et ils campaient en tas, les plus riches bâtissaient, les autres s'abritaient sous des roches, tous fondaient un autre Bonneville, en attendant que le flot les délogeât encore, après de nouveaux siècles de bataille. Pour achever son œuvre de destruction, la mer avait dû emporter d'abord les épis et les palissades. Ce jour-là, le vent soufflait du nord, des paquets d'eau monstrueux s'écroulaient avec un tel fracas, que les secousses remuaient l'église. Lazare, averti, n'avait pas voulu descendre. Il était resté sur la terrasse, regardant arriver le flux ; tandis que les pêcheurs couraient voir, excités par cette furieuse attaque. Un orgueil terrifié débordait en eux : hurlait-elle assez fort, allait-elle lui nettoyer ça, la gueuse ! En moins de vingt minutes, en effet, tout avait disparu, les palissades éventrées, les épis brisés, réduits en miettes. Et ils hurlaient avec elle, ils gesticulaient et dansaient comme des sauvages, soulevés par l'ivresse du vent et de l'eau, cédant à l'horreur de ce massacre. Puis, pendant que Lazare leur montrait le poing, ils s'étaient sauvés, ayant à leurs talons le galop enragé des vagues, que rien n'arrêtait plus. Maintenant, ils crevaient la faim, ils geignaient dans le nouveau Bonneville, en accusant la gueuse de leur ruine et en se recommandant à la charité de la bonne demoiselle.

— Que fais-tu là ? cria Pauline, lorsqu'elle aperçut le fils Houtelard. Je t'avais défendu de rentrer ici.

C'était à cette heure un grand gaillard, qui approchait de ses vingt ans. Son allure triste et peureuse d'enfant battu avait tourné à de la sournoiserie. Il répondit en baissant les yeux :

— Faut avoir pitié de nous, mademoiselle. Nous sommes si malheureux, depuis que le père est mort !

Houtelard, parti en mer un soir de gros temps, n'était jamais revenu ; on n'avait même rien retrouvé, ni son corps, ni celui de son matelot, ni une planche de la barque. Mais Pauline, forcée de surveiller ses aumônes, avait juré de ne rien donner au fils ni à la veuve, tant qu'ils vivraient ouvertement en ménage. Dès la mort du père, la belle-mère, cette ancienne bonne qui rouait le petit de coups, par avarice et méchanceté, s'en était fait un mari, à présent qu'il n'avait plus l'âge d'être battu. Tout Bonneville riait du nouvel arrangement.

— Tu sais pourquoi je ne veux pas que tu remettes les pieds chez moi, reprit Pauline. Quand tu auras changé de conduite, nous verrons.

Alors, d'une voix traînante, il plaida sa cause.

— C'est elle qui a voulu. Elle m'aurait battu encore. Et puis, ce n'est pas ma mère, ça ne fait rien que ce soit avec moi ou avec un autre... Donnez-moi quelque chose, mademoiselle. Nous avons tout perdu. Moi, je m'en sortirais ; mais c'est pour elle qui est malade, oh ! bien vrai, je le jure !

La jeune fille, apitoyée, finit par le renvoyer avec un pain et un pot-au-feu. Elle promit même d'aller voir la malade et de lui porter des remèdes.

— Ah ! oui, des remèdes ! murmura Chanteau. Tâche de lui en faire avaler un ! Ça ne veut que de la viande.

Déjà Pauline s'occupait de la petite Prouane, qui avait toute une joue emportée.

— Comment as-tu pu te faire ça ?

— Je suis tombée contre un arbre, mademoiselle.

— Contre un arbre ?... On dirait plutôt un coup sur l'angle d'un meuble.

Grande fille à présent, les pommettes saillantes, ayant toujours les gros yeux hagards d'une hallucinée, elle faisait de vains efforts pour se tenir poliment debout. Ses jambes s'affaissaient, sa langue épaisse n'arrivait pas à articuler les mots.

— Mais tu as bu, malheureuse ! s'écria Pauline, qui la regardait fixement.

— Oh ! mademoiselle, si l'on peut dire !

— Tu es ivre et tu es tombée chez toi, n'est-ce pas ? Je ne sais ce que vous avez tous dans le corps... Assieds-toi, je vais chercher de l'arnica et du linge.

Elle la pansa, tout en cherchant à lui faire honte. C'était beau, pour une fille de son âge, de se griser ainsi avec son père et sa mère, des ivrognes qu'on trouverait morts un matin, assommés par le calvados ! La petite l'écoutait, semblait s'endormir, les yeux troubles. Quand elle fut pansée, elle bégaya :

— Papa se plaint de douleurs, je le frotterais, si vous me donniez un peu d'eau-de-vie camphrée.

Pauline et Chanteau ne purent s'empêcher de rire.

— Non, je sais où elle passerait, mon eau-de-vie ! Je veux bien te donner un pain, et encore je suis sûre que vous allez le vendre pour en boire l'argent… Reste assise. Cuche te reconduira.

À son tour, le fils Cuche s'était levé. Il avait les pieds nus, il portait pour tout vêtement une vieille culotte et un morceau de chemise déloqueté, qui laissaient voir sa peau, noire de hâle, labourée par les ronces. Maintenant que les hommes ne voulaient plus de sa mère, tombée à une décrépitude affreuse, lui-même battait le pays pour lui amener encore du monde. On le rencontrait courant les routes, sautant les haies avec une agilité de loup, vivant en bête que la faim jette sur toutes les proies. C'était le dernier degré de la misère et de l'abjection, une telle déchéance humaine, que Pauline le regardait avec remords, comme si elle se fût sentie coupable de laisser une créature dans un pareil cloaque. Mais, à chacune de ses tentatives pour l'en tirer, il était toujours prêt à fuir, par haine du travail et de la servitude.

— Puisque te voilà revenu, dit-elle avec douceur, c'est que tu as réfléchi sur mes paroles de samedi dernier. Je veux voir un reste de bons sentiments, dans les visites que tu me rends encore... Tu ne peux mener davantage une si vilaine existence, et moi je ne suis plus assez riche, il m'est impossible de te nourrir à ne rien faire... Es-tu décidé à accepter ce que je t'ai proposé ?

Depuis sa ruine, elle tâchait de suppléer à son manque d'argent, en intéressant à ses pauvres d'autres personnes charitables. Le docteur Cazenove avait enfin obtenu l'entrée de la mère de Cuche aux Incurables de Bayeux, et elle-même tenait cent francs en réserve pour habiller le fils, auquel elle avait trouvé une place d'homme d'équipe, sur la ligne de Cherbourg. Pendant qu'elle parlait, il baissait la tête, il l'écoutait d'un air défiant.

— C'est entendu, n'est-ce pas ? continua-t-elle. Tu accompagneras ta mère, puis tu te rendras à ton poste.

Mais, comme elle s'avançait vers lui, il fit un bond en arrière. Ses yeux baissés ne la quittaient point, il avait cru qu'elle cherchait à le saisir aux poignets.

— Quoi donc ? demanda-t-elle, surprise.

Alors, il murmura, de son air inquiet d'animal farouche :

— Vous allez me prendre pour m'enfermer. Je ne veux pas.

Et, dès lors, tout fut inutile. Il la laissait parler, semblait convaincu par ses bonnes raisons ; seulement, dès qu'elle bougeait, il se jetait vers la porte ; et, d'un branle obstiné de la tête, il refusait pour sa mère, il refusait pour lui, il préférait ne pas manger et vivre libre.

— Hors d'ici, fainéant ! finit par crier Chanteau indigné. Tu es bien bonne de t'occuper d'un pareil vaurien !

Les mains de Pauline tremblaient de sa charité inutile, de son amour des autres qui se brisait contre cette misère volontaire. Elle eut un geste de tolérance désespérée.

— Va, mon oncle, ils souffrent, il faut qu'ils mangent tout de même.

Et elle rappela Cuche pour lui donner, comme les autres samedis, un pain et quarante sous. Mais il recula encore, il dit enfin :

— Mettez ça par terre et allez-vous-en... Je le ramasserai.

Elle dut lui obéir. Il s'avança avec précaution, en la surveillant toujours du regard. Puis, quand il eut ramassé les quarante sous et le pain, il se sauva, au galop de ses pieds nus.

— Sauvage ! cria Chanteau. Il viendra, une de ces nuits, nous étrangler tous... C'est comme cette fille de galérien qui est là, je mettrais ma main au feu que c'est elle qui m'a volé mon foulard, l'autre jour.

Il parlait de la petite Tourmal, dont le grand-père était allé rejoindre le père en prison. Elle seule restait sur le banc, avec la petite Prouane, hébétée d'ivresse. Elle s'était levée, sans paraître entendre cette accusation de vol, et elle avait commencé à geindre.

— Ayez pitié, ma bonne demoiselle… Il n'y a plus que maman et moi à la maison, les gendarmes entrent tous les soirs pour nous battre, mon corps est une plaie, maman est en train de mourir… Oh ! ma bonne demoiselle, faudrait de l'argent, et du bouillon gras, et du bon vin…

Chanteau, exaspéré par ces mensonges, se remuait dans son fauteuil. Mais Pauline aurait donné sa chemise.

— Tais-toi, murmura-t-elle. Tu obtiendrais davantage, si tu parlais moins… Reste là, je vais te faire un panier.

Comme elle revenait avec une vieille bourriche à poisson, où elle avait mis un pain, deux litres de vin, de la viande, elle trouva sur la terrasse une autre de ses clientes, la petite Gonin, qui amenait sa fille, une gamine de vingt mois déjà. La mère, âgée de seize ans, était si frêle, si peu formée, qu'elle semblait une sœur aînée promenant sa sœur cadette. Elle avait peine à la porter, mais elle la traînait ainsi, sachant que mademoiselle adorait les enfants et qu'elle ne leur refusait rien.

— Mon Dieu ! qu'elle est grosse ! s'écria Pauline en prenant la fillette dans ses bras. Et dire qu'elle n'a pas six mois de plus que notre Paul !

Malgré elle, son regard se reportait avec tristesse sur le petit, qui dormait toujours, au milieu de la couverture. Cette fille-mère, accouchée si jeune, était bien heureuse d'avoir une enfant de cette grosseur. Pourtant, elle se plaignait.

— Si vous saviez ce qu'elle mange, mademoiselle ! Et je n'ai pas de linge, je ne sais comment l'habiller… Avec ça, depuis que papa est mort, maman et son homme tombent sur moi. Ils me traitent comme la dernière des dernières, ils me disent que, quand on fait la vie, ça doit rapporter au lieu de coûter.

On avait, en effet, trouvé un matin le vieil infirme mort dans son coffre à charbon ; et il était si noir de coups, qu'un instant la police avait failli s'en mêler. Maintenant, la femme et son amant parlaient d'étrangler cette morveuse inutile, qui prenait sa part de la soupe.

— Pauvre mignonne ! murmura Pauline. J'ai mis des affaires de côté, et je suis en train de lui tricoter des bas… Tu devrais me l'amener plus souvent, il y a toujours du lait ici, elle mangerait des petites soupes de gruau… Je passerai voir ta mère, je lui ferai peur, puisqu'elle te menace encore.

La petite Gonin avait repris sa fille, tandis que mademoiselle préparait aussi pour elle un paquet. Elle s'était assise, elle la tenait sur les genoux, avec une maladresse de gamine jouant à la poupée. Ses yeux clairs gardaient une continuelle surprise de l'avoir faite, et bien qu'elle l'eût nourrie, elle manquait souvent de la laisser tomber, quand elle la berçait sur sa poitrine plate. Mademoiselle l'avait sévèrement grondée, un jour que, pour se battre à coups de pierres avec la petite Prouane, elle venait de poser son enfant au bord de la route, dans un tas de cailloux.

Mais l'abbé Horteur parut sur la terrasse.

— Voilà monsieur Lazare et le docteur, annonça-t-il.

On entendit au même instant le bruit du cabriolet ; et, pendant que Martin, l'ancien matelot à la jambe de bois, mettait le cheval à l'écurie, Cazenove descendit de la cour, en criant :

— Je vous ramène un gaillard qui a découché, paraît-il. Vous n'allez pas lui couper la tête ?

Lazare arrivait à son tour, avec un pâle sourire. Il vieillissait vite, les épaules courbées, le visage terreux, comme dévoré par l'angoisse intérieure qui le détruisait. Sans doute il allait dire la cause de son retard, lorsque la fenêtre du premier étage, restée entrouverte, fut refermée rageusement.

— Louise n'est pas prête, expliqua Pauline. Elle descendra dans une minute.

Tous se regardèrent, il y eut une gêne, ce bruit irrité annonçait une querelle. Après avoir fait un pas vers l'escalier, Lazare préféra attendre. Il embrassa son père et le petit Paul ; puis, pour dissimuler son inquiétude, il s'en prit à sa cousine, il murmura d'une voix maussade :

— Débarrasse-nous vite de cette vermine. Tu sais que je n'aime pas la rencontrer sous mes pieds.

Il parlait des trois filles restées sur le banc. Pauline se hâta de nouer le paquet de la petite Gonin.

— Partez maintenant, dit-elle. Vous deux, vous allez reconduire votre camarade, pour qu'elle ne tombe pas encore... Et sois bien sage, toi, avec ton bébé. Tâche de ne pas l'oublier en route.

Comme elles partaient enfin, Lazare voulut visiter le panier de la petite Tourmal. Elle y avait déjà caché une vieille cafetière, jetée dans un coin et volée par elle. On les poussa toutes trois dehors, celle qui était soûle culbutait entre les deux autres.

— Quel peuple ! s'écria le curé, en s'asseyant à côté de Chanteau. Dieu les abandonne, décidément. Dès leur première communion, ces coquines-là font des enfants, boivent et volent comme père et mère… Ah ! je leur ai bien prédit les malheurs qui les accablent.

— Dites donc, mon cher, demanda ironiquement le médecin à Lazare, est-ce que vous allez reconstruire les fameux épis ?

Mais celui-ci eut un geste violent, les allusions à sa bataille perdue contre la mer l'exaspéraient. Il cria :

— Moi !… Je laisserais la marée entrer chez nous, sans mettre seulement un balai en travers du chemin, pour l'arrêter… Ah ! non, par exemple ! j'ai été trop bête, on ne recommence pas ces bêtises-là deux fois ! Quand on pense que j'ai vu ces misérables danser, le jour du désastre !… Et savez-vous ce que je soupçonne ? c'est qu'ils ont dû scier mes poutres, la veille des grandes eaux, car il est impossible qu'elles aient craqué toutes seules.

Il sauvait ainsi son amour-propre de constructeur. Puis, le bras tendu vers Bonneville, il ajouta :

— Qu'ils crèvent ! je danserai à mon tour !

— Ne te fais donc pas si mauvais, dit Pauline de son air tranquille. Il n'y a que les pauvres qui aient le droit d'être méchants... Tu les reconstruirais tout de même, ces épis.

Déjà il s'était calmé, comme épuisé par ce dernier éclat de passion.

— Oh ! non, murmura-t-il, ça m'ennuierait trop... Mais tu as raison, rien ne vaut la peine de se mettre en colère. Qu'ils soient noyés, qu'ils ne le soient pas, est-ce que ça me regarde ?

Un silence régna de nouveau. Chanteau était retombé dans son immobilité douloureuse, après avoir levé la tête pour recevoir le baiser de son fils. Le curé tournait ses pouces, le docteur marchait, les mains derrière le dos. Tous, à présent, regardaient le petit Paul endormi, que Pauline défendait même contre les caresses de son père, ne voulant pas qu'on le réveillât. Depuis leur arrivée, elle les priait de baisser la voix, de ne pas piétiner si fort autour de la couverture ; et elle finissait par menacer de la cravache Loulou, qui grognait encore d'avoir entendu mener le cheval à l'écurie.

— Si tu crois qu'il se taira ! reprit Lazare. Il en a pour une heure à nous casser les oreilles... Jamais je n'ai vu un chien si désagréable. On le dérange dès qu'on bouge, on ne sait pas même si l'on a une bête à soi, tant il vit pour lui. Ce sale personnage n'est bon qu'à nous faire regretter notre pauvre Mathieu.

— Quel âge a donc la Minouche ? demanda Cazenove. Je l'ai toujours vue ici.

— Mais elle a seize ans passés, répondit Pauline, et elle ne s'en porte pas plus mal.

La Minouche, qui continuait sa toilette sur la fenêtre de la salle à manger, venait de lever la tête, lorsque le docteur avait prononcé son nom. Elle resta un instant une patte en l'air, le ventre comme déboutonné au soleil ; puis, elle se remit à se lécher le poil avec délicatesse.

— Oh ! elle n'est pas sourde ! reprit la jeune fille. Je crois qu'elle perd un peu la vue, ce qui ne l'empêche pas de se conduire comme une coquine… Imaginez-vous qu'on lui a jeté sept petits, il y a une semaine à peine. Elle en fait, elle en fait tellement, qu'on en reste consterné. Si, depuis seize ans, on les avait tous laissés vivre, ils auraient mangé le pays… Eh bien ! elle a encore disparu mardi, et vous la voyez qui se nettoie, elle n'est rentrée que ce matin, après trois nuits et trois jours d'abominations.

Gaiement, sans embarras ni rougeur, elle parlait des amours de la chatte. Une bête si propre, délicate au point de ne pas sortir par un temps humide, et qui se vautrait quatre fois l'an dans la boue de tous les ruisseaux ! La veille, elle l'avait aperçue sur un mur avec un grand matou, balayant tous deux l'air de leurs queues hérissées ; et, après un échange de gifles, ils étaient tombés au milieu d'une flaque, en poussant des miaulements atroces. Aussi la chatte, cette fois, était-elle rentrée de sa bordée avec une oreille fendue et le poil du dos noir de fange. Du reste, il n'y avait toujours pas de plus mauvaise mère. À chaque portée qu'on lui jetait, elle se léchait comme dans sa jeunesse, sans paraître se douter de sa fécondité inépuisable, et retournait aussitôt en prendre une ventrée nouvelle.

— Au moins, elle a pour elle la propreté, conclut l'abbé Horteur, qui regardait la Minouche s'user la langue à se nettoyer. Tant de coquines ne se débarbouillent même pas !

Chanteau, les yeux tournés également vers la chatte, soupirait plus haut, dans cette plainte continue et involontaire, dont lui-même perdait conscience.

— Vous souffrez davantage ? lui demanda le docteur.

— Hein ? pourquoi ? dit-il en s'éveillant comme en sursaut. Ah ! c'est parce que je respire fort… Oui, je souffre beaucoup, ce soir. Je croyais que le soleil me ferait du bien, mais j'étouffe quand même, je n'ai pas une jointure qui ne brûle.

Cazenove lui examina les mains. Tous, au spectacle de ces pauvres moignons déformés, avaient un frémissement. Le prêtre lâcha encore une réflexion sensée.

— Des doigts pareils, ce n'est pas commode pour jouer aux dames… Voilà une distraction qui vous manque, maintenant.

— Soyez sage sur la nourriture, recommanda le médecin. Le coude est bien enflammé, l'ulcération gagne de plus en plus.

— Que faut-il donc faire pour être sage ? gémit désespérément Chanteau. On mesure mon vin, on pèse ma viande, dois-je cesser toute nourriture ? En vérité, c'est ne plus vivre... Si je mangeais seul ! mais comment voulez-vous, avec des machines pareilles au bout des bras ? Pauline, qui me fait manger, est bien sûre pourtant que je ne prends rien de trop.

La jeune fille eut un sourire.

— Si, si, tu as trop mangé hier... C'est ma faute, je ne sais pas refuser, quand je vois ta gourmandise te rendre si malheureux.

Alors, tous affectèrent de s'égayer, de le taquiner sur les noces qu'il faisait encore. Mais leurs voix tremblaient de pitié, devant ce reste d'homme, cette masse inerte, qui vivait seulement assez pour souffrir. Il était retombé dans sa position, le corps déjeté à droite, les mains sur les genoux.

— Par exemple, ce soir, continua Pauline, nous avons un canard à la broche...

Mais elle s'interrompit, elle demanda :

— À propos, est-ce que vous n'auriez pas rencontré Véronique, en traversant Verchemont ?

Et elle conta la disparition de la bonne. Ni Lazare ni le médecin ne l'avaient aperçue. On s'étonna des lubies de cette fille, on finit par en plaisanter : le drôle, lorsqu'elle rentrerait, serait d'être déjà à table, pour voir sa figure.

— Je vous quitte, car je suis de cuisine, reprit Pauline gaiement. Si je laissais brûler le ragoût, ou si je servais le canard pas assez cuit, c'est mon oncle qui me donnerait mes huit jours !

L'abbé Horteur eut un large rire, et le docteur Cazenove lui-même s'amusait de la réflexion, lorsque la fenêtre du premier étage se rouvrit brusquement, avec un bruit furieux de l'espagnolette. Louise ne parut pas, elle se contenta de crier d'une voix sèche, dans l'entrebâillement des vitres :

— Monte, Lazare !

Celui-ci eut un mouvement de révolte, refusant de se rendre à un appel jeté d'un pareil ton. Mais Pauline lui adressa une muette prière, désireuse d'éviter la scène devant le monde ; et il monta, tandis qu'elle restait un instant encore sur la terrasse, pour combattre l'impression mauvaise. Un silence s'était fait, on regardait la mer avec embarras. Le soleil oblique l'éclairait maintenant d'une nappe d'or, qui allumait les petits flots bleus de courtes flammes. Au loin, l'horizon tournait au lilas tendre. Ce beau jour finissait dans une paix souveraine, déroulant l'infini du ciel et de l'eau, sans un nuage ni une voile.

— Dame ! se risqua à dire Pauline souriante, puisqu'il a découché, il faut bien qu'on le gronde un peu.

Le docteur la regardait, et il eut à son tour un sourire, où elle retrouva sa clairvoyance d'autrefois, quand il lui avait prédit qu'elle ne leur faisait pas un beau cadeau, en les donnant l'un à l'autre. Aussi se dirigea-t-elle vers la cuisine.

— Eh bien ! je vous laisse, tâchez de vous occuper... Et toi, mon oncle, appelle-moi, si Paul se réveillait.

Dans la cuisine, lorsqu'elle eut tourné le ragoût et préparé la broche, elle bouscula les casseroles d'impatience.

Les voix de Louise et de Lazare lui arrivaient à travers le plafond, de plus en plus hautes, et elle se désespérait, en pensant qu'on devait les entendre de la terrasse. Vraiment, ils étaient peu raisonnables de crier comme des sourds, de faire à tout le monde la confidence de leur désunion. Pourtant, elle ne voulait pas monter ; d'abord, elle avait le dîner à faire ; ensuite, elle éprouvait un malaise, à l'idée d'aller se mettre ainsi entre eux, jusque dans leur chambre. D'habitude, elle les réconciliait en bas, aux heures de vie commune. Un instant, elle passa dans la salle à manger, où elle s'occupa du couvert avec bruit. Mais les voix continuaient, elle ne put supporter davantage la pensée qu'ils se rendaient malheureux ; et elle monta, poussée par cette charité active qui faisait du bonheur des autres son existence à elle.

— Mes chers enfants, dit-elle en pénétrant brusquement dans la chambre, vous allez dire que ça ne me regarde pas, seulement vous criez trop fort… Il n'y a pas de bon sens à vous révolutionner de la sorte et à consterner la maison.

Elle avait traversé la pièce, elle se hâtait avant tout de fermer la fenêtre, laissée entrouverte par Louise. Heureusement, ni le docteur ni le curé n'étaient restés sur la terrasse. Dans un coup d'œil vivement jeté, elle venait de n'y retrouver que Chanteau songeur, à côté du petit Paul endormi.

— On vous entendait d'en bas, comme si vous aviez été dans la salle, reprit-elle. Voyons, qu'y a-t-il encore ?

Mais ils étaient lancés, ils continuèrent la querelle, sans paraître même s'être aperçus de son entrée. Elle, maintenant, se tenait immobile, reprise de son malaise, dans cette chambre où les époux couchaient. La cretonne jaune ramagée de vert, la carpette rouge, les vieux meubles d'acajou avaient fait place à des tentures de laine épaisse et à un ameublement de femme délicate ; plus rien ne restait de la mère morte, un parfum d'héliotrope s'exhalait de la toilette, sur laquelle traînaient des serviettes mouillées ; et cette odeur l'étouffait un peu, elle faisait d'un regard involontaire le tour de la pièce, dont chaque objet disait les abandons du ménage. Si elle avait enfin accepté de vivre près d'eux, dans l'usure quotidienne de ses révoltes, si désormais elle pouvait dormir la nuit, tout en les sachant là, peut-être aux bras l'un de l'autre, elle n'était pas encore entrée chez eux, au milieu de leur intimité conjugale, dans ce désordre des vêtements jetés partout et du lit déjà prêt pour le soir. Un frisson remontait en elle, le frisson de sa jalousie d'autrefois.

— Est-il possible de vous déchirer ainsi ! murmura-t-elle, après un silence. Vous ne voulez donc pas être raisonnables ?

— Eh ! non, cria Louise, c'est que j'en ai assez, à la fin ! Penses-tu qu'il va reconnaître ses torts ? Ah ! oui ! Je me suis contentée de lui dire combien il nous a inquiétés, en ne rentrant pas hier, et le voilà qui tombe sur moi comme un sauvage, qui m'accuse d'avoir gâté sa vie, au point qu'il menace de s'exiler en Amérique !

Lazare l'interrompit d'une voix terrible.

— Tu mens !... Si tu m'avais reproché mon retard avec cette douceur, je t'aurais embrassée, et tout serait déjà fini. Mais c'est toi qui m'as accusé de te faire une existence de larmes. Oui, tu m'as menacé d'aller te noyer dans la mer, si je continuais à te rendre l'existence impossible.

Et ils repartirent tous les deux, ils soulagèrent sans ménagement leur rancune, amassée pendant les heurts continuels de leurs caractères. C'était, sur les moindres faits, une taquinerie première qui, peu à peu, les jetait à un état aigu d'antipathie, dont la journée restait ensuite désolée. Elle, avec son visage doux, finissait par devenir méchante, depuis qu'il touchait à ses plaisirs, d'une méchanceté de chatte câline, se caressant aux autres et allongeant les griffes. Lui, malgré son indifférence, trouvait dans les querelles une secousse à l'engourdissement de son ennui, s'y entêtait souvent par cette distraction de se donner la fièvre.

Pauline, cependant, les écoutait. Elle souffrait plus qu'eux, cette façon de s'aimer ne pouvait lui entrer dans l'entendement. Pourquoi donc n'avoir pas la pitié mutuelle de s'épargner ? pourquoi ne pas s'accommoder l'un de l'autre, lorsqu'on doit vivre ensemble ? Il lui semblait si facile de mettre le bonheur dans l'habitude et dans la compassion. Et elle était navrée, elle regardait toujours leur mariage comme son œuvre, une œuvre qu'elle aurait voulue bonne, solide, la récompensant au moins de son sacrifice par la certitude d'avoir agi avec sagesse.

— Je ne te reproche pas le gaspillage de ma fortune, poursuivait Louise.

— Il ne manquerait plus que ça ! criait Lazare. Ce n'est pas ma faute, si l'on m'a volé.

— Oh ! l'on vole seulement les maladroits qui se laissent vider les poches… Nous n'en sommes pas moins réduits à quatre ou cinq pauvres mille francs de rente, de quoi vivre bien juste dans ce trou. Sans Pauline, notre enfant irait tout nu un jour, car je m'attends bien à ce que tu manges le reste, avec tes idées extraordinaires, tes entreprises qui avortent les unes après les autres.

— Va, continue, ton père m'a déjà fait ces jolis compliments, hier. J'ai deviné que tu lui avais écrit. Aussi ai-je lâché cette affaire des engrais, une opération certaine où il y avait cent pour cent à gagner. Mais je suis comme toi, j'en ai assez, du diable si je me remue davantage !… Nous vivrons ici.

— Une belle existence, n'est-ce pas ? pour une femme de mon âge. Une vraie prison ; pas une occasion seulement de sortir et de voir du monde ; toujours cette mer bête, là, devant vous, qui semble encore élargir votre ennui… Ah ! si j'avais su, si j'avais su !

— Et moi, crois-tu donc que je m'amuse ?…. Je ne serais pas marié, que je pourrais filer ailleurs, très loin, tenter les aventures. Vingt fois, j'en ai eu l'envie. Mais c'est fini maintenant, me voilà cloué dans ce trou perdu, où je n'ai plus qu'à dormir… Tu m'as achevé, je le sens bien.

— Je t'ai achevé, moi !... Est-ce que je t'ai forcé à m'épouser ? est-ce que tu n'aurais pas dû voir que nous n'étions pas nés l'un pour l'autre ?... C'est ta faute, si notre vie est manquée.

— Oh ! oui, notre vie est manquée, et tu fais tout pour la rendre plus insupportable chaque jour.

À ce moment, bien qu'elle se fût promis de se tenir à l'écart, Pauline, frémissante, les interrompit.

— Taisez-vous, malheureux !... C'est vrai que vous la gâchez à plaisir, cette vie qui pourrait être si bonne. Pourquoi vous exciter ainsi à dire des choses irréparables, dont vous souffrirez ensuite ?... Non, non, taisez-vous, je ne veux pas que ça continue !

Louise était tombée en larmes sur une chaise, pendant que Lazare, violemment secoué, marchait à grands pas.

— Les pleurs ne servent à rien, ma chère, reprit la jeune fille. Tu n'es guère tolérante vraiment, tu as beaucoup de torts... Et toi, mon pauvre ami, est-il possible que tu la bouscules de la sorte ? C'est odieux, je te croyais bon cœur, au moins... Oui, vous êtes tous les deux de grands enfants, également coupables, et qui ne savez quoi faire pour vous torturer. Mais je ne veux pas, entendez-vous ! je ne veux pas des gens tristes autour de moi... Vous allez vous embrasser tout de suite.

Elle tâchait de rire, elle n'avait plus ce commencement de frisson qui l'inquiétait. Il lui restait un seul et ardent désir de charité, celui de les mettre devant elle aux bras l'un de l'autre, pour être sûre que la querelle était finie.

— Que je l'embrasse, ah ! non, par exemple ! dit Louise. Il m'a dit trop de sottises.

— Jamais ! cria Lazare.

Alors, elle éclata franchement de rire.

— Allons, ne boudez pas. Vous savez que je suis une grosse entêtée... Mon dîner brûle, notre monde nous attend... Je vais te pousser, Lazare, si tu refuses d'obéir. Mets-toi à genoux devant elle, prends-la gentiment sur ton cœur... Allons, allons, mieux que ça !

Et elle les jeta dans une étreinte d'amoureux, elle les regarda se baiser au visage, d'un air de joyeux triomphe, sans qu'un trouble passât au fond de ses yeux clairs. C'était, en elle, une chaleur de joie, comme une flamme subtile, qui la soulevait au-dessus d'eux. Cependant, son cousin serrait sa femme avec un remords éperdu ; pendant que celle-ci, encore en camisole, les bras et le cou nus, lui rendait ses caresses en pleurant plus fort.

— Vous voyez bien, ça vaut mieux que de se battre, dit Pauline. Je me sauve, vous n'avez plus besoin de moi pour faire la paix.

Déjà, elle était à la porte, et elle la referma vivement sur cette chambre d'amour, au lit ouvert, aux vêtements épars, dont l'odeur d'héliotrope à cette heure l'attendrissait, comme une odeur complice qui allait achever sa tâche de réconciliation.

En bas, dans la cuisine, Pauline se mit à chanter, en tournant encore une fois son ragoût. Elle alluma un fagot, monta le tournebroche pour le canard, surveilla le rôti d'un œil expérimenté. Cette besogne de servante l'amusait, elle avait passé un grand tablier blanc, elle était enchantée de les servir tous, de descendre ainsi aux soins les plus humbles, pour se dire qu'ils lui devraient, ce jour-là, leur gaieté et leur santé. Maintenant qu'ils riaient grâce à elle, son rêve était de leur servir un repas de fête, des choses très bonnes, dont ils mangeraient beaucoup, en s'épanouissant autour de la table.

L'idée de son oncle et du petit lui revint, elle se hâta de courir sur la terrasse, et elle fut très étonnée de voir son cousin assis près de l'enfant.

— Comment ! cria-t-elle, tu es déjà descendu ?

Il répondit d'un simple signe de tête, repris par son indifférence lasse, les épaules courbées, les mains oisives. Aussi demanda-t-elle, inquiète :

— J'espère que vous n'avez pas recommencé derrière moi ?

— Non, non, se décida-t-il enfin à dire. Elle va descendre, quand elle aura mis sa robe… Nous nous sommes pardonnés. Mais pour ce que ça durera ! demain, ce sera une autre histoire, et tous les jours, et toutes les heures ! Est-ce qu'on change, est-ce qu'on peut empêcher quelque chose !

Pauline était devenue grave, ses yeux attristés se baissèrent. Il avait raison, elle voyait nettement se dérouler des jours semblables, sans cesse la même querelle entre eux, qu'elle devrait calmer. Et elle-même n'était plus certaine d'être guérie, de ne pas céder encore à des violences jalouses. Ah ! quel éternel recommencement, dans ces misères quotidiennes ! Mais ses yeux se relevaient déjà : elle s'était vaincue si souvent ! et puis, on verrait bien s'ils ne se lasseraient pas plus tôt de se disputer, qu'elle de les réconcilier. Cette idée l'égaya, elle la dit en riant à Lazare. Que lui resterait-il donc à faire, si la maison était trop heureuse ? elle s'ennuierait, il fallait lui laisser quelques bobos à guérir.

— Où sont passés l'abbé et le docteur ? demanda-t-elle, surprise de ne plus les voir.

— Ils doivent être dans le potager, répondit Chanteau. L'abbé a voulu montrer nos poires au docteur.

Pauline allait jeter un regard, du coin de la terrasse, lorsqu'elle s'arrêta net devant le petit Paul.

— Eh ! le voilà réveillé ! cria-t-elle. Vois-tu comme ça court déjà la pretentaine !

Au milieu de la couverture rouge, Paul en effet venait de se dresser sur ses petits genoux ; et il s'était traîné, il se sauvait à quatre pattes, furtivement. Mais, avant d'arriver au sable, il dut buter contre un pli de la couverture, car il chancela et s'étala sur le dos, la robe retroussée, les bras et les jambes en l'air. Il gigotait, il remuait sa nudité rose, dans ce rouge de pivoine épanouie.

— Bon ! il nous montre tout ce qu'il possède, reprit-elle joyeusement. Attendez, vous allez voir comme il marche depuis hier.

Elle s'était agenouillée près de lui, elle tâchait de le mettre debout. Il avait poussé si à regret, qu'il était très en retard pour son âge ; même, un instant, on avait craint qu'il ne restât faible des jambes. Aussi était-ce un ravissement pour la famille, de lui voir faire ses premiers pas, les mains tâtonnantes dans le vide, retombant sur son derrière, au moindre gravier rencontré.

— Veux-tu bien ne pas jouer ! répétait Pauline. Non, c'est sérieux, montre que tu es un homme... Là, tiens-toi ferme, va embrasser papa, puis tu iras embrasser grand-père.

Chanteau, le visage tiré par des élancements douloureux, tournait la tête, pour regarder la scène. Malgré son accablement, Lazare voulut bien se prêter au jeu.

— Viens, dit-il à l'enfant.

— Oh ! il faut que tu lui tendes les bras, expliqua la jeune fille. Il ne se hasarde pas comme ça, il veut savoir où tomber... Allons, mon trésor, un peu de courage.

Il y avait trois pas à faire. Ce furent des exclamations attendries, un enthousiasme débordant, lorsque Paul se décida à franchir le court espace, avec des balancements d'équilibriste incertain de ses pieds. Il était venu choir entre les mains de son père, qui le baisa sur les cheveux, rares encore ; et il riait de ce rire vague et ravi des tout petits enfants, en ouvrant très grande une bouche humide et claire comme une rose. Sa marraine voulut même alors le faire parler ; mais sa langue était plus en retard que ses jambes, il poussait des cris gutturaux, où les parents seuls retrouvaient les mots de papa et de maman.

— Ce n'est pas tout, dit Pauline, il a promis d'aller embrasser grand-père... Hein ? cette fois, en voilà un voyage !

Huit pas au moins séparaient la chaise de Lazare du fauteuil de Chanteau. Jamais Paul ne s'était risqué si loin dans le monde. Aussi fut-ce une affaire considérable. Pauline s'était mise sur la route pour veiller aux catastrophes, et il fallut deux grandes minutes pour exciter l'enfant. Enfin, il partit, éperdu, les membres battant l'air. Elle crut bien, un moment, qu'elle le recevrait dans les bras. Mais il s'élança en homme de courage, ce fut sur les genoux de Chanteau qu'il vint tomber. Des bravos éclatèrent.

— Avez-vous vu comme il s'est jeté ?... Ah ! il n'a pas froid aux yeux, ce sera pour sûr un gaillard.

Et, dès lors, on lui fit recommencer dix fois le trajet. Il n'avait plus peur, il partait au premier appel, allait de son grand-père à son père, et revenait à son grand-père, riant fort, très amusé du jeu, toujours sur le point de culbuter, comme si la terre avait tremblé sous lui.

— Encore une fois à papa ! criait Pauline.

Lazare commençait à se fatiguer. Les enfants, même le sien, l'ennuyaient vite. En le regardant, si gai, sauvé à cette heure, l'idée que ce petit être le continuerait, lui fermerait les yeux sans doute, venait de le traverser de ce frisson qui l'étranglait d'angoisse. Depuis qu'il avait résolu de végéter à Bonneville, une seule préoccupation lui restait, celle qu'il mourrait dans la chambre où sa mère était morte ; et il ne montait pas une fois l'escalier, sans se dire qu'un jour, fatalement, son cercueil passerait là. L'entrée du couloir s'étranglait, il y avait un tournant difficile dont il s'inquiétait continuellement, tourmenté de savoir de quelle façon les hommes s'y prendraient pour le sortir, sans le bousculer. À mesure que l'âge emportait chaque jour un peu de sa vie, cette pensée de la mort hâtait la décomposition de son être, le détruisait au point d'anéantir ses virilités dernières. Il était fini, ainsi qu'il le disait lui-même, désormais inutile, se demandant à quoi bon bouger, se vidant de plus en plus dans la bêtise de son ennui.

— Encore une fois à grand-père ! criait Pauline.

Chanteau ne pouvait même tendre les mains, pour recevoir et retenir le petit Paul. Il avait beau écarter les genoux, ces doigts si frêles, qui se cramponnaient à son pantalon, lui arrachaient des soupirs prolongés. L'enfant était accoutumé déjà au gémissement sans fin du vieillard, vivant près de lui, s'imaginant sans doute, dans son intelligence à peine éveillée, que tous les grands-pères souffraient ainsi. Pourtant, ce jour-là, au grand soleil, quand il venait tomber contre lui, il levait sa petite face, s'arrêtait de rire, le regardait de ses yeux vacillants. Les deux mains difformes semblaient des blocs monstrueux de chair et de craie ; le visage, creusé de pris rouges, massacré de souffrance, était comme retourné violemment sur l'épaule droite ; tandis que le corps entier avait les bosses et les cassures d'un débris de vieux saint de pierre mal recollé. Et Paul paraissait surpris de le voir au soleil, si malade et si ancien.

— Encore une fois ! encore une fois ! criait Pauline.

Elle, vibrante de gaieté et de santé, le lançait toujours de l'un à l'autre, du grand-père obstiné dans la douleur, au père déjà mangé par l'épouvante du lendemain.

— Celui-là sera peut-être d'une génération moins bête, dit-elle tout à coup. Il n'accusera pas la chimie de lui gâter la vie, et il croira qu'on peut vivre, même avec la certitude de mourir un jour.

Lazare se mit à rire, embarrassé.

— Bah ! murmura-t-il, il aura la goutte comme papa et ses nerfs seront plus détraqués que les miens… Regarde donc comme il est faible ! C'est la loi des dégénérescences.

— Veux-tu te taire ! s'écria Pauline. Je l'élèverai, et tu verras si j'en fais un homme !

Il y eut un silence, pendant qu'elle reprenait le petit dans une étreinte maternelle.

— Pourquoi ne te maries-tu pas, si tu aimes tant les enfants ? demanda Lazare.

Elle demeura stupéfaite.

— Mais j'ai un enfant ! est-ce que tu ne me l'as pas donné ?... Me marier ! jamais de la vie, par exemple !

Elle berçait le petit Paul, elle riait plus haut, en racontant plaisamment que son cousin l'avait convertie au grand saint Schopenhauer, qu'elle voulait rester fille afin de travailler à la délivrance universelle ; et c'était elle, en effet, le renoncement, l'amour des autres, la bonté épandue sur l'humanité mauvaise. Le soleil se couchait dans la mer immense, du ciel pâli descendait une sérénité, l'infini de l'eau et l'infini de l'air prenaient cette douceur attendrie d'un beau jour à son déclin. Seule, une petite voile blanche, très loin, mettait encore une étincelle, qui s'éteignit, lorsque l'astre fut descendu sous la grande ligne droite et simple de l'horizon. Alors, il n'y eut plus que la tombée lente du crépuscule sur les flots immobiles. Et elle berçait toujours l'enfant, avec son rire de vaillance, debout au milieu de la terrasse bleuie par l'ombre, entre son cousin accablé et son oncle qui geignait. Elle s'était dépouillée de tout, son rire éclatant sonnait le bonheur.

— On ne dîne donc pas, ce soir ? demanda Louise, qui parut dans une coquette robe de soie grise.

— Moi, je suis prête, répondit Pauline. Je ne sais ce qu'ils peuvent faire au jardin.

À ce moment, l'abbé Horteur revint, l'air bouleversé. Comme on l'interrogeait avec inquiétude, il finit par dire brutalement, après avoir cherché une phrase pour amortir le coup :

— Cette pauvre Véronique, nous venons de la trouver pendue à un de vos poiriers.

Tous eurent un cri de surprise et d'horreur, le visage pâle sous le petit vent de mort qui passait.

— Mais pourquoi ? s'écria Pauline. Elle n'avait aucun motif, son dîner était même commencé… Mon Dieu ! ce n'est pas au moins parce que je lui ai dit qu'on lui avait fait payer son canard dix sous trop cher !

Le docteur Cazenove arrivait à son tour. Depuis un quart d'heure, il essayait inutilement de la rappeler à la vie, dans la remise, où Martin les avait aidés à la porter. Est-ce qu'on pouvait savoir, avec ces têtes de vieilles bonnes maniaques ! Jamais elle ne s'était consolée de la mort de sa maîtresse.

— Ça n'a pas dû traîner, dit-il. Elle s'est accrochée simplement avec le cordon d'un de ses tabliers de cuisine.

Lazare et Louise, glacés de peur, se taisaient. Alors, Chanteau, après avoir écouté en silence, se révolta tout d'un coup, à la pensée du dîner compromis. Et ce misérable sans pieds ni mains, qu'il fallait coucher et faire manger comme un enfant, ce lamentable reste d'homme dont le peu de vie n'était plus qu'un hurlement de douleur, cria dans une indignation furieuse :

— Faut-il être bête pour se tuer !

FIN.